CB007003

RESPEITE O DIREITO AUTORAL

Dados Internacionais de Catalogação na Publicação (CIP)
(Câmara Brasileira do Livro, SP, Brasil)

Leonard, Linda Schierse, 1937–
E a louca tinha razão! : canalizando a explosão dos instintos para uma vida criativa / Linda Schierse Leonard; [tradução Sonia Augusto] – São Paulo : Summus, 2003.

Título original: Meeting the madwoman : an inner challenge for feminine spirit
Bibliografia
ISBN 85-323-0686-1

1. Arquétipo (Psicologia) 2. Mulheres – Psicologia 3. Mulheres – Vida religiosa
I. Título.

02-4572 CDD-305.4

Índice para catálogo sistemático:

1. Mulheres : Sociologia 305.4

Linda S. Leonard

Canalizando a explosão dos instintos para uma vida criativa

E a Louca tinha razão!

summus editorial

Do original em língua inglesa
MEETING THE MADWOMAN
An inner challenge for feminine spirit

Tradução: **Sonia Augusto**
Capa: **Ana Lima**
Vinhetas: **Glen Edelstein**
Editoração: **All Print**

Departamento editorial:
Rua Itapicuru, 613 – 7" andar
05006-000 – São Paulo – SP
Fone: (11) 3872-3322
Fax: (11) 3872-7476
http://www.summus.com.br
e-mail: summus@summus.com.br

Atendimento ao consumidor:
Summus Editorial
Fone: (11) 3865-9890

Vendas por atacado:
Fone: (11) 3873-8638
Fax: (11) 3873-7085
e-mail: vendas@summus.com.br

Impresso no Brasil

Para minha avó, Ida M. Klipple, que foi impedida de ter a educação formal que desejava, e que compartilhou comigo seu coração e sua alma, seu amor pela natureza, pela poesia e pela literatura, e me incentivou a estudar e a escrever.

Agradecimentos

Minha profunda gratidão a todas as mulheres e todos os homens que me incentivaram a escrever este livro, com seu apoio, suas sugestões e seu diálogo criativo: participantes de *workshops,* companheiros de caminhadas e, em especial, a todos os que compartilharam generosamente suas histórias e seus sonhos.

Gostaria de agradecer: a Leslie Meredith, minha editora, sua visão e sabedoria, as idéias criativas e inteligentes, e a competência editorial no formato final do livro; a Diane Guthrie, minha digitadora, seu entusiasmo, seus *insights* intuitivos, a dedicação ao manuscrito e o apoio emocional; aos meus agentes, Katinka Matson e John Brockman.

Agradecimentos especiais também àqueles colegas que leram o manuscrito em seus estágios finais e deram sugestões extensas: Betty Cannon, Keith Chapman, Lynne Foote, Ellen Fox, Gloria Gregg, Cathleen Roundtree, Karen Signell, e também àqueles colegas a quem consultei extensamente sobre assuntos específicos: Noni Hubrecht, Phyllis Kenevan, Peter Rutter, Myra Shapiro, Suzanne Short, Elaine Stanton, Peggy Walsh, Robert Wilkinson e Steve Wong.

E ainda: a Karina Golden, Micah Monsom, Cathleen Roundtree e Mary Elizabeth Williams por seus poemas.

Índice

Introdução

Muita loucura é o juízo mais divino.
. . . . .
Muito juízo é a loucura mais completa.
EMILY DICKINSON

Há muitos anos, eu fui assombrada por uma figura assustadora a quem agora denomino de a Louca. Minha reação inicial foi de medo. Uma série de Loucas aparecia em meus sonhos, à noite, ameaçando-me ou zombando de mim. Em minha vida exterior, as mulheres valentes me incomodavam e me embaraçavam. Durante esse período, minha vida era um verdadeiro pesadelo. Mergulhada no caos, sabia que precisava investigar profundamente dentro de mim para descobrir o significado dessa figura a fim de encontrar e trabalhar com esta energia psicológica e emocional.

Uma noite, sonhei que uma bela Louca estava acima de mim, prestes a cravar em meu coração um punhal entalhado extraído de um vitral de uma catedral antiga. Ao acordar, sabia que se não confrontasse essa força feminina interior, a sua loucura iria me destruir. O belo punhal multicolorido do vitral sugeria que, por trás da natureza enlouquecida e assassina da Louca, havia uma energia antiga, criativa e espiritual que poderia ser minha se eu fosse corajosa o suficiente para confrontá-la e usar conscientemente seu poder interior ativo – e potencial em mim.

Este sonho também desencadeou em mim a lembrança de uma série de outros sonhos nos quais a Louca tentara me enganar para roubar minhas opalas, minhas pedras preciosas do nascimento. Para mim, a opala misteriosa simboliza meu *eu* místico feminino e meu modo intuitivo de conhecimento. As Loucas que estavam atrás delas eram, na verdade, curadoras xamânicas que desejavam me alertar para que eu confiasse em meu *eu* instintivo e o usasse mais plenamente e de modo mais responsável. Também me lembrei de períodos em que eu tinha tido visões belas, mas avassaladoras, enquanto caminhava por trilhas nas montanhas e lutara contra seu poder, com medo de que elas pudessem ser um sinal de que eu enlouqueceria. Esse medo também me impediu de entrar nas profundezas mais distantes e extáticas de meu *eu* criativo e espiritual, e manteve parcialmente enterrado o feminino dentro de mim. Minha supressão desses sonhos e impulsos, minha tentativa de negar os aspectos mais assertivos de minha natureza feminina fizeram que essas energias exigissem minha atenção em meus sonhos e se manifestassem em minha vida interior como as Loucas, pois em minha vida externa eu tendia a evitar o confronto com mulheres e homens mais agressivos. Esta introversão tímida me impediu de compartilhar minha sabedoria e meu conhecimento de modo mais efetivo e vigoroso com o mundo. Embora escrevesse livros, lecionasse e fosse analista junguiana, eu ainda não estava usando a *força vigorosa* de meu conhecimento e de meu poder. Como negava a mim mesma a expressão de minha própria assertividade, eu me rebelava contra a necessidade de exercê-la cada vez mais freqüentemente no mundo exterior.

Por intermédio dos *workshops* sobre psicologia feminina, que eu realizava por todo o mundo, comecei a perceber um tema comum nos sonhos e nas criações das participantes, que refletia meus próprios sonhos com a Louca. Por exemplo, mulheres artistas estavam pintando e esculpindo espontaneamente figuras femininas grandes e poderosas, escuras e sangrentas, às vezes desmembradas ou desmembrando outros. As poetisas colocavam imagens semelhantes em versos. Tanto homens quanto mulheres falavam de figuras assustadoras de Loucas que apareciam em seus sonhos. A Louca também era uma figura freqüente nos sonhos de muitos de meus clientes.

A Louca exigia repetidamente minha atenção. Eu a via aparecendo em um filme depois do outro. Contemplando essas Loucas cinematográficas, percebi repentinamente que muitas personagens femininas na literatura eram também várias espécies de Loucas. Figuras femininas poderosas da mitologia e dos contos de fadas vieram à minha mente – Medéia, Cassandra, Ártemis, Inanna, Kali, A Rainha da Neve e outras forças femininas – muitas das quais corporificavam os poderes paradoxais da criação e da destruição.

Vi também a Louca que se manifestava nos acontecimentos políticos. Casos seguidos de mulheres que lutavam por seus direitos contra o abuso e o assédio sexual no trabalho apareciam nos noticiários. O mais freqüente era que essas mulheres fossem rotuladas como histéricas, vítimas de suas próprias fantasias, desconsideradas pelos homens, mas também ridicularizadas por outras mulheres.

No centro desses fatos intrigantes estava a misteriosa Louca: uma figura feminina na psique, universal à maioria das culturas, assustadora em muitas, expressa destrutivamente por outras, que aparece na vida pública e privada, e que me importunava pessoalmente. Decidi confrontá-la, escrevendo sobre ela e focalizando-a num dos capítulos de meu livro *Witness to the Fire*. Embora este capítulo tenha sido meu primeiro passo em direção a este mistério feminino, não fui suficientemente longe.

Como resultado, tive mais sonhos com a Louca e sofri outros ataques e atritos por parte da Louca presente na psique de homens e mulheres normais que participavam de minha vida exterior. E continuei a vê-la manifestando-se mais poderosamente nas artes e nas questões sociais. *Ela* até interrompeu um livro que eu escrevia sobre a cura feminina mística suave na Natureza. Comecei a reconhecer uma urgência interna em lidar de forma mais efetiva com esta energia feminina louca. Minha própria raiva começou a irromper na superfície. Depois de assistir a um filme alemão, *Uma cidade sem passado*, que representava a Justiça como uma Louca ardente, com grandes seios, senti intensamente o lado construtivo e criativo da Louca. Na manhã seguinte, rendi-me às suas exigências de atenção e, quando me sentei para escrever, os títulos dos capítulos deste livro fluíram rápida e furiosamente para a página.

Este livro é resultado do diálogo que continuei tendo com a Louca. Escrevê-lo me trouxe lembranças da infância – que fazem parte da memória feminina mais ampla de todas as mulheres, experiências pessoais que podem ressoar em todas as mulheres. Eu me lembro, por exemplo, de como minha avó materna – que amava aprender e queria desesperadamente estudar para ser professora – sofreu quando seu pai a tirou da escola, aos dez anos de idade, para que ela fosse trabalhar na fazenda dele. Ela foi forçada a cuidar das tarefas domésticas e nunca conseguiu assumir outra identidade no mundo fora de seu lar. Eu imaginava se minha avó paterna, que sofria de artrite reumatóide e passou a maior parte de sua vida adulta numa cadeira de rodas, seria na verdade uma vítima da raiva reprimida, aleijada fisicamente e martirizada pelo abuso que sofrera por parte de seu marido alcoolista. Minha própria mãe, uma sobrevivente forte, foi trabalhar para sustentar nossa família, ganhando baixos salários e sentindo-se cidadã de segunda classe durante a maior parte de sua vida. Ela também se casou com um alcoolista e só aos sessenta anos de idade pôde viver mais livremente. Seu espírito estava acorrentado, preso pelas expectativas e pelas regras de sua geração. Que maravilhas essas e todas as mulheres poderiam ter realizado em suas vidas se sua energia estivesse livre das regras patriarcais externas e também dos medos internos diante de seu poder e de sua própria natureza?

Às vezes me surpreendo por ter conseguido ser bem-sucedida profissionalmente, pois meu próprio temperamento natural me inclina para a receptividade, para a gentileza e para a paz. De modo geral, tenho tentado ser "agradável". É claro que, sob isso, está a minha sombra irmã, a Louca. Agora, aos cinqüenta anos, finalmente voltei-me para confontrar sua energia interior. Tentei separar seus lados destrutivo e construtivo e apontar os modos que podemos usar conscientemente o lado positivo da raiva, da frustração, da assertividade, da tensão e de outros matizes da loucura feminina para finali-

dades criativas em vez de expressá-los de forma destrutiva ou inconsciente. Com este objetivo, cada capítulo de *E a louca tinha razão!* esboça os padrões tradicionais de vida nos quais as mulheres podem ficar presas e se tornar internamente raivosas, deprimidas, frustradas ou bloqueadas, conscientemente ou não, ou até mesmo loucas porque não podem expressar-se ou viver de acordo com seus impulsos naturais ou criativos. Os modos de expressão e de ser que são unicamente femininos ou não-convencionais, e portanto potencialmente criativos, com freqüência são desacreditados pelas culturas patriarcais, e quando as mulheres tentam vivê-los são rotuladas de loucas ou excêntricas.

Em cada capítulo deste livro retrato uma personagem feminina que exemplifica uma face diferente da Louca. Para descrever cada padrão, utilizo exemplos da literatura (arquetípica) universal e do cinema, da arte de nossa cultura, e também da mitologia e dos contos de fadas. Apresento exemplos de mulheres históricas, cujas vidas mostram, de forma dramática, a nossa própria herança cultural coletiva e compartilho as histórias pessoais de mulheres confrontadas agora com estes problemas.

As mulheres da História prendem nossa imaginação porque elas viveram e expressaram, antes de nós, certos padrões que talvez queiramos mudar. Podemos entender melhor os nossos próprios dilemas ao compreendermos os dilemas delas e o modo como elas lidaram com eles. Os personagens extraídos de filmes, da literatura e da mitologia revelam as dinâmicas universais que todos nós precisamos encarar em nossas vidas. Veremos como outras pessoas aprenderam a se relacionar de forma produtiva com a Louca, e como estabeleceram limites e fronteiras efetivos para a influência dela em suas vidas. Algumas vezes, eles tiveram de lutar com a Louca, talvez numa dança psicológica ou na forma de um duelo metafórico, ou numa batalha num tribunal. No filme *Louca obsessão*, por exemplo, um escritor de romances que precisava encontrar uma nova forma de escrever era perseguido por uma fã Louca, que não queria que ele mudasse. Ela o aprisionou e o torturou para que ele escrevesse os finais que ela desejava. Esta Louca exterior simbolizava uma Louca destrutiva interior com quem o escritor precisava lutar para chegar a uma nova forma criativa, pois a Louca romantizava o sofrimento e o mantinha prisioneiro de seus antigos finais. Em *Thelma e Louise*, ao contrário, as protagonistas tiveram de acolher como irmãs suas Loucas internas para se transformar em espíritos livres. Os homens também precisam se tornar amigos de suas Loucas internas, de seu próprio eu feminino rejeitado e negado para que possam livrar-se de suas atitudes negativas com relação às mulheres, ter acesso à energia feminina criativa dentro deles e se relacionar de modo maduro com as mulheres.

Uma mulher contemporânea, que encare pessoalmente os mesmos problemas retratados de forma tão dramática pelos personagens literários e históricos, pode encontrar alívio nas histórias de suas predecessoras e aperceber-se mais claramente dos padrões da Louca por meio da expressão artística. Ao conhecermos essas personagens femininas podemos aprender a reconhecer como agem dentro de nós, e a identificar o conjunto único de sentimentos que elas trazem. Essas mulheres da literatura e do cinema podem se tornar nossas amigas; elas nos ajudam em nossos próprios caminhos femininos.

As histórias de mulheres contemporâneas, que estão lidando com essas questões no momento, atestam também para o fato de que podemos confrontar a energia da Louca e transformá-la. Podemos aprender com elas alguns dos modos em que as mulheres usaram erroneamente sua energia, e as soluções reais que descobriram para melhorar suas vidas. Identifico em cada capítulo padrões emocionais e comportamentais cotidianos de "loucura" que podem nos ajudar a enxergar as forças que têm governado nossas vidas. Quando conseguimos identificar e entender essas forças podemos transformá-las, assumir o controle sobre elas e nos libertar delas, escolhendo livremente o modo como queremos viver. Esses modelos femininos que passaram por alguma forma de loucura antes de nós e a transformaram em criatividade podem ser nossos guias para a esperança, mesmo que nossa própria jornada seja única. Essas expressões

do feminino podem ajudar a liberar as mulheres para uma vida criativa e animada.

O último capítulo, "Através da loucura", reúne todos os padrões e explora as maneiras de usar a energia da Louca como uma força de mudança positiva. Toda mulher experiencia a necessidade de mudança e de transformação no decorrer de sua vida. Este processo de mudança pode parecer uma espécie de loucura, como ser comido vivo pela vida. O processo não é claro, nem podemos controlá-lo. Cada mulher tem de passar, de seu próprio modo, por sua própria metamorfose, por sua própria loucura, e isso inclui luta, entrega e um compromisso com a perseverança, por meio da crença de que o processo, ao fim, invocará milagres. Encontrar-se com a Louca interior é um desses processos.

Virginia Woolf disse certa vez que nosso problema em reconhecer os nossos verdadeiros eus encontra-se na idealização da mulher como "o anjo da casa". Precisamos reconhecer também o lado obscuro das mulheres, para podermos liberar a Louca em seu aspecto criativo e, ao mesmo tempo, termos consciência de seu lado destrutivo. Precisamos reparar essa cisão interior. Quando a energia da Louca não é reconhecida, quando ela não é "convidada para sentar-se à mesa", como a décima terceira fada-madrinha, que foi negligenciada no conto *A Bela adormecida*, ela pode nos amaldiçoar com a inconsciência, que foi simbolizada nos cem anos de sono da Bela Adormecida. No entanto, se nós nos tornarmos conscientes de sua presença e de seu poder em nossa psique, ela pode nos trazer dons criativos surpreendentes. Ao identificar o modo como ela se manifesta em sua própria vida, e em que você se encaixa no elenco de personagens descritos nos capítulos a seguir, você conseguirá convidá-la a sentar-se à sua mesa, encontrar-se com ela e compartilhar de sua presença transformadora.

1
Encontro com a Louca

Uma vez eu a vi, Medusa; estávamos sozinhas.
Olhei-a diretamente, olho no olho frio, frio.
Não fui punida, não me transformei em pedra.
Como acreditar nas lendas que me contaram?

....

Virei sua face pelo avesso! É a minha face.
Essa fúria congelada é o que devo explorar –
Ó lugar secreto, fechado em si mesmo e devastado!
Esta é a dádiva a qual agradeço a Medusa.

MAY SARTON, *The Muse as Medusa*

Uma figura estranha e perturbada tem habitado as mentes, tanto de mulheres quanto de homens, desde o início dos tempos. Ela emergiu no drama grego antigo e na literatura mundial, nos contos de fadas, na Bíblia, nos mitos e nas canções de diversas culturas. Ela é personagem freqüente nos sonhos das mulheres e dos homens modernos. Nos assusta, nos fascina, nos ameaça e nos intimida. Ela pode nos destruir e nos transformar. Complexa e instigante, a face misteriosa da Louca nos encara nos filmes, na arte e na literatura contemporâneas, em nossos sonhos e nas experiências traumáticas de nossas vidas despertas, lembrando-nos de sua presença energética. Ela provocará o desastre se for deixada nas sombras de nosso inconsciente. Nossa tarefa como seres humanos conscientes é reconhecê-la e aprender a usar construtivamente sua energia em nossas vidas.

A palavra *loucura* tem um vasto conjunto de significados, abrange ampla gama de estados, do extremo da insanidade até a fúria, a raiva e as alterações de estados de espírito. Podemos reconhecê-la na confusão, na exaltação, na insensatez, na agitação, na impulsividade e também no arrebatamento, na paixão, no entusiasmo, no êxtase divino e no despertar espiritual. Quando somos confrontados com a figura arquetípica da Louca (arquétipo é uma energia ou um padrão de experiência universal na psique humana) é importante lembrar que sua energia representa um paradoxo. Ela pode nos levar a ações destrutivas contra nós mesmos e contra os outros; pode nos prender em padrões negativos de comportamento e em experiências de vitimização; ou pode nos levar a usar criativamente sua energia – nossa energia – para mudar nossas vidas para melhor.

Quem é a Louca? Onde ela está? Por que ela nos assombra? Por que precisamos encará-la *agora*? Sob quais formas ela aparece? Vamos olhar ao redor e encontrá-la nas imagens de nossas vidas diárias. Talvez ela esteja num canto de sua mente. Ela é a esposa raivosa num casamento sem amor, sentada na cozinha, sentindo-se presa numa armadilha e entediada? Ela é a mulher que acabou de ser rejeitada por seu amante? Ela está desesperada ou furiosa? Está solitária? É uma mulher bebendo sozinha num bar? Ela sofreu abuso? Talvez ela seja uma advogada ou uma política fervorosa, que luta pelos direitos femininos. Ou pode ser uma mulher sem teto, que anda pelas ruas com suas sacolas. Ela é a mulher que trabalha, lutando sob uma estrutura empresarial dominada pelos homens, e que é assediada por seu empregador? Ela está marchando corajosamente nos protestos públicos, defendendo sua crença nos direitos humanos? Talvez ela esteja sentada sozinha num sótão, escrevendo ou pintando, retratando mulheres negras raivosas, ou apaixonadamente vivas. Ela é uma freira lutando com o patriarcado da Igreja? Ela é intuitiva e se sente louca porque vê aquilo que os outros não conseguem nem imaginar? Ou ela é uma mulher que caminha sozinha por lugares selvagens, extática com seu amor pelos mistérios da natureza? Ela perturba os homens que fazem parte de sua vida, e que têm medo das forças femininas em si mesmos e nas mulheres – forças que eles não podem controlar nem entender? Talvez ela esteja trancafiada numa institui-

ção mental, rotulada como louca porque se recusa a aceitar o *status quo* patriarcal. Talvez seja uma filha rebelde, uma irmã raivosa, ou uma mãe enlouquecida por sua situação na vida. A Louca pode ser todas essas mulheres e outras mais. Precisamos olhar para algumas das formas que ela assume mais freqüentemente em nossas vidas modernas, comuns, pois a energia da Louca existe, em graus diversificados, em todas nós.

Máscaras modernas da louca

Tantas mulheres dizem em suas sessões de terapia: "Eu não sou vista como sou. Ninguém me ouve realmente". Nossa cultura dominante prescreve o modo como as mulheres devem ser vistas. Ela elogia as mulheres que vivem alguns papéis, ao mesmo tempo que as repreende ou pune por viverem outros. Com freqüência, os próprios papéis que a cultura espera que as mulheres vivam é que as enlouquece. Vemos mulheres que se rebelam contra esses papéis e que agem como Loucas, por exemplo, na literatura, *The Madwoman of Chaillot* e *Antígona*, e em filmes como *Thelma e Louise* e *Tomates verdes fritos*. Por intermédio dessas figuras externas da Louca aprendemos a reconhecer e a contatar nossa própria natureza rebelde.

Em nossa sociedade patriarcal, as mulheres com freqüência têm características negativas e medos que foram projetados nelas tanto pelos homens quanto por outras mulheres. Quando ignoramos, suprimimos ou tememos uma qualidade dentro de nós, tendemos a vê-la em outro lugar – a projetá-la nos outros – e a julgar negativamente essas outras pessoas por exibirem essa mesma qualidade que compartilhamos com elas. Projetamos as características dos aspectos temidos ou rejeitados de nosso eu feminino. Por exemplo, uma profissional pode zombar dos valores e prazeres da maternidade por causa de seu medo de ficar aprisionada e submissa num casamento e em outros papéis tradicionais. Uma mulher que é mãe e dona-de-casa pode desvalorizar o espírito de independência da profissional e considerá-lo agressivo, não amistoso, controverso. De modo oposto, também tendemos a projetar em alguém que nos atraia as características positivas que desejaríamos ter. E, então, podemos tentar nos apoderar dessa qualidade por intermédio da outra pessoa. Por exemplo, as imagens de feminilidade esperadas em nossa cultura foram determinadas em grande parte pelos desejos e pelas necessidades dos homens.

Os homens que foram criados de acordo com valores tradicionais tendem a desejar que as mulheres sejam suaves e protetoras, instintivas, "boas" e "agradáveis". No entanto, as mulheres não são necessariamente aquilo que os homens imaginam ou desejam que elas sejam. Uma cultura que prescreve e rejeita determinados papéis pode fazer com que uma mulher fique confusa a respeito de sua identidade, em especial se seu modo natural de ser for um daqueles que é rejeitado pelos homens ou pelas mulheres que depreciam ou negam a parte feminina em si mesmos. Ela pode ser rotulada de prostituta se for assertiva, de anormal se permanecer solteira, de vagabunda se for sensual, de fria se for esperta, de cabeça-de-vento se for divertida ou bem-humorada, de mãe egoísta ou desnaturada se tentar desenvolver interesses fora do lar, e de mulher que desperdiça sua educação se permanecer em casa.

Até mesmo as esposas de presidentes e de candidatos à presidência são estereotipadas: uma é criticada por viver à sombra de seu marido, outra por obter mais destaque que o marido. Uma mulher pode ficar aprisionada e enraivecida por essa estereotipia limitadora quando tudo o que ela deseja é ser e agir como um indivíduo. Mesmo que uma mulher se encaixe numa imagem feminina culturalmente desejável e esteja feliz com sua vida num papel tradicional, as partes de si mesma que ela tenha negado vão finalmente clamar por serem vistas e ouvidas, e ela sentirá o impulso de mudar. Ignorar essas partes vitais de si mesma, seus diversos desejos ou suas necessidades, pode fazer com que uma mulher aja ou se sinta louca.

Em meu trabalho como terapeuta observei mulheres que sofriam com diversos sentimentos conflitantes e desejos reprimidos, muitos dos quais eram expressões da Louca. Em nossa cultura, as mulheres normalmente serão recompensadas se viverem os papéis de

mãe, esposa, companheira, ou mesmo de amante, e de Musa passivamente inspiradora. Muitas mulheres encontram significado nesses papéis, mas para outras eles podem se tornar limitadores e debilitantes. O desenvolvimento psicológico de uma mulher requer a integração de muitas facetas de seu eu, para que ela possa se tornar um ser humano inteiro e saudável. Quando uma mulher está limitada a apenas um ou dois papéis, ela pode sentir-se ou agir como louca porque as partes não realizadas de si mesma estão lutando para expressar-se. Se ela não tiver consciência de sua frustração, sua raiva pela vida não vivida poderá ser inconscientemente dirigida contra seus filhos, seu marido, seus pais, seus amigos ou contra si mesma. Isso mostra as inexplicáveis mudanças de humor de muitas mães que parecem "loucas" diante de seus filhos.

A necessidade de entender o modo como nossa mãe expressa sua loucura é importante, pois à medida que não a compreendemos, não o fazemos em relação a nós mesmos. É especialmente importante entender os aspectos de nossa mãe, que ignoramos, que não gostamos, que rejeitamos ou tememos, pois freqüentemente esta é a primeira face do feminino – e assim a primeira face do lado louco e escuro do feminino – que experimentamos. A loucura de nossa mãe provavelmente será internalizada por nós, de alguma forma, enquanto formos crianças. Em algum grau, não podemos evitar nos tornar semelhantes à nossa mãe. Entretanto, se entendermos o modo como formamos esses padrões de pensamento, de comportamento e de emoções em nós mesmos e pudermos ver o modo como os reatuamos por meio das expectativas e diretrizes de nossa mãe e de nossa cultura, poderemos mudá-los e nos libertar de seus aspectos "loucos" e não controlados.

Cada capítulo de *E louca tinha razão!* descreve uma máscara diferente que pode ser usada pela Louca moderna. O capítulo "Mães loucas, filhas loucas" descreve quatro padrões básicos de caráter, de ação ou de relacionamento, que filhas (e filhos) provavelmente reconhecerão em suas mães, ou em profissionais que dominam, rejeitam, se distanciam ou decepcionam seus filhos, colegas ou empregados, devido à sua frustração com suas próprias vidas. Com freqüência, esses padrões negativos se combinam. Por exemplo, o tratamento congelante da mãe "Rainha de Gelo" pode se transformar instantaneamente na língua ardente e explosiva da "Mulher Dragão". "A Santa" e a "Mãe Doente" podem ser as imagens em espelho, martirizadas, da Rainha de Gelo e da Mulher Dragão. Embora atualmente as mães continuem a ser bodes expiatórios de muitos psiquiatras e de outros "especialistas" pelos ferimentos que elas infligiram em seus filhos, é importante que lembremos que elas mesmas foram feridas e enlouquecidas pelas expectativas de suas próprias famílias e de sua cultura, e por suas próprias mães, que também foram obrigadas a assumir papéis enlouquecedores. Para quebrar a cadeia de "Maternidade Louca" precisamos reconhecer e entender os limites que esses falsos padrões de comportamento e expectativas impõem às mulheres, e imaginar e nos empenhar em busca de modos de ser femininos mais livres, dos quais necessitamos.

Muitas donas-de-casa que se sentem aprisionadas em seus casamentos têm sentimentos de "Pássaro Engaiolado", que examinaremos no Capítulo 3. Os homens também têm a experiência de se sentirem aprisionados em seus empregos e, na vida familiar, no papel de provedores. A síndrome de Pássaro Engaiolado ainda existe atualmente, embora ocorresse com maior freqüência em mulheres das gerações passadas. Veja as numerosas personagens "Pássaro Engaiolado" que aparecem nos filmes modernos: *Simplesmente Alice*, *Tomates verdes fritos*, *Gente como a gente*, *Kramer versus Kramer*, para citar apenas alguns. Entender como somos aprisionados e enxergar os diversos disfarces que essas gaiolas assumem nos ajudará a nos libertar e a levarmos uma vida mais genuína.

Muitas mulheres têm idealizado o papel da "Musa", que examinaremos no Capítulo 4. A mulher que inspira um homem para a criatividade ou para a fama pública e é recompensada com bens, amor e segurança tem sido "glamourizada" por Hollywood. Passar sua vida como uma bela inspiradora pode parecer um caminho fácil

para algumas mulheres. Contudo, Musas tradicionais como Zelda Fitzgerald, Alma Mahler, ou Camille Claudel, freqüentemente ficam loucas ou doentes, consciente ou inconscientemente ressentindo-se do sacrifício de suas próprias capacidades de criação, e sua doença é uma tentativa distorcida de expressão de suas energias internas negligenciadas. Examinaremos neste capítulo as vidas de Alma Mahler e de Camille Claudel. A Musa tradicional, com freqüência, é rejeitada à medida que envelhece e é prontamente substituída por uma versão mais jovem de si mesma, como a personagem de Bette Davis em *A malvada*. Ver as formas em que a Musa pode perder-se de si mesma, nos papéis tradicionais e contemporâneos – desde a esposa que dá apoio a seu marido ou cuida dos sentimentos dele, até a secretária, a estudante de graduação, a atriz ou colega menos experiente – podem nos ajudar a escolher a liberdade de expressão e viver de acordo com nossos próprios impulsos criativos.

Nos padrões acima – mãe, dona de casa, Musa – a Louca normalmente é negada, oculta, desculpada ou reprimida porque qualquer indicação de seu poder ativo e obscuro contradiz nossa expectativa cultural a respeito do modo gracioso que uma mulher deve mostrar. Nesses casos, a energia da Louca fica normalmente resguardada num porão ou sótão, podendo expressar-se de forma positiva apenas em situações raras, numa noite de amor conjugal incomumente apaixonado, ou por meio de algum *hobby* artístico inspirado, mas culturalmente aceitável, ou de um talento para ser superorganizada, a Supermãe. Ocasionalmente esta energia entra em erupção, em expressões extremas de criatividade ou visão, ou em ativismo revolucionário que estão em contradição com o comportamento usual das mulheres. As mulheres que expressam e anseiam por esta energia ficam às vezes confusas, sem entender que a criatividade e o crescimento são essenciais para sua saúde. Ou elas podem sentir culpa e vergonha de seus desejos secretos de se libertar de sua existência normal. Elas podem tentar suprimir sua raiva ou seus impulsos, acreditando que seus "carcereiros", sua família, a sociedade ou os médicos estão certos ao criticá-la. Elas podem fazer concessões, presas entre desejos que não podem expressar e imagens de feminilidade que não conseguem mais aceitar. Em casos extremos, algumas são abandonadas, mandadas embora ou internadas em asilos, rotuladas como loucas e "incontroláveis" pelos homens que dirigem suas famílias, comunidades ou cultura.

A Louca também pode emergir quando uma mulher é rejeitada no amor. Quantas mulheres sentiram a vergonha da rejeição e a raiva e o desejo de vingar-se de quem as abandonou? Isso acontece especialmente quando as mulheres não têm outra saída para sua energia criativa a não ser na relação com um homem. Os jornais e outros meios de comunicação estão cheios de relatos de mulheres que vivem como vítimas da rejeição, expressando sua raiva por meio da vingança contra os outros ou contra si mesmas, e que fracassam em transformar sua raiva numa energia construtiva que as leve a uma vida com significado. O Capítulo 5 lida com o ciúme, a vingança, e a dependência destrutiva que a "Amante Rejeitada" sente, e tenta mostrar outros caminhos para a realização.

Outras manifestações da Louca que são punidas ou ridicularizadas pela sociedade são aquelas que representam a sombra da cultura patriarcal. O lado sombrio de uma cultura é o aspecto ou a característica que a cultura mais teme. Veja por exemplo a "Mulher Sem Teto", uma excluída que evoca medos de solidão, insegurança, e falta de moradia na velhice. A maioria das pessoas se afasta ou olha culposamente para o outro lado ao encontrar mulheres sem teto nas ruas. Entretanto, a Mulher Sem Teto, discutida no Capítulo 6, representa um lado feminino de nós mesmos que pode clamar por uma louca sabedoria. Como uma sobrevivente das ruas, ela tem certa força feminina que não precisa dos valores patriarcais. Em nossa psique, ela pode simbolizar a liberdade; em nossa vida exterior, precisa ser reconhecida e ajudada.

Outra figura feminina sombria, rejeitada, é a "Reclusa", que veremos no Capítulo 7. Muitas pessoas consideram a Reclusa uma Louca. A mulher solteira que está envelhecendo é com freqüência considerada excêntrica e, às vezes, até louca. Tendemos a suspeitar

de qualquer mulher que esteja sozinha. A cultura determina que algo está distorcido na vida dela e difama sua solidão. Uma mulher solteira passa por situações que a fazem sentir-se envergonhada ou paranóide, objeto de desprezo, que é encarada fixamente quando está sozinha. A projeção negativa da cultura sobre a Reclusa fará que a mulher solitária questione sua própria normalidade e pode impedir que ela se permita ficar sozinha, mesmo que precise de seu próprio tempo, espaço e ritmo para encontrar e entender sua independência feminina única. Podem surgir problemas de comunicação entre homens e mulheres que não aprenderam a ouvir uns aos outros, pois não souberam ouvir a si mesmos e entender suas próprias necessidades e seus sinais internos; nossa cultura não valoriza a solidão e o silêncio. Longe de ser uma figura digna de pena, a Reclusa pode ser uma mulher independente, que ouve e entende suas próprias vozes, que encontra tempo para sua criatividade, que usufrui a solidão e sabe como *ouvir*. Sua solidão pode indicar, na verdade, um saudável respeito por si mesma e um sentimento de totalidade para consigo mesma. Ela é um modelo que precisamos entender e valorizar.

"A Revolucionária", uma mulher rebelde que se recusa a ser ignorada ou a passar despercebida, aprendeu a transformar sua energia intensa e a usá-la para realizar a reforma social, como veremos no Capítulo 8. Entretanto, ela é temida e acusada de louca, pois ameaça mudar o *status quo*. Ao compartilharmos sua coragem de confrontar a injustiça e exigir a mudança, podemos realizar as mudanças necessárias em nós mesmas como mulheres – podemos nos recusar a permitir a continuidade das injustiças cotidianas no lar e no trabalho; podemos falar contra a poluição e optar por não comprar determinados produtos; podemos optar por trabalhar pela saúde e pela liberdade no que se refere à adicção e às restrições quanto a nossos direitos reprodutivos – e trazer valores femininos ao mundo para torná-lo um lugar mais humano para viver. Um dos modos em que a energia da Louca pode ser um recurso para a transformação social emergiu na fúria do movimento feminista e na ação contra os abusos patriarcais.

A "intuição feminina" tem sido ridicularizada por suas sensibilidades e profecias precisas. Uma mulher especialmente sensível, "a Visionária", freqüentemente é considerada louca por aqueles que precisam se apegar aos modos convencionais de compreensão ou que vivem o *status quo*, como veremos no Capítulo 9. Nos séculos passados, a Visionária foi perseguida como feiticeira pelos governos e pelas religiões patriarcais, quando se opunha a normas ou regras sociais, ou quando praticava medicina familiar ou popular. Ainda hoje, a sociedade critica a pessoa mística, considerando-a pouco prática, tola ou mesmo louca. Ainda assim, a luz interior da Visionária pode nos levar à nossa própria espiritualidade e nos guiar pelo terreno selvagem de nossa vida interior desconhecida. Em nossa era tecnológica, de conquistas e de controle, precisamos mais do que nunca dos *insights* da Visionária, para encontrarmos um modo de reconstruir, segundo as leis da Natureza, a nossa sociedade que está no limiar da destruição. Sem dúvida, muitas das Mulheres Loucas da mitologia são deusas da Natureza que nos alertam sobre as conseqüências desastrosas de viver em desequilíbrio com o mundo natural e desrespeitar seus poderes procriativos, destrutivos e regenerativos.

A louca na mitologia

As mitologias de muitas culturas estão repletas de imagens arquetípicas da Louca criativa e destrutiva, mostrando a universalidade de sua presença na psique humana e de nossa experiência com suas forças. No panteão hindu, Kali, a grande mãe do tempo, é a deusa tanto da criação quanto da destruição. Negra como a noite, iluminada pela Lua, com sangue em seus lábios, Kali dança selvagemente sobre o cadáver dos mortos, rodeada por espíritos femininos lamentosos. Ela tem quatro braços, segura a espada e o tridente, um *lótus* e um pote de mel, usa um colar de cabeças e um cinto de mãos humanas. Kali escolhe as almas que serão liberadas para conhecer o êxtase eterno. E ela recolhe as sementes para criar a nova vida.

Os índios Tlingit-Haida também reconhecem o poder da Louca. Eles reverenciam a Mãe-Terra, a Mulher Vulcão, que exige respeito pelas criaturas vivas, pelos objetos de estimação e pela tradição tribal. Se as pessoas forem sacrílegas e fracassarem em observar os rituais corretos, a Mulher Vulcão destruirá a aldeia, poupando apenas os que tentarem observar e proteger seus ritos. Outra de suas reverenciadas Mães Terra, a Mulher Neblina, dá salmão aos nativos do Pacífico Norte. Quando seu marido, Raven, abusou dela e arrogantemente usurpou-lhe o poder, afirmando que o salmão tinha vindo dele, a Mulher Neblina o castigou, abandonando-o e levando o salmão embora com ela para o mar. A Mulher Neblina é potencialmente destrutiva, mas também outorga a vida, e uma vez por ano chama os preciosos peixes de volta para os riachos em que nasceram, de modo que as pessoas possam ter comida, e o salmão possa se reproduzir.

A Serpente do Arco-íris, da Austrália, é respeitada por muitas tribos aborígenes como a criadora feminina. Ela viaja sobre a Terra no "Tempo do sonho", criando seres em sua jornada. No entanto, do mesmo modo que ela "sonha" com criaturas que passam a existir, vai devorar aqueles que forem irreverentes à sua criação.

No Talmud e na Cabala, Lilith era considerada a primeira esposa de Adão, feita não de uma costela de seu marido, mas do mesmo barro que ele. Recusando-se a ser vista como inferior, Lilith não se deitou com Adão quando ele desejava, e abandonou-o para viver sua própria vida. Ela só aceitaria um amor nascido do respeito mútuo. Enraivecidos com a independência dela, os patriarcas talmúdicos deixaram escrito que Lilith era um demônio da noite que tentava os homens a desperdiçar sua semente. Até hoje, alguns homens têm dificuldade em separar seus próprios impulsos sexuais das mulheres que os atraem. Eles vêem as mulheres que os atraem como se fossem demônios e acham que elas estão "provocando aquilo" e, como não conseguem tolerar as mulheres que dizem não, eles podem abusar delas, física ou emocionalmente.

Na Suméria, Ereshkigal era a grande deusa do mundo inferior. Ereshkigal podia matar olhando fixamente com os olhos da morte. Quando sua irmã, Inanna, rainha do mundo superior, ousou entrar em seu domínio, Ereshkigal transformou-a num cadáver putrefato pendurado num gancho. Quando os ajudantes andróginos de Inanna, criados por Enki, deus das águas, sentiram empatia por Ereshkigal, ela devolveu a vida a Inanna, que retornou do reino de sua irmã sombria, com conhecimento e poder.

A deusa Hecate era adorada pelos gregos, e também na Núbia e no Sudão. Hecate era uma deusa das feiticeiras e da magia, e estava associada com o lado escuro da Lua. Tinha o poder dos feitiços antigos, e o poder anfíbio de nadar na água e andar na Terra. Como encantadora sagrada, ela era a mãe que renovava o ciclo da vida e guiava as transformações. Era a guardiã das encruzilhadas, onde as decisões de vida e de morte são tomadas, e seu caldeirão sagrado era consultado em busca do conhecimento antigo e oracular.

A deusa grega Ártemis era a guardiã das jovens e lhes ensinava a serem independentes e fiéis a si mesmas. Ela era também a protetora dos animais e da floresta, a provedora de ervas medicinais, e ajudava a todas aquelas que davam à luz. Ártemis protegia a todos, para ser livre, para seguir os rios e os ventos, para usufruir das florestas e respeitar as mulheres dos bosques. Ártemis podia dar a vida, mas ela também podia tirá-la dos que quebravam as leis da natureza. Acima de tudo, ela exigia respeito pela natureza e pela integridade inviolável das mulheres. Ártemis podia transformar-se numa Louca, enraivecida com qualquer um que desafiasse sua integridade ou suas leis. Quando o caçador Acteon ultrapassou os limites da adequação sexual e espiou Ártemis nua, numa manhã, enquanto ela se banhava num claro riacho em sua floresta, ela ficou furiosa, transformou-o num gamo e lançou seus próprios cães contra ele, para matá-lo. Atualmente, a profunda indignação das mulheres diante do assédio sexual e do abuso infantil, e sua luta pelo direito de viver de acordo com a própria natureza, expressa a exigência de Ártemis com relação ao respeito à integridade feminina.

Deméter, deusa das colheitas, transformou-se numa Louca quando sua filha, Perséfone, foi raptada e estuprada por Hades, senhor do mundo subterrâneo. Hades queria manter Perséfone no mundo subterrâneo e torná-la sua rainha. Quando falharam todas as tentativas pacíficas de recuperar sua filha, Deméter, enlouquecida pela dor, ameaçou impedir todo o crescimento na Terra. Finalmente, foi feito um acordo entre Zeus e Deméter. Perséfone poderia ficar com sua mãe durante metade do ano, quando as coisas crescem na primavera e no verão. Durante a outra metade, quando as coisas estão dormentes, ela permanece no mundo subterrâneo com Hades. A separação de Perséfone e Deméter simboliza a separação de toda jovem e de sua mãe, para que possa ocorrer o despertar de sua própria sexualidade e da vida individual. Seu retorno a Deméter durante parte do ano simboliza a nova relação que ela pode construir com sua mãe, ampliada por sua própria experiência.

A deusa polinésia do vulcão, Pelé, fica enraivecida quando é desrespeitada, bate o pé com raiva, e libera a lava incandescente, fazendo que a Terra trema e os vulcões entrem em erupção. A lenda diz que isto aconteceu quando cristãos convertidos desafiaram Pelé, jogando rochas em sua cratera sagrada. Quando uma princesa idosa recitou os cantos antigos em honra da deusa de fogo e ofereceu presentes perto da lava derretida, Pelé ficou satisfeita e interrompeu o fluxo da lava.

As feiticeiras dos contos de fadas são outra manifestação da Louca. A russa Baba Yaga é uma entre muitas. Freqüentemente, depois de confrontar as bruxas, as heroínas dos contos de fadas são transformadas em jovens maduras, com grande poder, que encararam as partes mais sombrias de si mesmas, que reconheceram sua Louca interior e integraram de modo ativo e consciente esta energia em suas vidas. Os patriarcas cristãos, durante e após a Idade Média, projetaram a feiticeira nas mulheres que não se conformavam, queimando-as na fogueira, como fizeram com Joana d'Arc.

Esses são apenas alguns exemplos de Mulheres Loucas poderosas, que foram valorizadas ao longo das épocas em culturas de todo o mundo.[1] A maioria delas compartilha dos mistérios da vida e da morte, luz e escuridão, criação e destruição. Elas nos alertam com tragédias naturais, desastres, castigos físicos e ambientais, e também com tempestades emocionais, psicológicas, com revoluções na psique, quando a vida não é respeitada, quando a Mãe Terra não é reverenciada, ou quando o feminino é desonrado. Mas, ao mesmo tempo, elas são as criadoras, renovando o ciclo da existência, transformando velhas formas de vida em formas novas. Temos também nossas próprias expressões contemporâneas da Louca que, ao lado dessas antigas figuras arquetípicas, podem nos ajudar a identificar os padrões míticos de comportamento em nossas próprias vidas.

A louca nos filmes, na ópera e na literatura

Atualmente, os filmes nos confrontam com muitas Loucas reconhecíveis e com seus paradoxos, incluindo mulheres que enlouquecem, mulheres "à beira de um ataque de nervos", mulheres que matam os amantes que as rejeitaram ou maltrataram, mulheres terroristas, mulheres que tentam se libertar de vidas cotidianas embrutecedoras. Essas imagens da Louca têm-se multiplicado no cinema atual e na literatura. As heroínas desses filmes rebelam-se contra suas existências de Pássaros Engaiolados e contra os abusos sofridos pelas mulheres na sociedade contemporânea. Em *Ela é o Diabo*, uma esposa rejeitada busca a vingança contra seu marido traidor e arrogante. O filme chinês *Lanternas vermelhas* mostra diferentes modos em que as mulheres enlouquecem e se voltam umas contra as outras quando só têm permissão para existir no papel de concubina, sujeitas à dominação de um marido. A tendência de os oprimidos se voltarem uns contra os outros, em vez de se voltarem contra a figura de poder que os ameaça e abusa deles, é uma tragédia verdadeira nas vidas de diversas minorias. *Um anjo em minha mesa* retrata a história verdadeira da escritora neozelandesa Janet Frame, uma mulher poética e introvertida que teve um diagnóstico errôneo de esquizofrenia, foi hospitalizada e recebeu tratamentos de choque para "curá-la" de

sua natureza tímida e reclusa, por não ter conseguido falar para um grupo de supervisores que a julgavam. Usando sua criatividade para salvar sua vida, ela escreveu contos enquanto estava no hospital. Esses contos foram encontrados e publicados, um testemunho de sua sanidade e de seu talento. *A Guerra dos Roses*, especialmente, mostra um padrão de comportamento e de interação que eu chamo de confrontação entre a Louca e o Juiz – e que será examinado no próximo tópico – uma esposa e um marido cujas energias descontroladas finalmente se destroem mutuamente. Filmes como *Atração fatal* ou *Acima de qualquer suspeita* mostram o medo que os homens têm das Mulheres Loucas, da destruição que suas próprias ações impulsivas podem desencadear. Alguns filmes com o tema da Louca mostram mulheres criativas que são encarceradas, enquanto outros mostram mulheres tentando se libertar, por exemplo, *Mulheres à beira de um ataque de nervos, Louca obsessão, Sheer Madness, Thelma e Louise, Tomates verdes fritos, Lembranças de Hollywood, Camille Claudel, De bar em bar, Persona, Algemas de cristal, Dona de casa, Frances, Mamãezinha querida, Laços de ternura, A mão que balança o berço, Sybil, A woman under the influence, O diário de uma dona de casa, As três faces de Eva, Nikita, De salto alto*, e *Quem tem medo de Virginia Woolf?*

O trágico poder da Louca tem aparecido na literatura e na música de todas as épocas. Sabemos que Medéia matou seus filhos para vingar-se da traição de seu amor, e que Anna Karenina cometeu suicídio por estar confinada num casamento sem amor e numa sociedade que não lhe permitia nenhuma saída criativa nem liberdade para ser ela mesma. Na literatura do mundo, ela também é representada por Clitemnestra, Electra, Antígona, Ofélia, Lady Macbeth, Madame Bovary, a Louca de Chaillot e a louca senhora Rochester, trancada no sótão em *Jane Eyre*.[2] Na ópera existem Lúcia de Lammermour, Madame Butterfly, Norma, Elvira, Carmen, Salomé, Turandot, a Rainha da Noite em *A flauta mágica*, a mãe cigana em *Il Trovatore*, e inúmeras outras.

As diversas formas da Louca nesses trabalhos artísticos correspondem a uma força real e poderosa na psique humana – que é temida igualmente por homens e mulheres. Elas mostram uma face assustadora do feminino, revelando a fúria e o poder potencial das mulheres que sofrem abuso, que são aprisionadas e desrespeitadas. Para que possamos transformar essa energia furiosa numa força criativa e útil, precisamos primeiro examiná-la cuidadosamente em nós mesmos e nos outros. Não podemos nem devemos simplesmente deixá-la de lado como anormal ou "apenas louca".

A louca e o juiz: as bacantes

Um dos maiores conflitos em nossa cultura atualmente ocorre entre duas energias arquetípicas – a Louca e o Juiz. Vemos essa luta em filmes, e também em nossas famílias e em nossas vidas políticas. A cultura ocidental contemporânea reprimiu e suprimiu o arquétipo e a energia psicológica da Louca. Ela se agarra à ordem e ao controle, e enfatiza a supressão do sentimento genuíno em favor das fórmulas racionais para o sucesso. Ela evita o pensamento e a reflexão profundos, preferindo as soluções superficiais, rápidas e fáceis. A Louca ameaça todos esses atributos do *status quo* das autoridades patriarcais tradicionais, e especialmente o Juiz em nossas psiques, a parte racional e controladora de nossa mente e de nosso ser que deseja estar no poder o tempo todo e a qualquer custo.

A Louca e o Juiz estão em conflito, quer essas duas forças estejam em guerra dentro de um indivíduo, ou estejam lutando pela influência entre amigos, vizinhos e casais, ou sejam postas em ação na batalha dos sexos ou na violência entre nações. A auto-expressão sem controle da Louca é uma afronta ao Juiz racional, sem coração, que deseja restringi-la e subjugá-la. Por outro lado, as regras rígidas do Juiz autoritário podem levar a Louca a fantasias exacerbadas de vingança. Quando a energia da Louca é rejeitada pelos poderes de julgamento racionais patriarcais e aprisionada nos cantos sombrios do

hábito e do pensamento, então o "feminino louco" volta-se contra os homens em indignação furiosa.

Entretanto, o Juiz é tão louco em sua rígida retidão e autojustificação quanto a Louca em seu caos.[3] A loucura do Juiz pode ser vista na "caça às bruxas" dramatizada, por exemplo, por Arthur Miller em *The crucible*, em que os homens e as mulheres de bom coração são perseguidos igualmente, em nome de Deus, o Pai, quando suspeitos de estar resistindo aos poderes controladores.

Este conflito entre a Louca e o Juiz é anterior à era cristã, e está retratado de modo belo e atemporal na antiga peça grega, de Eurípides, *As Bacantes*, um triste alerta aos Juízes antigos e modernos que rejeitam desrespeitosamente a energia da Louca como irracional, sem valor e perigosa.

As Bacantes retrata uma confrontação entre um Juiz racional, Pentheus, o rei de Tebas, e um grupo de Loucas "irracionais", as Bacantes, cujo nome significa Mulheres Loucas. As Bacantes eram devotas de Dioniso e dançavam num frenesi extático com sua música, e alimentavam o jovem deus e animais selvagens com seus seios. Como nutridoras, as Bacantes possuíam a magia da maternidade ilimitada. Quando, porém, eram proibidas de dançar em honra a Dioniso, elas ficavam loucas e sedentas de sangue, e podiam estraçalhar seus jovens. Pentheus proíbe Dioniso em seu reino porque deseja reinar apenas com a razão. Ele planeja capturar e aprisionar todas as mulheres que deixarem a cidade para honrar Dioniso com a dança extática nos bosques. Essas Loucas ameaçam o rei, com seus modos selvagens de se alegrar e dançar descalças na natureza. Pentheus julga os êxtases delas como uma falsidade, e seus ritos sacerdotais como fingimento. Segundo as regras de *sua* razão, as mulheres devem ficar em seus lares, junto a seus maridos. Pentheus culpa o estranho Dioniso por trazer sua loucura bizarra para as mulheres de Tebas,[4] e planeja "prendê-las com armadilhas de ferro e acabar rapidamente com essa diversão imoral".

Pentheus envia os homens da cidade para emboscar as mulheres e trazê-las de volta para casa, interrompendo o movimento alegre das Bacantes, seus risos e cantos, que honram a força da vida. No entanto, as Bacantes revoltam-se, enfurecidas com esta tentativa de controlá-las. Elas estraçalham touros, pilham casas e criam confusão por toda a parte. Os homens não podem controlá-las. Pentheus faz outros planos para submeter as mulheres a seu controle, porque quer acabar com este caos, e porque não pode tolerar a desgraça de mulheres derrotando homens. Ele é aconselhado a vestir-se como Bacante para poder espioná-las. Quando as Bacantes vêem este impostor, elas o atacam furiosamente, sob as ordens de sua líder, Agave, a própria mãe de Pentheus que está sob o feitiço de Dioniso. Sem reconhecer seu filho, Agave lidera o ataque contra este intruso. Ela e suas irmãs Bacantes o apedrejam e o atacam para que ele não possa revelar os segredos de seus ritos. Pentheus grita para Agave que é o filho dela, mas é tarde demais. Possuída por Dioniso, ela e as outras Bacantes o estraçalham, o esquartejam e atacam seu corpo sangrento. Agave até guarda a cabeça dele, colocando-a no alto de sua lança, acreditando que é a cabeça de um leão da montanha. Quando retorna à cidade, Agave desperta de sua loucura e descobre que matou seu filho. Ela deixa a cidade, em exílio, cheia de pesar.

O drama de *As Bacantes* mostra a tragédia que acontece entre homens e mulheres, em uma cultura em que o Juiz suprime a Louca, quando o racional e o irracional não são integrados nem se permite que eles coexistam lado a lado. A necessidade rígida e racional de poder de Pentheus é por si mesma "louca" em sua recusa a respeitar as forças irracionais da natureza ou a acreditar no poder e no mistério das divindades. Quando se nega expressão à energia de dança extática da Louca, ela assume uma forma destrutiva e pode inconscientemente ferir ou matar seus próprios filhos, como fez Agave com Pentheus, um poderoso exemplo de uma mulher que involuntariamente destrói uma das mais preciosas partes de si mesma, ou seu próprio trabalho de criação. Este é também um exemplo claro das tendências autodestrutivas e vitimizadoras inerentes ao patriarcado.

As energias arquetípicas da Louca e do Juiz também estão perigosamente desequilibradas e em oposição, em nossa época e em nossa sociedade. Perdemos a conexão inerente entre o julgamento discriminador e o instinto, quando separamos essas energias em nossa psique e em nosso comportamento. Surgem conflitos quando as pessoas, atuando como Juízes e ditadores patriarcais, ditam regras de ordem uns para os outros e para as mulheres. Qualquer pessoa pode perder o equilíbrio se for colocada sob regras de pensamento, valores, obrigações e estruturas externas, não naturais e que não sejam as suas próprias. A pessoa que deve se conformar a essas restrições e a esses modelos de comportamento inevitavelmente irá falhar e ser vitimizada pelos julgamentos negativos da figura de autoridade. Uma mulher será vitimizada e continuará assim se for forçada a sair de seu ritmo natural, ou se não conseguir encontrar seu lugar no mundo, e se ela não aceitar seus próprios poderes femininos interiores e tentar corrigir sua situação pessoal e social. Uma vez que uma mulher se identifique com o papel de vítima, ela pode ficar aprisionada num tipo de loucura negativa, não criativa. Esta luta destrutiva entre as energias do Juiz e da Louca resultou num padrão de comportamento de vitimização bastante comum em nossa sociedade. Neste livro, veremos a Louca confrontando o Juiz na vida de mulheres históricas, ficcionais e contemporâneas.

Como podemos evitar ou controlar o aspecto destrutivo da Louca? O primeiro passo é confrontar e aceitar as intuições sombrias e caóticas que provêm de nossos eus mais internos. Precisamos confrontar os medos internos, os desejos proibidos e os anseios por êxtase, e celebrar a Louca. Ao enxergarmos a vida cotidiana por meio de sua visão única, podemos ver as coisas de modo renovado e diferente, com uma "loucura criativa". Uma "sabedoria louca", descrita pelos budistas e por outras tradições místicas, pode crescer mediante nossa Louca interna. Ao aceitar este desafio, as mulheres encontrarão novas maneiras de se comunicar umas com as outras e também com seus maridos, filhos e amados.

O patriarcado... a louca... e o espírito feminino

Antes de continuarmos, devo explicar o que quero dizer quando me refiro ao "patriarcado". Para mim, o patriarcado corporifica essencialmente os princípios ocidentais do pensamento racional linear, com sua ênfase na ordem, nas abstrações e no julgamento exterior. Tanto mulheres quanto homens são influenciados por nossa cultura patriarcal, embora o patriarcado seja experimentado de modo diferente pelos homens e pelas mulheres, e a experiência das mulheres varie quanto a raça, classe social e cor. Ao longo dos séculos, as mulheres, como um gênero, foram especialmente oprimidas pela hierarquia patriarcal.

O pensamento e os princípios patriarcais limitam nossa existência humana a apenas uma parte daquilo que somos por natureza. Como humanos, vivemos no paradoxo de ter consciência e liberdade de escolha para expressar o grande mistério do Ser; entretanto, temos também de, em alguma medida, ordenar e controlar nossas vidas para sobreviver. O pensamento patriarcal – o pensamento racional linear ocidental – tende a reduzir nossa existência a um extremo: ordem e controle. Quando sucumbimos a esta redução de nossas vidas, perdemos contato com a realidade de nosso maior mistério humano e também com o mistério do cosmos.

A Louca surge dentro de nós quando somos oprimidos pela ordem e pelo controle rígidos. Carolyn Heilbrun apontou que, no drama grego, "a sede de sangue e a vingança das Fúrias estavam reservadas àqueles que negavam os poderes femininos. Essas mulheres furiosas não saqueavam as cidades nem recolhiam despojos para ganho de outros lugares ou países. As Fúrias representavam o obstáculo mais forte contra a usurpação masculina dos direitos e poderes das mulheres...".[5]

Devo também discutir mais especificamente o que quero dizer com "o feminino". O feminino é parte da dimensão humana e ma-

nifesta-se tanto nos homens quanto nas mulheres, do mesmo modo que o masculino. É um erro identificar o feminino com as mulheres ou o masculino com os homens. Nosso lado feminino enfatiza o cuidado, a responsividade, a receptividade e o relacionamento. As preocupações e os valores femininos concentram-se no processo de interação humana. Embora estejam enraizadas no feminino, essas preocupações manifestam-se em homens e em mulheres. Os estudos da psicóloga Carol Gilligan a respeito de valores éticos indicam um foco feminino na rede de relacionamento, responsabilidade e cuidados, em contraste com um foco masculino na separação, na autonomia, nos princípios, nos direitos e na hierarquia. As inseguranças masculinas surgem por intermédio da intimidade, em contraste com o lado feminino, que é ameaçado pelo isolamento. A Louca é uma energia arquetípica dentro do lado feminino da psique de homens e de mulheres. Quando a energia da Louca atravessa nossa supressão usual ou nossa negação, ela o faz para nos desafiar a viver nossa existência humana na sua totalidade, a reconhecer todas as facetas de nossa personalidade e de nossa psique, e não apenas parte delas. A Louca nos desafia a reconhecer e a viver com o nosso espírito feminino interior como uma parte essencial de ser humano.

O espírito feminino nos conecta uns com os outros por meio do cuidado. Eu vejo o espírito feminino como uma energia humana que nos impele a buscar, a nos empenhar no processo psicológico de autodescoberta; é um impulso em direção à liberdade.[6] Em certo grau, o espírito feminino está além das definições. Ele é uma energia que é sentida e intuída em imagens. Conhecemos o espírito feminino pelo modo como nos sentimos a nosso respeito, a respeito dos outros, e pelo modo como nos sentimos juntos. Conexão com a Terra, espontaneidade, flexibilidade, vitalidade emocional, compaixão, calor humano, que se fundem numa rede de cuidados – todos estes são aspectos do espírito feminino. O poder que torna possível que a grama cresça e atravesse rochas e concreto, a energia que flui por nosso corpo e que nos rejuvenesce a cada primavera, a reverência pela vida, pelas sementes germinadas, pelo ciclo das estações, e a co-

ragem de suportar a dor do parto, todas essas são expressões do espírito feminino que nos dá vida e nos move, nos inspira e incita a vida em nós, e nos liga à Terra. O feminino dentro de nós se sente traído quando não sentimos uma conexão com o crescimento na Terra. O espírito feminino tem uma força assertiva inata, uma qualidade não agressiva, não marcial. É uma energia que podemos usar como uma alternativa criativa ao espírito patriarcal cheio de regras, no qual nossa cultura e nossa sociedade estão fixadas.

O paradoxo da louca: criação ou destruição

No nível psicológico mais profundo, a Louca inclui a conexão de nascimento para a criatividade. O criativo pode acontecer com base no caos interior e do tumulto emocional, energizando as visões que trazem vida nova ao indivíduo e à cultura. Contudo, o caos pode também se tornar destrutivo e voltar-se internamente como insanidade, paranóia e isolamento. Embora às vezes falemos de modo positivo sobre a loucura, como caracterização de diversos tipos de comportamentos livres ou impulsivos na vida de todas as pessoas, a loucura em sua forma mais degenerativa bloqueia a vida criativa. A escritora Joanne Greenberg, que usando o pseudônimo de Hannah Green romantizou sua experiência de aprisionamento na insanidade em *Nunca lhe prometi um jardim de rosas*, aponta o perigo de romantizar a loucura. Em seu pior extremo, a loucura isola-nos e separa-nos do mundo "real". Greenberg descreve uma alucinação como "uma metáfora para alguma angústia inexprimível. A alucinação diz: 'Estou sem rumo, estou desolado. Eu sou alguém a quem a gravidade e as leis do Universo não se aplicam'". Ao falar da insanidade clínica no ponto extremo do espectro da "loucura", Greenberg sustenta que a doença mental é o oposto da criatividade; é um estado tedioso e improdutivo, no qual não ocorre nenhuma interação fértil entre a imaginação e o mundo. Ela diz: "A criatividade e a psicose estão tão distantes quanto possível. As coisas criativas aprendem e crescem. Na psicose não existe significado, nem futuro, o mundo

não tem sentido. Tudo está parado. A doença mental é tediosa, num grau inconcebível. Se não há aprendizagem, só existe reação. É tedioso porque não há nenhum lugar para ir".[7]

Entretanto, alguns tipos de distúrbios mentais, tumultos, colapsos e tempestades psicológicas e emocionais podem desencadear um despertar espiritual e criativo. Os artistas falam da divina loucura inerente ao processo criativo, pois eles precisam descer a uma espécie de caos para poder dar uma expressão nova e vital a sua experiência criativa. Os místicos descrevem seus encontros com o transcendente como "intoxicação de deus" ou "loucura divina" – um êxtase que só pode ser descrito por imagens. A literatura descreve numerosas experiências místicas, caóticas e religiosas, em termos dramáticos de queda e isolamento. São João da Cruz deu a isto o nome de "a Noite Escura da Alma"; Kierkegaard chamou-o de "desespero"; Jung chamou-o de "jornada marítima noturna" ou de "morte do ego". Uma imagem clássica para esta profunda jornada interior pessoal é a caminhada num lugar selvagem, um período em que nos sentimos perdidos e separados dos outros, uma época de alienação e isolamento. A nutrição divina, a inspiração, a integração ou o *insight* manifestam-se subitamente, na hora que parece ser a mais sombria, e a pessoa sente-se miraculosamente renascida.

Sócrates disse que a loucura tem origem divina e a loucura dos poetas, videntes, apaixonados e sacerdotes contém uma sabedoria mais elevada do que o conhecimento mundano. Alguns psiquiatras distinguem entre "uma loucura de esquerda, cheia de êxtase e de terror", que provoca "um encontro desconcertante com os poderes espirituais e demoníacos na psique", e "uma loucura de direita", que "traz empobrecimento e estreitamento, no qual as convenções e a concretude do mundo externo são consideradas realidades auto-evidentes".[8] A loucura em seu aspecto destrutivo é uma loucura de direita, que nos isola e nos empobrece, como descreve Greenberg. A "loucura divina", porém, pode nos elevar ao estado extático descrito pelos místicos, como também dar energias criativas superabundantes, nos liberar para imaginar vidas melhores e para agir para melhorar a sociedade. Como Evelyn Underhill descreve em seu livro, o misticismo genuíno é ativo e prático, e transforma nossa personalidade de modo que possamos ser um com toda a criação.[9] E a maioria dos místicos e professores modernos enfatizaria que o misticismo genuíno liberta-nos de nossas visões limitadas do eu para que possamos trabalhar com compaixão ao nos comunicarmos e ao ajudarmos os outros.

Homens e mulheres precisam confrontar a loucura divina em si mesmos e diferenciá-la da loucura destrutiva, tanto individual quanto social. É necessário incluirmos a "loucura criativa" em nossas vidas pessoais e públicas, para lidar com as questões de nosso tempo, como as ameaças das armas modernas e da tecnologia moderna à vida no planeta. Para encontrar a Louca, devemos aprender a abandonar os aspectos destrutivos, sua referência autocentrada e sua raiva voltada contra si, e aprender também a mobilizar sua energia para a ação positiva. Precisamos aprender a viver dentro de sua tensão criativa e a encontrar formas de nos aproximarmos dela e de aprendermos com ela.

Fazendo amizade com a louca interior

Quando a Louca aparece em nossas vidas, normalmente ficamos oprimidos pelo medo, e tentamos assassiná-la dentro de nós ou nos outros. Entretanto, por mais assustadoras que possam ser a energia louca e imagens, minha experiência como analista é de que a Louca pode ser transformada se for abordada com amizade. Uma vez, consultei uma xamã em Bali a respeito de uma série de sonhos que estava tendo com a Louca. A xamã balinesa sentou-se, mascando sementes e soltando gargalhadas, portando-se como uma Louca, enquanto descrevia uma imagem exata dos acontecimentos que tinham ocorrido. Então, sorrindo, ela se virou para mim e disse: "Convide a Louca para almoçar. Ela só quer ser sua amiga". Durante muito tempo permaneci confusa com este estranho conselho. Quando, finalmente, eu o compreendi em nível simbólico, eu percebi que

meu caminho para fazer amizade com a Louca dentro de mim era entender suas imagens de modo que eu pudesse integrar as diversas formas de sua energia psicológica e emocional na minha vida. Fazer amizade com minha Louca interior levou-me a escrever sobre ela neste livro.

Algumas vezes, fazer amizade com a Louca é tão simples quanto expressar a própria raiva, ou apenas confrontar um pai ou um namorado, um amigo ou um chefe – dizendo a eles como você se sente e do que você precisa. É o nosso medo de ficar com raiva – ou mesmo louca – que transforma a Louca num monstro verdadeiramente assustador. A raiva e outros sentimentos negados ou não reconhecidos, se forem separados do resto de nossas vidas, enchem a Louca de veneno que alimenta os atos destrutivos. O medo e a raiva não expressos crescem em nós e podem fazer que nos sintamos loucas. Para lidar com estes sentimentos, precisamos diferenciá-los, dar-lhes formas que possamos ver e compreender, como os nossos sonhos fazem quando nos apresentam figuras como a Louca. Suas imagens tocam-nos e fazem que sentimentos, idéias e padrões que estão funcionando de forma inconsciente em nossas mentes, sejam trazidos para a consciência, na qual podemos lidar com eles. Suas imagens e seus numerosos disfarces nos ajudam a identificar, lembrar, e reconhecer o que nos interessa, quem realmente somos, e em que devemos nos transformar. Precisamos conhecer a Louca em suas múltiplas formas, reconhecer sua presença em nós, e nos tornar amigos dela, em vez de isolá-la e separá-la. Sofremos as conseqüências, quando tentamos nos separar dela.

A maioria das pessoas não optará por se aproximar de sua Louca. Apesar disso, é inevitável que a vida traga a energia dela até nós. Ela invade nossas vidas, desafiando a lógica, trazendo o caos, normalmente quando estamos tentando controlar nossas vidas de modo racional. Assim, tendemos a continuar tentando evitá-la. Enfatizamos a ordem e a rotina. Negligenciamos problemas psicológicos como ansiedade, depressão, fobias, desânimo e tristeza. Podemos suprimir ainda mais nossas dificuldades emocionais, o que provoca sofrimento adicional quando elas nos afetam fisicamente por meio de sintomas psicossomáticos e doenças, ou ressurgem como ansiedade ou depressão ainda mais intensas.

Quando reprimimos ou suprimimos a energia da Louca em nossas vidas, ela quase sempre aparecerá num sonho assustador ou até mesmo se manifestará num fato de nossas vidas cotidianas. Muitas de nós, como filhas zelosas, tentam levar vidas limpas e sem desafios, de acordo com a cultura. Freqüentemente parecemos ser recompensados com conforto material e com sucesso, e às vezes até com fama e poder. Mas podemos perder nossa conexão com o processo da vida, com o fluxo contínuo de energia e de mudança, por causa da ordem excessiva. Com freqüência nossas vidas são entorpecidas, nossos relacionamentos são insípidos, nossas mentes são entediadas e agitadas, nossas vidas são vazias. Alguma coisa em nós grita em segredo: "Tem de haver algo mais do que isto na vida!". Deslizamos na superfície da existência, aparentemente contentes e bem-sucedidos, e, de modo freqüente, é necessária uma crise para nos sacudir, para nos fazer olhar e explorar dentro de nós. Na crise, a Louca parece nos arrancar de nossa complacência, nos sacudir com seu caos. Temos de entrar em seu caos e lidar com ele, um passo por vez, pois não podemos mais ignorá-la ou ignorar nossa necessidade de mudar ou nossa incapacidade de controlar nossas vidas.

A Louca não pode ser descrita com conceitos rápidos e fáceis. Sua essência é caótica. Para poder descobri-la, temos de olhar para dentro de nossos sentimentos e de nossos sonhos, onde a encontramos muitas vezes. Como a Louca aparece com muitos disfarces, as imagens em nossos sonhos nos ajudam a ver melhor sua presença e seus papéis em nossas vidas. As imagens nos tocam, e ajudam a trazer para a consciência um padrão que está funcionando num nível inconsciente em nossas mentes. Elas identificam e lembram o que precisamos reconhecer e com que temos de lidar em nossas vidas. O sonho seguinte, de uma empresária bem-sucedida, no auge de sua carreira, exibe uma forma em que a Louca pode nos confrontar nos sonhos.

Esta profissional sentia-se confusa internamente, embora fosse bastante próspera. Sua vida tinha perdido o significado e interesse. Sonhou que estava desesperadamente colocando tapumes em torno da casa de seu pai para protegê-lo da invasão de uma Louca. A Louca, vestida com roupas em frangalhos, com cabelo sujo, selvagem, e despenteado, invadiu a casa apesar dos esforços da sonhadora e atacou seu pai. Esta mulher estava sendo confrontada com uma Louca interior que tentava quebrar a estrutura patriarcal, cheia de julgamento, na qual a mulher estava aprisionada. Esta mulher conseguiu viver de acordo com suas próprias necessidades emocionais e espirituais, quando começou a encarar a Louca, olhando para sua raiva e para seus medos, que ela tinha suprimido, em favor de sua família e de uma imagem pública adequada.

Os homens também sonham com a Louca. Um homem sonhou que estava numa festa, e era recebido por uma mulher que usava um vestido preto e curto. Quando olhou mais de perto, notou que ela estava com os seios expostos. Horrorizado, viu que o mamilo de um dos seios estava crescendo tanto que se transformou numa grande boca vermelha com dentes que rangiam. Percebendo que a mulher era uma Louca, ele e todos os outros convidados tentaram fugir. Mas, olhando para trás, notou que a Louca ia atacar uma inocente menina de quatro anos que estava de pé num canto. Decidiu voltar para tentar salvá-la. As associações pessoais do sonhador indicaram que a Louca simbolizava uma adicção sexual que estava ameaçando a menina, que representava sua capacidade de amor e de sentimentos genuínos.

Este sonho pode ter também um significado mais amplo. De acordo com Jung, os sonhos às vezes revelam significados para toda uma cultura além da vida pessoal do sonhador. No nível coletivo, a decisão corajosa e compassiva desse homem de retornar para enfrentar a Louca e salvar a menina pode ter simbolizado a necessidade de que nossa cultura encare a Louca e reconheça o abuso cultural diante do lado feminino suave e vulnerável da vida, e o abuso da sociedade perante as mulheres. Os homens precisam ouvir e tentar validar as idéias e os sentimentos das mulheres. Alguns homens podem desvalorizar as mulheres e ridicularizá-las, ou fugir delas porque projetaram sua vulnerabilidade interna na mulher exterior. Se os homens também validarem a si mesmos como homens que não temem os poderes das mulheres ou o feminino em si mesmos, poderão então encontrar as mulheres com respeito e igualdade genuínos.

Esses sonhos são exemplos dos modos em que a Louca pode nos confrontar e pedir para ser integrada na vida pessoal ou na esfera social. Além de trabalhar com sonhos para encarar a energia da Louca,[10] nós também podemos encontrá-la por meio do uso da "imaginação ativa", um diálogo conscientemente focalizado com uma imagem simbólica interior.[11] Isso pode ser feito pela escrita, pela pintura, pela dança, pelo psicodrama, ou por qualquer modo de expressão que possa trazer para fora o material inconsciente e dar-lhe mais forma. No decorrer deste livro, apresentarei exemplos de trabalho com sonhos e com imaginação ativa nas histórias de mulheres contemporâneas reais que tiveram de encarar a força destrutiva da Louca em suas vidas e identificar os padrões emocionais e comportamentais negativos que as mantinham aprisionadas, para poderem obter acesso a suas energias criativas.

Identificar um padrão em que você está vivendo inconscientemente é o primeiro passo para libertar sua energia feminina. Como freqüentemente estamos inconscientes de nossas ações e reações, podemos iniciar o processo de superar ou transformar as forças negativas em nossa vida ao identificar um padrão de comportamento e trazê-lo para nossa consciência. Então precisamos lutar – lutar com a dor e a raiva e encontrar formas originais de *re*-ver e de *re*-criar usos positivos para essa energia negligenciada em nossa vida. Descobrir os modos conscientes e originais de mudar a si mesmo e de viver é o desafio unicamente humano que encaramos como espécie.

2

Mães Loucas, Filhas Loucas

Eu estou em pé, no centro
da cidade morta
e amarro os sapatos vermelhos...
Eles não são meus,
são de minha mãe,
e antes foram da mãe dela,
e vão passando como uma herança,
mas escondidos, como cartas vergonhosas.
ANNE SEXTON

Minha mãe e eu conseguimos nos perdoar mutuamente, melhorando nosso relacionamento, quando finalmente percebemos e aceitamos que éramos pessoas muito diferentes. Isto aconteceu quando eu estava com uns quarenta anos e ela com sessenta e poucos. Nossa aproximação foi um dos maiores pontos de crescimento em nossas vidas. Foram necessárias muita coragem e honestidade para nos abrirmos uma para a outra. Tivemos de reconhecer nossa raiva mútua por não sermos a pessoa que a outra queria que fôssemos, e derramamos lágrimas por nos sentirmos privadas do vínculo íntimo que tínhamos compartilhado originalmente.

Tradicionalmente, as mães têm sido culpadas pelos problemas de seus filhos. As feministas têm-se posicionado, corretamente, contra este tipo de bode expiatório. Precisamos lembrar que a mãe é também uma mulher ferida, freqüentemente limitada, bloqueada e frustrada pelas condições culturais disfuncionais. Nossas mães têm enorme influência em nossas visões de mundo por serem os primeiros seres humanos de quem dependemos, e a dor delas é passada para filhas e filhos por gerações até que o ferimento seja confrontado e tratado conscientemente. O grave ferimento que afeta mães e filhas aparece no seguinte sonho:

> Eu vejo meu pai escondido na rua e quero fugir. Então, eu vejo a cabeça severa de minha mãe, crescendo do lado do pescoço dele. A cabeça dela é apenas uma protuberância sangrenta de meu pai. Minha mãe não é uma pessoa por seu próprio direito.

A sonhadora, que se chamava Maria, ficou tão chocada com esta imagem que começou a fazer terapia. Percebeu que sua mãe estava vivendo como mero apêndice de seu pai e não como uma pessoa inteira. Maria ficou com raiva de sua mãe pela falta de responsabilidade por si mesma, e por ter colocado as necessidades do seu pai à frente de suas próprias necessidades no cuidado maternal de sua filha. Maria percebeu que esta imagem também refletia o modo no qual ela estava vivendo. Sentiu o sonho como um símbolo da destruição patriarcal do feminino – em sua mãe, em si mesma, e nas mulheres, em nível cultural.

Um elemento de loucura está presente nos sentimentos emaranhados, quando mãe e filha entram em conflito. Mesmo quando as relações parecem estar bem na superfície, as emoções conflitantes são dissimuladas e complicam as interações deste par íntimo. Mães e filhas não têm apenas de lidar com fatores pessoais e familiares que confundem suas relações, mas, também, com as projeções culturais e geracionais sobre as mulheres, e com as expectativas que vêm do patriarcado. Mas o que deve ser encarado mais urgentemente por cada mulher é uma energia feminina interior, poderosa e assustadora – a Louca arquetípica – que habita em todos nós. Mães e filhos, pais e filhas, maridos e esposas, mesmo pais e filhos – todos precisam confrontar a presença psicológica e emocional da Louca. Descreverei quatro padrões comuns que a energia da Louca pode assumir nos relacionamentos mãe–filha quando suas forças são colocadas de lado e não são confrontadas diretamente.

As histórias neste livro são contadas com base no ponto de vista da filha, pois todas as mães foram também filhas. Embora eu descreva a emergência da Louca no contexto das relações mãe–filha, os homens também vão descobrir-se enredados nesses padrões. Poucos de nós vivem apenas um único papel durante a vida. O mais provável é que você encontre um pouco de cada padrão dentro de si mesmo, como aconteceu comigo.

A Mãe Louca não pode falar com suas filhas no nível dos sentimentos. Ela domina suas filhas por sua forma específica de comportamento, quer ela seja uma Rainha Gelada com sentimentos congelados, uma Mulher Dragão com tanta emoção que os sentimentos genuínos e suas nuanças são queimados em suas explosões vulcânicas, uma Mãe Doente que controla a todos ao seu redor com a ameaça de sua fragilidade, quer seja uma Mãe Santa que, precisando ser "boa", mantém uma personalidade superficial e martirizada, esperando que seus filhos sigam seus passos. As emoções e a psicologia da filha são subjugadas pela Mãe Louca, e ela precisa aprender a se separar dos comportamentos obrigatórios da Mãe Louca para poder reconhecer seus próprios sentimentos e seu eu interior. Caso contrário, ela pode repetir os padrões de sua mãe.

Por exemplo, se sua mãe vivia e agia como uma mártir, servindo seu marido e sua família à custa de sua própria auto-expressão, a filha pode repetir este papel em sua própria vida e sentir-se martirizada em seu trabalho, mesmo que ela obtenha sucesso em sua profissão. Outra filha, entretanto, pode se rebelar e tentar ser o oposto de sua mãe. Se sua mãe constantemente demonstrava seus sentimentos descontrolados que oprimiam a todos na família, uma filha poderia se retrair e guardar seus sentimentos dentro de uma concha apertada para proteger a si mesma. E depois, as filhas afetam suas mães, quer repitam ou reajam a elas, e as mães são ainda mais feridas num triste circuito de *feedback*. Isto é ilustrado no filme *Sonata de outono*, que examinaremos em detalhe mais adiante neste capítulo. Pais, maridos, filhos, amigos e colegas também são afetados por esta cadeia de mágoas entre mãe e filha. Por exemplo, uma mulher que guarde raiva não resolvida dos homens provavelmente passará sua desconfiança acumulada para sua filha, que então pode despejar esta raiva em seu marido, filho ou seus colegas masculinos. O filme de Woody Allen, *Interiores*, é outra expressão popular dos diversos padrões que as filhas desenvolvem como resultado da Maternidade Louca.

A santa (ou a mãe agradável demais)

Como discutimos no Capítulo 1, muitas mulheres negam a energia arquetípica da Louca em si mesmas porque ela pode revelar-se extremamente poderosa e ameaçadora. É claro, qualquer energia não reconhecida na psique funciona como um fantasma na casa. Ela assusta pelas costas, e afeta inconscientemente o comportamento. As mulheres que foram doutrinadas nas visões predominantes na cultura patriarcal – por exemplo, que elas devem ser agradáveis e dispensadoras de cuidados, obedientes, dar apoio aos homens e servir seus maridos – podem tentar agir desse modo na superfície. Mas nos recessos ocultos de sua psique, a sombra da Louca estará espreitando. Às vezes, mulheres muito gentis e positivas, conscientemente querem fazer bem a suas filhas, mas na verdade as ferem ao instruí-las a reprimirem seus sentimentos naturais, especialmente se a emoção é sombria ou raivosa, ou se a filha é intuitiva e sente a raiva oculta que age em sua mãe. Freqüentemente, as filhas carregam a raiva não reconhecida de suas mães, e podem ter consciência da raiva, mas não de sua causa. No filme *Julgamento final*, a filha condena seu pai por ter casos amorosos enquanto sua santa mãe perdoa e esquece, e finalmente morre de ataque cardíaco que simboliza um coração partido. A filha, que carrega a raiva inconsciente da mãe, não teve nenhum modelo feminino para ajudá-la a aprender a canalizar esta energia. Se a raiva de sua mãe é inconsciente, uma filha pode até mesmo pensar que ela é a culpada pela raiva, ansiedade, depressão, culpa, vergonha ou confusão de sua mãe. Uma filha pode também compartilhar essas emoções sombrias com sua mãe. Conforme a fi-

lha amadurece, ela precisa esforçar-se para tornar-se cada vez mais consciente de seus laços psicológicos com sua mãe, e também onde termina a mãe e começa sua própria psique.

Quando eu perguntei a uma jovem, Anna, sobre sua mãe, ela a descreveu como gentil e generosa – uma santa. Sua mãe era uma enfermeira que trabalhava muito, nunca ficava com raiva e nunca chorava. O pai de Anna era um alcoólico que perturbava a vida da família com seus ataques de fúria quando estava bêbado. Acreditando que qualquer expressão de raiva ou de sentimentos feridos era auto-indulgência, a mãe de Anna lhe disse para nunca dizer coisas raivosas porque nunca se pode retirá-las. A raiva inconsciente e o tumulto emocional de sua mãe emergiam algumas vezes como cinismo a respeito das motivações das pessoas, e como amargura por não ter progredido na vida. Ela se ressentia especialmente dos homens, rejeitando-os por estarem "prontos a tirar vantagem e a levar a melhor sobre você". Como enfermeira, ela servia aos outros, mas raramente recebia agradecimentos, e assim desenvolveu uma resposta cansada e martirizada, e uma crença de que o mundo oprime as pessoas. Ela era passiva e não protegia nem defendia Anna, que tinha de carregar a enorme sombra da fúria não reconhecida e não expressa de sua mãe.

Quando criança, Anna queria imitar a mãe, mas sua assertividade natural era inconscientemente voltada contra si mesma sob a forma de culpa, e ela sofria de depressões graves. Como sua mãe, Anna sacrificava-se, era doadora e generosa, mas quando os outros tomavam e não retribuíam, ela também ficava ressentida. À medida que ela se tornava mais consciente de seu próprio comportamento, percebeu que algumas vezes estava com raiva, mas não sabia como expressar os sentimentos negativos e se sentia culpada por tê-los. Por causa dos ataques de fúria descontrolada de seu pai, Anna tinha medo das pessoas enraivecidas; ela não sabia como se proteger e se defender. Isto interferia em seus relacionamentos com as outras pessoas, em especial nos relacionamentos íntimos com os homens.

Quando encontrou um homem com quem queria se casar, Anna percebeu que precisava desenvolver algum trabalho interior e foi para um grupo especializado em técnicas de comunicação. Durante este processo, conseguiu compreender que sua mãe tinha muita raiva reprimida, e reconheceu sua própria raiva. A raiva não expressa de Anna se revelava nos sonhos em que figuras malignas e enraivecidas ameaçavam feri-la. Um sádico, que usava uma máscara de borracha que cobria toda a sua expressão facial, cortou sua pele com uma faca, dizendo: "Quando você tem medo, não dói". Para Anna, isto simbolizava o ensinamento de sua mãe de que ela deveria sorrir e ocultar seus sentimentos. Ao dizer a sua filha para nunca ficar com raiva ou para nunca deixar que as pessoas percebessem quando ela estava magoada, sua mãe a tinha programado para o papel atemorizado da vítima que tinha dificuldade para pôr um fim a sua própria vitimização porque estava negando que ela estivesse acontecendo!

Mulheres cujas mães reprimiram sua própria raiva e instruíram as filhas a ser e a agir de modo igual a si mesmas, freqüentemente têm sonhos em que figuras sádicas, particularmente homens, abusam ou torturam jovens ou mulheres. Se o pai foi violento ou abusivo de algum modo, isto se combina com as questões de raiva e de amor, pois a filha depende de seu pai e de sua mãe para receber amor e apoio, mas no entanto sofre por causa disso. Muitas dessas mulheres sonham com oficiais nazistas que aterrorizam brutalmente a sonhadora. Algumas vezes o oficial nazista está ligado à Louca, como no sonho de Grace:

> Minha mãe dirige um bordel para oficiais da SS, na Alemanha nazista. Eu sou uma garotinha pré-adolescente, e fico horrorizada com as piadas que eles fazem e com a ostentação de suas atrocidades contra os judeus. Eu tenho amigas judias e me sinto totalmente impotente e aflita por não poder fazer nada. Todos os dias, a minha mãe, que é louca, injeta em mim uma pequena quantidade de algo que entorpece minhas emoções. Quando eu chego à puberdade, espera-se que eu durma com os oficiais nazistas. Eu fujo, mas acabo me contorcendo de dor num fosso – eu pre-

ciso de outra injeção! Eu começo a voltar, totalmente enojada com o pensamento de voltar àquele inferno. Mas eu morrerei sem a injeção. Os oficiais riem de mim e de minha fútil tentativa de fuga. Como a minha própria mãe pode fazer isto comigo?

No sonho, a mãe de Grace sempre mantinha a cabeça abaixada, inclinada sobre algum trabalho como a lavagem das roupas ou a preparação da comida. Ela nunca olhava para sua filha, embora a garotinha desejasse desesperadamente o contato e a comunicação. Ela podia sentir a raiva de sua mãe enquanto a observava trabalhando e interagindo com os oficiais como se fosse uma empregada e não a dona do bordel. A raiva de sua mãe parecia ácido fluindo em suas veias. Quando sua mãe vinha procurá-la para lhe dar as injeções, parecia que ela estava sendo atingida por um choque de alta voltagem.

Grace teve este sonho por várias vezes, dos sete até os quinze anos de idade. Estes sonhos da Mãe Louca continuaram a assombrá-la até ela trabalhar para entendê-los de modo que pudesse integrar a mensagem deles e se transformar numa mulher inteira e mais sábia. Grace tinha percebido sua mãe como uma santa que perdoava tudo, e que dava amor incondicional a seu marido abusador e alcoólico. Sua mãe não conseguia livrar Grace das dolorosas surras infligidas pelo pai, que eram ainda mais assustadoras por causa da raiva que ele sentia. A mãe dela não era capaz de lidar com a raiva que Grace sentia pelas surras injustas, embora tenha tentado intervir para acabar com elas. Ela passou para sua filha a mensagem de que ela deveria ser uma boa menina e se submeter, fazendo assim com que Grace ficasse confusa sobre os tipos de comportamento que tinha de aceitar das outras pessoas e onde ela deveria colocar um limite.

A mãe de Grace tinha tentado ser a melhor mãe possível, mas ela estava limitada por sua percepção da feminilidade. Ela era fisicamente carinhosa e tentava ouvir e ajudar a filha, mas por causa de sua própria falta de consciência e de crescimento, ela não podia dar a Grace a sabedoria ou um senso de poder feminino. A avó materna de Grace tinha sido uma cristã devota que idealizava o auto-sacrifício e o sofrimento como bons e que julgava duramente qualquer pessoa que não atingisse este objetivo. Tendo sido abandonada na infância por seu pai, a mãe de Grace tentou ingenuamente viver o modelo de feminilidade de sua própria mãe. Ela também temia ter uma família sem pai, e prometeu que nunca deixaria o homem com quem se casasse.

A mãe de Grace estava condicionada a ser incapaz de ouvir os sentimentos de sua filha quando ela reclamava do pai, e o desculpava, dizendo: "Ele não queria fazer isso. Ele ama você. Ele só não mostra". A mãe de Grace tentava manter a paz a qualquer preço, pois tinha medo de apanhar se o desafiasse, e de deixá-lo se realmente encarasse a situação. Ela não tinha tempo para compartilhar as atividades femininas com Grace, e ficava exausta com o trabalho, pois a maior parte de sua energia era devotada a cuidar da casa e de seu marido alcoólico, um "filho" para quem ela era a mãe martirizada. Grace finalmente ficou imaginando se a mãe na verdade "gostava" de ser a santa martirizada, uma *mater dolorosa*, uma imagem que ela mantinha apesar do preço – uma vida dura e infeliz, e separada de sua filha. Grace viu a mãe atuando o papel de "mulher doce e amorosa casada com um pai alcoólico adolescente e abusador", e viu que outras pessoas na vizinhança também viviam assim. Grace sofreu com a confusão louca de ser amada e ao mesmo tempo aterrorizada em casa, e compreendeu inconscientemente que o relacionamento dependente e fraco entre sua mãe e seu pai era perigoso para ambos. Ao concordar com a adicção e o abuso de seu marido, a mãe de Grace tornou-se na verdade refém da forma de adicção que hoje é chamada de co-dependência.[1]

Depois de muito trabalho interno, Grace começou a perceber que seu sonho recorrente com a Louca podia ser sua própria raiva interna com relação a sua mãe, por tê-la sujeitado a "viver com o pai". Com o sonho, ela viu que a mãe tinha tentado entorpecer suas emoções, do mesmo modo como tinha se reprimido, submetendo-a ao mesmo destino que ela sentia que tinha de suportar. O sonho de Grace exprimia esta situação na imagem de uma "casa de prostitui-

ção" na qual as mulheres eram forçadas a submeterem-se aos abusos de homens sádicos no poder, simbolizados pelos oficiais nazistas. A atmosfera ameaçadora do relacionamento dependente de seus pais, e especialmente da grave co-dependência de sua mãe, era simbolizada pelas injeções entorpecentes que a mãe aplicava em Grace e que a tornavam tão dependente que tinha de retornar ao inferno de sua casa.

Com muita freqüência, Grace acordava deprimida, mesmo que por natureza fosse uma pessoa calorosa, vital e energética. Na terapia, decidiu fazer algum trabalho de imaginação ativa com a figura da Mãe Louca. Grace falou com sua "depressão", num diálogo imaginário, dizendo: "Diga-me quem você é". Quando ela formulou esta pergunta, apareceu a figura de uma Louca. A mulher estava quase morta e se parecia com uma múmia (os sonhos freqüentemente fazem trocadilhos),* e tinha apenas algumas faixas de pele viva em seu rosto. Os olhos da Louca rolavam selvagemente em seu rosto. Ela murmurou debilmente: "Eu quero morrer". Posteriormente, numa sessão de psicodrama, Grace reconheceu esta Louca decadente como um aspecto da mãe em seu sonho recorrente. Quando perguntou à figura da mãe por que ela estava se prostituindo, a mãe confessou cheia de remorso que se sentia incapaz de ajudar Grace e que não via outra forma de sobreviver a não ser se prostituir e dirigir esse bordel. Expressando sua tristeza, a mãe disse que odiava o que estava fazendo a si mesma e à filha. Mas ela sentia que era *"fraca demais e sem uma visão de mudança"*. Ela se sentia exausta e culpada, e seus nervos estavam em frangalhos com a angústia do sofrimento de ambas naquele lugar. A violência que trouxe para si mesma e para sua filha fazia com que ela ansiasse pela morte, e ela pediu para ser enterrada. Grace percebeu que precisava enterrar simbolicamente sua mãe para libertar-se da Mãe Louca internalizada que estava inibindo sua vida.

---

* Trocadilho intraduzível; mummy (múmia) e mammy (mamãe). (N. T.)

As filhas que foram criadas por mães que estavam inconscientemente com raiva ou perturbadas, freqüentemente têm sonhos com Loucas – mesmo que conscientemente elas experimentem suas mães como amorosas e carinhosas, como no caso de Grace. Algumas vezes essas mães Loucas tomam a forma de feiticeiras que ameaçam suas vidas ou que tentam aprisioná-las, como a bruxa de "João e Maria" ou, às vezes, a mãe aparece em seus sonhos como fria e rejeitadora. Algumas vezes, o lado louco da Mãe Santa aparece como um animal devorador, como o lobo em *Chapeuzinho Vermelho*. Uma filha pode ter de matar e enterrar a raiva e o ressentimento internalizados que ela compartilha com sua mãe, para poder se libertar e ser ela mesma. Escritores, poetas e artistas de todos os tipos freqüentemente fazem isto em seus trabalhos criativos, escrevendo, pintando ou dançando o personagem que precisa ser dissipado na psique. Pode ser que uma filha não tenha uma confrontação efetiva com sua mãe real – que pode ser incapaz de ouvir ou entender o ponto de vista da filha, ou que pode estar doente demais, ou morta – mas ela pode confrontar a Mãe Louca interna, reconhecer as emoções sombrias que estão funcionando de modo que a domine, e determinar conscientemente a forma que deseja se comportar.

Grace libertou-se da Mãe Louca dando atenção a seus sonhos, recebendo massagens para ficar fisicamente mais consciente de seus sentimentos, trabalhando com ele por meio da imaginação ativa, e representando-os no ambiente terapêutico seguro e contido das sessões de psicodrama. Nas sessões de psicodrama, apoiada pelos terapeutas que estavam presentes, Grace conseguiu perdoar a Mãe Louca decadente e permitir que essa figura morresse e fosse enterrada em sua psique. Apoiada por seus terapeutas, Grace permitiu que a filha louca e enojada do sonho recorrente também morresse, e ela lhe proporcionou um enterro adequado nesse psicodrama. Simbolicamente isto a libertou da energia negativa dessas figuras internalizadas e a liberou para renascer com um compromisso feminino mais forte consigo mesma. Emocionalmente, Grace teve grande sensação de alívio, acompanhada por uma mudança de energia em seu corpo.

Disse que parecia que a raiva e a vergonha tinham sido guardadas em seu abdome, como um cisto contido. Quando a cura aconteceu, a energia aprisionada foi liberada e ficou disponível para ser usada de modo positivo. Esta nova energia possibilitou que ela trabalhasse com a raiva que sentia do pai abusador em sessões de psicodrama subseqüentes, e, finalmente, Grace e seu pai puderam se reconciliar com amor, antes de ele morrer.

Depois do segundo grau, Grace deixou sua vida familiar infeliz e conflituosa e passou a viver num retiro espiritual, onde ela trabalhou com muitas mulheres que eram independentes, fortes, poderosas, amorosas e espirituais. Elas se transformaram nas mentoras positivas e maternais que faltavam em sua casa, e lhe transmitiram sua sabedoria e um senso de poder feminino. Grace considerava uma mulher, Sarah, como sua "mãe adotiva". Sarah apreciava a natureza artística e mística de Grace, e a ajudou a aprender a respeito da Louca positiva que podia uivar para a Lua e rir deliciada com as flores do jardim. Ela freqüentemente dizia a Grace, "se você tem a si mesma, você tem tudo". E Grace disse: "Até hoje, só pensar em Sarah ilumina o meu ser. A loucura dela me deu um modelo de como celebrar o amor e despertar os outros para o êxtase". Esta ajuda de Sarah e de outras mulheres possibilitou que Grace internalizasse uma mãe forte e amorosa que finalmente pôde substituir a Mãe Louca negativa que ela ocultava. E isso a ajudou a valorizar o aspecto espiritual da loucura. Grace exprimiu isto do seguinte modo: "Minha própria loucura me dá independência e desapego da crítica dos outros, quando permito que ela enriqueça minha criatividade. Eu celebro a energia que sinto na terra. Eu celebro as tempestades da natureza, os relâmpagos no céu, e permito que essa energia passe através de mim. Minha loucura permite que eu toque meu êxtase espiritual. Eu vejo agora minha parte louca como a minha parte espiritualmente desperta. A natureza é minha 'mãe boa'".

Aos vinte anos, Grace repetiu o erro de sua mãe, casando-se com um homem dominador semelhante a seu pai. Ela teve um filho. Logo no início, reconheceu que seu casamento não era ideal e começou a aprender uma profissão de modo que pudesse tornar-se independente e divorciar-se. Mais tarde, como uma mãe sem parceiro, Grace fez um esforço consciente para não repetir com seu filho os erros que ela sentia que sua mãe tinha cometido com ela. Ela lhe deu um ambiente seguro e estimulante e uma boa comunidade, compartilhou com ele seu amor pela natureza e brincou criativamente com ele. No início da adolescência, quando ele se sentiu deprimido e em conflito, Grace ouviu-o e conversou com ele sem medo e sem defensividade. Contou-lhe a respeito do sofrimento inerente a qualquer jornada do herói, como na história do Santo Graal, e esse mito universal o ajudou a sentir-se menos isolado. Ela também compartilhou com ele seus próprios momentos de confusão e o modo como eles a levaram a buscar o caminho espiritual.

Desse modo, Grace conseguiu transformar o legado de loucura recebido de sua mãe e de sua avó. Devido ao trabalho interior desenvolvido, foi capaz de sentir empatia por sua mãe, em vez de culpá-la e perpetuar seu papel de vítima. Agora eles conseguem conversar com maior compreensão, apesar das diferenças. Embora seja importante que uma filha identifique e reconheça o tipo específico de loucura que lhe foi legado, para que possa reconhecer como isto a afetou, ela precisa continuar além deste estágio de identificação e culpabilidade para poder mudar o padrão em sua própria vida. Tornar-se consciente da Louca interior faz que uma mulher seja capaz de invocar sua energia para atos criativos positivos como auto-assertividade, tornar-se uma mãe melhor para seus filhos e melhorar as condições sociais para ajudar outras mulheres a crescer. Dessa forma conseguirá interromper a cadeia de comportamento destrutivo e debilitante, e evitar legar esses comportamentos para sua própria filha e para outras mulheres das gerações seguintes. Nos próximos capítulos veremos que a Santa, ou a Mãe Agradável Demais reaparecem nos padrões de comportamento do Pássaro engaiolado e da Musa – dois papéis que podem levar as mulheres a viver como vítimas passivas –, e aprenderemos a desmascarar a Louca neles, para nos libertar e viver de modo mais pleno.

A rainha gelada

Uma das mães mais loucas é a Rainha Gelada, uma mulher dominadora e faminta de poder, que com freqüência apresenta uma sensação subjacente de inferioridade. Embora anseie secretamente por calor emocional, afasta as pessoas com suas respostas frias em relação aos seus sentimentos. A mãe Rainha Gelada retrai-se, rejeita e abandona. Freqüentemente se congela numa posição de superioridade com uma racionalidade fria, e coloca um valor supremo na ordem, na limpeza e na perfeição. A Rainha Gelada punirá freqüentemente suas filhas com observações críticas aguçadas que as deixarão humilhadas e envergonhadas, se elas não tiverem seu senso de disciplina e sua necessidade de perfeição. Uma Rainha Gelada tende a sabotar qualquer sentimento bom, porque ela teme ou tem ciúmes das emoções calorosas e abrangentes dos outros. Uma mulher descreveu como sua mãe a feria com palavras geladas sempre que ela se sentia expansiva, entusiasmada, ou extática, chamando-a de volta à terra e à "responsabilidade". A mãe Rainha Gelada sente-se desconfortável com presentes ou generosidade, e com freqüência retribui um presente com uma observação gelada – uma estocada aguçada com um furador de gelo, no coração de quem a presenteou. Ela quer ser ouvida, mas não quer ouvir os outros, especialmente quanto a seus sentimentos, e pode cortar a conversa. Mas a Rainha Gelada espera atenção total quando está pronta para relacionar-se.

Algumas filhas de Rainhas Geladas não conseguem receber calor de outras fontes, e já tendo sido geladas pela frieza de suas próprias mães, também se transformam em Rainhas Geladas. Essas filhas, com freqüência, têm dificuldade em receber amor, e procuram constantemente motivos ocultos, pois aprenderam que qualquer sentimento caloroso que suas mães lhes concediam tinha um preço emocional ou psicológico. A filha da Rainha Gelada que repete o padrão de sua mãe, em geral deseja amor e adoração de seus amigos e companheiros, mas não consegue retribuir esses sentimentos. Outras filhas, ansiando derreter a atmosfera glacial legada por suas mães, procuram o calor que não receberam quando crianças, e às vezes se tornam abertamente dependentes, sempre buscando os cuidados que suas mães não lhes deram.

A mãe Rainha Gelada pode ser muito controladora e tende a ser ambiciosa. Freqüentemente, é uma especialista em manipular para conseguir o que deseja. Pode manobrar e se promover mais facilmente do que suas irmãs mais sensíveis, pois tende a ser inacessível e insensível aos sentimentos. Com freqüência, é politicamente astuta, e sabe como cuidar de si mesma no mundo e "vender seu peixe"; ela tem uma opinião sobre tudo.

Há muitos filmes com a personagem Rainha Gelada. Diversas personagens representadas por Bette Davis e Joan Crawford nos filmes de Hollywood nos anos 40 e 50 representam Rainhas Geladas – freqüentemente mulheres jovens, ricas e ambiciosas em Nova York. A mãe no filme *Gente como a gente*, de 1980, e a protagonista representada por Glenn Close em *Ligações perigosas* são outros exemplos. Mulheres ricas freqüentemente terminam como Rainhas Geladas; jóias e metais envolvem seus pescoços e pulsos como uma armadura; o raio do dólar marca seu olhar. Às vezes, essas mulheres percebem que o dinheiro não pode lhes trazer o amor pelo qual realmente anseiam, e se refugiam no estupor do álcool e das drogas para fugir de seus sentimentos. O filme *O reverso da fortuna*, que conta uma história verdadeira, mostra o *pathos* por trás da aparência fria de uma esposa e mãe que entrou em coma por causa do álcool e das drogas para evitar seus sentimentos. Entretanto, mesmo em coma, ela mantém seu poder sobre os outros.

O modo como as mulheres são feridas pela cultura patriarcal, e freqüentemente se transformam em Rainhas Geladas, é representado no filme de Rainer Werner Fassbinder, *O casamento de Maria Braun*. Maria, uma jovem alemã, ama Hermann e casa-se com ele imediatamente antes da guerra. Ele vai para a guerra e a família sofre com a pobreza. Quando a guerra termina e ele não volta, ela acredita que ele esteja morto e tem um caso com Bill, um homem negro gentil e amoroso. Hermann volta inesperadamente para casa enquanto

Maria e Bill estão se amando; na confusão e luta que se seguem, Maria acidentalmente mata Bill. Hermann insiste em confessar o crime no lugar dela e vai para a prisão. Maria, que ainda ama Hermann, espera pela libertação dele, mas se torna cínica e enraivecida, e luta para transformar-se numa mulher de negócios, pois está cansada da pobreza. Começa a manipular os homens sexualmente para subir em sua carreira e ganhar dinheiro e poder. Ela segue as regras masculinas, transforma-se numa fria oportunista, e atingindo seus objetivos passa a ser o poder por trás de uma empresa inescrupulosa. Ela é a amante do chefe, Oswald, e tem o poder nesse relacionamento. Entretanto, sem que ela soubesse, Hermann fez um acordo com Oswald para ficar fora do caminho enquanto Oswald viver, e então herdar metade dos bens quando da morte de Oswald. Assim, embora Maria pareça ter o poder, na verdade ela está nas garras desses dois homens.

No processo de construção de seu poder, Maria, como tantas Rainhas Geladas, usa o sistema patriarcal para seus próprios fins e não o questiona. Trai espiritualmente a si mesma, ao depender da competição e do sucesso material. Transforma-se numa fumante inveterada, o que simboliza sua contribuição para a poluição. Fica bastante confusa quando Hermann volta, e finalmente toma conhecimento do acordo secreto entre os dois homens. Sentindo-se traída, incapaz de entregar seu poder em troca do amor, ela "acidentalmente" explode sua casa, esquecendo que tinha aberto o gás e acendendo um cigarro (que simboliza a fria distância que mantinha das pessoas). A explosão da casa simboliza o modo como a energia destrutiva da Louca pode ir às últimas conseqüências, e como um padrão pode rapidamente transformar-se em seu oposto. Neste caso, os sentimentos congelados da Rainha Gelada explodem na violência da Mulher Dragão. O filme é um tratamento simbólico não só da mulher que se transforma na Rainha Gelada, ainda dirigida pelo poder patriarcal, mas também de toda a nação alemã, impulsionada pelo perfeccionismo gelado até o limite da destruição.

A profundidade e a violência da raiva que pode ser passada para a filha de uma mãe Rainha Gelada estão refletidas no seguinte sonho de uma filha chamada Irene:

> Ao passar por uma casa, olhei pela janela da cozinha e vi uma mulher trabalhando mecanicamente. Ela me lembrou minha mãe. Eu me transformei num monstro. Eu sou uma criatura de madeira, parecida com um verme. Com uma energia super-humana, luto com a mulher, jogo-a no chão e a sufoco. Ela se transforma em arame retorcido. Loucamente, eu enfio o arame em minha vagina.

A mãe de Irene era uma Rainha Gelada enraivecida, que governava a casa com a eficiência e a ordem de uma oficial militar, constantemente criticando sua filha. A mãe era perfeccionista, que também controlava a família por meio de suas atitudes com relação à comida. Para Irene, isto resultou num distúrbio alimentar. O sonho mostra o frio controle com relação à comida por meio da imagem da mãe mecânica na cozinha. Um pouco mais tarde em sua vida, Irene encontrou outra mãe Rainha Gelada – uma professora que era uma famosa Rainha Gelada no mundo da dança. A professora era fria e brutalmente perfeccionista, exigindo que seus alunos de dança fossem resistentes ao extremo – uma das associações de Irene com a "mãe de arame".* Quando, no sonho, a filha transforma-se numa Louca monstruosa e sufoca sua mãe, ela também fere a si mesma ao enfiar a "mãe de arame" em sua vagina. Isto sugere que sua sexualidade feminina está ferida, e também sugere um sentimento destrutivo com relação à capacidade feminina de trazer a vida ao mundo. Irene era uma escritora extremamente criativa, que tinha dificuldade em conseguir que seu melhor trabalho fosse publicado. As mulheres que sofrem a fria crítica de mães Rainhas Geladas freqüentemente têm dificuldade para reconhecer o valor interno e externo de seu próprio trabalho criativo.

---

* Jogo de palavras intraduzível, em inglês a raiz da palavra arame (*wire*) é a mesma da palavra resistente (*wiry*). (N. T.)

A fria corrente de mágoas: sonata de outono

O filme de Ingmar Bergman, *Sonata de outono*, que examinaremos agora mais detalhadamente, conta a história da confrontação dolorosa entre duas Loucas – uma mãe e uma filha. Ele revela o relacionamento difícil e complicado que pode levar as mulheres a uma forma de loucura na qual ambas saem feridas. Como diz a filha, Eva:

> Uma mãe e uma filha – que combinação terrível de sentimentos e confusão e destruição! Tudo é possível e tudo é feito em nome do amor e da solicitude. As mágoas da mãe são passadas para a filha, as desilusões da mãe devem ser pagas pela filha, a infelicidade da mãe deve-se transformar na infelicidade da filha. É como se o cordão umbilical nunca tivesse sido cortado. O fracasso da filha é o triunfo da mãe, a tristeza da filha é o prazer secreto da mãe.[2]

A mãe, Charlotte, é uma Rainha Gelada, cujos sentimentos estão congelados, enquanto a filha, Eva, sofre com a crença de que ninguém poderá amá-la jamais – uma reação típica das filhas de Rainhas Geladas. Eva sente que não sabe e nem mesmo pode se arriscar a saber quem ela é. Acreditando que não é digna de amor, teme que possa descobrir algo horrível sobre si mesma. Pensa que se ao menos alguém pudesse amá-la verdadeiramente, ela poderia se arriscar a olhar para si mesma. Eva não consegue ver que seu marido a ama genuinamente, não consegue acreditar e não pode retribuir o amor dele. Como sua mãe, ela é também uma Rainha Gelada em seu relacionamento com o marido. Eva só amou plenamente uma pessoa – seu filho, que morreu jovem. Secretamente, ela ainda espera receber esse amor sincero de sua mãe, mas, ao mesmo tempo, nutre um ressentimento amargo com relação ao distanciamento e ao julgamento crítico de sua mãe, que a feriram quando era uma menininha. Eva guardou essa raiva e confusão em seu coração durante a maior parte de sua vida, e acusa a mãe de só ter dado importância à carreira de pianista e de ter abandonado a ela e a sua irmã mais nova, Helena, que sofre de uma doença degenerativa.

Eva convida sua mãe para visitá-la, esperando conscientemente que haja uma reconciliação. Mas Eva trouxe Helena para junto delas sem contar à mãe. Charlotte não deseja encarar seus sentimentos, pois se sente culpada pelo modo como se relacionou com suas duas filhas. Ela também anseia por uma reaproximação com Eva, mas não sabe como falar com ela, e não está disposta a passar pelo sofrimento que este auto-exame provocaria. Charlotte está solitária e confusa com a morte recente de seu marido, e não viu Eva por sete anos, enquanto esteve viajando em turnês internacionais de concertos. Nesse período, ela também esteve doente, com depressão nervosa, e ocultou de Eva.

Logo que sua mãe chega, Eva não consegue suprimir a terrível raiva provocada pelos ferimentos que a fria indiferença de sua mãe lhe causou. Quando Eva toca piano a pedido de sua mãe, sente sua condescendência – finalmente, ela diz que Eva foi muito emocional em sua execução de Chopin. Tecnicamente, a peça requer uma emoção contida.

Charlotte fica enraivecida ao saber que Helena está na casa e ao confrontar a filha doente, representa a mãe gentil e sorridente. Charlotte está ferida internamente – e sente tanto a dor de ver a filha doente quanto a culpa por tê-la deixado numa casa de saúde. Mas as lágrimas de Charlotte estão congeladas e ela as oculta colocando um alegre vestido vermelho, e faz planos de encurtar sua visita. Eva deixa escapar sua amargura. Ela pensa consigo mesma: "Nunca deixamos de ser mãe e filha?... É como um fantasma pesado que cai de repente em cima de você quando abre a porta do quarto das crianças, pois tinha esquecido há muito tempo que essa *é* a porta do quarto das crianças".[3]

Eva se parece com muitas filhas de mães Rainhas Geladas – confusa e incapaz de falar ou de expressar seus sentimentos. Charlotte nunca conseguiu tolerar lágrimas ou nenhum tipo de emoção, e continua distante de Eva, sempre cobrindo seus sentimentos com

um falso sorriso de tolerância. Para confrontar sua mãe, Eva bebe demais, e revela repentinamente sua loucura – da qual ela se envergonhava e que temia revelar a Charlotte. Eva confessa como sempre se sentiu feia e desajeitada, até mesmo repulsiva, diante de sua alta, bela e aristocrática mãe, e como chorava em segredo porque sabia que sua mãe detestava lágrimas. Diante desta mãe fria e composta, Eva sempre se sentia muda, mesmo quando Charlotte dignava-se a dirigir-lhe a palavra. Eva tenta dizer a Charlotte como era ser uma filha confrontada com uma mãe tão distante e segura, que tratava sua filha como uma boneca para a qual ela tinha tempo de vez em quando.

> Então minhas faces ficaram em chamas e eu comecei a suar, mas não conseguia dizer nada – eu não tinha palavras porque você havia se apoderado de todas as palavras em casa. Eu a amava, era uma questão de vida ou morte – pelo menos eu pensava assim – mas eu não confiava em suas palavras. Eu sabia instintivamente que você quase nunca queria dizer aquilo que dizia. Você tem uma voz tão bela, mãe... Eu não entendia suas palavras – elas não combinavam com sua entonação ou com a expressão de seus olhos. O pior de tudo era que você sorria quando estava com raiva. Quando você odiava o papai, você o chamava de "meu querido amigo"; quando você estava cansada de mim, você me dizia: "menininha querida". Nada se encaixava.[4]

Eva continua, dizendo a sua mãe que quando era criança, amava-a e estava convencida de que Charlotte sempre estava certa e que ela sempre estava errada, uma herança freqüente da falta de auto-estima sentida pela filha de uma Rainha Gelada. Embora Charlotte nunca a tivesse criticado diretamente, Eva sempre sentiu que sua mãe insinuava que ela estivesse errada. E agora conta a sua mãe que, como conseqüência, ela sentia que não tinha identidade própria.

> Eu me sentia paralisada, mas uma coisa eu entendia bem claramente: não havia nenhum pedaço de meu eu real que pudesse ser amado ou mesmo aceito. Você era obcecada, e eu fiquei cada vez mais assustada, cada vez

> mais oprimida. Eu não sabia mais quem eu era, porque em todos os momentos eu precisava agradar a você. Eu me transformei num fantoche desajeitado que você manobrava. Eu dizia aquilo que você queria que eu dissesse, eu fazia os seus gestos e movimentos para que você me aprovasse. Eu não ousava ser eu mesma nem por um segundo, nem mesmo quando estava sozinha, porque eu odiava violentamente aquilo que eu era.[5]

Eva confessa que era um pesadelo, pois pensava que elas se amavam mutuamente e não percebia o quanto na verdade odiava sua mãe. Seu ódio inconsciente transformou-se num medo louco que transparecia em sonhos horrendos, e também em seus hábitos de puxar o cabelo e morder os dedos. Charlotte tinha mandado Eva a um psiquiatra, pois não podia expressar seu desespero, nem gritar ou articular de algum modo seus sentimentos. Eva agora a acusa de ter rompido um relacionamento de amor e de tê-la levado a um aborto, fingindo sentir simpatia por sua situação. Ela censura sua mãe por querer dominá-la, e, no entanto, tê-la abandonado.

Chocada, Charlotte pergunta a Eva por que ela nunca falou sobre isso com ela. Finalmente libera a raiva que estava ocultando e Eva descreve o modo como sente sua mãe. Ela a odeia,

> [...] porque você nunca escutava. Porque você é uma escapista notória, porque você é emocionalmente deficiente, porque na verdade você detesta a mim e a Helena, porque você está desesperadamente fechada dentro de si mesma, porque você sempre está sob sua própria luz, porque você me carregou em seu útero frio e me expeliu com repugnância, porque eu a amava, porque você pensava que eu era desagradável e estúpida e um fracasso. E você agiu de modo que me ferisse para a vida do mesmo modo como você está ferida. Você arranhou tudo que era sensível e delicado, você tentou abafar tudo que era vivo. Você fala do meu ódio. O seu ódio não era menor. *O seu ódio não é menor.* Eu era pequena e maleável e amorosa. Você me prendeu, você queria o meu amor, do mesmo modo que queria que todos a amassem. Eu estava totalmente à sua mercê. Tudo foi feito em nome do amor. Você ficava dizendo que amava a mim e ao papai e a Helena. E você era uma especialista nas entonações e

nos gestos do amor. Pessoas como você – pessoas como você são uma ameaça, vocês deveriam ficar trancados e impedidos de causar danos... Nós vivemos sob suas condições, seguindo seus pequenos e mesquinhos sinais de favor. Nós pensamos que a vida devia ser daquele jeito. Uma criança é sempre vulnerável, não pode entender, é impotente. Ela não pode entender, não sabe, ninguém diz nada. Ela é dependente dos outros, é humilhada, e aí vem a distância, o muro intransponível. A criança chama, ninguém responde, ninguém vem. Você não consegue ver?[6]

Eva expressa a raiva que uma filha sente a distância, a rejeição, e a humilhação de uma mãe Rainha Gelada. Ninguém responde quando a filha pede socorro, e assim ela permanece muda a maior parte do tempo. Este analfabetismo e essa falta de articulação emocionais normalmente são passados de mãe para filha. Algumas vezes, a Rainha Gelada torna-se retraída, reagindo a uma mãe Mulher Dragão, uma mulher que sobrecarrega sua filha com tanta emoção e força que o único modo de sobreviver é fugir por meio do retraimento. Ou, como Charlotte, ela pode repetir o padrão de sua própria mãe, uma Rainha Gelada que nunca mostrou calor ou atenção para com suas filhas. Os pais de Charlotte haviam sido matemáticos famosos – totalmente envolvidos com o trabalho e um com o outro. Embora fossem gentis com os filhos, não estavam verdadeiramente interessados neles. Charlotte não conseguia se lembrar de alguma vez ter sido tocada por seus pais. Ela nunca havia sido acariciada ou punida. Sua única expressão emocional era o sentimento que ela experimentava ao tocar piano. Sabia que podia deixar os outros felizes com suas execuções, mas permanecia isolada, sentindo-se separada da vida. Ela se sentia "*espremida para fora do corpo de minha mãe. Ele se fechou e se virou imediatamente para meu pai. Eu não existia*".[7] Sem querer olhar para si mesma, para reconhecer ou para tentar curar suas mágoas, Charlotte passou para suas filhas a herança do padrão enlouquecido da Rainha Gelada.

Charlotte tenta defender-se de Eva. Admite a culpa por ter deixado sua família, e que sente dores excruciantes nas costas, que a impedem de tocar. Quando suas execuções começaram a decair, percebeu que sua vida não tinha sentido. Decidiu passar algum tempo com a família, mas então notou que era um fardo para Eva e para o pai dela. Charlotte confessa a sua filha que era incapaz como mãe e que vários anos antes tinha ficado doente, e depois sofrido uma depressão. Surpresa por estar dizendo coisas que nem mesmo sabia sobre si mesma, diz a Eva que secretamente tinha medo de sua filha e de suas exigências. Charlotte tinha até mesmo desejado que Eva a consolasse e cuidasse dela. A mãe queria ser abraçada por sua filha. Charlotte sentia-se incapaz, desajeitada, impotente e assustada demais para ser uma mãe. Sua filha sempre parecia ser mais forte do que ela. Desesperadamente, Charlotte suplica que Eva a perdoe e a ensine a se relacionar.

Entretanto, Eva não consegue aceitar as desculpas, e continua a acusar Charlotte, dizendo-lhe que os filhos não têm de cuidar de suas mães. A voz enraivecida de Eva, que se recusa a perdoar a mãe por ter abandonado Helena e a ela, acorda Helena que chama pela mãe. Ambas, Eva e Charlotte correm para ela, mas Helena quer os braços da mãe. Nesse momento, Charlotte deita sua cabeça no colo de Helena, como se quisesse ser curada por sua filha doente.

Charlotte sente-se oprimida pela necessidade de fugir. Ela não consegue suportar o sofrimento de sua filha doente e fica imaginando como Helena consegue suportar a vida com sua doença. Ela pensa que Helena estaria melhor morta. E ela também não consegue encarar a confrontação emocional com Eva. Depois de ir embora, Charlotte reconhece para si mesma seus sentimentos de isolamento e saudades de casa. Percebe que anseia por algo maior. Mas não está disposta a olhar mais profundamente para dentro de si mesma. Admite sua depressão, mas continua colocando-a de lado: "Eu não posso ser importunada com o autoconhecimento. Eu terei de viver sem ele".[8]

Eva reconhece que afastou sua mãe, e que Charlotte está assustada e cansada, envelhecendo. Sozinha, Eva se lamenta e para consolar-se vai sentar-se no túmulo de seu filho, Eric. Não consegue

dormir e sofre ao perceber que tinha esperado demais deste encontro com sua mãe. Porque foi cheia de exigências, em vez de afeição. Reflete que Helena deu amor à mãe, mesmo estando doente, enquanto ela, Eva, alimentou seu amargo ressentimento, mantendo Charlotte a distância. Sentindo que errou, Eva escreve a Charlotte, contando-lhe sua descoberta e pedindo outra oportunidade. A filha aprendeu que a coisa mais importante é "... afinal de contas, uma espécie de compaixão. Eu quero dizer, a enorme oportunidade de cuidar uma da outra, de ajudar uma à outra, de mostrar afeto".[9] Mesmo sabendo que a carta pode não ser entregue a sua mãe, ou que Charlotte pode nem lê-la, Eva promete a si mesma que não desistirá de fazer contato com sua mãe. Aprendeu que o amor é a única chance de transformação futura e de sobrevivência da humanidade.

Finalmente, transforma a raiva em compaixão porque é capaz de desistir de seu próprio apego à Rainha Gelada. Abandona a posição de vítima de sua mãe, quando consegue perdoá-la. Contudo, para fazer isso, ela primeiro tem de sentir todo o sofrimento de sua dor e sua raiva com relação à mãe. Tem de passar pelo caos e pela confusão, descer até o desespero louco, e expressá-lo. Neste caso, Eva o expressa para uma mãe que não consegue tolerar o sofrimento e a consciência necessários para a transformação mútua. A loucura da mãe permanece congelada; ela não pode mudar sem se dispor a olhar para dentro.

A filha de uma rainha gelada: a história de Victoria

A Charlotte da ficção se parece com a mãe adotiva de Victoria, uma de minhas clientes. A mãe de Victoria é uma Rainha Gelada que sempre permaneceu distante e condescendente em relação ao entusiasmo e à expressão emocional da mulher mais jovem, repetindo o padrão de expressão e de julgamentos gelados e de rejeição que tinha experienciado com sua própria mãe. Nunca compartilhou livremente suas próprias experiências de vida para ajudar sua filha a aprender sobre a vida feminina. Criticava-a por querer sua atenção, mas sempre que Victoria exprimia sentimentos de inferioridade ou de ser ruim, empatizava-se com ela, inconscientemente incentivando-a a continuar fraca e dependente.

Quando Victoria, faminta de amor, voltou-se para o sexo como um substituto do amor que não estava recebendo, sua mãe a considerou imoral. Mas, mesmo assim, a mãe ouvia os relatos de Victoria sobre seus casos eróticos, com um prazer deslocado que incentivava a filha a "viver a vida da mãe por ela". Victoria estava vivendo uma representação da sexualidade reprimida de sua mãe, sua sombra, o que provocava a repulsa que a mãe sentia com relação à promiscuidade de Victoria. Esta mensagem ambígua fazia que Victoria se sentisse confusa e louca, e vítima de sua própria obsessão sexual. Reconheceu que isso era uma adicção, e procurou ajuda num grupo de doze passos, no qual recebeu um amor não indulgente e pôde trabalhar com essas questões. Depois disso, começou a se sentir livre dessa obsessão, se apaixonou por um homem, e foi capaz de se comprometer com esse relacionamento.

Quando Victoria tornou-se saudável e forte, e pôde relacionar-se com um homem de uma forma comprometida, sua mãe deixou de responder a suas cartas. Ela era ríspida e indiferente, e só falava sobre sua "filha boa", a irmã muito mais nova de Victoria, também adotada, e que ainda morava com a mãe. É claro que com isto a mãe insinuava que Victoria era a "filha ruim". A mãe recusou-se a visitar Victoria quando ela se casou. Finalmente, rompeu completamente o relacionamento com Victoria, escrevendo-lhe uma carta em que dizia que Victoria nunca mais deveria lhe escrever ou visitá-la.

Felizmente, Victoria estava bem adiantada no caminho de sua recuperação quando aconteceu esta rejeição final. Além disso, ela havia recebido muitos avisos em sonhos: sonhou que sua mãe a levava até um rio semicongelado e lhe dizia para atravessar e continuar sozinha. Depois de ter cruzado a corrente gelada, viu-se subitamente

no mundo subterrâneo, diante de um grupo de homens agitados, e todos tentavam seduzi-la. O irmão de sua mãe, que simbolizava o lado masculino sedutor da mãe, pedia-lhe que se juntasse aos homens. Na época, Victoria não entendeu este sonho, pois na realidade gostava de seu tio.

Victoria teve também diversos sonhos em que sua mãe morria e a deserdava. À medida que Victoria recuperava-se, sua mãe parou de responder a suas cartas, e, como conseqüência, teve muitos sonhos recorrentes nos quais a mãe a rejeitava de diversas formas. Nesses sonhos, a mãe era arrogante, petulante, condescendente, altiva e autoritária, e, freqüentemente, jogava-lhe na cara que sua irmã era a boa filha, cumpridora de suas obrigações. Às vezes, nos sonhos, quando Victoria tentava visitar ou escrever para a mãe, a irmã interceptava cartas e telefonemas ou lhe dizia que a mãe não estava em casa. Algumas vezes, ninguém respondia a seus telefonemas.

Freqüentemente a mãe de Victoria aparecia nos sonhos numa atmosfera fria. Certa vez, jogou um ramalhete de íris na neve em frente da porta de Victoria; as flores ficaram nos degraus gelados, como se fossem um jornal molhado e estragado. Em outro sonho, a mãe envergonhava Victoria diante da "boa filha". Outras vezes, falava com Victoria como se esta fosse uma doente mental de quem ela poderia cuidar ou não. Neste sonho, a mãe era fria, distante e condescendente, e se sentia bem com a dependência de Victoria. Isso foi uma pista de que a mãe de Victoria realmente queria que ela permanecesse doente.

Victoria sentia-se como se de algum modo nunca tivesse tido uma mãe, como se o relacionamento não tivesse existido. Como ela havia chegado a existir? Então, teve um sonho de que devia contatar sua mãe pela última vez para tentar alcançar uma reconciliação. Mas ela não tinha certeza de que devia fazê-lo. No sonho, pedia conselho a uma amiga bastante sensata, e que trabalhava como psicoterapeuta. A referida amiga lhe disse (no sonho) que o sonho estava tentando lhe mostrar que ela precisava parar com suas tentativas de alcançar essa mãe rejeitadora e focalizar-se no desenvolvimento de sua mãe interior nutridora. Logo em seguida, Victoria encontrou uma terapeuta famosa, escritora de muitos livros sobre a transformação feminina. A terapeuta, mais velha, disse que sabia quem Victoria era e que gostaria de ter podido conhecê-la melhor. No final do sonho "de pés no chão", Victoria andava pela floresta com sua amiga, e se sentia bem por estar com alguém que reafirmava a vida. Neste sonho, as duas mulheres curativas positivas – a professora mais velha que pertencia à geração de sua mãe, e a amiga calorosa que tinha sua própria idade – simbolizavam os lados femininos positivos de Victoria.

Victoria teve um último sonho a respeito de sua mãe Rainha Gelada, que confirmou, sem sombra de dúvida, sua capacidade de nutrição maternal que tinha se desenvolvido internamente.

> Com um gesto gelado e real, a mulher que eu amava como se fosse minha mãe, baniu-me de seu reino. Exilada, parti confusa e tive de subir uma colina verde e íngreme. Animais gigantescos e primitivos entraram na clareira, vindos da floresta – cavalos enormes e mamutes peludos da Era Glacial. Surpresa e assustada, acordei, imaginando se deveria me refugiar no reino da rejeição ou encarar os grandes animais antigos e seguir em direção a uma nova vida. Eu decidi seguir adiante.

Quando Victoria pesquisou sobre os mamutes, descobriu que eles eram considerados criaturas enormes e gentis, especialmente cuidadosas com seus filhotes. Esta imagem confirmou a percepção de que Victoria tinha a capacidade de cuidar de si mesma. Ela agora sabia conscientemente que era capaz de respeitar a si mesma e a seus próprios instintos.

Curando a rainha gelada: um conto de fadas

A cura da Rainha Gelada requer que os sentimentos congelados sejam descongelados. Existe na natureza uma analogia para este pro-

cesso de fusão. Os campos gelados suportam muito pouca vegetação. Mas gradualmente, conforme as geleiras derretem, a vida começa a reaparecer: primeiro, pequenos tufos verdes, depois arbustos e árvores, e então as flores e a vida animal retornam. Se você tiver a oportunidade de viajar pelos fiordes do Parque Nacional Glacial do Alasca, poderá ver isto acontecendo na frente de seus olhos. Circundando o grande glaciar existem rochas e pedras. Em seguida, quando se sai da área glacial, há uma crosta negra formada, sobretudo, por algas; depois alguns tufos de musgos, depois flores silvestres e arbustos de amieiro e de salgueiro, e finalmente árvores pequenas – abetos e cicutas – que dão lugar a florestas maduras. Você pode ver a transformação gradual desde a rocha nua até a vegetação, à medida que viaja pelo fiorde, desde os pontos mais distantes do glaciar até a terra, onde as coisas estão crescendo.

As Rainhas Geladas e suas filhas podem aprender com este processo da natureza. O crescimento acontecerá naturalmente, se elas saírem da atmosfera gelada – o ambiente congelante externo da mãe e os *icebergs* internalizados que se formaram na psique. Freqüentemente é necessário um descongelamento dramático para que o processo seja iniciado. Algumas mulheres presas na síndrome da Rainha Gelada tentam inconscientemente alcançar este descongelamento mediante consumo exagerado de álcool (aguardente) ou de encontros sexuais repetidos, buscando uma paixão obsessiva e insatisfatória. Outras, ainda, procuram o calor e o amor por intermédio da comida, ou tentam compensar comprando roupas e tentando ser glamourosas.

Essas formas de buscar calor não satisfazem realmente nem trazem mudanças duradouras, pois são externas e freqüentemente destrutivas. Um derretimento produtivo e positivo da Rainha Gelada deve vir de um calor interno e consciente, de uma cura interior. A Rainha Gelada precisa aceitar o sofrimento e o profundo ferimento que provocaram sua formação, e aliviar a vergonha e o senso de inferioridade que sente secretamente. Como a Rainha Gelada tende a ficar envergonhada com as lágrimas, considerando-as fraqueza e imperfeição, ela precisa aprender que um profundo choro do coração pode derreter seus sentimentos congelados. Lágrimas de empatia por si mesma e por todos os que estão presos neste padrão frio podem ajudar a curar a Rainha Gelada. O humor também é curativo para a Rainha Gelada, pois é necessário aprender a rir de si mesma e de suas imperfeições humanas.

"A rainha da neve": uma cura

Nos contos de fadas, como nos sonhos, diversas personagens podem ser vistas como partes de nós mesmos. *A Rainha da Neve*, um conto de fadas de Hans Christian Andersen, mostra como uma Rainha Gelada fere os outros e o que é necessário para a cura. A Rainha da Neve é o título de uma bela imperatriz da região do Pólo Norte, que voa por toda parte, mas nunca permanece na terra. Ela é feita de gelo e pode congelar as coisas com um olhar. Um jovem, Kay, teve o olho e o coração atingidos por fragmentos de um espelho quebrado que pertencia ao Demônio. Ele perde seus bons sentimentos e se torna maldoso com sua amiga Gerda. Ele vê tudo de um aspecto feio, e fica fascinado pela perfeita Rainha da Neve, que o prende como refém em seu Palácio de Gelo. Isto pode ser interpretado como se as mulheres presas no padrão de comportamento da Rainha Gelada fossem como meninos, congeladas e presas numa armadura imatura de masculinidade congelada e artificial.

Para salvar seu amigo, Gerda viaja até o reino da Rainha da Neve, apenas com sua espontaneidade e seus sentimentos bons e calorosos para ajudá-la. As pessoas, as flores e os animais a ajudam no caminho, pois ela é vulnerável e aberta e ouve a natureza. A cura do dano provocado pela Rainha Gelada nas pessoas requer esta vulnerabilidade. Quando Gerda oferece ao rio seus sapatos vermelhos favoritos, em troca de seu amigo, ela mostra que dá valor às águas fluentes da vida e que está disposta a fazer os sacrifícios necessários por amor. O sacrifício dos sapatos vermelhos pode simbolizar a entrega das posições obsessivas e aprisionantes, passadas de mãe para

filha, como é expresso pelo poema de Anne Sexton na epígrafe deste capítulo. A Rainha da Neve, cujos sentimentos estão congelados, precisa aprender exatamente isto – soltar-se e entregar-se ao fluxo do sentimento. A posição de poder e controle que a Rainha da Neve tem do alto de seu trono, isola-a e está em agudo contraste com a vulnerabilidade e a inocência da jovem dentro dela. Ela perdeu o acesso ao lado feminino jovem e gentil de si mesma, representado por Gerda no conto de fadas.

A jovem heroína continua sua jornada com os pés descalços, simbolizando sua humildade e proximidade com a terra. O perigo que ela corre é o de esquecer seu objetivo por causa de sua natureza suave – por seu desejo de agradar aos outros –, como pode ser desviada de seu caminho por seu amor aos folguedos e às coisas belas e mágicas, como quando ela é detida no jardim de uma estranha velha que faz que ela perca a memória. A velha, que quer se apoderar da suavidade de Gerda, na verdade é um outro aspecto da mãe Rainha Gelada que deseja prender sua filha, ao mesmo tempo que a rejeita. Para fazer isto, ela pode seduzi-la pela beleza e de uma fachada gentil, como a mãe em *Sonata de outono*, ou dando-lhe atenção apenas quando a filha está doente ou se sentindo inferior, como no caso de Victoria. O aspecto devorador e possessivo da Rainha Gelada freqüentemente é oculto sob sua máscara de perfeição, e a mulher que procura salvar-se da Rainha Gelada precisa estar alerta para o perigo dessas seduções faiscantes.

Lágrimas quentes são a graça salvadora para Gerda. Ela chora enquanto está procurando rosas, simbolizando o amor de seu amigo Kay, e suas lágrimas molham a terra, fazendo que as rosas floresçam novamente, lembrando-a de que precisa continuar sua jornada até encontrá-lo. Suas lágrimas não são as de uma vítima, mas as lágrimas do sentimento natural que aquecem o coração, e que podem iniciar o descongelamento de uma Rainha Gelada.

Os pés de Gerda estão machucados e ela está cansada, mas apesar disso ela não desiste de sua jornada. Desistir é uma das formas em que as mulheres fracassam em transformar a Rainha Gelada. Se você estiver fazendo uma caminhada numa área fria e nevada, e parar por causa do cansaço, provavelmente terá frieiras ou congelará até a morte. Assim, você também precisa perseverar numa jornada para confrontar a Rainha Gelada ou perecer, inconsciente da liberdade que poderia ter finalmente conseguido se tivesse persistido. Sempre existe o perigo de desistir, de ficar paralisada por sua aparência gelada. Algumas vezes, você tem de romper um relacionamento destrutivo para poder continuar em seu próprio caminho, como Victoria desistiu do relacionamento obsessivo com sua mãe Rainha Gelada rejeitadora para poder continuar com sua vida. Quando ela deixou o reino gelado de sua mãe, encontrou os mamutes quentes e peludos, que simbolizam uma enorme energia nutridora interior.

No conto de fadas, conforme Gerda continua sua jornada, ela encontra muitas personagens que a ajudam. Recebe o auxílio de um casal real, que a convida para ficar em seu castelo. Eles simbolizam a futura possibilidade de realeza interior, mas Gerda precisa ir mais longe antes de poder realizar isto. Aceitando a ajuda deles – uma carruagem, comida e um fino agasalho para as mãos – Gerda continua sua busca.

Um encontro com uma jovem Ladra sugere o encontro de Gerda com seu lado sombrio. Gerda é doce, mas precisa de um pouco da astúcia e esperteza da jovem Ladra para ter sucesso em sua busca. Como a Rainha Gelada apresenta uma imagem de perfeição, sua transformação requer que seu lado sombrio seja encontrado. Assim, Gerda troca seu belo agasalho de pele pelo agasalho da mãe da jovem Ladra. A troca dos agasalhos simboliza a troca de conhecimento e a aceitação. A mãe da jovem Ladra também bebe demais, sugerindo o uso ineficaz do álcool por parte de algumas Rainhas Geladas, na tentativa de derreter sua armadura. O agasalho simboliza tanto uma conexão com a mãe sombria quanto um aquecimento.

A jovem Ladra também dá a Gerda um animal auxiliar, uma rena que possibilita que ela complete sua jornada. A rena é um animal gentil, mas selvagem, e pode sobreviver nas regiões árticas gela-

das (lar da Rainha Gelada). É um animal nômade que migra uma vez por ano para ter os filhotes. Nas culturas xamânicas, a rena simboliza a capacidade de viajar entre o mundo humano e o mundo dos espíritos. Do mesmo modo como precisamos estabelecer pontes entre os domínios pessoais e arquetípicos, conforme entendimento da forma como a dinâmica universal da Rainha Gelada funciona pessoalmente em nós mesmos para poder nos transformar ou nos liberar dela, assim a rena ajuda Gerda a estabelecer um ponto entre esses domínios e a leva para buscar ajuda com duas velhas.

Elas representam dois aspectos da sabedoria da mãe nutridora: a mulher lapã alimenta e dá abrigo a Gerda, e a mulher finlandesa lhe dá poder espiritual para dominar os ventos. A mulher finlandesa mora numa chaminé quente onde ela obtém sujeira da fuligem e calor (ou emoções), sugerindo que a mãe espiritual, cheia de sabedoria e de poder, não parece perfeita como a Rainha Gelada, mas é afetada pelos sentimentos. A mulher finlandesa ou mãe espiritual não precisa de uma fachada bela e acabada. O mais importante é que ela tem a sabedoria para reconhecer o poder de Gerda e para saber que Gerda precisa reconhecer seu próprio poder para completar a jornada por si mesma. Ela é uma figura maternal transformadora que não se agarra à jovem buscando mantê-la dependente, mas a incentiva a dar o próximo e crucial passo, ao mesmo tempo que lhe oferece um lugar seguro no caminho.

Gerda precisa entrar sozinha na terra da Rainha da Neve; a rena a leva até a fronteira. Embora ela esteja assustada e oprimida por este vasto reino gelado, luta contra seu medo de confrontar a poderosa Rainha da Neve. Sabendo quando rezar por ajuda, ela a recebe. Desse modo, encontra Kay e o abraça, e suas lágrimas quentes derretem seu coração congelado. Seu poder está em seu amor, sua coragem e inocência, e em sua capacidade de chorar. O choro de Gerda ajuda Kay a chorar também, e suas próprias lágrimas lavam os estilhaços que tinham obscurecido sua visão. Do mesmo modo, qualquer resgate da Rainha Gelada necessita da lamentação pela dor, necessária para soltar os sentimentos que estavam paralisados e inacessíveis.

Chorar com o outro pode ser um acontecimento muito curador, como minha mãe e eu descobrimos em nossa cura interpessoal. Quando Gerda e Kay choram juntos, suas lágrimas de alegria fazem que o gelo dance alegremente. O gelo forma a palavra que resolve o enigma gelado que a Rainha da Neve tinha pedido que Kay resolvesse se quisesse ser libertado. A palavra é *Eternidade*, sugerindo um amor divino que é maior que o nosso, e as crianças voltam para casa entendendo o valor da inocência, da fé e do amor infantis.

A Rainha Gelada congela a natureza infantil dentro de nós. A criança precisa ser libertada em nossas vidas cotidianas modernas. Na vida contemporânea, o menino congelado, Kay, poderia corresponder a uma mulher que considera que ser masculino é superior. O conto mostra-nos que a heroína, que derrete os sentimentos congelados da Rainha Gelada, está cheia de juventude e vitalidade, é espontânea, quente e desarmada, simbolizando a força *feminina* vulnerável e suave que freqüentemente sofre abuso, desmerecimento, ou é ignorada em nossa cultura. Ainda assim, é necessária uma força feminina única para encontrar e desmascarar esta versão gelada da Louca.

A mulher dragão

A mãe que intimida seus filhos com explosões emocionais imprevisíveis é um tipo comum de Louca. Essas mães Mulher Dragão intimidam suas filhas por meio do medo e as oprimem com raiva. Quando encontram oposição, essas mães reagem exageradamente com emoção extrema – às vezes lágrimas, às vezes raiva – e desse modo dominam a família com uma mão-de-ferro. Ditando como as coisas devem ser feitas, como uma filha deve agir, e o que deve pensar ou sentir, a Mulher Dragão está convencida de que está sempre certa. Determinada a que as coisas saiam de seu jeito a qualquer custo, ela grita e vocifera, e usa táticas assustadoras e ameaças para

dominar, está sempre no ataque. Se a filha é suave, ela se sente terrivelmente humilhada e envergonhada pela insensibilidade de sua mãe às outras pessoas. A filha freqüentemente sente que não tem nenhuma chance diante de tal demonstração constante de poder. Uma filha adulta sonhou que era novamente uma menininha, tentando sair de casa para viver por si mesma, quando viu a mãe dirigindo um grande tanque vermelho e tentando atropelá-la. Embora a sonhadora fosse uma mulher adulta e independente, e sua mãe estivesse no momento velha e doente, ela ainda era dominada por esta imagem internalizada de sua mãe.

Algumas crianças realmente usam a expressão "a Mulher Dragão" para referir-se a suas mães quando estão conversando com seus amigos e com outros membros da família. Para as crianças, ela parece um grande monstro, sempre respirando fogo e raiva. Do mesmo modo em que o fogo consome o oxigênio, não permitindo a respiração, uma Mulher Dragão parece ocupar todo o espaço quando entra numa sala. É obcecada em ter a última palavra, e para conseguir isso, impede que os outros falem. É briguenta e tirana, mandando em seus filhos com julgamentos críticos e passando por cima deles com sua raiva. Ela pode ser tão bárbara e selvagem que ninguém na família, nem mesmo seu marido, deseja cruzar seu caminho. A vergonha e a humilhação são duas de suas estratégias principais, e ela sabe como fazer seus filhos se sentirem culpados. É especialista em fazer que as pessoas se sintam impotentes, insultando-as ou seduzindo-as com palavras para manipular a família em direção a seus próprios objetivos.

Você não pode vencer no confronto com essa mulher, não importa o que você faça ou diga, pois a Mulher Dragão precisa sempre estar no comando. É, com freqüência, malvada, desagradável, vingativa, tortuosa, devoradora e sinistra; magoando, criticando e afastando as pessoas que ficarem em seu caminho. Exemplos de Mulher Dragão em filmes incluem Martha, representada por Elizabeth Taylor, em *Quem tem medo de Virginia Woolf?* e a mãe pateticamente abusiva, representada por Joanne Woodward em *Os efeitos dos raios gama nas margaridas do campo*.

Ao contrário das Rainhas Geladas, as Mulheres Dragão são apaixonadas, mas seu ardor gira em torno de si mesmas. Sua paixão não é um sentimento quente: ela tem um núcleo frio e queima como gelo seco. Raramente a Mulher Dragão exprime uma empatia verdadeira ou compreensão diante dos outros, pois ela nem tenta imaginar como as outras pessoas se sentem. Ela não pode deixar que os outros vivam suas vidas, nem respeitar o que é importante para eles. Freqüentemente essas mães sentem ciúmes de suas filhas, são vingativas e não toleram que suas filhas sejam diferentes delas mesmas. As filhas de Mulheres Dragão estão tão ocupadas tentando se defender que têm dificuldade de se relacionar humanamente com suas mães.

Por baixo do poder explosivo de uma Mulher Dragão pode estar uma mulher que foi uma menininha sensível e assustada, ou uma criança que foi abusada ou abandonada. Ela ataca primeiro, por causa do medo de ser ferida novamente. Sofre com a lembrança de injustiças ou negligências, reais ou imaginárias, e assim qualquer tentativa de consolo soa como se fosse crítica. É freqüente que ela se sinta martirizada. A fúria governa a vida da Mulher Dragão, e se sua raiva de algum modo fosse removida, ela provavelmente perderia sua identidade, pois se sente mais viva quando está enraivecida ou emocionada, e é o centro das atenções dos outros. Quase sempre sai espalhafatosamente de um lugar, se não for o centro das atenções. Como foi magoada, tudo o que ela sabe fazer é magoar os outros. Aprendeu que suas explosões intimidam, e assim ela domina com sua raiva, que é projetada externamente contra os outros. Entretanto, no fim das contas, a Mulher Dragão magoa a si mesma. As pessoas a evitam, desejando fugir de sua raiva, e fazem que ela reviva sua mágoa original, sozinha e isolada. Por baixo de seu temperamento explosivo, é dolorosamente vulnerável. Grita sua fúria para o mundo, como uma criancinha consumida pela raiva perante sua própria impotência.

Algumas mulheres dragão na vida real

Janet, a filha de uma Mulher Dragão cuja loucura era alimentada pelo álcool, sente que ficou incapaz de expressar sua própria raiva por ter crescido numa atmosfera violenta e raivosa. A fúria de sua mãe era tão abrangente que tinha excluído e subjugado os próprios sentimentos de Janet. Entretanto, depois de muitos anos de terapia, Janet obteve acesso a sua própria raiva e a seu poder de expressão. Como que para auxiliá-la neste processo, seus sonhos começaram a revelar todas as coisas de que ela tinha raiva, e se transformaram num verdadeiro inventário de sua raiva. Noite após noite sonhava com diversas épocas em sua vida em que ela havia sentido raiva, mas não tinha ousado expressá-la. Em seus sonhos, Janet podia dizer tudo que sempre tinha desejado ou que precisava dizer. Por exemplo, em um de seus sonhos, acusava sua mãe por beber e por sua incompetência ao lidar com os detalhes da vida cotidiana, como cozinhar e limpar. Em outro sonho, era criticada por estar acima do peso, e então se defendia dizendo: "Eu sou um ser humano decente!". Sonhou que seu chefe a estava menosprezando no trabalho, e afirmou a si mesma respondendo que era uma trabalhadora competente. Os sonhos mostraram-lhe que ousar afirmar sua própria autoridade era empolgante – uma maravilhosa sensação de estar livre de seus modos autodestrutivos usuais, de ser servil, e de querer saber mais que os outros.

Uma mãe Mulher Dragão teve um sonho recorrente durante toda a sua vida. Sempre desejou ser uma advogada, mas tinha crescido no início do século XX, em que as mulheres deveriam ser esposas e mães. Anita tinha uma mente brilhante e era ótima em discussões. Seu marido, um homem de negócios, queria que ela usasse esta habilidade a favor do trabalho dele. Assim, ela trabalhava como sua contadora, somando débitos e créditos para a empresa dele, enquanto a maior parte de sua inteligência ficava latente. A enorme energia de Anita voltava-se para mandar nos que a rodeavam, especialmente seus filhos. Todos na família obedeciam a suas exigências. Se eles resistiam, ela explodia, fazia cena, e os punia de diversas formas. Mandava especialmente em seu filho e se enraivecia com ele. O marido nunca a contrariava, e apoiava as ordens que Anita dava a seus filhos que, por sinal, foram educados para serem gentis e nunca ficarem com raiva ou magoarem alguém. Anita dizia aos filhos para nunca magoarem o pai, pois uma resposta atravessada poderia provocar nele um ataque do coração. Em vez de se afirmarem contra sua mãe Mulher Dragão dominadora, tanto o filho como a filha obedeciam, reprimindo a própria raiva.

Apesar de seu poder, Anita, na verdade julgava-se impotente. Seus filhos afastavam-se da mãe Mulher Dragão à medida que ficavam mais velhos, e ela se sentia abandonada. Situação agravada após a morte do marido. Ela teve um pesadelo recorrente durante toda a sua vida adulta: em seu sonho ela era uma advogada que tinha obtido todas as evidências necessárias para um caso sólido. Era absolutamente óbvio que ela estava certa. Contudo, a cada vez que apresentava o caso no tribunal, o juiz balançava a cabeça. Era ignorada quando protestava com todas as evidências. Depois desse pesadelo acordava muito frustrada, e despejava sua insatisfação sobre seus filhos, enquanto eles moravam com ela. O sonho sublinha a ironia da situação desta Mulher Dragão. Por um lado, ela sempre se considerava totalmente justificada em qualquer coisa que fizesse. É claro que isso intimidava e afastava seus filhos. Por outro lado, ela era verdadeiramente uma Louca contra o Juiz patriarcal. A tragédia real foi que a cultura daquela época não tivesse nutrido seu talento inato. Sem poder desenvolver sua capacidade, foi relegada ao comando da pequena área de seu lar, onde ela e seus filhos sofreram com sua loucura.

Se uma mulher não consegue superar a intimidação, confrontando a Mulher Dragão em sua mãe, ela pode encontrar outras Mulheres Dragão em sua vida e terá de lidar com elas. O casamento com freqüência apresenta um padrão de comportamento semelhante à dinâmica da família de origem dos parceiros. A filha de uma Mulher Dragão pode ser incapaz de expressar raiva, e pode se unir a um homem que tenha raiva mais que suficiente por ambos. As filhas de Mulheres Dragão quase sempre se casam com homens que são a

contraparte masculina de uma Mulher Dragão – possessivos, ciumentos e abusivos. Uma mulher, Jennie, cuja mãe era uma Mulher Dragão, casou-se com um homem tão obsessivamente fixado nela que tinha ciúmes de todos os seus amigos. Jennie sentia-se presa nesse casamento de uma forma muito semelhante ao modo em que se sentia aprisionada por sua mãe. Uma noite sonhou que sua mãe estava deitada na cama atrás dela, e ficou com medo que a mãe manifestasse algum avanço sexual ou a sufocasse, ou as duas coisas. Reunindo toda a sua coragem, ela se virou, no sonho, para encarar a mãe e viu horrorizada que quem estava lá era seu marido. Quando Jennie acordou, percebeu que fugia de uma Mulher Dragão apenas para terminar com outra. Em outro pesadelo, tinha se casado com sua mãe – um tema freqüente nos sonhos das filhas de Mães Loucas.

O marido de Jennie explodia por qualquer razão, com cenas semelhantes às que aconteciam na casa de sua família quando ela era criança. Jennie sempre considerou que seus pais agiam como crianças, enquanto ela e o irmão eram os adultos. Agora, casada com um homem bastante parecido com sua mãe, sentia-se presa num relacionamento abusivo e insatisfatório. Normalmente, o marido se enfurecia quando estava dirigindo, e ela apavorada porque estava presa no carro. Numa dessas situações o rosto do esposo ficou vermelho e inchado com uma súbita explosão de raiva, e ela o viu como um homem grande, gordo e corado, num corpo de bebê, usando fraldas. Esta imagem humorística e de alerta ajudou Jennie a ver o blefe por trás do valentão, e lhe deu a possibilidade de rir da imagem inflada da Louca, em seu marido e em sua mãe. Gradualmente, conforme ela começou a aceitar sua própria raiva por ter sido intimidada, Jennie conseguiu confrontar sua mãe e seu marido, quando necessário.

A história de outra filha de uma Mulher Dragão é típica de mulheres que cresceram com este tipo de Mãe Louca. A Louca de Julie apareceu primeiro em seus sonhos, mas depois de um trabalho interno diligente, tornou-se uma figura útil para Julie tanto nos sonhos quanto na vida real.

Julie cresceu com uma mãe sobrecarregada de trabalho num lar sem modelos masculinos. Seu pai tinha morrido antes que ela nascesse. A mãe trabalhava para sustentar a família, estava fora durante a maior parte do tempo, e chegava em casa exausta. A mãe de Julie a disciplinava, aos gritos, até que obedecesse. Também usava a culpa para controlá-la, lembrando a Julie de sua vida martirizada. Este uso errôneo de seu poder emocional sobre Julie funcionou durante a infância quando Julie tinha tanto medo dos gritos de sua mãe que representava o papel de "boa filha". Entretanto, aos quinze anos, começou a lutar, sem sucesso, com explosões de raiva voltadas contra a mãe, que apenas ria dela e não a levava a sério.

A mãe de Julie era filha de um pai alcoólico, inconseqüente, e de uma mãe Rainha Gelada, bastante fria, crítica e que nunca perdoava. Sem um bom modelo feminino, a mãe de Julie reagia do modo oposto ao de sua própria mãe, respirando fogo em vez de congelar com gelo, e passou para sua filha a loucura que sentia em sua mãe. Ambas, mãe e avó compartilhavam personalidades abertamente críticas. A mãe de Julie preocupava-se com as aparências e constantemente a criticava com relação a seu peso e ao modo como se vestia. Mais tarde, quando Julie se casou e teve um filho, sua mãe também a criticava quanto à aparência de sua casa, e ao modo como educava seu filho. A mãe de Julie mostrava-se um tanto paranóica a respeito do julgamento que ela mesma teria, e voltava suas projeções paranóicas contra sua filha. Como muitas mães loucas e narcisistas, a mãe de Julie era incapaz de perceber que Julie era outra pessoa. Ela só via seu próprio rosto no espelho. Assim, era incapaz de permitir que Julie desenvolvesse seu modo de ser próprio e único.

Durante sua adolescência, Julie buscou obsessivamente o amor que sua mãe nunca tinha lhe dado em namorados que sempre terminavam por rejeitá-la – padrão de experiência comum em filhas de mães rejeitadoras. Nos anos 60, quando o movimento *hippie* emergiu, Julie sentiu-se finalmente em casa com o amor incondicional deste grupo. Gostava de ser aceita e entendida por todos. Como era

uma pessoa quente e amorosa, transformou-se na mãe nutridora, cozinhando para todos, mas ainda negligenciando a si mesma.

Além de ser intensamente insegura quanto a sua aparência e ao modo como as outras pessoas, especialmente as mulheres, a viam, Julie era também extremamente medrosa – o que é típico de filhas de Mulheres Dragão, que gritam e abusam. Julie tinha tanto medo das reações imprevisíveis de sua mãe que não lhe contou a respeito das três vezes em que tinha sido molestada: aos quatro anos, pelo irmão da babá; aos nove, por um evangelista; aos treze, por um professor de música. O medo das figuras de autoridade tornou-se tão grave que Julie desenvolveu sintomas debilitantes: fobias, ataques de pânico e enxaquecas. Sem energia, tornou-se tão ansiosa e deprimida que tinha medo de entrar no carro e ir para qualquer lugar. Isto interferia em sua profissão de artista. Obrigava-se a ir aos *shows* de arte, superando o medo dos julgamentos críticos. Considerava-se uma fraude, e que havia sido admitida nos *shows* de arte por algum engano bizarro, mesmo que na verdade fosse uma artista talentosa. Finalmente, aos 39 de idade, buscou ajuda terapêutica.

Julie tinha consciência de que, embora sua mãe não fosse carinhosa fisicamente, amava Julie a seu próprio modo. Julie cresceu sentindo-se muito sozinha, tentando fugir por meio da leitura. Sua mãe, que não tinha inclinações intelectuais, considerava as leituras de Julie "uma perda de tempo". Julie estudou metafísica, numa tentativa de curar a si mesma. Sua mãe não conseguia entender isso, e se sentia até mesmo envergonhada pelo interesse de Julie pelo misticismo e pela espiritualidade, pois era incapaz de olhar para si.

Julie intrigou-se com os sonhos mesmo antes de iniciar a terapia, e lembrava deles e os registrava num diário. Durante a terapia, teve uma série espantosa de sonhos com Loucas que tentavam matá-la. A Louca normalmente era magra e elegante, vestida de preto ou vermelho e usava saltos altos e finos. Isto lembrou a Julie o modo como sua mãe se vestia. E do mesmo modo como a mãe de Julie a tinha manipulado emocionalmente, a Louca em seus sonhos normalmente trabalhava por trás das cenas, mandando um homem matá-la violentamente, e mostrando o *animus* negativo de sua mãe.

Os dois primeiros sonhos com Mulheres Loucas lembraram a Julie diretamente sua avó e sua mãe. Julie disse que o primeiro sonho refletia o modo como ela se sentia em relação à avó, a fria e crítica Rainha Gelada:

> Uma mulher está perseguindo uma menininha pela casa, tentando cortá-la e matá-la com uma lâmina de barbear. Eu assisto horrorizada, sentindo-me impotente.

O segundo sonho mostrou que Julie via sua mãe como devoradora, uma característica repetida nas Mulheres Dragão:

> Eu vejo uma criatura estranha num pântano no meio da selva – um cruzamento entre um hipopótamo e um enorme peixe do pântano. Ela é uma mãe que está sufocando sua filhinha.

E então, Julie teve um sonho que a ajudou a lidar com sua própria Louca internalizada, vista como a esposa de um *serial killer*, mas também como alguém que estava doente e precisava de ajuda.

> Eu estou com outras pessoas num gueto da cidade. Um *serial killer* está nos perseguindo. O único modo de escapar é descer até um esgoto cheio de sujeira e vômito, e nadar nele. Eu vejo um homem negro morto flutuando em seu vômito, mas ele parece estar voltando à vida conforme eu nado perto dele. Volto a meu apartamento, e o telefone toca. É um homem que parece amigável, mas eu sei que é o *serial killer* tentando me encontrar. Ele chega em minha casa com sua esposa, uma mulher severa, mas elegante, vestida de negro e usando saltos altos, que me lembraram os sapatos de minha mãe. Eu sei que esta mulher é louca e está mandando que o *serial killer* me ataque com a faca. De repente, a Louca vomita. Há uma criança em seu colo agora, e eu percebo que a Louca está doente. Enquanto eu tento ajudá-la, o sonho termina, e eu acordo.

Este sonho foi um ponto de transformação para Julie. Ela tomou consciência tanto do perigo quanto da doença da Louca. Ao reconhecer a vulnerabilidade da Louca e tentar ajudá-la, Julie não só diluiu o poder de sua mãe sobre ela, mas reconheceu sua mãe como uma parte internalizada de si mesma, uma mulher louca que tentava matá-la, mas que também estava doente e precisava da ajuda de Julie. A criança no colo da Louca simbolizava a nova vida, o potencial e a criança interior que Julie nunca tinha podido ser quando era jovem.

O sonho mostrou que Julie tinha primeiro de descer até um esgoto de vômito e sujeira, simbolizando uma descida até a escuridão na qual ela precisava encarar muitas coisas de sua vida que tinham sido reprimidas e a deixavam de "estômago fraco". Todas as mulheres precisam realizar esta descida para poder encontrar a Louca e seus auxiliares – os medos sombrios, as lembranças e tristezas que temos de reconhecer e transformar. O homem negro, que voltava à vida, simbolizava uma energia instintiva masculina importante que ela precisava recuperar. Esta energia havia sido menosprezada por sua mãe na vida real e era necessária para contrapor-se à Mulher Dragão. Na época desse sonho, Julie estava tomando consciência de que estava repetindo o papel de Mulher Dragão com o filho, e sabia que era urgente e necessário que entendesse esse aspecto sombrio de seu próprio feminino. Ela estava suprimindo seu poder feminino e sua raiva, que temia por causa do comportamento dominador de sua mãe, e esta fúria suprimida estava começando a tiranizá-la. Ela sentia que poderia explodir com seu filho a qualquer momento. Julie também sofria quando as outras pessoas ficavam bravas com ela porque não sabia como responder efetivamente à raiva delas, por ter sido esmagada por sua mãe em suas primeiras tentativas de responder à raiva injusta e manipuladora de sua mãe.

Outros sonhos continuaram a unir a Louca com sua mãe. Em um deles, um jovem infeliz no amor se transformava numa Louca elegante que atirava em Julie com uma pistola, mas não a acertava. Então a Louca atirava na cabeça da mãe de Julie, que estava adormecida. Julie agarrava um revólver e atirava na Louca, que ria dela, pois

tinha enganado Julie, e colocado balas de festim em seu revólver. Originalmente, no sonho, a Louca tinha sido um jovem infeliz no amor, e Julie associava isto com a própria infelicidade de sua mãe no amor e com sua desaprovação vitoriana com relação ao sexo. Sua mãe tinha tentado passar para sua filha o seu próprio pudor, e criticava Julie por qualquer comportamento sexual incomum. O sonho mostrou a Julie que ela precisava estar atenta aos muitos disfarces e truques perigosos da Louca. Mas quando a Louca mirou a cabeça da mãe adormecida, isto também ajudou a despertar Julie para a relação entre o domínio de sua mãe, seu próprio medo da raiva, e o poder da Louca.

Mais ou menos na época deste sonho, a mãe de Julie a tinha magoado num telefonema cruel. Julie pôde ver a conexão entre o modo em que a Louca arquetípica feria as pessoas, o modo em que sua mãe magoava as pessoas, e o modo em que ela havia internalizado esta Mãe Louca e a projetado em outras pessoas que a magoavam. Outro sonho revelou a Louca tentando obter poder sobre crianças. Neste sonho, Julie tinha consciência de que duas crianças numa casa em decadência tinham matado os seus pais. Havia um movimento entre o resto das crianças para também matar seus pais. Novamente a Louca estava por trás de tudo isto. Ela era bela, sombria, usava saltos altos, e estava tentando obter poder sobre todas as crianças, fazendo que elas matassem os pais. No sonho, Julie sabia disto e tentou telefonar para obter ajuda, mas não conseguia fazê-lo. Finalmente, no sonho, um homem benevolente ajudou Julie a enganar essa Louca manipuladora.

O sonho demostrou que o lado criança de Julie estava com tanta raiva do poder dos pais que lhe parecia que matar seria a única solução. A Louca estava agindo por trás dos panos, orientando as crianças a matar o lado paternal. Julie precisava confrontar sua mãe diretamente com sua raiva, para evitar o extremo do assassinato – um desejo que com freqüência aparece quando uma pessoa se sente como uma criança impotente diante dos pais onipotentes. Ela também precisava olhar para sua própria raiva que tinha sido supri-

mida. O sonho mostrou que ela tivera o auxílio de uma energia masculina interior benevolente; isto pode ter correspondido à ajuda que na época ela estava recebendo de seu terapeuta.

Finalmente, Julie teve o último de seus sonhos com a Louca e conseguiu receber uma energia construtiva desta figura interior. Isto a ajudou a realizar algumas mudanças importantes em sua vida.

> É depois do Armagedom – o fim do mundo – e eu estou com amigos numa cabana nas montanhas, tentando sobreviver. A cena muda e eu vou a um restaurante chinês com um amigo, que tem um temperamento semelhante ao de minha mãe. Um garçom exótico nos traz um menu e me diz que estou num templo. Ele passa a mão por meu corpo, e diz que isto é um ritual. Quando ele anota o meu pedido, desconfio que ele não entendeu bem, mas desisto de dizer qualquer coisa. Ele traz uma boa refeição oriental para todas as outras pessoas, mas me dá um café da manhã americano comum. Nesse momento, a proprietária, uma bela mulher oriental vestida com um longo vestido vermelho de mandarim chinês e com o cabelo preso no alto da cabeça e ornamentado em estilo oriental, entra e questiona o garçom. Ela pega um punhal e o dá para o cozinheiro, ordenando-lhe que apunhale o garçom que trouxe o prato errado. Eu fico assustada, e tento fugir com meu filho para salvá-lo.

Com este sonho, Julie compreendeu o paradoxo da Louca. Por um lado, ela parece má por apunhalar o garçom; por outro, ela estava realmente tentando ajudar Julie, que não recebeu o desejado, e a quem tinha sido servida uma comida simples e não saborosa. De algum modo, "o garçom" dentro de Julie precisava ser apunhalado, pois ela tinha servido a outras pessoas por toda a sua vida, e negligenciado a si mesma. Julie refletiu do seguinte modo sobre a Louca: "Por pior que você pareça, você também se importa com os meus interesses". Julie entendeu que a Louca tinha o poder de ajudá-la. Neste ponto, Julie fez um diálogo de imaginação ativa com a Mulher Dragão, que contou a Julie que ela tinha o seu próprio poder positivo.

Julie viu que seu poder arquetípico feminino (ao mesmo tempo, luz e sombra) precisava ser expresso, ou continuaria a envenená-la interna e externamente. Disse: "Eu não podia mais evitar as questões de poder e de raiva, e tinha de encarar meu medo da confrontação. Cheguei a um ponto sem saída. Eu estava condenada se não o fizesse. Ao chegar à beira do abismo, você morre, ou fica louca, ou descobre a força e o poder para sobreviver e se transformar". Ao aceitar seu poder, Julie começou a permitir que sua raiva aparecesse. Confrontou sua mãe quando foi necessário, e também começou a dizer para as outras pessoas quando elas perturbavam. Ela se afirmou e começou a fazer o que precisava para si mesma, ao permitir que sua raiva seguisse sua expressão natural, e ao confrontar mulheres e homens que tentavam intimidá-la (seu vizinho, vendedoras, bancários, garçonetes, professores, qualquer pessoa que a tratasse de modo rude). Deixou de sentir que tinha de cuidar de todas as outras pessoas. Em vez disso, passou a integrar o lado positivo da Mulher Dragão (confiança e auto-afirmação) e a usá-lo em seu próprio benefício e de suas aventuras criativas.

Atualmente, as críticas de sua mãe e de outras pessoas já não a perturbam tanto. Quando as pessoas dizem coisas que a magoam, ela lhes diz como se sente. O fato de ela ter mudado e ter conseguido confrontar sua mãe ajudou também a mãe a mudar. Como uma típica Mulher Dragão, sua mãe era dependente de poder, e precisava aperceber-se de que tentar subjugar os outros com o poder não funciona. Quando Julie finalmente sobreviveu ao confronto com sua mãe, a mãe recuou em suas exigências e críticas. Para Julie, isto foi uma prova viva de que a individuação de uma pessoa transforma os outros, e pode até mesmo curar as maldições de uma família.

Quando Julie começou a usar seu poder, as Mulheres Loucas foram substituídas em seus sonhos por enormes serpentes que eram suas amigas e protetoras. Julie sentiu-se alinhada com o poder transformador da deusa serpente feminina instintiva e antiga. Em sua vida profissional, ela reduziu seu trabalho administrativo, em que ela servia aos outros, e se dedicou mais a seu trabalho artístico.

Ao lidar externamente com uma Mulher Dragão, é necessário expor seu blefe e colocar limites. Uma Mulher Dragão disse que não iria ao casamento de sua neta porque não aprovava o noivo. Então sua filha decidiu não convidá-la para a festa de noivado. A senhora idosa queria ir à festa de noivado e pediu que a deixassem ir. Mas a filha ficou firme e disse não. Ela se recusou a tolerar o comportamento maldoso de sua mãe. A filha permaneceu consistente e disse: "Sem casamento, sem festa de noivado". A Mulher Dragão ficou chocada com a força e a recusa de sua filha. Mas voltou atrás, pediu desculpas à filha e à neta, e disse que iria ao casamento. Esta mãe conseguiu ser consistente, forte e verdadeira consigo mesma ao expor o blefe de sua Mãe Louca, e usando um pouco do fogo do dragão, como fez Julie na história anterior.

Para curar a si mesma, uma Mulher Dragão precisa perceber o que está fazendo aos outros. Ela também precisa vislumbrar que existe nela mais do que a raiva. A Mulher Dragão poderá mudar, se puder ver as conseqüências de sua raiva e reconhecer que contribuiu para os problemas. Por exemplo, no filme *Lembranças de Hollywood*, Shirley MacLaine representa uma atriz que está envelhecendo e é uma Mulher Dragão. Ela domina sua filha jovem, bela, mas fracassada, que usa drogas para proteger-se do domínio da mãe. No fim do filme, quando a mãe Mulher Dragão, uma alcoólica, está doente no hospital, ela recebe a visita de sua própria mãe, que sempre a criticou. A personagem da filha de Shirley MacLaine, que está em recuperação, tira a avó do quarto, pois vê a história se repetindo – ela vê a avó criticando sua mãe do mesmo modo em que ela sempre havia sido criticada – e ela sabe que sua mãe precisa de cuidados. A mãe, que está humilde e vulnerável, reconhece suas falhas com a filha. Admite que sempre teve ciúmes da filha e que a tem tratado do mesmo modo que sua mãe a trata.

A Mulher Dragão pode recuperar outros aspectos de si mesma e utilizar sua energia para criar e não para controlar, quando percebe que suas intervenções pioram as coisas e que a "mamãe nem sempre sabe o que é melhor"; quando ela pode ser vulnerável e humilde e abandonar sua necessidade falsa de estar "certa" o tempo todo.

A mãe doente

Muitas mulheres herdam uma Louca interior que torturou suas mães e as deixou doentes. Algumas vezes a doença é física e a mãe é inválida e incapaz de ser ativa. Entretanto, algumas mães inválidas usam sua doença como um poder para prender seus filhos a elas, emocional e psicologicamente. Por exemplo, no filme *Feitiço da Lua*, uma mãe "doente" chama seu filho de volta à Itália. Ele satisfaz o pedido de sua mãe, e perde sua namorada. Este tipo de doença da mãe pode ser emocional e resultar num colapso nervoso ou em insanidade, ou numa adicção às drogas ou ao álcool.

O ego da mãe está fragmentado, em muitas destas doenças. Ela provoca confusão em sua filha, porque vive no caos. Ela tenta dividir os membros da família de modo que ela possa ser o centro, pois ela mesma está partida em pedaços. Precisa que sua filha a espelhe para poder se sentir segura e centrada, porque sua personalidade é independente e pouco saudável.

Durante seu crescimento, a filha de uma mãe doente em geral sente que precisa viver de modo extremamente cuidadoso, pois foi educada a sentir-se culpada e insegura, e tem medo de desencadear o problema médico de sua mãe, ou de provocar sua condição emocional. Deve andar timidamente, nas pontas dos pés, ao redor de sua mãe para não incomodá-la, e assim ela tem de suprimir seus próprios sentimentos naturais, especialmente os ligados à raiva, que poderiam provocar sua mãe. Ainda pior, ela vive com o medo de ficar louca ou viciada, ou doente como sua mãe.

Uma mulher, Claire, teve uma imagem num sonho em que ela estava andando entre minas que explodiam na casa de sua mãe. Via sua mãe, que havia sofrido colapsos nervosos, pendurada de cabeça

para baixo numa janela que estava estraçalhada. Os colapsos da mãe de Claire eram caracterizados por *flashes* de conhecimento transracional e de intuição. Sua mãe tinha medo desses *insights* e os negava em si mesma. A própria Claire era também extremamente intuitiva e quase sempre tinha conhecimento precognitivo a respeito do modo como as coisas iam acontecer. Sua sensação e seu conhecimento quase proféticos a respeito das pessoas em geral a assustavam e a deixavam confusa. Sua mãe temia e criticava a natureza intuitiva e a perspectiva não convencional de sua filha, pois eles espelhavam seu próprio lado sombrio. E Claire começou a sentir que as outras pessoas também não confiavam e temiam sua natureza visionária. Isto fez que ela se considerasse também desequilibrada como sua mãe. Entretanto, com muita freqüência, suas intuições mostravam-se corretas. Como ela podia ter esse tipo de conhecimento prévio, e como deveria agir? Claire se sentia como a profetiza grega Cassandra, com o dom do conhecimento premonitório, mas desacreditada por todos que a rodeavam. Depois de muita terapia e de muito trabalho espiritual interior, Claire afinal pôde acreditar que realmente sua mãe era louca, não ela.

Quando era criança, Claire ficava confusa com as projeções temperamentais da mãe – as explosões imprevisíveis de crítica raivosa caíam sobre ela, seguidas pelas auto-recriminações de sua mãe, provocadas pelo medo, pela culpa e pela paranóia de que a filha a estivesse julgando. Claire era uma menina sensível, e *sentia* intensamente a constituição psicológica frágil de sua mãe, mas não podia compreender por que ela a via como um juiz severo. Pocurou ajuda no pai – homem gentil a quem ela amava intensamente – mas ele tinha devotado sua vida a aceitar a condição de sua esposa e a protegê-la. Ele amava muito sua filha, e sentia a força inata e a sabedoria instintiva que ela manifestava até mesmo quando era criança, e assim ele dividiu com a filha suas preocupações com relação à fragilidade de sua esposa, pedindo a ela que o ajudasse em seu papel de cuidar da esposa. O resultado foi que Claire transformou-se numa filha cumpridora de suas obrigações – adulta antes da hora: a companheira de seu pai, e a enfermeira de sua mãe.

Claire via sua mãe como um Pássaro Engaiolado. Sua mãe nunca tinha concretizado o potencial criativo de sua intuição, pois tinha medo de sua própria natureza intuitiva inata, e sua tendência a colapsos nervosos a bloqueava. Sem se desenvolverem, as intuições de sua mãe se transformaram em medos amplos e difusos que a mantinham aprisionada em sua casa, com medo de se aventurar no mundo. As intuições também se deterioraram em opiniões sem base, e em críticas que ela despejava agressivamente sobre sua filha. A proteção de seu marido permitia que ela permanecesse em casa, mas isto a deixava ainda mais insegura. Sua insegurança causou ressentimento e raiva intensos, e ela passou-os à filha sob a forma de julgamentos cínicos com relação a sua personalidade e ao mundo. Claire não queria ser aprisionada na gaiola de proteção em que o casamento de sua mãe tinha se transformado. Assim, durante a maior parte de sua vida adulta, até ter quarenta anos, evitou relacionamentos duradouros com homens disponíveis.

Mais ou menos nesta época, Claire iniciou a terapia, e a figura que ela mais temia – a Louca – começou a aparecer em seus sonhos. Muito de seu trabalho interior remetia a um acordo com esta figura interior assustadora, pois sua herança feminina era curar a Louca doente que havia oprimido sua mãe. A tarefa de Claire era transformar as energias destrutivas de Louca em forças criativas.

A Louca apareceu para Claire pela primeira vez no seguinte sonho:

> Eu vou para a praia para dar uma caminhada com uma amiga, que está dirigindo o carro. Eu tento mostrar-lhe as dunas onde uma vez eu fiz amor com um homem, há muito tempo, mas a água do mar está muito alta e não podemos chegar até lá. Há um policial ali, e por isso decidimos não pegar a estrada proibida que poderia permitir o acesso. Para evitar outros policiais, minha amiga decide dirigir até o alto de uma colina, seguindo uma estradinha que se transforma numa estrada particular de

> uma propriedade muito grande. Há um portão de metal, com 9 metros de altura, com guardas e uma guarita no alto da colina. O portão começa a se fechar enquanto nos aproximamos. Isto me deixa ansiosa, eu penso que podemos estar sendo observadas, e quero sair dali rapidamente. Mesmo havendo espaço suficiente para que o carro passe e dê a volta, se o portão fechar, tenho medo de ficar presa do outro lado. Minha amiga está-se apressando para nos tirar dessa situação assustadora quando uma mulher louca vem detrás da colina até o meu lado do carro. A mulher parece hostil e cacareja para nós. Minha amiga está com medo, e eu estou incomodada, mas também curiosa. Quando a mulher pára de cacarejar, eu a aplaudo. Ela sorri, surpresa com a minha resposta, deixa de ser louca por um momento, e depois anda de volta na direção de onde veio, com um jeito satisfeito e não mais hostil. Então, nos apressamos para sair desse lugar.

Claire ficou surpresa e aliviada ao ver como a Louca podia passar de hostil a amigável "se ela respondesse sem medo", como tinha feito no sonho. Quando Claire reconheceu e agradeceu a presença da Louca, aplaudindo, a mulher deixou de ser louca e largou as duas amigas sozinhas. Para Claire, isto quis dizer que ao reconhecer a Louca em si mesma, ela poderia pelo menos criar uma trégua entre elas, se não pudesse provocar uma transformação da energia louca. Decidiu confrontar e falar com essa figura interior. Claire disse que aplaudir a Louca contrastava com o modo em que a vidente Cassandra tinha sido tratada: os talentos dela nunca foram reconhecidos e aceitos.

Ao refletir sobre este sonho, Claire percebeu seu medo de ficar presa na propriedade da colina porque aquele local abrigava um sanatório. Isso correspondia ao medo de ficar presa em sua cabeça. A presença demasiada da água do mar, no início do sonho, sugeria o poder opressivo de ser presa inconscientemente pela mãe, o que poderia impedir um relacionamento amoroso com um homem. A água em excesso que impedia o acesso ao lugar em que havia feito amor no passado também sugeria uma conexão entre os relacionamentos amorosos e o perigo da Louca que evocava emoções demais, inclusive o risco de ficar aprisionada num relacionamento ao se entregar ao amor. Claire tinha experimentado a Louca em sua mãe como falta de limites: sua mãe era incapaz de conter seus sentimentos, e eles refletiam em sua filha, assustando-a e ameaçando oprimi-la. Claire era mantida como refém das emoções descontroladas de sua mãe, "água demais". Isto afetou a própria capacidade de Claire para expressar sentimentos de raiva e ficou no caminho de seus relacionamentos com homens.

Apesar de a Louca ter ido embora no sonho anterior, ela logo reapareceu em outro sonho.

> Estou de pé no lado de fora de uma casa, no jardim, preparando-me para fazer a comida de um piquenique. Não reconheço a comida que estou prestes a cozinhar. Há uma perna de carneiro "maior que a vida" e também alguma carne moída. Uma mulher louca sai da floresta que fica ao lado da casa. Pega a perna de carneiro e a devora crua com tanta intensidade que fico assustada e enojada. Penso em matá-la quebrando uma jarra de vidro em sua cabeça. Pego uma jarra e me aproximo tanto dela que ficamos olhando bem dentro dos olhos uma da outra. Ela também pega uma jarra, e percebo que ela pode me matar. Decido não arriscar e me afasto dela. Ela volta para a floresta. Fico preocupada pois ela pode retornar e causar mais danos no futuro. Penso que talvez devesse tê-la matado, mesmo que eu realmente não quisesse fazê-lo.

Neste sonho, Claire ficou cara a cara com o poder agressivo e devorador da Louca, que mais uma vez saiu da floresta escura e densa, simbolizando a escuridão do inconsciente. Cheia de terror e enojada com sua intensidade e abandono, Claire pensou em matá-la, mas não sabia se a Louca poderia fazê-lo antes. Seu primeiro impulso não era matar a Louca, pois apesar de sua repugnância, tinha consciência de que a Louca poderia ter algo a lhe ensinar. A mulher louca arranca a carne do osso, como as Bacantes gregas. E como as Bacantes, ela não pode ser controlada, mas precisa ser aceita e reconhecida – incorporada em nós, como uma refeição é incorporada e se torna parte de nós.

A Louca devoradora no sonho simbolizava o modo em que Claire tinha experienciado sua mãe, ou seja, consumir os outros com suas exigências, e não queria ser como ela. Como as necessidades da mãe de Claire tinham sido devoradoras, seu pai tinha pedido a Claire que sacrificasse seus próprios desejos para administrar as exigências de sua mãe doente. Portanto, pegar o que ela precisava parecia ser uma gula primitiva e nojenta. Assim, no sonho, a decisão de pegar o que ela necessitava apareceu sob a forma grotesca de agarrar e devorar. Na vida real, Claire precisava aceitar mais suas próprias necessidades. Ela estava presa ao papel da pessoa que cuida, sentia-se abertamente responsável e tinha uma tendência a dar tudo aos outros, a ponto de não deixar tempo e energia suficientes para si mesma. Era preciso aprender a dizer não para os outros, e a reconhecer que não podia cuidar de tudo. A Louca representava o poder que Claire tinha negado em si mesma, em reação a sua mãe. Claire precisava integrar a energia e força da Louca em sua vida.

Como muitas mulheres, um dos maiores conflitos de Claire acontecia entre dois combatentes arquetípicos – a Louca e o Juiz.[10] Sempre que ela seguia suas visões intuitivas, seu Juiz interior, um perfeccionista racional, a criticava e desacreditava de seu desejo por um modo de vida mais integrado e espiritual. Claire começou a curar a herança da Louca quando reconheceu que esta guerra interior era resultado dos comportamentos que se tinham desenvolvido com base na dinâmica familiar disfuncional a que ela tinha estado sujeita na infância. Claire foi criada para ser uma criança adulta, e desenvolveu um crítico controlador interno que fazia que ela contivesse seus sentimentos. Tinha dificuldade em ficar brava com seu pai e com outros homens, pois o pai havia sido tão "santo" (de modo similar ao da Mãe Agradável Demais). A mãe sempre a advertia de que ela não deveria magoar seu pai, e lhe dizia: "Os homens são realmente sensíveis, eles apenas não o demonstram". Desse modo, Claire foi escalada para cuidar também dos sentimentos do pai. Claire tinha muitos sonhos nos quais ela não era vista pelas outras pessoas. Não ser vista é um tema freqüente nos sonhos de mulheres cujos sentimentos genuínos e modos de percepção feminina foram desconsiderados. Sabendo que sua experiência era semelhante à de muitas mulheres, Claire ficou com raiva da ingenuidade masculina de seu pai e de muitos homens pois eles não "enxergaram" quem ela era. Também sentiu raiva da cultura patriarcal que desconsidera a importância de algumas experiências femininas e de modos de percepção visionários.

Esta presunção masculina aparecia também em seus sonhos mediante imagens de homens rudes, avermelhados, que a encaravam e que ela queria evitar, e também como assassinos sádicos. Embora Claire tivesse tentado expressar sua raiva em relação a seu pai, aos gerentes em seu trabalho e a outros homens, sentia ainda que continuava a bater contra uma parede. Depois de ter desenvolvido uma relação interior com a Louca, Claire começou a ter esperanças de poder usar sua raiva de modo eficiente quando precisasse confrontar homens. Perto do fim de sua terapia, Claire disse: "Eu sinto que está se abrindo um relacionamento, e eu tenho esperança de que ela não vá precisar atacar os homens sem a minha permissão, ou se ela aparecer, de que eu possa entender a sua voz e ser capaz de manter uma conexão *humana* com o homem". Claire estava também começando a ser capaz de se relacionar *consigo mesma* de um modo humano, de se entregar a suas limitações emocionais e físicas, de dizer não aos outros, e de confrontá-los quando eles ultrapassavam seus limites.

Mediante o trabalho interior, Claire estava começando a fazer amizade com a Louca. E então ela teve um sonho muito curador:

> Estou andando pela rua quando vejo uma mulher falando consigo mesma. Ela está sentada na calçada, e, claramente, "fora de si mesma", embora esteja vestida como se fosse para o trabalho, de um modo aceitável para os padrões sociais. Sou atraída para ela e fico imaginando se há algo que eu possa fazer para ajudar. Então eu noto que duas mulheres estão se preparando para curá-la. Uma ajuda a Louca a se ajoelhar de modo que o seu terceiro olho possa focalizar um edifício enquanto a outra mulher se

prepara para canalizar as energias de cura. A canalizadora é uma curadora espiritual e uma artista a quem eu admiro, e me sinto honrada por estar presente nessa cerimônia. De repente, percebo que também faço parte da cerimônia, e que fui escolhida para ser a força de aterramento da cura, canalizada pela curadora principal para a Louca ajoelhada. Conforme a energia de cura passa através de mim, por um circuito triangular, começo a soluçar e não consigo me mexer. Então a conexão energética se rompe e a curadora principal diz para a Louca: "Você é suja", e vai embora com sua assistente. Meu choro acaba e eu fico confusa com o que aconteceu. Sinto empatia pela Louca ajoelhada. Embora eu compreenda que a observação tem a ver com a sexualidade da Louca, não entendo por que a curadora-chefe teve de ser tão dura. Levo a Louca para casa. Interagimos como amigas adolescentes e experimentamos roupas. Coloco uma blusa mexicana colorida e visto-a como se fosse um minivestido, colocando-a em meu corpo de modo revelador, mostrando-lhe como este vestido deve ser usado. Rimos juntas da tolice de tudo isto. Fico sabendo que ela foi prostituta e vejo que é uma mulher bela e saudável.

O sonho revela que Claire agora pode canalizar a cura para a Louca. Depois da cura, a Louca não é mais ameaçadora, mas uma mulher bela e saudável que é divertida e brincalhona. A incongruência do "terceiro olho" da Louca com a roupa adequada para o trabalho ilustra o conflito em que Claire se encontrava com freqüência: o da Louca e do Juiz. Ela havia trabalhado em um escritório que exigia roupas formais. Os homens que o dirigiam eram patriarcais e insistiam em manter as regras empresariais "dos velhos bons tempos". Eles se sentiam ameaçados com as percepções de Claire, simbolizadas no terceiro olho, e freqüentemente ela se encontrava contra a parede. A prostituição da Louca simbolizava o sacrifício que Claire tinha feito de seu terceiro olho quando tentou agradar a seus empregadores ou se adaptar a seus pais e à cultura patriarcal, em seu papel de boa filha, mas ela conseguiu não se prostituir completamente, ao afirmar sua visão internamente. A beleza e a saúde da Louca no sonho mostram que Claire não sofreu um dano permanente. O sonho revelou o conflito entre a ordem prática e racional mantida pela cultura, e o mundo místico espiritual em que Claire se sentia em casa. A Louca precisou vestir uma roupa étnica sexy e colorida para expressar seu espírito visionário, e não uma roupa formal de trabalho.

A cura realmente aconteceu quando, no sonho, Claire fez amizade com a Louca e a levou para casa, mostrando-lhe o vestido mexicano belo e não convencional no qual ela podia expressar seu ser colorido e conectado à terra. Depois de refletir sobre o julgamento chocante expresso pela curadora-chefe, Claire sentiu que tinha sido despertada para fazer amizade com a Louca, de um modo similar ao de um mestre zen que usa um *koan* paradoxal para repreender e tirar o estudante de um estado de paralisia entre dois opostos aparentemente conflitantes. No caso de Claire, os opostos eram a Louca e o Juiz, que podem ser usados para a ação criativa quando forem integrados. Entretanto, se permanecessem irreconciliáveis, eles a manteriam paralisada ou então em guerra. Num nível pessoal, isto pode nos enlouquecer; e no nível cultural, pode destruir o mundo. Se buscarmos cuidadosamente o valor de cada um deles – o caos criativo de Louca e os julgamentos com discernimento do Juiz – podemos nos recriar e transformar o mundo num lugar melhor para viver; podemos transformar nossa sociedade disfuncional numa sociedade saudável e criativa.

Na época de seu terceiro sonho com a Louca, Claire tinha feito muito trabalho intensivo na terapia: escreveu e trabalhou com cada um de seus sonhos, percebeu a dinâmica familiar que a moldou de um jeito que não era o seu, tentou entender as partes de si mesma que precisavam ser desenvolvidas, mudou o comportamento que funcionava contra ela, e o mais importante, aprendeu a ser e a se expressar de acordo com *quem ela* realmente era. Conseguiu se diferenciar de sua Mãe Louca e incorporar seu eu intuitivo e criativo tanto no trabalho quanto nos relacionamentos. Saiu de seu emprego burocrático, depois de vários anos de treinamento para ser uma psicoterapeuta e assumiu o risco de iniciar um consultório particular. Não só obteve sucesso, mas descobriu que sua natureza intuitiva era um recurso na cura dos outros. Encontrou um homem, um pouco depois

deste sonho, e iniciou um relacionamento que foi curativo para ambos.

Finalmente, Claire desenvolveu confiança em sua imaginação, nas imagens de sua psique e nas verdades que elas revelaram. Sentiu-se segura como uma mulher inteligente e criativa, que pode respeitar e revelar seu eu genuíno, depois de ter transformado a Louca ameaçadora numa energia feminina bela e saudável.

Entendendo a mãe louca

Todos nós fomos afetados em algum grau pelos ferimentos de uma Mãe Louca. A reconciliação com a mãe é essencial para nossa cura. Entretanto, como já mencionei, nem sempre é possível fazer isso com sua mãe externa real, que pode estar presa em sua própria loucura e não ser capaz de ouvir; ou ela pode estar doente demais ou mesmo já ter morrido. Nesses casos, é útil escrever uma carta para sua mãe, pois ao escrever você pode curar a mágoa dentro de si mesmo. Depois da morte de meu pai, decidi escrever para curar os ferimentos do relacionamento com ele. Este projeto resultou num livro, *The Wounded Woman*. Embora eu tenha levado sete anos para completar este trabalho doloroso, pude processar minha raiva e minhas lágrimas e, finalmente, sentir compaixão por meu pai ferido. Isto me libertou para passar a outras áreas em minha vida. Mais tarde, consegui também curar o relacionamento com a minha mãe na vida real.

Um ritual é outro modo de restaurar a harmonia com nossas mães. Por exemplo, um grupo de mulheres que se reunia uma vez por semana para trabalhar com questões femininas, decidiu dedicar um dia para fazer um ritual, considerando que elas conseguiriam deste modo liberar a raiva acumulada em relação a suas mães. Cada mulher veio vestida como sua mãe e tentou contar a história de sua mãe. Ao fazerem isto, essas filhas ficaram surpreendidas ao descobrir como realmente sabiam pouco a respeito de suas mães. Ao falarem com a voz de suas mães, elas tomaram consciência de quanto suas mães estiveram aprisionadas. Ao ouvir as mensagens que suas mães tinham recebido quando jovens – "Não resmungue", "Faça aquilo que se espera de você", "Não desperdice seu tempo com auto-reflexão", "Você fez a cama, agora deite-se nela" –, perceberam a dificuldade que uma mulher da geração anterior enfrentava para libertar-se. O ritual ajudou essas filhas a liberar sua dor e sua raiva, mas não do modo como elas esperavam. Ele também tornou possível o sacrifício das memórias guardadas e das projeções sobre suas mães. Ao encontrar suas Mães Loucas deste modo, a maioria dessas mulheres sentiu mais compaixão por suas mães e conseguiram curar as mães dentro de si mesmas.

Recriar-se por meio da terapia pode também curar a ferida da mãe. O trabalho com sonhos nos traz imagens e histórias sobre os padrões de inibição que herdamos de nossas mães e freqüentemente revelam um caminho guia para seguirmos a jornada feminina que é única para cada mulher. Pintar as imagens, dançá-las, fazer máscaras, cantar canções, dialogar com a figura materna revelada nos sonhos – todas essas são formas de contatar a mãe negativa interior que precisa ser transformada. O trabalho corporal que tenta liberar os traumas guardados no corpo pode nos levar de volta a nossas origens e nos ajuda também a encontrar e a curar as feridas mais antigas.

No fim das contas, para curar a ferida da Mãe Louca temos de fazer algum sacrifício, abandonar os ressentimentos, deixar nossa posição de vítima, e assumir e incorporar nosso poder feminino único. Um passo em direção à cura ocorre quando as filhas aceitam o amor de suas mães, mesmo que suas mães possam demonstrar esse amor de modo desajeitado ou antiquado. No nível mais fundamental, podemos apreciar nossas mães ao lhes agradecer nos terem dado a vida. Isto honra o mistério da maternidade e ao mesmo tempo permite que as diferenças individuais e as dificuldades sejam reconhecidas. As filhas podem ajudar a suas mães ao alcançarem níveis mais elevados de consciência e ao lhes mostrarem outro caminho. Pois a Mãe

Louca é alguém que precisa de empatia, compreensão, compaixão e amor. Curando a nós mesmas, temos mais possibilidades de curar nossas Mães Loucas e romper o círculo vicioso em que todas as mulheres feridas ficam presas. A reconciliação não pode acontecer se deixarmos de lado a dor e a raiva que estão lá. Mas depois de tê-las confrontado, podemos ir adiante para abrir um novo caminho.

Num nível espiritual, muitas se esquecem de agradecer à Mãe Terra suas dádivas. No nível global e ecológico, estamos sentindo a fúria da Louca pelo modo em que a terra foi maltratada. Como disse uma mulher, estamos experimentando a "vingança da Mãe Terra" sob a forma de diversos cataclismas, o efeito estufa, as espécies em extinção, as epidemias e a possibilidade de destruir a Terra. Precisamos escutar a Louca, como indivíduos e como um grupo coletivo, sem a defensividade e a autojustificação da vítima ou do Juiz, e precisamos agir de modo responsável em nível pessoal e comunitário.

A sabedoria dos antigos sumérios, que contavam o mito de Inanna e Ereshkigal, pode nos esclarecer. Quando a grande deusa louca do mundo subterrâneo, Ereshkigal, ficou enfurecida e prendeu e ameaçou matar a deusa do mundo superior, Inanna, duas criaturinhas andróginas desceram para encontrar-se com Ereshkigal. Elas não discutiram com a deusa, nem a elogiaram, nem a enganaram ou lutaram com ela. Elas simplesmente choraram com ela, com empatia, compartilhando seu pesar. Grata por sua compaixão gentil, por terem compartilhado sua fúria dolorosa, Ereshkigal deu um suspiro de alívio e libertou a deusa Inanna para devolver ao mundo o conhecimento e o poder de sua irmã sombria. Se pudermos tentar encontrar a Louca em nós mesmas e nos outros, e ouvi-la com compreensão, talvez também possamos abrir o caminho para uma paz universal e individual.

3

O Pássaro Engaiolado

O pássaro engaiolado canta
com um gorjeio temeroso
que fala de coisas desconhecidas,
mas ainda assim ansiadas
e sua canção é ouvida
na colina distante,
pois o pássaro engaiolado
canta pela liberdade.
MAYA ANGELOU,
The Caged Bird

Há muitos anos, a poeta Muriel Rukeyser disse: "O que aconteceria se uma mulher contasse a verdade sobre sua vida?/ O mundo se fragmentaria."[1] Rukeyser ajudou muitas mulheres a perceber que elas estavam presas, como pássaros numa gaiola, e ela deu voz à necessidade de liberdade delas.

Ainda hoje, as estruturas sociais em que vivemos tornam difícil concretizarmos a plena extensão de nossas habilidades criativas, embora as mulheres estejam começando a falar assertivamente por seus direitos, de modo que possamos viver de acordo com nossos ritmos naturais, nossas necessidades, nossos desejos e nossas capacidades. Marilyn Frye, no livro *The Politics of Reality*, aponta como a mobilidade das mulheres é reduzida por uma rede sistemática de barreiras e forças, do mesmo modo como os numerosos fios de uma gaiola aprisionam o pássaro, impedindo-o de ter plena liberdade. Os fios da gaiola, que reunidos constituem o obstáculo à liberdade, vão das restrições legais externas às expectativas sociais do que as mulheres podem

e não podem fazer, até as adaptações internalizadas que as mulheres desenvolvem perante essas limitações.[2]

As fantasias que temos a respeito das mulheres também constituem alguns dos fios da gaiola. Nos contos de fadas, a Bela Adormecida estava aprisionada dentro de uma floresta de espinhos, Rapunzel estava aprisionada numa torre, e a Branca de Neve foi envenenada e colocada dentro de um caixão de vidro. Em cada um desses casos, uma Louca tramou o encarceramento – uma fada-madrinha negligenciada, uma bruxa devoradora, uma madrasta louca e ciumenta. Nesses contos, o resgate aconteceu devido a forças masculinas exteriores. Quando somos meninas, ouvimos esses exemplos de homens que salvam a donzela cativa dos poderes da Louca, freqüentemente da prisão da Mãe Louca. Entretanto, essas donzelas passam para outra gaiola, quase sempre uma gaiola cultural ou patriarcal, perpetuando assim o padrão do Pássaro Engaiolado.

Atualmente, as mulheres têm de abrir as portas de suas próprias gaiolas. Para fazer isto precisamos encontrar e identificar a Louca que tenta nos aprisionar, procurar saber por que ela é louca, libertar sua energia para fins construtivos e ver se podemos ajudá-la a nos ajudar.

Antes dos anos 60, na geração de nossas mães, o Pássaro Engaiolado era um dos padrões predominantes da existência feminina. A boa mulher era uma esposa submissa que ficava em casa, limpava a casa e cuidava de seu marido e de seus filhos. Este ideal aprisionou muitas mulheres e suas filhas, que tinham de aceitar e se adaptar a este modelo de feminilidade e suprimir a raiva que sentiam diante de seus papéis limitados na vida – ou se rebelar contra as gaiolas que o patriarcado tinha construído para elas. Muitos desses Pássaros Engaiolados enlouqueciam de um modo ou outro, à medida que sua liberdade para levar uma vida autêntica era restringida. Algumas perdiam sua sanidade ao se afundar lentamente no tédio e na passividade que disfarçavam a depressão ou que se transformavam em sintomas psicossomáticos. Outras tentavam fugir de si mesmas com adicção ao álcool, a pílulas, a comida, a compras, ou a televisão. As mulheres que tentavam romper o *status quo* ou simplesmente ser elas mesmas freqüentemente eram diagnosticadas como loucas e colocadas em instituições mentais como aconteceu com a escritora neozelandesa Janet Frame, com a escultora francesa Camille Claudel e com a atriz americana Frances Farmer.[3] Mas algumas mulheres lutaram e conseguiram sair da gaiola, por meio de sua persistência. A escritora americana Charlotte Perkins Gilman é um exemplo. Embora inúmeras mulheres contemporâneas ainda estejam presas na gaiola das expectativas da sociedade ou da família, muitas outras estão mudando suas vidas, transformando-se em seres fortes e independentes, e inspirando outras mulheres que as encontram, criando assim um círculo expansivo de esperança e de cura.

Gaiolas

Quais são algumas das maneiras em que somos aprisionadas? O Pássaro Engaiolado pode ser uma esposa presa num casamento asfixiante. Ela pode ser uma secretária ou diretora executiva presa num papel de apoio, e que faz todo o trabalho enquanto o chefe recebe todo o crédito, e que assume toda a culpa quando algo sai errado. Ela pode ser uma filha dominada por pais possessivos. Ela pode estar aprisionada num relacionamento abusivo ou numa dependência. Ela pode estar aprisionada como o símbolo de *status* do marido ou de um namorado. Ou ela pode ser uma celebridade presa na armadilha das projeções do público e do narcisismo da cultura, como Marylin Monroe. Quando uma mulher permanece um pássaro numa gaiola dourada, ela se torna cúmplice de seus carcereiros, obstruindo seu potencial para ser livre.

A gaiola pode ser formada pelas convenções da sociedade que nos impedem de chegar à plenitude de nossa personalidade única ou de nossa forma de maturidade. Ela pode ser feita de nossos próprios ideais rígidos ou padrões perfeccionistas ou dos modos em que pensamos que devemos fazer as coisas. Atualmente é comum que a gaiola seja formada pelas posses materiais ou pelo desejo de coisas

materiais, segurança, fama ou fortuna. Ela é feita de qualquer coisa que usemos para preencher nosso vazio interior em vez de encarar os desafios que a vida nos apresenta. A gaiola é qualquer estrutura mental que se torne calcificada, rígida, absoluta, que não tenha aberturas, e não permita passagem através de suas portas.

Uma gaiola que experimentamos com freqüência é aquela construída pelas projeções que nossas mães e nossos pais, os parentes e a cultura, os filhos e amigos nos impõem.[4] Por exemplo, muitas meninas quando se tornam adolescentes descobrem que suas mães – que também são Pássaros Engaiolados – desejam que elas espelhem suas próprias vidas. Se a filha é diferente da mãe, ela precisa se rebelar para sair da "gaiola" em que a mãe a colocou. Se a mãe é também um Pássaro Engaiolado, a filha normalmente resistirá a seguir seu exemplo; a filha de uma mãe que ficou em casa cuidando da família, pode permanecer solteira e voltada para sua carreira, enquanto a filha de uma mãe que trabalhava demais em sua própria carreira pode escolher a maternidade em vez da vida profissional. A mãe de uma mulher se transformou em uma noiva de guerra para fugir de seu país devastado depois da Segunda Guerra e sofreu num casamento abusivo porque desejava segurança. Sua filha não conseguiu agüentar o martírio de sua mãe e permaneceu solteira.

A gaiola que a mãe pode tentar impor a sua filha pode também ser feita pelos próprios sonhos e desejos não realizados da mãe, que ela espera que sua filha possa realizar em seu lugar. Ou a gaiola pode ser formada pelas idéias e imagens negativas que a mãe tem a respeito da filha. Embora algumas filhas consigam se rebelar e afirmar sua independência no decorrer dos anos, o custo do relacionamento mãe–filha pode ser alto, com predomínio de tensões e dor, de previsões terríveis e conflitos. Não é de surpreender que algumas filhas fiquem tímidas e permaneçam na gaiola.

É bastante freqüente que os maridos assumam o papel de zelador da gaiola no lugar dos pais das mulheres, e a filha que pode ter pensado em se casar para fugir de um papel limitador, continua a ter outro limite em sua vida. Uma mulher, Elsa, contou-me que sua mãe queria que ela fosse uma filha boa e zelosa de suas obrigações, e lhe impôs um modelo vitoriano de sexualidade. Elsa se rebelou e se casou cedo para escapar de sua mãe. Elsa e seu marido, que sempre tinha se orgulhado de sua inteligência, tinham estudado juntos e ambos foram para a universidade. Mas, então, Elsa começou a suplantar o marido em suas realizações acadêmicas. Ele a incentivou enquanto foi superior a ela, mas quando ela começou a ter sucesso, ele tentou sabotar os esforços dela e limitá-la a um papel no qual ele pudesse controlar a identidade e as realizações dela. Entretanto, como Elsa estava comprometida com seu próprio crescimento e com suas realizações, precisou romper esse casamento. Mais tarde, ela se casou novamente, desta vez com um homem que valorizava suas realizações profissionais.

Os artistas com freqüência lutam com os limites das expectativas da família, ou trabalham para transcender os confinamentos físicos ou mentais por meio de sua arte. As poetas Anne Sexton e Sylvia Plath são exemplos de mulheres criativas que se sentiram aprisionadas e perturbadas mentalmente por seus papéis como esposas e mães. Essas duas mulheres lutaram para transformar sua loucura pelo ato de escrever. Elas nos dão um grande presente de inspiração e de *insight* com suas poesias, apesar de terem se suicidado tragicamente. A atriz Liv Ullmann escreve como se tornou um Pássaro Engaiolado em seu relacionamento com Ingmar Bergman. Ela finalmente deixou este relacionamento para tornar-se ela mesma. Sua luta por integridade nos dá um modelo de esperança para as mulheres que precisam mudar suas vidas.

A literatura e os filmes, a ópera e o balé – todos têm muitas imagens do Pássaro Engaiolado. Nora, a heroína descrita por Ibsen em *Casa de bonecas*, é adorada e protegida, mas também sufocada por seu marido. Nora é um Pássaro Engaiolado que consegue se libertar. A protagonista de Tolstoi, em *Anna Karenina*, não consegue escapar. Anna está aprisionada pelas convenções asfixiantes de sua época e de sua cultura, por seu marido rígido, e por sua própria escravidão a um relacionamento amoroso de dependência. Sua única

solução é o suicídio. Um exemplo semelhante é *Madame Bovary*, cuja heroína está aprisionada num casamento entediante e em seu anseio pelo *glamour* e pelo romance. Atualmente, ainda existem muitas mulheres que se sentem desesperadas com suas vidas insatisfatórias, e elas enchem o vazio de seus dias com compras, livros de romances, ou filmes e novelas de televisão. Adicções como distúrbios de alimentação e abuso de substâncias podem também ser tentativas distorcidas de fugir da gaiola, que deixam a mulher presa de um modo ainda mais perigoso, como o filme *A woman under the influence* ilustra. Os filmes do pós-guerra – uma época em que as mulheres "diferentes" eram automaticamente consideradas loucas – apresentam muitas protagonistas Pássaro Engaiolado. *O diário de uma dona de casa* é um exemplo, e foi filmado em 1970 quando a cultura do final dos anos 60 começou a alterar esta percepção sobre as mulheres. Muitas dessas figuras trágicas simplesmente viveram vidas de desespero mudo, permanecendo passivas, subjugadas por seus maridos, pelos pais e pela cultura. A dona de casa aprisionada na passividade pela convenção é mostrada no filme contemporâneo *Mr. and Mrs. Bridge*, baseado nos livros de Evan S. Connell.

Filmes modernos, como *Procurando Susan desesperadamente*, mostram um Pássaro Engaiolado aprisionado pelo casamento, mas desafiado a se libertar pela figura cheia de energia da Louca (um espírito livre e revolucionário representado neste filme por Madonna). *Thelma e Louise* demonstra a ação libertadora da raiva à medida que duas mulheres fogem de suas carreiras desinteressantes, de um marido abusador, e do medo como vítimas de estupro. Mas o custo da liberdade para as mulheres numa sociedade patriarcal pode no fim das contas ser a morte, que é escolhida por Thelma e Louise em vez da prisão. Ilustrando modos de se libertar da gaiola e de transformar o Pássaro Engaiolado, esses filmes modernos retratam mulheres que escolhem conscientemente abandonar a gaiola. Em *Shirley Valentine*, a protagonista fica com tanta raiva de seu marido insensível que começa a falar, e até a gritar com as paredes. Ela decide fazer uma viagem à Grécia, e encontra um homem que a ajuda a apreciar quem *ela* é realmente. Depois de transformada, ela descobre que pode retornar e mudar os padrões limitadores de seu casamento. O filme de Woody Allen, *Simplesmente Alice*, mostra a metamorfose de outra esposa que abandona um casamento sem vida para realizar seu sonho de visitar Madre Teresa na Índia. Entrando em contato com sua vida de fantasia, Alice escolhe abandonar a segurança e o tédio de sua vida de esposa de classe alta em Nova York para trabalhar com crianças num bairro pobre.

Todos nós – mulheres e homens – sofremos com a síndrome do Pássaro Engaiolado numa cultura patriarcal que tem ideais e regras rígidos e fixos. O homem de valores tradicionais que "protege" sua esposa, desejando mantê-la em casa, está na verdade construindo uma gaiola para ambos, prendendo-se à obrigação de sustentá-la e de manter determinado estilo de vida. Atualmente, muitos homens estão percebendo que ficaram presos no papel de provedor. Com freqüência, eles estão presos na gaiola da estrutura empresarial, e podem perder sua paixão pela vida, pela liberdade e pela independência. Eles podem se sentir culpados se tentarem se libertar das expectativas de suas empresas, da sociedade e de suas famílias para que sejam objetos de sucesso, pois, aos olhos dos outros, não conseguiram ser homens de verdade. As mulheres reclamam da falta de sentimento dos homens, mas elas não desejam necessariamente que os homens abandonem seus empregos que trazem *status*, e as identidades e a segurança que vêm com esses papéis. As mulheres temem a expressão da personalidade liberada do homem que rompeu com os padrões.[5]

O símbolo do pássaro

Por que os humanos querem apanhar e prender um pássaro livre? Por que algumas pessoas querem ficar presas? O que o pássaro livre simboliza? Nas lendas e nos contos de fadas de muitas culturas, o pássaro representa a possibilidade de peregrinação espiritual; ele pode nos guiar até a transcendência. O pássaro é visto como um me-

diador entre a terra e o céu por causa de sua capacidade de voar. Na tradição hindu, o pássaro simboliza a existência espiritual mais elevada. Na arte do Egito antigo, o pássaro simboliza a alma humana. Na África, os pássaros simbolizam o poder vital. A fênix mística simboliza a imortalidade e o renascimento da alma, surgindo de suas próprias cinzas. Para os místicos sufi, o pássaro em vôo estava na longa jornada para unir-se com a divindade. Libertar o pássaro em nós mesmos significa que nos abrimos emocionalmente para a experiência espiritual, para iniciar nossa jornada interior para o autoconhecimento e a integração. O poeta Rumi expressou este vôo transcendente em um verso que iguala o amor e a liberdade:

> Isto é amor: voar na direção de um céu secreto,
> fazer com que cem véus caiam a cada momento.
> Primeiro soltar-se da vida
> E finalmente dar um passo sem pés.[6]

Na lenda russa, o belo Pássaro de Fogo é glorificado como a fonte da criatividade. Igor Stravinsky, entre outros, celebrou este famoso conto de fadas em seu balé *O Pássaro de Fogo*. Uma forma anterior da história é a seguinte:

Uma órfã pobre, Maryushka, borda de modo tão belo que as pessoas ficam maravilhadas com seu trabalho criativo. Comerciantes que desejam lucrar com seu trabalho e com sua criatividade tentam seduzi-la para que trabalhe só para eles. Mas ela sempre recusa, pois deseja ser livre. Um feiticeiro mau que deseja aprisioná-la e roubar seu talento, a transforma num Pássaro de Fogo quando ela se recusa a casar com ele. Segundo algumas versões da lenda, o Pássaro de Fogo sacrifica até mesmo sua vida em vez de casar com o feiticeiro demoníaco e perder sua liberdade. Ao morrer, ela deixa que suas belas penas com as cores do arco-íris caiam na terra, onde elas podem inspirar os humanos a criar a beleza, se eles puderem reconhecer sua transcendência. Nas versões posteriores do conto de fadas, um rei deseja possuir o Pássaro de Fogo e envia seu filho para capturá-la e colocá-la numa gaiola. O príncipe deixa que o Pássaro de Fogo permaneça livre, reconhecendo que sua natureza transcendente não pode ser possuída pelo poder humano. Ele encontra uma bela princesa e se casa com ela, simbolizando o casamento sagrado e divino que acontece dentro da alma humana. Aqueles que tentam prendê-la, como o feiticeiro mau, estão condenados à loucura e à morte.

O balé de Stravinsky, *O Pássaro de Fogo*, dramatiza a tentativa fútil de capturar o Pássaro de Fogo e sua criatividade. Um simples príncipe, Ivan, está caçando feras na floresta, onde ele fica surpreso ao ver um reluzente Pássaro de Fogo dançando alegremente, pronto para voar a qualquer momento. Fascinado por essa criatura magnífica, com o rosto e os braços de uma bela mulher, e o corpo coberto de penas de cores brilhantes de um pássaro, Ivan deseja capturá-la. Quando ele a pega de surpresa, o assustado Pássaro de Fogo dança freneticamente para voar livremente, suplicando que ele a liberte. Percebendo que ela é um ser sobrenatural, Ivan permite que ela voe livre. O Pássaro de Fogo agradece a ele, dando-lhe uma pena vermelho-brilhante retirada de seu seio, um amuleto mágico que ele pode agitar no ar se precisar da ajuda dela.

Na verdade, a floresta é governada pelo feiticeiro mau, Kaschei, que tem capturado belas jovens e construiu uma alta cerca dourada para aprisioná-las e para proteger uma árvore mágica que produz maçãs douradas que atraem o Pássaro de Fogo. Ivan entra sem perceber na floresta encantada, maravilhado com seu encontro com o Pássaro de Fogo, e depara com algumas jovens cativas. A princesa mais adorável o avisa que o feiticeiro prende caminhantes inocentes e os transforma em pedra. Ivan e a princesa se apaixonam, mas ao anoitecer a princesa e as outras jovens fogem assustadas, enquanto Ivan, intrigado, permanece na floresta. De repente, o malvado Kaschei entra com seus monstros escravos e ataca Ivan para matá-lo. Lembrando-se do Pássaro de Fogo, Ivan agita a pena no ar e faz que os monstros enlouqueçam. O Pássaro de Fogo entra na floresta, girando tão rapidamente que provoca o caos. Conforme dança ao ir

embora, o Pássaro de Fogo dá uma espada dourada a Ivan, e ele mata Kaschei com esta espada. Ivan encontra a princesa, e o casal inclina-se em agradecimento ao belo Pássaro de Fogo que salvou suas vidas. O Pássaro de Fogo dança sozinho, graciosamente, faz que o restante dos monstros caia num sono interminável, restaura a paz e a serenidade, e depois voa para longe. O balé termina com uma canção de agradecimento ao Pássaro de Fogo, enquanto o príncipe Ivan casa-se com a adorável princesa numa bela e alegre cerimônia.

Essas histórias antigas nos lembram da necessidade de iniciar nossa busca espiritual. Elas enfatizam a impossibilidade de capturar o espírito humano e as conseqüências funestas de tentar limitá-lo, colocando-o numa gaiola feita pelo homem, quer esta gaiola seja um sistema político, uma cultura patriarcal, uma visão rígida da existência humana, ou simplesmente nossas pressuposições individuais sobre nós mesmos e os outros. Entretanto, existe um lado de todos nós que deseja segurança e tenta possuir as coisas, tenta estabelecer regras que prescrevem um comportamento conformista e rígido em vez de permitir que a vida e as energias naturais fluam livremente. Esta tendência dominante é especialmente evidente numa cultura patriarcal alicerçada na aquisição e no controle, baseada na construção de gaiolas.

O tédio da sra. Bridge

Uma mulher Pássaro Engaiolado normalmente tem uma aparência dócil, mas pode estar fervendo internamente com ressentimento, furiosa por ser possuída, controlada ou dominada. Ela não se expressa nem desenvolve seus talentos, e sofre aberta ou secretamente com falta de confiança e baixa auto-estima. Sem conseguir se afirmar, ela vive a vida de outra pessoa, ocultando seus problemas e usando subterfúgios para conseguir aquilo que deseja ou necessita. Ela se sente culpada se tentar afirmar a si mesma e fizer o que deseja. As fachadas de pessoa tímida que tenta agradar ou de pessoa martirizada que cuida de todos, usadas pelo Pássaro Engaiolado, são conhecidas por muitos co-dependentes que vivem na gaiola aprisionadora da adicção. Entretanto, sob essa aparência calma, existe uma Louca furiosa, relegada às sombras, pronta a explodir. O desespero de uma jovem que luta para escapar de sua gaiola é expresso no poema seguinte:

Aprisionada

Aprisionada na escuridão, dentro do meu coração,
Um pássaro cativo luta para libertar-se.
As asas batem loucamente, correndo o risco de serem mutiladas,
E ela luta contra o medo numa asfixia muda.

Busca a liberdade desconhecida e as paixões sem limites,
Ela se arranha e se machuca, e as penas brilhantes perdem a cor.
Sangra, luta cegamente, se atira contra sua gaiola
Impelida pelos antigos desejos e pela fúria não reconhecida.

Sem perceber a crueldade das paredes impenetráveis da ilusão,
Ela voa de encontro às grades pintadas, choca-se e cai.
E conforme ela treme cheia de horror, morrendo, no chão coberto
de pontas aguçadas,
Ela sofre, ainda despercebida, sob a porta sempre aberta de sua prisão.

Em nossa época, o Pássaro Engaiolado tem mais chances de ter consciência de sua condição, mas muitas mulheres continuam sem perceber que estão aprisionadas, e elas nunca integram suas experiências da energia da Louca. Considere o exemplo de Índia Bridge, no filme *Mr. and Mrs. Bridge*. A sra. Bridge, uma esposa suburbana, doce, do Meio-Oeste, e com uns cinqüenta anos, foi casada por toda sua vida adulta com o sr. Bridge, um advogado que vem de uma família em que os homens eram juízes e oficiais militares. Ele se identifica com homens que eram lutadores de coração duro, e assim não consegue ou não quer expressar seus sentimentos mais ternos. Ele é respeitável e honesto, decide tudo por sua esposa e a protege até

mesmo não deixando que ela fique sabendo dos problemas cardíacos dele. Ela foi criada para acreditar que uma boa esposa deve ficar a qualquer custo com seu marido, e sempre segue as orientações dele, vota como ele lhe diz para fazer, e fica feliz por ter um homem por perto para cuidar de tudo.

A sra. Bridge ama seus filhos adolescentes, mas não consegue entendê-los porque está presa às convenções vitorianas de sua própria geração. Fica envergonhada e incomodada com os valores sexuais diferentes de seus filhos, e chocada com a rebeldia deles. Sem conseguir entender os sentimentos de raiva ou de dor que seus filhos têm, ela oculta sua confusão com os clichês sobre a vida, que aprendeu quando era jovem. A sra. Bridge não consegue tolerar ser "diferente". Sua principal preocupação é manter uma boa aparência. Ela julga as pessoas por sua limpeza, suas maneiras à mesa, e até mesmo pelas condições de seus sapatos. Ela é sempre educada, na superfície, mesmo que fique ofendida quando os outros discordam dela. Está acostumada a encobrir qualquer momento embaraçoso, e tenta evitar qualquer silêncio numa conversa.

Apesar de sua vida confortável, a sra. Bridge está entediada, como muitas de suas amigas. Joga cartas para passar o tempo, e tenta se perder de si mesma fazendo compras e mantendo conversas superficiais. Mas por baixo da superfície, a sra. Bridge começa a perceber o vazio funesto. A maioria das mulheres em seu círculo tenta ignorar esses momentos ansiosos, mas sua melhor amiga, Grace, começa a questionar sua vida: "Será que nós acreditamos nas coisas certas?".[7] Grace faz esta pergunta, sabendo que experimentou muito pouco da vida. Este questionamento perturba a sra. Bridge.

À medida que seus filhos tornam-se mais independentes e começam a sair de casa para freqüentar a universidade, e como seu marido continua a voltar toda a sua energia para o trabalho, a sra. Bridge percebe que está sozinha. A empregada faz todo o serviço da casa, e a sra. Bridge agora tem pouco a fazer. Ela fica agitada; os dias parecem intermináveis. A sra. Bridge não sabe o que quer da vida, ou o que a vida quer dela, e se sente como se estivesse esperando, mas não sabe pelo que espera ou por que espera. Ela se descobre constantemente olhando para o vazio, oprimida pelo pressentimento de que aquilo que ela valoriza será destruído. Mas ela tenta tirar de sua mente essas dúvidas importunas sobre sua vida. "Como ela poderia explicar que o lazer de sua vida – esse delicioso ócio que ele criou ao lhe dar tudo – a estava enlouquecendo?"[8]

Embora de modo geral a sra. Bridge esteja contente com sua vida convencional, parte dela deseja libertar-se. Entretanto, ela não consegue saber que resposta dar à sugestão de sua professora de arte para que ela se solte em sua pintura. Por sugestão de uma amiga, começa a ler *Theory of the Leisure Class*, de Veblen. Tenta discuti-lo com o sr. Bridge, mas fica perturbada quando ele o desconsidera como lixo socialista. Ela reclama da falta de sentimento de seu marido, e menciona o divórcio, mas o sr. Bridge consegue afastar os seus sentimentos, dando-lhe um gole de cerveja e abraçando-a.

No entanto, a sra. Bridge é confrontada com momentos de verdade. Enquanto ela está fazendo compras, um elevador cai apenas a dez passos dela. Chocada, ela vê as pessoas presas olhando para fora do elevador com o olhar perdido – um espelho de sua própria prisão confusa. Uma noite, antes de dormir, ela está passando creme em seu rosto e imaginando como poderá manter-se ocupada no dia seguinte, e fica chocada com o creme quando olha no espelho mais de perto. Quem é a mulher que está olhando para ela? Por que ela está viva? Ela percebe que não está sorrindo por baixo da máscara; ela esteve encobrindo um grito mudo.

A sra. Bridge fica deprimida e sente que precisa de ajuda. Decide falar a seu marido que deseja fazer psicanálise. Sua amiga, Mabel, que já faz análise, disse-lhe que esta é uma jornada de autodescoberta. Passam-se semanas antes que ela encontre coragem para falar e que o sr. Bridge esteja de bom humor, mas enquanto ela exprime seu desespero – e sua esperança de que a análise possa ajudá-la – o sr. Bridge continua a ler seu jornal e a ignora. Ele diz: "A análise não é melhor do que a leitura da sorte", e se oferece para lhe comprar

um carro novo, como se isto resolvesse o problema. A sra. Bridge recusa o carro e muda de assunto.

Quando Grace confessa que tem medo de enlouquecer, a sra. Bridge tenta encobrir a crise, e as duas mulheres perdem a oportunidade de se conectar uma com a outra e de romper suas gaiolas físicas e psicológicas. Em prantos, Grace pergunta: "Para que tudo isto?", pedindo que a sra. Bridge deixe de lado sua alegria falsa e ouça seus sentimentos. Mas a sra. Bridge só consegue segurar sua mão e dizer palavras de conforto, e assim Grace se retrai, cortando o relacionamento. A sra. Bridge não quer reconhecer que Grace está vivenciando aquilo que ela também sente – um vazio interior e a "maldade no universo", que deixa um gosto amargo em sua boca, mas também "um desejo selvagem, selvagem".[9] A sra. Bridge sabe que Grace não é diferente dela e das outras mulheres em seu círculo, mas que ela pôde sentir e exprimir o vazio da vida oca que elas compartilham.

A sra. Bridge acorda no meio da noite, sentindo que algo está errado. De manhã fica sabendo que Grace está morta. Ela tenta ocultar os fatos, dizendo à maioria das pessoas que foi um caso de envenenamento acidental. Ela só é franca com os amigos mais íntimos e com seu marido: Grace tomou uma overdose de pílulas para dormir. Ela se volta para o sr. Bridge, em seu pesar, mas ele só consegue culpar Grace, dizendo que ela deveria ter pena do marido que deu à esposa tudo que uma mulher *deveria* desejar.

Tentando voltar a sua vida cotidiana, a sra. Bridge fica perdida na confusão. Sente a sombra da Segunda Guerra, e não pode entender a matança inútil. Tem uma sensação insuportável de irrealidade, e sonha cada vez mais com os olhos arregalados das pessoas famintas que vivem nas ruas. Começa a perder a fé no futuro. A sra. Bridge está vacilante, como Grace esteve, mas tenta evitar esses sentimentos pensando em tempos mais felizes.

E aí acontece o golpe final. Um dia, o sr. Bridge leva um tombo no escritório, e morre em resultado de seu coração doente. A sra. Bridge está sozinha. Ela dorme cada vez mais, tentando fugir para o esquecimento. Vê a velhice aproximando-se e começa a se movimentar mais devagar. Ela vive no passado, e fica em casa, esperando pelo correio ou por algum telefonema, e olha seu álbum de fotografias, tentando recapturar o passado. Num dia frio e com neve, a sra. Bridge sai para fazer algumas compras. Seu carro enguiça e pára no portão da garagem. O carro está enguiçado, suas portas não abrem o suficiente para que ela saia. Presa, ela tenta chamar a atenção. Ela grita: "Há alguém aí?".[10] Mas ninguém a vê, nem a ouve. A sra. Bridge está aprisionada no frio congelante. Tudo o que ela pode fazer é esperar impotente no frio – uma metáfora precisa para o modo como ela viveu sua vida. Passiva e dependente, ela ficou presa na gaiola fria da emoção congelada.

No livro, a sra. Bridge espera no frio, mas ninguém a ouve. Mergulhando na inconsciência, ela vai congelar até a morte. Na versão do filme, o sr. Bridge ainda está vivo. Ele tenta telefonar para sua esposa nesse dia. Ela não atende, e ele pensa que ela só foi fazer compras. No caminho para casa, ele impulsivamente compra rosas para ela, e dirige o carro cantando sua canção favorita, "Onde estão os homens de coração valente?". Ao chegar em casa ele vê o carro da esposa e a salva no último momento, mas se esquece de lhe dar as rosas. O filme sugere que o sr. e a sra. Bridge continuam a viver suas vidas como sempre, sem mudança.

A sra. Bridge pode parecer uma relíquia de outra geração, mas muitas mulheres de hoje estão sofrendo com vidas embrutecedoras, cheias de trabalhos enfadonhos, de rotina e de pobreza, como a sra. Bridge. Hollywood preferiu mudar o final, deixando que o sr. Bridge salvasse sua esposa, mas ocultando – como fazemos todos os dias – a tragédia real e inevitável. O medo de terminar como a sra. Bridge é atual e baseia-se em possibilidades reais. Ninguém está livre da tendência da sra. Bridge de tentar preservar o *status quo*, de ocultar sentimentos incômodos, e de evitar a mudança para permanecer segura e protegida. A experiência da sra. Bridge é o destino descrito por Charlotte Perkins Gilman no século passado – a falta de sentido de uma vida sem objetivo e sem contribuição, que uma mulher total-

mente protegida e dominada por seu marido e pela cultura sentirá e que pode levá-la à loucura fria da passividade. Gilman representou esta tragédia em sua história, *The Yellow Wallpaper*.

Descendo até a loucura: *The yellow wallpaper*

The Yellow Wallpaper é um conto sobre uma mulher criativa que está presa numa vida convencional de tédio inescapável. Ele foi escrito no final do século XIX por Charlotte Perkins Gilman, que lidou com um distúrbio nervoso semelhante ao de sua protagonista, escrevendo esta história. Depois de lidar com suas próprias barreiras interiores que impediam sua liberdade mental, Charlotte Gilman transformou-se numa feminista pioneira que lutava para mostrar os modos pelos quais as mulheres eram privadas de sua liberdade. Quase um século depois, *The Yellow Wallpaper* lembra às mulheres de hoje como um mulher que reprime seus talentos pode se transformar na vítima e prisioneira de seus próprios impulsos criativos. Se ela negar esta energia criativa, esta pode se transformar em fúria autodestrutiva. Esta autodestruição pode assumir a forma de adicção, depressão, fobias, e reações de ansiedade; e algumas vezes pode terminar no suicídio.

É significativo que a protagonista de *The Yellow Wallpaper* não tenha um nome. A identidade dela diante dos outros é apenas de esposa, obediente a seu marido paternalista. Embora ela deseje ser uma escritora, seu marido e seu irmão, ambos médicos, dizem-lhe que qualquer tipo de trabalho vai piorar sua condição nervosa. Eles dizem que escrever é especialmente perigoso, pois pode levar a fantasias que alimentariam a excitável imaginação feminina e perturbar o seu descanso. Eles lhe dizem que qualquer demonstração de sentimento seria ruim para ela. Sempre que ela fica brava, eles a aconselham a suprimir sua raiva. Ela o faz, mesmo sabendo que esta supressão a deixa exausta. Ela permanece silenciosa, ocultando seus sentimentos e conflitos, e esconde seus talentos porque seu marido é amoroso e protetor. Seu marido dirige todas as suas atividades e organiza todo o seu dia, chamando-a de seu "pequeno ganso abençoado" e lhe diz que ela é o seu único conforto, tudo que ele tem neste mundo.

Seu marido não concorda com o quarto que ela havia escolhido para si – um quarto no andar térreo que se abre para os jardins, para inspirá-la a escrever – e ele escolhe para ela um quarto no andar superior, um antigo quarto de crianças com janelas gradeadas (e espaço para colocar a cama dele, de modo que ele possa ficar com ela à noite). Este quarto a incomoda porque o papel de parede, desbotado e descascado, é de um amarelo horroroso. Até o cheiro é amarelo, e tem um odor enjoativo. Seu padrão antigo parece se mover em espirais, deixando-a tonta. O papel de parede amarelo a confunde, invadindo caoticamente sua mente e sua visão.

Escrever é seu único alívio diante do papel de parede invasivo e das idéias estranhas que a pressionam, pois escrever a ajuda a lidar com os padrões loucos do papel de parede. Mas como seu marido e a irmã dele, a governanta, concordam que escrever a deixa doente, ela tem de saborear os momentos em que escreve do mesmo modo como um alcoólico esconde garrafas. Ela anseia por amigos com quem possa compartilhar o que escreve, mas ela não tem ninguém de quem possa ser íntima.

À medida que ela ocupa o quarto, nota dois olhos absurdos que se movem lentamente e a fitam de lugares diferentes por trás do papel descascado. Isto a deixa nervosa e inquieta a maior parte do tempo, mas ela esconde dos outros o fato de chorar por causa disso. Com o tempo, o papel de parede passa a fasciná-la. Por trás dos padrões camuflados que se espalham em todas as direções sobre a superfície, aparece uma figura vaga e informe. A cada dia ela percebe que esta figura parece cada vez mais com uma mulher abaixada, que se arrasta, tentando sair.

Numa noite de lua, ela fica com medo da figura que se move e tenta contar a seu marido que está ficando doente por estar neste quarto. Ele a lembra que é um médico e sabe que ela está melhorando. Depois, incentiva-a a dormir de dia após as refeições, um hábito que ela detesta. Mas ela decide que é melhor enganá-lo, pois

agora ela o teme e duvida da sanidade dele por causa da determinação dele em controlar todos os movimentos dela.

Decide ficar sozinha e dominar o padrão mutável do papel de parede amarelo. Durante o dia, quando ela pensa que conseguiu, ele se transforma tortuosamente como um pesadelo óptico e se altera com cada mudança da luz. À noite, quando a Lua brilha, ela vê no padrão uma mulher atrás das grades, lutando para escapar. A mulher que se arrasta é a Louca furiosa dentro de si mesma, aprisionada pela certeza e pelos julgamentos masculinos impostos sobre ela por seu marido e pela cultura patriarcal. O drama do papel de parede a absorve, como uma trama de uma história de detetive que começa a ser desvendada. Descobre que o padrão se move quando a mulher atrás dele treme enquanto se arrasta. Às vezes, ela vê muitas mulheres sacudindo as grades. Um dia, depois de a mulher sair silenciosamente de trás do papel de parede amarelo, ela começa também a se esgueirar, trancando a porta para que seu marido e a irmã dele não a vejam. Ela quer ajudar a mulher aprisionada a se libertar do papel de parede amarelo. Juntas elas arrancam as tiras do papel da parede. Esgueirando-se pelo quarto com a mulher louca, ela agora também consegue entrar e sair do papel de parede. Mas em outros momentos, ela teme ser igual à Louca que se arrasta e se amarra à cama para evitar sair e ser descoberta. Seu marido entra repentinamente no quarto e a vê no chão, e vê o papel de parede arrancado. Chocado, ele pergunta o que ela está fazendo. Ela responde, desafiadoramente: "Eu saí finalmente... apesar de você... E arranquei a maior parte do papel para que você não possa me prender de novo".[11] A história termina quando o marido desmaia no meio do caminho, enquanto ela rasteja continuamente até ele.

Escrevendo, e quebrando as grades: Charlotte Perkins Gilman

Embora a heroína de *The Yellow Wallpaper* tenha sucumbido à loucura, sua criadora, Charlotte Perkins Gilman escreveu e assim sobreviveu. Gilman, como a protagonista de sua história, foi aconselhada por seu médico a se dedicar ao papel convencional de esposa e mãe, e a "nunca tocar numa caneta, pincel ou lápis enquanto viver".[12]

Ela se casou jovem com um artista que era uma pessoa talentosa, idealista e solitária como ela. Charlotte o descreveu como terno, sexualmente atraente, e disposto a ajudar nos trabalhos domésticos. Mas por mais liberal que ele parecesse ser, acreditava que uma mulher de espírito livre como Charlotte ficaria feliz de voltar para a segurança e o amor que o casamento proporcionava, depois do mundo tê-la maltratado em suas tentativas de encontrar liberdade de expressão. No início de seu casamento, Charlotte sofreu de períodos de extrema depressão, como se "uma espécie de nevoeiro cinzento passasse pela minha mente, uma nuvem que crescia e escurecia".[13] Insônia, cansaço e incapacidade de trabalhar faziam que ela se sentisse miserável. Durante este período ela teve uma filha, mas estava doente demais para cuidar adequadamente da criança.

Gilman registrou em sua autobiografia que seguir o conselho de seu médico quase custou sua sanidade, provocando tanta ansiedade que ela se escondia embaixo de camas e dentro de armários, como se assim pudesse fugir da perturbação desse diagnóstico. Viajou para a Califórnia, e descobriu que se sentia muito mais saudável longe de seu marido. Entretanto, depois de voltar à vida familiar, ficou de novo fatigada e deprimida. Depois de quatro anos de casamento, ela e seu marido concordaram com o divórcio, decidindo que seria melhor para sua filha se ela ficasse sob os cuidados do pai e da melhor amiga da mãe, que era agora a nova esposa dele. Se Charlotte tivesse que escolher entre a vida criativa e o papel passivo designado para as mulheres no casamento convencional, ela só poderia escolher a primeira, pois se lembrava da vida dolorosa e atormentada de sua mãe e das experiências de infância que havia tido com ela.

A mãe de Charlotte teve três filhos em três anos, e nunca deu nem recebeu amor físico. Seu pai abandonou a família logo depois do nascimento de Charlotte, em 1850, na Nova Inglaterra. Charlot-

te cresceu sem receber ternura de sua mãe Rainha Gelada, fria e rejeitadora, que era também um Pássaro Engaiolado. Para sobreviver, Charlotte desenvolveu determinação, força de vontade e uma paixão pelo conhecimento e pela perfeição. Herdou um senso puritano de dever e responsabilidade, e era intensamente devotada a seu trabalho. Já no início da adolescência, Charlotte tinha tomado consciência por sua tia-avó, Harriet Beecher Stowe, de que as mulheres sofriam numa sociedade injusta. Charlotte queria mudar este mundo injusto pelos seus escritos e por suas palestras. Por toda a sua vida, Charlotte quis "descobrir o que afligia a sociedade, e como melhorar sua condição de modo simples e natural".[14]

Em 1890 ela se mudou para a Califórnia, onde fazia palestras sobre os direitos das mulheres, ensinava em escolas, editava jornais e escreveu *The Yellow Wallpaper*. Os anos entre 1890 e 1894 foram os mais difíceis de sua vida, e ela tinha de lutar constantemente contra a letargia, a depressão e a fadiga, além de confrontar a hostilidade da opinião pública. *The Yellow Wallpaper* teve sua publicação rejeitada pelo editor de *The Atlantic Monthly*. Mais tarde, quando foi publicado em 1892, recebeu críticas contraditórias. Foi preservado para a literatura quando William Dean Howells, que o admirava, o incluiu na edição de 1920 de *Great Modern American Stories*.

Ao escrever a história da Louca em *The Yellow Wallpaper*, Charlotte Perkins Gilman transformou a Louca dentro dela. Superando seu medo debilitante de ser aprisionada, ficou famosa como uma escritora e palestrante feminista, em seu país e no exterior, publicando poemas, contos, romances utópicos e livros de não-ficção nos quais ela criticava os sistemas social e econômico que mantinham as mulheres como reféns, articulando muitas das características da vida familiar que nós agora reconhecemos como disfuncional. A característica principal era o comportamento dominante de um pai/marido que "possui" e domina sua esposa e a mantém subserviente e dependente. Numa tentativa de libertar as mulheres deste fardo, de modo que elas pudessem encontrar respeito por si mesmas e significado em suas vidas, ela argumentava a favor de centros de cuidados infantis, cozinhas comunitárias, e respeito pelo trabalho feminino, qualquer que ele fosse, além de direitos iguais no trabalho.

Nos primeiros anos de sua vida profissional, Charlotte levou uma vida nômade, fazendo palestras pelos Estados Unidos e pela Europa, pesquisando e escrevendo. Tentava, sempre que possível, passar algum tempo com sua filha Katherine. A comunidade era importante para Charlotte, nesse período. Ela foi convidada por Jane Addams e ficou na Hull House em Chicago, que lhe proporcionou descanso, regeneração, e uma vida comunitária entre reformadores sociais e intelectuais da época, como John Dewey e Robert Ely. Ainda mais importante foi a oportunidade de estar com um grupo de mulheres brilhantes.

Enquanto sua vida profissional florescia, sua vida pessoal se ressentia da falta de intimidade dos relacionamentos cotidianos. Depressões periódicas ainda a deixavam exausta, e ela ainda temia ser aprisionada por um relacionamento convencional, e sentia o conflito da escolha entre amor e trabalho. Escrever a ajudava a integrar seus sentimentos e suas experiências, e a observar, registrar e compreender que suas depressões deviam-se a causas internas e externas. Embora suas depressões continuassem a se repetir, ela não as temia mais, vendo que elas não a destruíam. Aceitava sua natureza cíclica, e considerava-se uma sobrevivente. Trabalhava "para viver como eu desejaria que minha filha vivesse – como eu desejaria que todas as mulheres vivessem" – com confiança, amor-próprio e auto-estima.[15] Ela lutava para reconciliar os diversos conflitos em sua vida – sua *persona* pública e seu eu pessoal, sua necessidade de independência e sua necessidade de um relacionamento íntimo, amor e trabalho.

Quando estava com trinta e poucos anos, reencontrou seu primo, George Hampton Gilman, um advogado sete anos mais novo do que ela, que era gentil, terno, carinhoso, e do mesmo nível cultural e intelectual. Mantiveram um namoro de três anos, durante o qual se correspondiam intensamente. Charlotte lhe revelou seu medo do abandono, suas depressões recorrentes e os conflitos que sentia. Quando a possibilidade de um casamento feliz ficou mais

próxima, ela caiu numa depressão severa. Mas embora tivesse medo, não recuou diante de Gilman ou a sua vida juntos. Depois de ter escrito sobre seu pior medo – aquele da Louca em *The Yellow Wallpaper* – e nos anos seguintes ter trabalhado para melhorar a condição das mulheres na sociedade, ela agora aos quarenta anos se sentia suficientemente forte para visualizar a integração de um relacionamento amoroso. Como o amor do casal era baseado em amizade mais do que em paixão impulsiva, e como seu novo marido colocava mais energia em seu casamento e em sua família do que na carreira, Charlotte foi capaz de confiar e de se sentir segura com ele. O casamento deles durou mais de trinta anos, até a morte dele, proporcionando a Charlotte uma atmosfera estável na qual ela pôde realizar alguns de seus trabalhos mais criativos.

Em 1898, publicou *Women and Economics*. O livro foi um sucesso imediato e ela se tornou internacionalmente conhecida por numerosas traduções. O livro criticava os sistemas patriarcais que fazem que as mulheres sejam dependentes. Neste e em outros trabalhos, ela argumentava que o modo em que nós ganhamos a vida tem grande influência em nossas vidas. Portanto, se uma mulher é economicamente dependente de um homem, seu "lucro econômico" depende de seus poderes de atração sexual e de seu papel como empregada. Este modo de "lucrar" produz uma dependência sufocante que estreita as vidas das mulheres, e também as vidas de seus maridos e filhos, que são afetados negativamente porque o papel subserviente das mulheres contribui para o comportamento egoísta em ambos os sexos. Por exemplo, Charlotte observou que homens que eram gentis em seu trabalho poderiam ser tirânicos e brutais em casa, enquanto suas esposas se tornavam ambiciosas e exigentes. Em vez de ser um centro de paz, que um lar genuíno podia proporcionar, o resultado era "um *workshop* de descontentamento" no qual todos saíam feridos. Charlotte afirmava que o sistema patriarcal cria as mulheres para a atividade sexual e para os serviços domésticos, do mesmo modo que uma vaca domesticada é adaptada artificialmente para produzir mais leite. Quando uma mulher é criada para ser um objeto sexual ela perde seu relacionamento direto com a natureza, sua força e sua independência. Ela comparava esta "máquina de leite que anda", a vaca domesticada, com a vaca selvagem que é maternal, mas também é "uma criatura leve, forte, vivaz, resistente, capaz de correr, pular e lutar, se necessário".[16] Ela argumentava que as mulheres deveriam se desenvolver naturalmente, o que exigia que elas ganhassem a própria vida, para se tornarem independentes. Ela previa que a emancipação das mulheres de seu papel artificialmente restrito resultaria na emancipação de todos, e representava sociedades mais saudáveis em seus romances utópicos, *Moving the Mountain* (1911), *Herland* (1915) e *With Her in Ourland* (1916). Segundo Charlotte, uma mulher poderia fazer que o mundo fosse um lar melhor para seus filhos e para toda a humanidade, quando se transformasse numa "serva do mundo" em vez de ser uma "serva do lar".

Em trabalhos posteriores, Charlotte escreveu que o mundo humano é feito de processos sociais interdependentes, de modo que o individualismo realmente impede que alcancemos a felicidade. Ela argumentava que nós realmente encontramos nosso maior prazer quando trabalhamos pelo bem da comunidade humana. Trabalhar pela humanidade é tão natural quanto respirar, pois fomos criados para realizar um trabalho significativo que nos una.

Charlotte também desafiou as noções de direitos de propriedade e de posse pessoal, e demonstrou como eles levavam ao direito imaginário de os homens dominarem as mulheres. Afirmava que a competição e a recompensa, incentivadas pela literatura dominada pelos homens que enfatizava temas como desejo e guerra, não conduzem à aprendizagem genuína, e resultam em padrões masculinos como critérios de excelência. Acreditava que as escritoras abriam novos reinos criativos pois "o impulso feminino básico é reunir, juntar, construir". Ela concluía que os valores femininos de perseverança e de serviço cooperativo aumentam a vida humana e argumentava que a religião é dominada pela ênfase do sistema patriarcal na posse e na culpa das mulheres (Eva) pelo pecado e pelo estado de queda da humanidade. Contrastando com a obsessão masculina com a morte e a

felicidade depois da vida, ela observava que as mulheres enfatizavam o nascimento, o crescimento, a nutrição, a formação, e a construção, e assim elas se focavam em criar um futuro melhor na terra para as gerações futuras. Esses valores femininos são a base para a religião como uma energia para o bem do todo. Ela disse: "As mulheres sempre tentaram curar, ensinar, ajudar". Charlotte Perkins Gilman compreendia "Deus" como a vida dentro de nós em vez de ser o Juiz patriarcal projetado por muitas religiões organizadas, e propôs que uma religião feminina baseada no nascimento seria uma força para o crescimento no mundo e não para o combate. Mesmo vivendo no início do século XX, ao romper a gaiola das estruturas mentais, físicas e sociais, vislumbrou o vôo do espírito feminino que era possível ao se retornar a uma religião com base no feminino e que corporificava uma sabedoria feminina criativa na terra. Hoje essas religiões das "deusas" femininas estão crescendo à medida que as mulheres retornam aos modos de conhecimento feminino, a Wicca, e a outras práticas espirituais em concordância com a Natureza e com seus ciclos sazonais. A história a seguir mostra este processo nos sonhos e no desenvolvimento de uma mulher contemporânea.

Libertando o pássaro engaiolado: a história de Constance

Constance viveu parte de sua vida como um Pássaro Engaiolado. Sonhou com uma Louca enquanto estava passando pela crise da meia-idade. Constance conseguiu se libertar e transformar as energias loucas, aprisionadas, em seu próprio modo positivo de viver e de se expressar, ao lutar com a Louca em seus sonhos, ao realizar imaginação ativa, e ao identificar e alterar o padrão debilitante de co-dependência. Como todas as transformações profundas, a jornada de Constance para descobrir seu eu criativo foi um processo gradual – ela aconteceu "um passo por vez" e mediante compromisso diário, como disse depois.

Constance procurou a psicoterapia porque se sentia aprisionada em seu casamento, e incapaz de encontrar e expressar suas próprias energias criativas. Gostava de ser mãe, amava seus filhos e apreciava a companhia deles, mas temia sufocá-los se não conseguisse encontrar outras saídas para si mesma. Sua própria mãe tinha experienciado grandes alterações de estado de espírito e foi ao mesmo tempo possessiva e rejeitadora diante de Constance. Ela precisava que Constance a espelhasse, que fosse igual a ela, e lhe desse auto-afirmação. Constance não queria repetir este padrão com seus próprios filhos.

Constance sentia-se aprisionada quando era uma criança crescendo no Alasca. Como muitos adultos que nasceram em famílias disfuncionais, Constance teve uma infância traumática. Ela havia sido abandonada por seu pai, um alcoólico que morreu com vinte e poucos anos, quando ela tinha sete anos de idade. Como ela não o conhecera, ele se transformou, em sua imaginação, numa figura empolgante, mas inatingível. Isto formou a base para a atração que ela sentia por homens que eram "amores fantasmas", românticos, mas não disponíveis. Os avós de Constance a levaram para morar com eles, pois seu pai não era confiável e sua mãe ainda era uma adolescente. Mas quando Constance tinha apenas dois anos, sua mãe a roubou da casa dos avós no meio da noite, e a levou para viver com ela e com seu novo marido, um homem violento que abusava de sua enteada e espancava seu pai quando ele tentava vê-la.

Sua casa era sempre caótica. Como filha única, Constance temia a raiva de seu padrasto e os sentimentos imprevisíveis e as fúrias loucas de sua mãe. A mãe ou estava num estado maníaco, gastando dinheiro e vestindo-se impecavelmente, ou ficava deitada na cama, deprimida e inerte. As emoções de sua mãe dominavam a casa, não deixando espaço para que Constance tivesse seus próprios sentimentos ou desenvolvesse um senso de identidade próprio. Ela se sentia como uma "criança perdida".

Quando Constance entrou na adolescência e começou a sair, sua mãe tinha ciúmes de todos os seus amigos, e gritava com ela para que ficasse em casa. Sua mãe se sentia inferior em comparação a sua

atraente filha, e assim criticava Constance, fazendo que ela se sentisse culpada. Inconscientemente, a mãe queria que a filha fosse uma enfermeira – que compartilhasse sua infelicidade em sua gaiola comum. Durante toda a adolescência de Constance, sua mãe a acusou de ser egoísta, dizendo: "Você só pensa em si mesma". Uma noite, cheia de fúria, mandou que Constance saísse de casa para sempre. De algum modo, Constance sobreviveu a esta rejeição, mas sofreu psicológica e fisicamente. Seu período menstrual parou durante um ano. Tinha dificuldade para falar em situações sociais ou acadêmicas; engordou; e começou a ter pensamentos suicidas.

Na universidade Constance apaixonou-se por homens que eram empolgantes, mas imaturos, como seu pai. No fim, eles a trocavam por álcool e drogas. Ela conseguiu terminar seus estudos porque era inteligente e boa aluna. Ansiava por segurança econômica e por um lar sem conflitos, e assim escolheu se casar com um homem bom, mas passivo, a quem ela poderia controlar e que lhe daria segurança financeira e uma vida mais estável. Deste modo, evitou ser abandonada ou prejudicada. Durante algum tempo, sua gaiola lhe pareceu um abrigo, proporcionando-lhe a estabilidade necessária que ela não tinha recebido na infância.

Num nível consciente, Constance desejava que a vida fosse previsível, ela queria estar no controle. Mas inconscientemente, ansiava por drama e romance. Estava apaixonada secretamente por um marginal romântico o qual tinha namorado na adolescência, e ela ainda passava a maior parte de seu tempo fantasiando a respeito dele. Em casa, sentia-se aprisionada e se descobria gritando irracionalmente com seu marido e com seus filhos. Isto a perturbava, pois ela os amava e não queria ficar como sua mãe. Esses conflitos a levaram à terapia.

A Louca apareceu em seus sonhos logo no início da terapia:

> Eu estou com alguns valentões, do lado de fora de uma casa velha e malconservada onde mora uma senhora de uns sessenta anos. Repentinamente a mulher vem para fora, segurando dois gatos que se parecem com

o meu. Para nossa surpresa, a velha arranca, maldosamente, as cabeças e os membros dos gatos a dentadas. Os gatos têm medo e não se defendem. Ficamos paralisados e não sabemos como reagir a essa violência medonha. Eu acordo aterrorizada.

Os gatos simbolizavam para Constance o lado instintivo e natural de seu eu feminino. Sua falta de defesa contra esta Louca lembrou-lhe sua incapacidade de se defender de sua mãe. A Louca do sonho de Constance parecia-se com as Bacantes da lenda grega, discutida anteriormente, que podiam destruir, arrancando as cabeças e os membros de bebês e de animais (como no sonho) ou alimentar animais selvagens em seus seios. As Bacantes também simbolizavam a energia selvagem usada para arrebentar a gaiola.

Embora este sonho tenha perturbado Constance, ele também anunciou a presença de uma personagem dentro dela – uma Louca interior que podia destruir ou criar, e que podia ajudar Constance a romper a gaiola. Ela podia ver como esta figura feminina louca tinha sido internalizada como uma imagem que espelhava sua Mãe Louca. Mas culpar a sua mãe por sua própria vida atrapalhada não resolveria seus problemas. As Bacantes mostravam as duas direções – destruição e criação. De algum modo, Constance precisava confrontar a Louca interior, trabalhar segundo sua fúria, e redirecionar essa energia para uma força positiva.

Uma vez, quando Constance estava usando a imaginação ativa espontânea, apareceu uma imagem de uma fêmea de crocodilo, que a agarrou com suas imensas mandíbulas, mantendo-a numa posição fetal. Assustada e imobilizada, Constance perguntou ao animal – que ela via como uma imagem da Louca – o que ele desejava. O crocodilo respondeu: "Sua energia", e cuspiu Constance de sua boca. Por este processo de imaginação, ela vivenciou e sentiu claramente, em nível consciente, a forma como a Louca estava comendo sua energia, do mesmo modo como sua mãe a tinha devorado quando criança. Constance viu também que o crocodilo podia simbolizar a capacidade de proteger sua energia criativa, pois a mãe crocodilo

também simboliza o aspecto protetor da Mãe Louca que espera pela maturidade de seus filhotes, até que eles estejam prontos para viver por si mesmos. Ela os segura em sua boca até que eles estejam prontos para o mundo, e atacará a qualquer um – especialmente o crocodilo pai, que freqüentemente come seus filhotes. De novo, Constance estava sendo lembrada da energia feminina primitiva e selvagem dentro de si mesma, que precisava ser transformada.

O sonho, mais a imaginação ativa e com muito trabalho consciente sobre seus medos internos, mostrou a Constance como sair para o mundo e se desenvolver – algo que sua mãe nunca tinha feito. No início ela não tinha consciência de estar aprisionada mas, durante o processo terapêutico, tornou-se consciente das limitações que estava criando para si mesma, e sentiu a dor de estar presa. Ao vivenciar o sofrimento envolvido em sua descida ao caos de seu inconsciente, percebeu como a liberdade era importante para ela, e quanto ela desejava se desenvolver profissionalmente. A combinação do trabalho interno, mediante terapia, e externo, ao desenvolver sua carreira no mundo, ajudou-a a definir sua identidade própria, quem ela era, e de que ela precisava, questões que haviam sido deixadas de lado como resultado de sua infância caótica.

Esta nova identidade exigia que Constance continuasse a trabalhar conscientemente para diferenciar-se também de sua mãe. Como muitas filhas, Constance tinha uma conexão inconsciente com sua mãe. Constance sentia a raiva de sua mãe em seu próprio corpo, quando a mãe estava brava com ela, mesmo que estivessem separadas por milhares de quilômetros. Como sua mãe, Constance estava sujeita a freqüentes ataques de doença e depressão, que de algum modo estavam conectados ao caos da vida de sua mãe. Enquanto Constance estivesse aprisionada nesta simbiose com a mãe, ela não seria ela mesma. Sua existência se assemelhava à de uma morta-viva. Ela se sentia mal durante grande parte do tempo, e quando não se sentia mal, parecia estar separada de seus sentimentos. Sabia que tinha de cortar o cordão simbiótico para mudar este padrão – e sabia que precisava de sua própria energia da Louca para fazer isto.

Constance começou a assumir a responsabilidade pela própria vida e por suas ações. Deixando de lado o que ela não queria em sua vida, conseguiu determinar o que desejava. Abandonou a ilusão de que precisava que os outros definissem seu próprio caráter. Aprendeu o que era aceitável para ela no relacionamento com sua mãe, e também o que não era. Constance ficou firme e estabeleceu limites para sua mãe. Recusou-se a assumir a culpa que sua mãe tentou lhe impingir, e parou de se expor a críticas desnecessárias. Não tinha mais medo de sua mãe e de seus extremos emocionais, pois identificou, reconheceu e integrou sua própria energia louca.

Constance também passou a se sentir menos aprisionada em seu casamento, menos doentia e inextrincavelmente misturada a seu marido e filhos. Descobriu que tinha muitas energias potenciais em si mesma para serem desenvolvidas. Um sonho confirmou esta sensação de promessa de seu eu em desenvolvimento: no sonho, diamantes saíam de sua boca. Quando acordou, percebeu que podia deixar de lado suas inseguranças a respeito de sua capacidade de falar e se comunicar, um medo recorrente que vinha do final de sua adolescência, quando sua mãe a tinha expulsado de casa. No trabalho, descobriu que não apenas podia expressar-se facilmente, mas que também podia escrever excelentes relatórios. Sendo capaz agora de formular e concretizar sua idéias, também conseguiu visualizar-se novamente como uma escritora, algo com que tinha sonhado durante a infância.

Durante sua terapia, Constance sonhou muitas vezes com "casa". Para ela, o símbolo da casa tinha muitos significados, inclusive o corpo, o eu, o lar interior. Ele também significava a gaiola em que tinha sido aprisionada quando criança, uma família disfuncional, e depois como adulta, um casamento sufocante e cheio de tédio. No início de sua terapia, Constance sonhava freqüentemente com cabanas e casas malconservadas como aquela em que vivia a velha Louca que esquartejava gatos. Constantemente, os velhos pervertidos, que rodeavam essas casas velhas, tentavam atacá-la e abusar dela. Essas casas velhas e ameaçadoras simbolizavam aspectos da

gaiola em que ela se sentia aprisionada. Com o progresso de sua terapia, Constance começou a sonhar com casas mais novas, algumas das quais tinham um projeto singular e bastante fantástico. Uma vez sonhou com duas catedrais imponentes construídas sobre uma casa pequena e parecida com uma gaiola, na qual ela vivia. Uma das catedrais passava por uma grande reforma. Este sonho confirmou não só as mudanças vivenciadas por Constance, mas prometia uma realização espiritual e uma dimensão de existência ainda maior, e expandia a consciência de quem ela podia se tornar. Sua antiga baixa auto-estima aprisionada estava sendo substituída por uma apreciação de quem ela realmente era e da nova mulher em que ela estava se transformando.

Próximo ao fim de seu trabalho terapêutico, Constance teve um sonho de cura que a encheu de alegria e assombro. Era outro sonho de casa, e mostrava a cura e a metamorfose dos aspectos da Louca e do Pássaro Engaiolado de sua vida, numa mulher em contato com sua natureza mais profunda.

> Eu estou andando em meio à natureza, e vejo uma casa de madeira no limite do mundo selvagem. A casa está aberta e eu entro. Dentro da casa há belos tapetes tecidos, com as cores da terra – marrom, laranja e verde. Uma mulher está na casa, e me oferece chá em belas xícaras de porcelana. Ela é mais velha que eu, serena e acolhedora, como aquilo que a rodeia. Eu sinto que pertenço a esse lugar, e sinto-me em paz na presença dessa mulher e na atmosfera cálida da casa. Quando eu olho pelas diversas janelas da casa que dão para o mundo selvagem, sinto-me feliz por ver muitos animais diferentes – veado, gatos e todos os tipos de pássaros. Os animais selvagens são amigáveis e olham para a casa sem medo. O veado está alerta; os pássaros cantam e voam; corujas sábias olham também para dentro. Eu sinto uma comunhão mística com os animais selvagens que querem se juntar a nós nesse lar. A mulher mais velha da casa parece plena, sensual e conectada à terra. Eu fico feliz por ela não ter nenhuma falsa *persona* ou ostentação. Sua vida me parece congruente, refletida na atmosfera natural, colorida e calorosa de seu lar, que está aberto para a natureza além dele.

Esta mulher, vivendo em seu elemento, simbolizou para Constance a transformação da Louca interior numa mulher serena e amadurecida, à vontade com o selvagem ou diante da lareira, aberta e livre, plena consigo mesma.

Abrindo a gaiola

Como as mulheres podem abrir a porta da gaiola para libertar seu espírito feminino para um vôo pleno? O primeiro passo nesta transformação é identificar a gaiola particular na qual estamos aprisionadas e reconhecer que estamos nela. Os sonhos, com suas imagens, podem nos ajudar a descobrir as características e as dimensões da gaiola em que estamos, o modo em que estamos aprisionadas, e algumas vezes até mesmo o caminho para a liberdade. Por exemplo, uma mulher, Carla, sonhou que os amigos lhe davam um pássaro amarelo numa gaiola como presente de aniversário de casamento. Ela ficava imaginando por que o pássaro nunca cantava. Então, um dia, ouviu um pequeno pio. Ouviu mais atentamente e descobriu que o pássaro estava repetindo: "Eu estou infeliz, eu sou adicto". Carla acordou confusa. O que o sonho queria dizer? Ela não era adicta ao álcool. Finalmente percebeu que sua adicção era a co-dependência e que o sonho estava apontando o fato de que ela se sentia aprisionada em seu casamento. Trabalhando com este sonho, começou a se libertar de seus comportamentos dependentes e a criar um relacionamento melhor com seu marido.

Outra mulher, Jill, estava tentando decidir se deveria se divorciar. Seu marido era um homem maravilhoso, mas ela se sentia sufocada em seu casamento. Jill envolveu-se com outro homem, atraída pela emoção, mas aí passou a sentir-se presa pela necessidade de escolher entre os dois homens. Começou a ter sonhos repetidos a respeito de um pássaro preso numa gaiola. Algumas vezes, em seu sonho, deixava a porta da gaiola aberta para que o pássaro pudesse voar pela casa. Temia ter esquecido de fechar as janelas, e que o pássaro pudesse voar para longe e se ferir. Também tinha medo de que

um gato pudesse entrar e matar o pássaro, pois a porta da gaiola estava aberta. É claro que Jill era o pássaro do sonho, preso na gaiola, e que desejava desesperadamente ser livre, mas tinha medo de voar por si mesmo. Os sonhos continuaram até Jill desenvolver confiança suficiente para acreditar que o pássaro estaria seguro e ela podia deixar a porta da gaiola aberta. Decidiu deixar a ambos, o marido e o outro homem, que havia sido um substituto para o seu próprio desenvolvimento.

Algumas vezes, a gaiola num sonho simboliza o apego a um dos pais. Uma mulher solteira, Renée, queria desesperadamente se casar, e teve um sonho em que ela era uma menininha presa numa grande gaiola com grandes grades negras. Ela pedia ajuda e via seu pai cavalgando livremente num pasto verde próximo, mas ele não parecia ouvi-la. Renée lutava, tentando sair da gaiola, mas a gaiola despencava; e ela continuava aprisionada. Trabalhando com o sonho, Renée descobriu que a gaiola em que estava presa era seu anseio pelo pai, que a tinha abandonado. Percebeu também que tinha tido medo de ser abandonada por todos os homens que tinha amado. Seus temores a impediam de permitir o desenvolvimento de intimidade. Assim, ela estava presa numa profecia auto-realizadora; seus relacionamentos com os homens nunca se concretizavam. O sonho "prendeu" a atenção de Renée, e ela tentou entender como essa dinâmica funcionava dentro dela de modo que pudesse transformá-la e libertar-se da "gaiola" de seus medos.

Os sonhos também podem ajudar os pais a se aperceberem do quanto estão aprisionados e por sua vez de que aprisionam seus filhos. Margaret era uma mãe presa no padrão da Rainha Gelada. Sonhou que estava presa num enorme cano de esgoto. Ao tentar fugir, descobriu que as pontas do cano estavam cobertas de gelo que ela não conseguia quebrar. Depois de acordar, Margaret percebeu que não tinha conseguido chorar quando da depressão que uma de suas filhas tinha sofrido, e que esta era uma situação que drenava sua energia. Notou que seus sentimentos estavam congelados, do mesmo modo como os de sua mãe tinham estado. Margaret decidiu procurar aconselhamento para ela e para a filha. De repente, chorou numa das sessões, e suas lágrimas derreteram o "gelo" entre elas. Mãe e filha puderam se abraçar pela primeira vez em meses. Depois de terem chorado, as "grades congeladas" derreteram-se, e a depressão da filha começou a ser aliviada.

Um pássaro numa gaiola pode também ser o tema no sonho dos homens. Um homem ciumento, Bob, tentava manter sua esposa presa. Mas esta mulher era independente, e exigia sua liberdade, falando sobre divórcio. Uma noite, Bob sonhou que ela tinha morrido e estava num caixão com o formato de uma gaiola. Um voz lhe disse que se ele abrisse as portas da gaiola, ela conseguiria voar livremente e voltaria a viver. No início, ele teve medo de abrir a porta da gaiola, mas então percebeu que se ela estivesse livre para voar, ela também estaria livre para voltar por vontade própria. No sonho, Bob abriu a porta da gaiola; em seu casamento ele começou a fazer o mesmo. Ele reconheceu que seus ciúmes estavam por trás do desejo de mantê-la trancada na gaiola. Mergulhando profundamente dentro de si mesmo, viu que seu comportamento tinha sido moldado pelos ciúmes que seu pai sentia do relacionamento íntimo entre Bob e sua mãe. Bob estava repetindo o padrão de seu pai – desejando ser o centro da vida da esposa e se ressentindo de qualquer pessoa que atraísse a atenção dela. Ele também queria se agarrar ao forte vínculo que tinha tido com sua própria mãe. Ao colocar sua esposa numa gaiola, tinha inconscientemente buscado o amor incondicional de uma mãe. À medida que ele começou a diminuir as exigências sobre sua esposa, ela se sentiu mais livre e o casamento deles começou a melhorar.

Os sonhos podem também refletir o processo de romper o padrão de comportamento de um Pássaro Engaiolado. Uma mulher tinha sonhos recorrentes de que era um pássaro preso numa gaiola. Mas conforme ela começou a se ver e a se compreender com mais clareza, passou a ter sonhos em que a gaiola ficava mais espaçosa e ela tinha mais espaço para voar. Finalmente, sonhou que a porta da gaiola se abria e que o pássaro conseguia voar de modo seguro em

volta da gaiola. Para ela, isto simbolizou a liberdade cada vez mais ampla pela qual estava lutando.

Para abrir a porta da gaiola é necessário que se pare de negar o fato de estarmos aprisionadas. Para fazer isto precisamos reconhecer o que ganhamos ao permanecermos presas. Viver a síndrome do Pássaro Engaiolado pode permitir que algumas mulheres vejam-se como vítimas. Deste modo, elas justificam sua própria passividade e evitam encarar o desafio da mudança. Embora suas gaiolas provavelmente tenham sido construídas no passado por seus pais e por sua cultura, na maioria dos casos a escolha de permanecer na gaiola é uma opção delas. São necessários coragem e compromisso para abrir a porta da gaiola. É necessário que morra uma identidade antiga, uma velha adicção, ou seguranças antigas, e que haja um renascimento com a decisão de voar corajosamente para o desconhecido.

Algumas vezes, a porta da gaiola tem de ser arrombada. Especialmente neste caso, o poder da Louca entra em jogo. Freqüentemente é necessária a fúria para abalar o obstáculo. Podemos precisar usar nossa raiva em face das forças externas que nos mantiveram presas, mas também precisamos reconhecer nossa raiva diante de nós mesmas por termos continuado na posição de vítimas. A terapia pode nos ajudar a lidar com o medo de nossa própria raiva, proporcionando-nos um porto seguro para confrontá-la. Na terapia, podemos construir metaforicamente uma sala-forte temporária que nos conecte com nossa raiva e que tenha uma porta que possa ser aberta sob condições controladas e supervisionadas, até que nos acostumemos com a raiva e aprendamos a lidar com ela. Diversos tipos de terapia podem também nos ajudar a identificar a natureza exata da gaiola que nos aprisiona. Por exemplo, na arteterapia os adictos freqüentemente representam a si mesmos dentro de gaiolas cercadas por fogo, simbolizando o processo adictivo que consume suas vítimas.

Mulheres que sofreram abuso precisam reconhecer que estão sendo abusadas e ter a coragem de abrir a porta e sair. Entretanto, elas continuarão sendo vítimas do abusador, até que sejam capazes de admitir sua própria raiva. Muitas precisam reconhecer que o medo que sentem de sua própria raiva quase sempre as impede de sair. Entretanto, depois de tomar a decisão de sair, as mulheres não são protegidas pelo sistema legal e com freqüência são ainda mais ameaçadas, espancadas ou até mesmo mortas por homens abusadores. Todos nós precisamos ajudar as mulheres a encontrarem organizações que possam ajudá-las, e continuar a trabalhar para melhorar as condições sociais. Trabalhamos para abrir a porta das gaiolas quando lidamos contra esses abusos, em nós mesmas e no sistema social.

Depois de a raiva ter sido reconhecida e expressa, precisamos transformá-la antes que ela se cristalize em ressentimento, depressão, doença ou ansiedade, que podem formar outra gaiola com grades ainda mais fortes. Uma das tendências do Pássaro Engaiolado é o segredo. Lembre-se da sra. Bridge e como ela escondeu sua raiva, até mesmo de si mesma. Ao ocultar sua própria frustração, fracassou com sua amiga Grace, perdendo assim uma oportunidade para curar a si mesma. Uma mulher cria uma nova história na qual pode mudar e crescer, quando compartilha sua história com outras mulheres, admitindo a dor e o sofrimento, mas visualizando um final diferente, e deste modo ela ajuda a si mesma e também às outras.

A experiência do Pássaro Engaiolado pode ensinar muitas forças secretas a uma mulher, como paciência e persistência, qualidades essenciais a todo o crescimento criativo, e também diplomacia, vulnerabilidade e gentileza. O senso de estabilidade, de limites e de ordem que o Pássaro Engaiolado aprende é outra ferramenta positiva e necessária para o crescimento. Aprender o momento apropriado para expressar-se e quando conter os sentimentos é essencial para uma vida madura e saudável. Se a gaiola puder ser transformada num lar aberto e saudável que proporcione equilíbrio e estabilidade, ela poderá transformar-se num ninho acolhedor.

O conto de fadas a seguir, escrito por um mulher contemporânea, é uma expressão tocante de um modo provável de desenvolvimento do Pássaro Engaiolado e de sua libertação da gaiola para construir seu próprio ninho.

Houve uma vez um pequeno pássaro
que vivia com um Rei.
O Rei deu um largo anel de ouro à mãe-pássaro
e ela ficou para sempre com ele.

O pequeno pássaro agradava ao velho Rei
porque aprendia muito rápido
e voava em círculos perfeitos.
Mas, às vezes, ela se perdia
em devaneios emocionantes
e no júbilo dos raios de sol.
E então ela voava em (semi)círculos
erráticos, eróticos, imperfeitos.

O Rei se enfurecia
e batia em suas costas –
no lado direito – bem onde sua asa começava.
Ele amava sua penugem macia como pêssego,
que brilhava quando ela mergulhava e girava...
mas ele quebrou a asa dela com seu desapontamento.

Um dia, um jovem Rei distante se aproximou.
Ele a levou embora, para o seu próprio viveiro,
prendendo-a com um pesado anel de ouro.
Ela se curou lá.
Ele adorava seus vôos de fantasia
e olhava cheio de admiração
para sua penugem de pêssego.
Ele deixava a porta da gaiola aberta
e ela voava ao redor –
construindo ninhos, no pessegueiro e na macieira e sob o junípero.
Cada ninho era tão... esplêndido, com aromas diferentes.
O jovem Rei ia buscar o pequeno pássaro
a cada vez que ela se aventurava fora da gaiola.
E como um mãe malvada
tinha colocado um espinho dentro do seu coração –
este espinho espetava o coração do Rei, a cada busca.
Isto enfurecia tanto o Rei
que ele começou a machucar a asa quebrada dela.

Ela – claro – voava para um de seus ninhos para recuperar-se.
Ele – claro – sofria ao trazê-la de volta,
e ao puni-la mais uma vez.

Finalmente, ela exagerou num de seus vôos,
e o Rei bateu a porta da gaiola
atrás de suas (pequenas) costas.

Ele encontrou outros pequenos pássaros
que não voavam para ninhos particulares
que preferiam ficar engaiolados e distraí-lo.

Nosso Pássaro –
com sua asa quebrada de novo –
voou para longe
para construir seu próprio ninho de lama.
Ela atapetou este ninho
com a penugem de pêssego que se escondia embaixo de suas penas.
Ela começou a curar-se... e a girar...
mais uma vez.
Desta vez...
não havia ninguém para agradar,
ninguém para levá-la para casa,
e ninguém para puni-la,
só ela mesma.

O longo caminho para casa

Um dos exemplos mais extraordinários de integração da força espiritual da Louca na transformação do Pássaro Engaiolado é mostrado no filme *Uma história americana.* Aqui vemos o empenho de duas mulheres engaioladas – uma delas é uma dona de casa rica, branca e suburbana, a outra é sua empregada negra. A trama se passa no sul dos Estados Unidos, e ilustra a luta dos negros contra a gaiola da segregação. Os negros decidem boicotar o sistema de transporte, em protesto contra a segregação nos ônibus. Eles escolhem o modo mais difícil – andar a pé. A empregada negra (representada por Whoopi Goldberg) faz a pé todos os dias o longo caminho para o

trabalho, mesmo quando está exausta e seus pés cheios de bolhas. Ela não se sente martirizada, nem reclama, simplesmente acrescenta sua força individual à causa. Ela é uma mulher estável, conectada à terra, que cuida de sua família e da filhinha de sua patroa. Mas por ser negra, ela está aprisionada na gaiola do preconceito.

Sua patroa branca (representada por Sissy Spacek) aprende a admirar a força e o compromisso simples de sua empregada. Lembrando do amor e da devoção de sua própria babá negra que tinha cuidado dela como uma filha, ela empatiza secretamente com a luta da empregada. No início a mulher branca tenta ajudar a empregada movida pela própria conveniência; alguns dias ela dá carona à mulher negra para que ela chegue na hora. Ela está presa por seu próprio casamento e pela consciência suburbana, e leva uma vida sufocada, dominada por seu ambicioso marido, e inicialmente oculta o fato de estar ajudando sua empregada negra.

A retaliação branca contra os negros aumenta na comunidade, e quando seu marido descobre o que a Pássaro Engaiolado branca está fazendo, grita com ela e a critica por ser fraca e tola. Mas então, ela começa a pensar por si mesma. Ela faz perguntas a sua empregada, quando fica sabendo que existe um sistema de caronas para ajudar os negros. Sabiamente, a empregada conta-lhe os fatos, e não a incentiva nem lhe pede ajuda. A empregada fala calmamente sobre sua convicção de que com o tempo os negros, por meio de seu compromisso espiritual, conseguirão a igualdade, passo a passo. Ela conta à mulher branca as dificuldades e o ostracismo com que ela se defrontaria caso se apresentasse como voluntária.

A mulher branca, consciente agora da vida restrita que tem vivido, decide confrontar seu marido. Furioso, ele ameaça deixá-la se ela continuar a dar carona para a empregada negra. Apesar desta ameaça, ela rompe as restrições dele e age do modo ditado por seus valores e sentimentos internos, decidindo dar carona também aos outros negros.

Enquanto isso, os homens brancos da cidade se reúnem para ameaçar os negros na luta por seus direitos. Uma noite um grupo raivoso de homens armados se aproxima das mulheres negras que esperam carona no estacionamento. Vendo a mulher branca que está lá para ajudar os negros, eles a ameaçam e depredam seu carro. Então, espancam um homem negro que estava por perto. A tensão aumenta à medida que os homens brancos hostis caminham em direção às mulheres negras.

Por um momento os dois grupos – os homens brancos e as mulheres negras – encaram-se em silêncio. Então a empregada negra avança lentamente, ganhando terreno perante o grupo de homens ameaçadores. A ameaça de violência iminente aumenta. Uma irmã negra, com uma expressão louca nos olhos, destaca-se do grupo atrás da empregada. A mulher negra de olhar louco segura a mão da corajosa empregada, como se ela fosse uma âncora, e as duas começam a cantar um *spiritual*. Surpreendidos, os homens olham uns para os outros, com medo e espanto, vendo a expressão louca e determinada nos olhos das mulheres. Enquanto os homens hesitam, as outras mulheres negras cantam com suas irmãs, agrupando-se para enfrentar os homens que as ameaçam. Chorando, a mulher branca junta-se a suas irmãs negras na linha de mulheres que cantam. Cantando juntas, todas as mulheres, negras e branca, ganham terreno enquanto os homens brancos se dispersam sem acreditar no que está acontecendo, com medo desta manifestação de forte energia espiritual feminina. A energia da Louca pode superar o inimigo mais poderoso, quando está integrada com o espírito feminino conectado à terra.

Como seres humanos, vivemos no paradoxo de nossa necessidade de liberdade e independência, e de nosso desejo de segurança. Precisamos aceitar algumas limitações, mas aprender a não viver dentro de uma gaiola de convenções sufocantes. Todos nós aprisionamos partes de nós mesmos. Todos nós somos em algum grau Pássaros Engaiolados. Temos de adotar diversos papéis, vestir roupas diferentes para ocasiões diferentes para viver efetivamente em sociedade. Jung dá o nome de *persona* a essa adaptação necessária do ego, ou máscara que usamos para encarar o mundo exterior. Precisamos aprender a assumir a máscara que reflita de modo mais verdadeiro quem somos, em vez de usar aquelas que outra pessoa quer ou espera que usemos. Algumas partes nossas, ainda não desenvolvidas claramente, querem e precisam ser expressas, mesmo quando temos

um trabalho que amamos, seja em casa com nossos filhos ou no mundo exterior. Transformamo-nos em nossos próprios carcereiros, se nos reduzimos a um papel ou uma identidade, em vez de tentar integrar nossos numerosos lados numa vida humana plena e saudável. É neste ponto que a Louca provavelmente emergirá de dentro de nós.

Enquanto eu escrevia sobre a sra. Bridge, eu me sentia ansiosa. Ficava pensando, por que eu ficaria ansiosa, se minha vida como uma profissional independente é tão diferente da vida da sra. Bridge? Qual parte de mim estava engaiolada? E então percebi que sob o exterior tranqüilo da sra. Bridge, sob o tédio e a ansiedade que ela tenta suprimir tão desesperadamente, turbilhona a preocupação profética da Louca a respeito da condição moderna da existência humana. A sombra da guerra e da destruição que ela sentia há cinqüenta anos não desapareceu. Ao contrário, ela aparece mais nitidamente para nós hoje, na imagem da devastação ambiental mundial. Todos nós somos Pássaros Engaiolados em nossa finitude e em nossa mortalidade na Terra. Nós só deixaremos ativamente de destruir o planeta se admitirmos para nós mesmos e uns para os outros que estamos egoisticamente obcecados com segurança, conforto material, vitória e controle, excluindo os direitos de outros seres vivos e nossa própria humanidade. Se pudermos abrir nossas gaiolas de autojustificativa, poderemos permitir que o espírito dentro de nós voe livre.

4

A Musa

De certo modo, sua estranheza, sua ingenuidade, seu anseio
pela outra metade de sua equação eram a conseqüência
de uma imaginação ociosa.
Se ela tivesse as tintas, ou o barro, ou se conhecesse a
disciplina da dança, ou das cordas; se ela tivesse algo em que
aplicar sua enorme curiosidade e seu dom para a metáfora,
ela poderia ter trocado a agitação e a preocupação com
fantasias por uma atividade que lhe desse tudo por que ela ansiava.
E como qualquer artista sem uma forma de arte,
ela se tornou perigosa.

TONI MORRISON, *Sula*

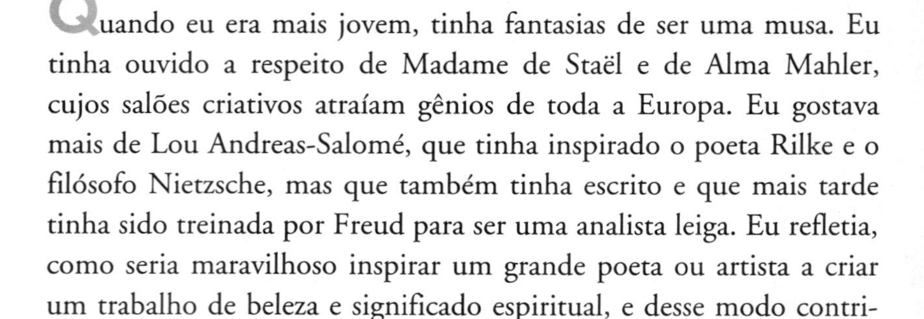

Quando eu era mais jovem, tinha fantasias de ser uma musa. Eu tinha ouvido a respeito de Madame de Staël e de Alma Mahler, cujos salões criativos atraíam gênios de toda a Europa. Eu gostava mais de Lou Andreas-Salomé, que tinha inspirado o poeta Rilke e o filósofo Nietzsche, mas que também tinha escrito e que mais tarde tinha sido treinada por Freud para ser uma analista leiga. Eu refletia, como seria maravilhoso inspirar um grande poeta ou artista a criar um trabalho de beleza e significado espiritual, e desse modo contribuir para o mundo!

Ser uma Musa é atraente porque, ao longo dos tempos, tem sido um papel aceitável e um ideal feminino para as mulheres de nossa cultura. No nível arquetípico, como o "feminino eterno", a Musa inspira o espírito e guia a alma em sua jornada criativa, como Beatriz fez com Dante. Inspirar significa respirar a vida, acender o fogo criativo.

As mulheres que estão em contato com a energia da Musa tendem a ser misteriosas e espirituais; a inspiração delas vem do amor. Elas gostam da criatividade dos outros e a incentivam genuinamente. São generosas e tendem a dar sem esperar retribuição. Com freqüência são confiantes, animadas, receptivas e se importam com os outros, e sua simplicidade abre caminho para que novas imagens e idéias desenvolvam-se. Dão valor à beleza e podem criar uma atmosfera emocional mediante expressão de amor que permite que a vida imaginativa floresça. A dificuldade que essas mulheres enfrentam é que freqüentemente elas inspiram os outros à custa de si mesmas. Um homem pode enlouquecer uma mulher, quando deseja que ela o inspire, mas que não crie por si mesma. Viver o papel de uma Musa ou de uma *femme inspiratrice** pode ser difícil, frustrante ou um modo de permanecer passiva.

Segundo Jung, as mulheres que são Musas têm uma capacidade especial para refletir a *anima* ou o espírito feminino ou a alma do homem. Elas são como camaleões, mudam e se fundem com o pano de fundo contra o qual o homem deseja que sejam vistas, em vez de serem elas mesmas. Elas se transformam em meros reflexos, imagens de espelho dos desejos de outra pessoa. Uma mulher deste tipo não sabe quem ela é, pois não desenvolveu um relacionamento com seu centro feminino.

A musa interior

Quem eram as musas originalmente? Qual é o propósito e a qualidade subjacente à energia da musa? Na mitologia grega, as musas eram respeitadas por sua habilidade para criar belas canções e poemas. As musas eram as filhas de Zeus e de Mnemosyne, a deusa da memória, que sabia tudo o que havia acontecido desde o início dos tempos e o transmitia em histórias. As musas pegavam os contos de criação de Mnemosyne, e os julgamentos, e as atribulações de he-

* Mulher inspiradora – em francês no original. (N. T.)

roínas e de heróis, e os transmutavam em verso e em canções para que os humanos não esquecessem. Cada uma das nove filhas tinha um dom único para colocar as lembranças de sua mãe numa forma diferente. Terpsichore era a musa da dança e do canto; Calliope, da poesia épica; Erato, da poesia lírica e dos hinos; Clio, da história; Urania, da astronomia; Euterpe, da flauta; Polyhymnia, da arte mímica; Melpomene, da tragédia; e Thalia, da comédia. As musas podiam cantar em coro de modo tão harmonioso que os pássaros ficavam ouvindo em silêncio, cheios de assombro. Elas podiam inspirar os reis e distrair os imortais. Eram as protetoras das artes criativas e intelectuais. E sabiam como diminuir a angústia humana. O poeta mortal Orfeu, que cantava e tocava a lira de modo tão belo que podia encantar até mesmo os governantes do mundo subterrâneo, era o filho de Calliope, a musa da poesia épica.

Tanto os poetas quanto as poetisas – por exemplo, Yeats e Rilke, May Sarton e Anna Akhmatova – reconhecem a Musa como uma fonte de criatividade feminina interior. Artistas de todos os tipos compreendem que a Musa simboliza uma energia transcendente que não pode ser controlada. Eles valorizam essa energia, agradecem tê-la e lamentam quando a perdem.

Algumas mulheres reais invocaram a energia da musa, inspirando outros e também criando: Lou Andreas-Salomé; Maud Gonne, que inspirou Yeats e trabalhou pela liberdade política da Irlanda; Anais Nin, que inspirou Henry Miller e escreveu romances, validando o gênero de crônica diária com base na fonte de sentimento e de intuição femininos; Simone de Beauvoir, que inspirou o filósofo Sartre e escreveu uma análise feminista pioneira sobre a condição das mulheres e também muitos romances e crônicas diárias. No filme *Casablanca*, Ingrid Bergman representou a Musa amorosa que inspira um homem a mudar sua vida e a trabalhar pelo bem. Bergman também inspirou espectadores por todo o mundo, que a admiravam e a adoravam, mas nos anos 50, quando ela seguiu seu coração para viver com o diretor de cinema italiano Roberto Rossellini, a quem ela também tinha inspirado, os espectadores americanos

puritanos ficaram horrorizados e a castigaram. Ela foi ignorada por Hollywood durante muitos anos. No final de sua vida, inspirou novamente os espectadores com sua coragem pessoal e integridade, mostrando, em seu retrato de Golda Meir, no filme *Golda*, como a energia da Musa pode ser integrada com a da Revolucionária para trabalhar pela justiça social.

O uso distorcido da musa

Entretanto, o papel inspirador da Musa pode também ser usado de modo distorcido para propósitos destrutivos. A imagem celebrada da bela Helena de Tróia, cujo rosto lançou mil barcos ao mar, é um exemplo da Musa usada erroneamente para a guerra. A propaganda das nações guerreiras freqüentemente mostra imagens e canções com mulheres idealizadas, para provocar sentimentos patrióticos. O filme de Rainer Werner Fassbinder, *Lili Marleen*, dramatiza o trágico destino de uma bela e amável cantora que foi usada desta forma. Numa sociedade comercial dirigida pela ambição de possuir dinheiro, fama, sucesso e poder, a Musa pode ser reduzida a um meio externo para obter ganho, e deste modo ela é abusada, como nas representações distorcidas da Musa como objeto de *glamour* ou sexo usadas pela propaganda, pelos *outdoors*, pela televisão e por Hollywood. A energia inspiradora interior da Musa torna-se externalizada e baseada apenas numa imagem parcial que as mulheres devem imitar e os homens devem possuir – uma imagem que se encaixa na fantasia masculina e que muitas mulheres tentam atingir, em detrimento de sua saúde física e mental.

O uso distorcido da Musa pode alimentar o lado destrutivo da Louca: mulheres famintas de amor literalmente passam fome para se transformar na modelo magra e glamourosa que alimenta as fantasias masculinas, freqüentemente sofrendo de anorexia e de bulimia – doenças perigosas e comuns às mulheres de nosso tempo. Algumas mulheres passam por torturas físicas e psicológicas – *liftings* faciais, lipoaspiração, até mesmo remodelam seus ossos. Psicologicamente, elas vendem suas almas a seus amados em seu desejo de *ser* a Musa. Sacrificam suas próprias vidas criativas para sustentar os esforços de um homem para alcançar fama e fortuna, ou para inspirar um trabalho artístico, como fizeram as amantes de Picasso, ou para alimentar o narcisismo dele. Pense na mulher que deixa de lado sua própria criatividade para incentivar os projetos de seu marido, ou para proporcionar-lhe as sensações boas e a vida familiar que ele idealiza.

Algumas mulheres se ressentem inconscientemente de tais sacrifícios e voltam sua raiva para dentro, sob a forma de diversas adicções como compras, sexo, álcool, comida e comportamento co-dependente. Outras mulheres rebelam-se contra o ideal da mulher bela mas passiva cuja vida gira em torno de atrair e inspirar um homem. Em vez disso, buscam ativamente o poder sobre as outras pessoas. Essas mulheres freqüentemente reprimem ou suprimem sua própria Musa interior. Para elas, a Musa permanece uma figura da sombra, e elas podem se ressentir dessa característica presente nas mulheres que a incorporam. Em geral, vivem os padrões da Rainha Gelada e da Mulher Dragão que respira fogo, que manipula e abusa de homens e de mulheres tipo Musa, bem como de seu próprio potencial para a criatividade. A sereia que seduz os homens, e depois os destrói friamente, é uma Musa sombria que combina as características da Rainha Gelada e da Mulher Dragão. Filmes como *Jules and Jim* e o clássico alemão *O anjo azul* mostram esta manifestação louca da energia da Musa que se tornou destrutiva.

No pedestal: a louca como musa

A Musa pode ser vista também em qualquer mulher que tente incorporar as fantasias idealizadas que o homem que ama tem sobre as mulheres, em vez de desenvolver a si mesma. Ela pode aceitar a visão de seu namorado ou marido sobre o seu relacionamento sem nunca afirmar suas próprias necessidades ou sua natureza. Como também ser um Pássaro Engaiolado, presa nas visões da sociedade e de sua família sobre o comportamento de uma boa esposa, ou uma

boa menina, ou uma boa mãe. Aos olhos externos, essas mulheres podem parecer felizes em seus papéis seguros: confiantes, bem-sucedidas socialmente, adoradas, e até mesmo idolatradas por seus maridos, amigos e amantes. Contudo, as Musas também são objeto de inveja, e às vezes são odiadas por suas irmãs "menos afortunadas". Sua auto-estima e sua dignidade constantemente estão abaladas, embora elas possam receber muita atenção e presentes luxuosos dos homens que seduzem, e até possam ser sustentadas financeiramente por seus maridos e amantes. Pois elas normalmente percebem, mesmo que de modo inconsciente, que seu valor no papel que escolheram depende inteiramente das projeções dos homens ou da cultura ou da visão que outra pessoa tem delas, e não de sua própria natureza ou de uma identidade formada de modo independente.

Uma Musa tradicional, quer ela seja uma amante, esposa, namorada ou mãe, vive sua vida ao redor de outra pessoa, e reflete os ideais e as aspirações desse outro, seus desejos e às vezes até mesmo suas paixões sombrias e perigosas. Uma Musa pode ser escrava da loucura de um homem – e pode ser levada a um estado mental complexo, frustrado e louco. Uma Musa pode ser carismática para uma pessoa, para algumas pessoas, ou mesmo para toda uma cultura. Sua vida é criada pelos sonhos de outra pessoa, não pelos dela, quer ela seja a deusa dourada ou a sombria *femme fatale,** quer ela seja um ícone cultural ou uma dona de casa comum. Ela pertence à pessoa ou à cultura que cativou e que a colocou no pedestal.

As manifestações atuais da Musa incluem os papéis de atriz, cantora, líder de torcida, rainha da beleza, modelo e a *superstar* que se transforma num ícone cultural. As professoras e as terapeutas nas artes de cura, assim como as facilitadoras intuitivas das artes criativas, às vezes agem também como Musas. A amante ou esposa que alimenta a criatividade de seu parceiro à custa de sua própria pode ser vista como uma evocação da Musa. O mesmo acontece com a estudante que inspira seu professor, com a jovem secretária de um

---

* Mulher fatal – em francês no original. (N. T.)

executivo, com a esposa que acredita no gênio de um jovem estudante e que o sustenta enquanto ele termina a faculdade, e com a esposa de um homem rico que cuida dos sentimentos dele e cuja vida é vivida dentro da agenda dele. Embora eu esteja descrevendo as manifestações externas da Musa como uma mulher que vive sua vida em função de um homem, o mesmo padrão pode ocorrer em relacionamentos homossexuais, *gays* ou lésbicos, e também em relacionamentos heterossexuais em que o homem funciona como Musa para sua esposa, amante ou mãe.

Os homens freqüentemente são Musas para suas mães. Algumas vezes eles tentam viver a criatividade não expressa de suas mães. Um homem, Charles, tentava agradar a sua mãe deste modo e descobriu que independentemente do que ele produzisse em seu trabalho e em sua vida, sua mãe criticava suas criações. Charles logo descobriu que estava bloqueado criativamente. Seus sonhos começaram a assustá-lo quando a Louca começou a aparecer neles e atacá-lo. A Louca nos sonhos ajudou Charles a perceber que ele precisava contatar sua própria raiva pela maneira em que se tornou Musa de sua mãe, por ter internalizado as críticas dela, e interferido com sua própria criatividade. Outro homem, Alan, que tinha sido Musa para sua mãe, foi criado na Igreja Mórmon. Quando Alan descobriu que era *gay*, o papel de Musa ficou abalado; sua sexualidade não se encaixava na Igreja nem nos ideais de sua mãe. Alan contatou a raiva de sua Louca interior, e conseguiu libertar-se das expectativas douradas de sua família e de sua Igreja. Embora ele tenha sido considerado "louco" por seu grupo religioso, ter-se relacionado com a Louca interior ajudou Alan a manter o núcleo de sua identidade e individualidade. Ele extraiu força da Louca e começou a distinguir o feminino espiritual por si mesmo, em vez de meramente manter as idéias da sociedade quanto a uma espontaneidade apropriada.

Os homens de modo freqüente se entregam a uma Musa com quem se casam, em vez de forjar sua própria identidade criativa, acreditando talvez que as mulheres são por natureza mais capazes de definir suas vidas por eles ao cuidarem deles, ou que as mulheres são

intrinsecamente mais artísticas que os homens. As duas primeiras esposas de Michael eram Musas para ele. Incentivava a criatividade delas, mas não se comprometia com sua própria arte. Pensava que cada uma dessas mulheres estava mais sintonizada com o espírito, a beleza, a estética e os valores morais. Em cada um desses relacionamentos, ele era o parceiro conveniente, sustentando financeiramente a mulher enquanto negligenciava seu próprio trabalho criativo. Ao mesmo tempo, tentou colocar cada uma das esposas numa gaiola, pois queria obter prestígio social pelo talento e pela beleza delas. Escrevia poemas para sua primeira esposa que o inspirava e era sua audiência particular. Aconchegado na admiração dela, ele não se dava ao trabalho de refinar seus poemas para que pudessem ser publicados. Sustentava o talento musical de sua segunda esposa, mas queria que ela cantasse em casa, como um Pássaro Engaiolado. As duas esposas continuaram a ser Musas, mas não conseguiram se comprometer plenamente com suas artes. Elas viveram da adoração de Michael e de seu apoio prático. Nenhuma de suas esposas se comprometeu plenamente com sua própria criatividade. Depois de muita auto-análise, Michael percebeu que tinha desenvolvido uma grande quantidade de raiva residual por suas esposas, pois sentia que elas não davam o devido valor a seu apoio. Sua raiva em relação a suas Musas revelou a face de uma Louca interior que estava com raiva por ele não se ter comprometido com seu próprio trabalho criativo. Michael começou a retirar suas projeções das mulheres belas e inspiradoras, e começou a desenvolver sua própria arte. Juntou-se a um grupo que escrevia poesia, estabeleceu um tempo para escrever, e publicou seus poemas, que receberam reconhecimento público. Relacionando-se agora com sua própria Musa interior e criando para ela, conseguiu casar-se novamente e ser fiel a seus próprios valores estéticos e espirituais.

Uma freira que deixou seu papel como Musa no patriarcado papal, ao aceitar o poder de sua Louca interior, expressou sua transformação do seguinte modo:

> Eu dei minha vida ao ministério na Igreja Católica, trabalhando sob as ordens de um padre, num sistema patriarcal. Fui freira por 35 anos. O homem em minha vida foi a Igreja patriarcal. A ordem religiosa a que eu pertencia era a igreja patriarcal em meu lar, em minha vida pessoal. O sacerdote precisava de meus dons para ser bem-sucedido – e eu o servi, abandonando meus próprios dons de liderança para apoiar a liderança dele. Na minha transição para a meia-idade deixei o ministério da igreja institucionalizada. Agora seguirei o ministério em meu próprio *centro*, sem a dominação masculina.

Externamente, a Musa pode ser bela e brilhante, atraente e graciosa, cativante e sedutora, doce e modesta. Entretanto, a fúria da Louca ferve internamente, apesar de sua mística fascinante, e é alimentada pela falta de contato com suas energias e seus desejos pessoais. Ela se sente envergonhada porque traiu a si mesma. No livro *O segundo sexo*, Simone de Beauvoir apontou a sedução e a má-fé a que uma mulher está sujeita quando se submete a ser um objeto admirado. Num relacionamento de má-fé, a Musa que vive uma vida sem autenticidade pode ser uma escrava. Ela se torna co-dependente, adicta a uma existência disfuncional na qual ela está separada de seu próprio centro de criatividade.

Algumas vezes, essas mulheres são vítimas, piões nos planos que o homem tem para si mesmo e para sua vida. Por vezes, elas manipulam poderosamente os outros com sua habilidade de espelhar e seduzir, usando os homens e sendo usadas por eles. Ou então, uma Musa assume algum controle sobre sua vida. Ela pode ter uma série de amantes. Como também abandonar um homem quando sente que a adoração dele está vacilando ou se aproximando de proporções humanas, e substituí-lo por alguém que a coloque de volta em seu pedestal. Algumas Musas usam os homens para evitar a solidão. Elas têm medo do vazio em que se transformaram, se não se desenvolveram além de uma função ou enfeite. Uma Musa pode usar os outros para obter o que deseja, para alcançar sucesso em sua carreira, como pode mudar para outra pessoa ou outro lugar.

O que atrai a Musa para este padrão de comportamento é a sensação de importância pessoal que ela desfruta. Ela é idealizada, vista como uma deusa viva ou como a esposa perfeita. Vive acima das dimensões humanas, numa fantasia perfeita, e tem dificuldade para voltar à Terra. Como Musa, ela tem a permissão – ou está condenada – para permanecer no reino do ideal, sempre em potencial, raramente tendo de lidar com a luta humana para compreender. Ela pode se odiar secretamente por não concretizar seu ser, embora quase sempre tenha medo de se realizar, de desenvolver seus talentos e suas capacidades inatos.

Freqüentemente, a Musa é a artista secreta que valoriza a criatividade e a beleza. Mas para ser um artista é necessário ser um agente ativo na própria vida. Também são necessários devoção e compromisso com a própria arte, disciplina e trabalho duro. Se uma mulher permanece passiva e fracassa em desenvolver seus próprios dons artísticos, ela pode também, consciente ou inconscientemente, odiar os amantes que a mantêm neste papel ao projetarem nela suas idealizações.

Zelda Fitzgerald é uma Musa famosa na literatura e na vida real. Seus próprios talentos literários eram considerados menos importantes que os de seu marido, F. Scott Fitzgerald, embora atualmente alguns escritores acreditem que ela tenha escrito trechos dos livros de Fitzgerald. Scott também a idealizava e a usava como inspiração para muitas de suas personagens femininas mais importantes. Zelda sofria de colapsos nervosos e foi hospitalizada diversas vezes, e se debatia entre seu papel como Musa e como escritora. Sua biógrafa, Nancy Milford, descreveu a loucura de Zelda como uma tentativa de viver "o sonho americano", uma projeção cultural que nos levou e ao mundo a um consumismo louco e a uma atuação frenética.

Em seu extremo, a existência inflada da Musa pode ocultar terríveis sentimentos de inadequação e desumanização. Ela às vezes desumaniza os outros, por estar em contato com este sentimento horrível. Pense nas numerosas biografias de atrizes famosas, que revelam os temperamentos terríveis e os maus-tratos que elas infligiam aos filhos, especialmente às filhas. E pense em nossa voracidade por conhecer as Loucas que se escondem por baixo dessas figuras perfeitas. Somos atraídos pela Louca em suas diversas formas. Buscamos conhecê-la porque ela é uma parte de nós mesmos, à espreita, logo abaixo de nossa superfície. Vemo-na em nossos ícones culturais mais exaltados, em nossas deusas sombrias. Tememos a energia dela porque negamos sua presença dentro de nós. Entretanto, não reconhecemos essas forças em nós, mesmo quando devoramos as histórias de deusas e seus acessos de raiva.

A Louca é uma energia violenta que pode turbilhonar por meio do ser da Musa – assustando-a em sonhos à noite, intimidando-a no mundo diurno sob a forma de mulheres enraivecidas a quem ela teme e que a envergonham, ou assustando os outros quando ela espõe a Louca na forma de bebedeiras, de impulsos suicidas ou assassinos, ou de ataques furiosos aos sentimentos dos outros. Muitas mulheres trabalham arduamente para suprimir esta energia, pois a Louca chama a atenção para o conflito interior de toda Musa com relação a ser um espelho passivo. A energia da Louca pressiona para a transformação; ela tenta forçar a mudança de circunstâncias estagnadas, nos sacudir do comportamento inconsciente e rotineiro. E muitas Musas não podem encarar a mudança em si mesmas ou em suas situações externas, pois a base de suas vidas é ser o centro da vida dos outros.

Greta, uma artista contemporânea, teve o seguinte sonho, que mostra a ambivalência que muitas mulheres sentem com relação à emergência da Louca.

> Eu estou numa grande sala de jantar e pego o cartão de visitas comercial de um homem com quem vou sair pela primeira vez. Antes de sair para me encontrar com ele, olho num espelho e vejo manchas vermelhas no lado direito de meu queixo. No início eu penso que isto é uma reação alérgica, mas então eu olho para a raiz de meus cabelos e vejo contas de cristal vermelho no alto de minha testa. As contas ficam cada vez maiores, e elas são cristais vermelho-sangue. O homem com quem vou

me encontrar está me esperando lá fora, e eu fico imaginando como tirar esses cristais. Finalmente, tento escondê-los. Quando encontro o homem, abraço-o, esperando que ele não olhe para meu rosto e que não note os cristais vermelho-sangue. Acordo com medo de que eles sejam vistos.

Greta associou os cristais vermelho-sangue com a energia criativa do espírito incorporada na matéria. No sonho, tinha medo de que eles fossem vistos como sinais de loucura. Ela assistiu a uma conferência sobre criatividade na qual muitas mulheres expressaram sua raiva, especialmente algumas mulheres mais velhas que estavam sentindo a perda do amor e do contato corporal com os homens. Algumas haviam sido Musas em sua juventude, mas em seu estágio atual de vida elas queriam algo mais. No caso das mulheres que estão entrando na meia-idade, a raiva e o pesar não transformados quanto à perda da juventude e da beleza freqüentemente são obstáculos para que elas cheguem à plenitude, à apreciação de si mesmas como mulheres maduras e mais sábias. Greta tinha medo de que os cristais vermelhos em sua testa destruíssem seu potencial de atrair os homens, especialmente se o homem sentisse que ela tinha raiva. Entretanto os cristais vermelho-sangue também simbolizavam aquilo que Greta estava aprendendo com a dor de viver – uma sabedoria que ela podia expressar em seu trabalho artístico. Pois ela estava aprendendo a conter a dor de não ser vista ou compreendida pelos homens do modo como ela era. Em vez de atuar sexualmente, como havia feito no passado, Greta tentava conter sua raiva e seu pesar, e transformá-los em arte. Para ela, os cristais vermelho-sangue simbolizavam seu próprio potencial para conter a paixão da Louca Visionária e usá-la em seu trabalho artístico como um poder profético.

Como Greta, algumas Musas lutam conscientemente com o conflito entre seu desejo de relacionamentos e sua necessidade de independência e de crescimento próprio. Esta luta pode resultar em desenvolvimento pessoal e individuação. No entanto, aquelas que ficam aprisionadas no papel de Musa, em detrimento de sua própria criatividade, com freqüência se tornam frustradas e amargas. Considere a história de Alma Mahler, uma mulher bela e talentosa que viveu no início do século XX, numa época em que as mulheres tinham ainda menos oportunidades que hoje para desenvolver seus talentos inatos.

A deusa dourada: Alma Mahler

Alma Mahler foi uma Musa para muitos homens. O artista Oskar Kokoschka criou para ela algumas das mais belas cartas de amor da história, uma série de leques pintados à mão que atualmente são peças de museu. Ela também inspirou e foi casada com o compositor Gustav Mahler, com o arquiteto de estilo Bauhaus, Walter Gropius, e com o poeta e romancista Franz Werfel. Outros homens também se apaixonaram por ela, todos gênios de sua época em áreas muito diferentes. Alma Mahler viveu sua vida utilizando sua beleza e seu fascínio. Como a maioria das Musas, ela realmente dava valor à criatividade, mas sacrificou a própria vida pela dos outros. Alma queria compor canções, mas viveu numa época em que as compositoras tinham poucas oportunidades de serem reconhecidas. Mesmo para alguém tão brilhante e talentosa como ela, a beleza e o charme eram seus trunfos principais, pois Alma era uma mulher. Finalmente, sua Louca interior deu-se a conhecer na psicologia e no comportamento de Alma. Mesmo tendo se casado com dois homens judeus (Werfel e Mahler), ela prezava sua herança "ariana" cristã e tendia para os extremos do fascismo e do anti-semitismo. Sua vida desenrolou-se como se sua Louca inconsciente quisesse destruir os próprios homens que a adoravam. Este conflito interno e externo a dilacerava; tornou-se amarga com relação aos sacrifícios que teve de fazer, bebia em excesso e lamentava sua beleza perdida.

Como muitas Musas, Alma foi adorada por seu pai, Emil Jakob Schindler, o mais célebre pintor de paisagens na Áustria do final do século XIX. Alma era a princesa do pai, e ele derramava amor e fanta-

sia sobre sua filha mais velha, alimentando a imaginação dela ao lhe contar histórias maravilhosas. A casa mágica no limite dos bosques de Viena, onde ela cresceu, alimentou seu gosto pelo luxo e pelos objetos belos. Alma lembrava-se de seu pai dizendo-lhe: "Brinque para seduzir os deuses", certa vez em que estavam na beira do mar, observando as ondas cobertas de espuma branca – das quais surgiu a deusa Afrodite.[1] Seu pai morreu quando ela tinha doze anos, mas sua mãe sempre cuidou dela.

Quando sua mãe casou-se novamente, com um negociante de arte, Alma foi lançada no círculo social dos artistas de Viena, e muitos deles a cortejaram, incluindo seu professor de música, Alexander von Zemlinsky, e Gustav Klimt, o famoso pintor. Alma sempre era chamada de "a mais bela de Viena", possuía um encanto mágico e normalmente era o centro das atenções em encontros sociais. Para compensar um problema de audição, que tentava esconder, ela ouvia os outros atentamente, fixando seus grandes olhos azuis sobre a pessoa, que ficava muito orgulhosa. Assim, Alma desenvolveu a arte de alimentar e acariciar o ego masculino.

Quando tinha vinte e dois anos, conheceu Gustav Mahler. O famoso compositor era vinte anos mais velho que ela, estava livre de dívidas, e tinha se convertido ao cristianismo para preservar sua carreira. Apesar dessas diferenças, Alma sentiu-se atraída por Mahler. Ela tinha talento musical e nessa época já tinha escrito muitas canções. Encantado pela juventude, pela beleza e pela inteligência de Alma, Mahler pediu-a em casamento, mas com a condição de que ela fosse sua esposa, não sua colega. Mahler não se interessava pelas canções dela. Numa carta de amor, ele lhe escreveu: "Você precisa dar-se *incondicionalmente* a mim, moldar seu futuro, em cada detalhe, inteiramente de acordo com minhas necessidades, sem desejar nada em retorno a não ser o meu *amor*...".[2] Alma decidiu casar-se com Mahler, apesar de seu intenso desejo de ser uma compositora, e adaptou sua vida à rotina restrita de composição que ele tinha, protegendo-o das interrupções, cuidando das finanças e copiando suas composições.

Embora Gustav estivesse satisfeito, Alma sentia-se privada de algo. Em seu diário, ela o chamou de egocêntrico e confessou que sofria – que ela amava sua própria arte e queria retomá-la. Como o Pássaro Engaiolado, Alma viu-se aprisionada pelo lar, pelos filhos e por seu papel como a companheira prática. Ela se ressentia por ser tratada como uma empregada e como criança por Mahler, embora continuasse a ser sua Musa, alimentando sua carreira criativa e tendo duas filhas. Entretanto, depois da morte de sua filha mais velha, aos cinco anos, Alma ficou doente e deprimida. A saúde de Mahler também estava abalada. Ela escreveu sobre sua necessidade de amor e de vida, e se preocupava se ainda seria atraente para os homens. Começou a ter ataques de pânico, melancolia e uma série de colapsos nervosos. A vida com Mahler era uma sobrecarga para seus nervos, e o médico lhe ordenou um longo descanso de cura num *spa*. Mahler dependia de Alma e temia não suportar a separação.

No *spa* ela ficou fascinada com o simpático e jovem arquiteto Walter Gropius que se apaixonou loucamente por ela. Gropius até escreveu uma carta a Mahler, pedindo-a em casamento, como se ela fosse filha dele. Alma continuou fiel, mas Gustav ficou com ciúmes, temendo perdê-la. Então ele consultou o psicanalista Sigmund Freud que lhe disse que Alma tinha amado tanto ao pai que só poderia amar outra figura paternal como Gustav. Freud acrescentou que Mahler buscava inconscientemente sua própria e adorada mãe, frágil e necessitada de cuidados, em Alma, que adoecia facilmente. Quando Mahler, por sugestão de Freud, passou a dar mais atenção a Alma, até mesmo ouvindo suas canções, e insistindo em que ela começasse a compor, ela disse que era tarde demais para comprometer-se seriamente com sua música.

Mahler morreu em 1911, depois de dez anos de casamento, deixando sua viúva, aos trinta e um anos, financeiramente segura. Logo apareceram muitos admiradores, incluindo o promissor artista Oskar Kokoschka. Ele era sete anos mais jovem que Alma, idealizava as mulheres, e se apaixonava perdidamente por elas. Ele ficou fascinado com

a jovem viúva, que parecia solitária e bela na tragédia de seu luto, e parecia ouvi-la cantar *"Liebestod"* de Isolda apenas para ele.

Iniciou-se um encontro apaixonado entre Alma, a Musa e Kokoschka, o gênio. Na fantasia deles, ela era a mulher que salvaria Kokoschka, como na ópera *O Holandês Voador*, de Wagner. Oskar queria fundir-se com Alma e ser o único para ela, e tinha ciúmes de qualquer namorado potencial e mesmo de qualquer amigo a quem Alma dedicasse tempo e energia. Ele até assinava suas cartas com os nomes de ambos como se fosse um só – Alma Oskar Kokoschka.[3] A própria aura dela dava a ele o seu ser.

Quando ela lhe disse que só se casaria com ele depois de ele ter pintado uma obra-prima, Kokoschka pintou cartas de amor em leques para ela. Alma era a bela musa em muitas de suas pinturas, inclusive na famosa obra *Die Windsbraut* [A noiva do vento], uma pintura de dois amantes deitados numa cama de espirais coloridas. A mulher (Alma) é muito maior que seu amante e está adormecida sobre o ombro dele, enquanto o homem (Kokoschka) está ansiosamente acordado. Oskar escreveu certa vez a Alma: "Minha Alma, eu a amo mais do que a mim mesmo... eu preciso tê-la logo como minha esposa, ou então meu grande talento vai perecer tristemente. Você precisa me reviver à noite como uma poção mágica... Você é a Mulher e eu sou o Artista... Eu tenho visto como você me deixa forte e aonde eu posso chegar quando esta força estiver constantemente ativa. Você revive pessoas inúteis, e eu, aquele a quem você está destinada, devo continuar desejando?".[4] Nesta época, Oskar pintou um mural em que ele está cercado por serpentes no inferno, enquanto Alma sobe ao paraíso, cercada de chamas. Em suas cartas, ele escreve sobre desespero e morte, deixando implícito que a responsabilidade por sua vida estava nas mãos de Alma.

Alma escreveu em seu diário que sabia que cada pessoa tinha de encontrar sua própria força, reconhecendo que os desejos inconscientes, que tinham atingido sua vida e a tinham levado a Gustav, podiam levá-la de volta à música. Mas suas energias ainda eram dirigidas para o romance com Oskar. Ela ficou grávida, mas quando

Oskar não conseguiu tolerar a máscara mortuária de Gustav, Alma fez um aborto.

Embora Alma fosse fascinada por Oskar durante toda a sua vida, ela não podia suportar a dependência dele, depois de ter vivido com Mahler. Ela desejava a liberdade, mas ainda estava ambivalente e incomodada a respeito de viver só. Durante muitos anos os dois viajaram e se encontraram em lugares românticos por toda a Europa. Oscilando continuamente entre seu papel de Musa fascinante para Oskar, e seu desejo de se concentrar em seu próprio desenvolvimento e em sua música, ela encontrou Walter Gropius, o jovem arquiteto que a tinha pedido em casamento. Ela o convenceu de que o amava, e ele se apaixonou novamente por ela. O infeliz Oskar juntou-se ao exército e partiu para a guerra. Presa entre a atração por Kokoschka e por Gropius, Alma optou por se casar com o último, cujo talento e bela aparência "ariana" a conquistaram. Ela esperava encontrar-se novamente, por intermédio dele. Ela foi feliz por algum tempo, e teve uma filha com ele, Manon.

Alma iniciou uma série de reuniões sociais aos domingos, saraus para os quais eram convidadas pessoas brilhantes. Nesses saraus, ela criava uma atmosfera inspiradora para as pessoas talentosas, mas eles eram também outra oportunidade para que os homens a admirassem. Num desses saraus, Alma encontrou seu próximo amor, o poeta e romancista Franz Werfel. Embora Alma não gostasse do fato de Werfel ser judeu e de sua posição política revolucionária como um social-democrata, ela amava seus poemas e sua sensibilidade para a música. Ela tocava música e ele cantava. Ela sentia uma conexão com ele que não tinha com o sério e rígido Gropius. Começou outro caso de amor apaixonado. Alma ficou grávida; ela não tinha certeza se o pai era Gropius ou Werfel. Alma acreditava que Gropius fosse o pai de seu filho, embora estivesse distante lutando na guerra durante a maior parte do tempo. O bebê quase morreu num parto prematuro. Alma sentia-se presa entre os dois homens. Estava sofrendo, mas tinha grande dificuldade de afirmar a si mesma e a seus sentimentos, pois temia ferir os sentimentos dos outros.

Quando o estado de seu filho piorou e ela percebeu que ele ia morrer, Alma sentiu-se culpada e pensou em suicídio, mas não teve coragem. Prestes a chegar aos quarenta anos, dividida por conflitos, sentindo que sua vida apaixonada estava terminada, Alma decidiu recomeçar seus saraus de domingo. Neles, ela se vestia de dourado, na sala de música atapetada de vermelho, e tentava esquecer o conflito entre ser a esposa de Gropius ou a amante de Werfel. Finalmente, Alma divorciou-se de Gropius e se casou com Werfel, embora não desejasse ser esposa de outro judeu. Mas ela amava, cuidava e dava estabilidade ao sensível poeta. Ela também manteve a custódia de Manon.

Aos quase cinqüenta anos, Alma estava se aproximando da menopausa, preocupada com sua beleza e seu poder de atração. Sua filha mais velha estava prestes a casar-se, mas Alma não se interessava. Ser uma avó em potencial não se encaixava em sua auto-imagem. Durante este período, Alma foi atraída para o fascismo, fez amizade com a amante de Mussolini, e foi envolvida pelo feitiço de Hitler. Em 1932, os sinais de perigo para os judeus (e portanto, para Werfel) estavam aumentando, mas Alma não via razão para sair da Europa. Em vez disso, ficou fascinada com um padre católico, que ela achava que estava destinado a ser o próximo cardeal de Viena, e que via o papel de Hitler como similar ao de Lutero. O padre disse-lhe que ela era a primeira mulher por quem ele tinha sido atraído e que ela seria a última. Por sua vez, ela o adorava e ecoava a admiração dele por Hitler, como o fizera com os pensamentos de outros homens. Seguindo os conselhos do padre, Alma permaneceu quieta quando os judeus foram proscritos; os livros de Werfel foram queimados e a música de Mahler foi banida.

Então, no final dos anos 30, a realidade política caiu sobre os Werfels. Se eles não fossem para o exílio, estariam ameaçados de exterminação – ele como judeu, ela como sua esposa. Alma e Franz deixaram Viena e tentaram estabelecer-se em diversos lugares na Europa. Mas os nazistas continuavam ameaçando. Alma sentia-se amarga e sem teto, condenada a vaguear com os judeus. Como uma "ariana", ela sentia que este destino era injusto e sofreu um colapso nervoso. Quando a guerra estourou na França em 1940, eles se juntaram às longas filas de refugiados para conseguir um visto para poder emigrar da Europa. Felizmente eles conseguiram partir e começar uma nova vida na América, embora tenham passado por meses difíceis e Alma tenha perdido a maior parte de suas posses.

Alma teve dificuldade para começar de novo, pois estava ficando cada vez mais rígida, amarga e dogmática. Sua filha Manon tinha morrido, e Alma estava ficando cada vez mais cínica. Ela sentia que Deus devia ser ruim. Tantas pessoas próximas a ela tinham morrido cedo: seu pai, Gustav, duas de suas três filhas, seu filho, e muitos amigos e amantes. Começou a vestir-se de negro, mas sempre glamourosa, ainda usava seda e casacos de brocado, meias finas e jóias. Alma voltou a beber licor Benecditine todos os dias, um hábito que ela havia abandonado a pedido de Mahler, mas que retomava agora e manteria até sua morte, aos 85 anos. Enquanto isso, o flexível Werfel continuava escrevendo e obteve sucesso. Um de seus romances, *Song of Bernardette*, foi indicado para o prêmio Nobel, e se transformou num filme de sucesso. O casal mudou-se para Los Angeles. Alma tinha inveja do sucesso de seu marido e sentia que havia realizado pouco. Ela se sentia entediada e sem esperança, e escreveu, "A natureza é vazia e monótona".[5]

A saúde de Franz piorou, e Alma, deprimida e bebendo diariamente, sentia que não poderia viver sem ele. Mas ela se ressentia por ter de cuidar dele e por ter de lidar com sua incontinência, da qual ele se envergonhava. Ela escreveu em seu diário, "O casamento é mesmo como um ovo, no qual as duas pessoas estão cercadas e separadas do mundo".[6] Depois da morte de Franz em 1945, ficou perturbada e ansiosa, tomando sedativos e dormindo na cama hospitalar que Franz tinha usado em seus últimos dias.

Sofrendo intensamente por causa da solidão, preocupada com a segurança financeira, e chegando aos setenta anos, ela voltou a Viena para recuperar suas posses. Lá ela descobriu que seu padrasto, a quem ela tinha dado poderes de procurador, tinha vendido suas

obras de arte e suas casas. Ela confrontou o anti-semitismo dos oficiais vienenses, por ter sido casada com dois judeus. Amarga e solitária, ela não era mais a Musa celebrada, mas uma viúva responsabilizada pelos "pecados" dos dois homens com quem tinha sido casada.

Alma voltou a Beverly Hills, onde ocasionalmente era homenageada quando as sinfonias de Mahler eram tocadas. Guardava os presentes e as cartas de seu amantes, dando especial atenção a Kokoschka, embora sempre queimasse as que tinha escrito, uma prática que ela tinha iniciado anos antes. Em 1945, quando completou setenta anos, ela ficou mais feliz pois Kokoschka felicitou-a, chamando-a de "garota selvagem" e dizendo que o amor apaixonado deles estaria sempre "no palco da vida" e passaria para a História.[7] Sua filha Anna mudou-se para a Califórnia para morar perto dela, mas Alma a dominou, requisitando seu tempo e sua atenção constantes. No estilo de uma Mulher Dragão, Alma tentou sem sucesso destruir o relacionamento amoroso da filha com fofocas horríveis. E então Alma mudou-se para a cidade de Nova York.

Sua sala de estar estava cheia de livros e de pinturas, a maioria de Kokoschka, inclusive um retrato dela. Seu quarto tinha um piano, o retrato de Gustav, músicas e algumas das pinturas de seu pai. Sua antiga governanta de Viena veio para a América para cuidar dela. Alma recebia em sua casa, e convidava as pessoas para o chá – isto é, coquetéis. Diversos trabalhos, musicais e literários, foram dedicados a ela. Ela ainda tinha amigos famosos – Bruno Walter, Erich Maria Remarque e Thornton Wilder, por exemplo. Mas quando Kokoschka veio a Nova York e pediu para vê-la, ela se recusou. Ela queria que ele se lembrasse de sua juventude e beleza, e não de sua aparência envelhecida e frágil. Entendendo isto, Kokoschka enviou-lhe um telegrama que dizia: "Querida Alma, estamos eternamente unidos em meu *Windsbraut*, na Basiléia".[8]

Por volta de 1946, a saúde e a mente de Alma estavam falhando. Mesmo assim, ela se vestia e se arrumava cuidadosamente todas as manhãs. Morreu aos 85 anos, com a ilusão de que ainda era uma bela e jovem Musa, acreditando que o príncipe coroado da Áustria tinha se encontrado com ela numa montanha e queria que ela tivesse um filho dele.

A vida de Alma Mahler exemplifica a herança da mulher que permanece presa à imagem da jovem de ouro. Por baixo de sua superfície leve e brilhante existe a raiva pelo sacrifício de seus próprios talentos. Este ressentimento ardente, diante de seus amantes e das mulheres mais jovens que tomam o seu lugar, queima e define sua personalidade à medida que ela envelhece. A amargura e uma feiúra interna pessoal fazem parte do destino de muitas "bonecas queridas" que permanecem ociosas, confiando na juventude, no charme e na beleza, e deixam de desenvolver seus talentos e de concretizar sua beleza *interior*.

Musas sombrias

Freqüentemente imaginamos as Musas como jovens angelicais e inspiradoras, mas algumas Musas têm uma natureza sombria, apaixonada e trágica. A Musa trágica atrai os outros por sua imersão no inconsciente e pela sua intensidade criativa. Freqüentemente o homem que é inspirado por esta Musa sombria não reconheceu nem integrou seu próprio lado selvagem e busca inconscientemente o acesso a sua própria criatividade e a recessos sombrios de seu próprio inconsciente, mediante contato com esta energia feminina louca e sombria. O homem ingênuo projeta toda a sua própria escuridão sobre esta Musa e vive por meio dela. Algumas vezes ele observa a autodestruição dela; outras, deixa-se destruir neste processo. O conflito pode ressoar com tonalidades do confronto entre a Louca e o Juiz.

O filme *O anjo azul* é um exemplo clássico de uma sereia sedutora que manipula um homem inexperiente. No filme, um professor de alemão envelhecido, sem experiência da vida, vai a um cabaré, onde fica fascinado por uma cantora (representada por Marlene Dietrich). É seduzido e abandona sua profissão para casar-se com ela. No início, ele a distrai, mas quando ele fica sob o seu poder, ela

começa a humilhá-lo. Sob a direção dela, ele se apresenta no palco como um palhaço. Acaba perdendo sua sanidade, e canta como um galo quando a vê beijando outro homem. Totalmente sem chão, ele enlouquece e finalmente morre na sala de aula que tinha abandonado.

A mulher fatal de *O anjo azul* é conscientemente manipuladora, atraindo os homens para seu ninho sedutor e depois os destruindo, como as sereias da mitologia grega que seduziam os marinheiros com seus cantos, atraindo-os para águas perigosas e causando sua morte nos rochedos. Mas o mais comum é que essa mulher esteja aprisionada na projeção das paixões sombrias de um homem. Ela pode atuar o papel para o qual ele a designou, sendo com freqüência destruída neste processo. Ou ela pode estar vulnerável, por causa de sua própria fascinação sombria e romântica com o amor e a morte, e ele pode manipulá-la e feri-la inconscientemente. O relacionamento entre a pintora mexicana Frida Kahlo e o artista Diego Rivera tinha muitos destes aspectos trágicos. Mulheres imaginativas que não conseguem se libertar de seu papel como Musa podem ficar dependentes de álcool, sexo, romance, perigo ou drogas. Algumas enlouquecem.

A Musa sombria ou trágica é a mulher que vive o lado romântico sombrio de um homem e quase sempre é usada por um artista como o modelo das forças loucas. Zelda Fitzgerald, do modo como foi retratada por seu marido Scott em *Suave é a noite*, é um exemplo de nosso século, como também muitas das modelos e amantes de Picasso. May Morris, a modelo do pintor pré-rafaelita Dante Gabriel Rossetti, é outro exemplo. Morris, que se casou com Rossetti e foi modelo para seu retrato de Perséfone, rainha do mundo subterrâneo, morreu cedo em resultado de sua dependência de uma droga que os médicos de sua época prescreviam com freqüência para mulheres feridas que sofriam de dor emocional.

A Musa sombria compartilha e mostra sua vulnerabilidade, seu sofrimento e sua dor emocional, e sua experiência com a depressão, a desintegração mental, o alcoolismo, ou o anseio sexual e romântico obsessivo e frustrado. Com freqüência ela funciona como um guia sacrificial em nossa própria descida a nosso lado louco e sombrio – uma jornada interior que precisamos realizar para atingir nossa integração psicológica, nosso amadurecimento e crescimento. Tendo passado pelo inferno, a Musa sombria pode levar o observador fascinado até um ponto mais próximo daquele processo de autodescoberta e de mudança, assustador mas necessário. Por exemplo, Marilyn Monroe funcionou como uma Musa trágica para toda a nossa cultura. Sua vulnerabilidade e baixa auto-estima, a tragédia de seu anseio insaciável pelo amor, e sua descida à adicção e ao suicídio foram imortalizados por Arthur Miller em *After the fall*. Toni Wolff é outra Musa sombria; ela era uma analisanda de Jung e inspirou a própria descida dele ao inconsciente, depois da qual ele retornou para descrever seu processo e beneficiar outras pessoas. Ela se tornou amante de Jung e também uma das primeiras mulheres analistas a escrever a respeito de formas femininas da psique, embora ela escrevesse pouco e seu trabalho estivesse atrelado às teorias de Jung. Foi abandonada no fim de sua vida, um destino compartilhado por muitas amantes. As teorias de Freud estavam inextrincavelmente entrelaçadas com suas pacientes Musas, perturbadas e sombrias, e mesmo hoje as pacientes fascinam seus terapeutas à maneira de uma Musa.

Cantoras populares freqüentemente funcionam como Musas sombrias para a cultura, expressando os anseios e medos das pessoas, seus sentimentos mais profundos. Considere os exemplos de Edith Piaf, Judy Garland e Billie Holiday. Essas mulheres eram gênios criativos por si mesmas, mas todas morreram cedo e tragicamente – Garland e Piaf por causa da adicção. Billie Holiday morreu de overdose, sem ser atendida num hospital, rejeitada como uma negra anônima. De fato toda uma raça pode ser usada por parte da sociedade como uma Musa trágica. Por exemplo, os índios nativos americanos nos inspiram com seu relacionamento espiritual com todas as coisas vivas. Sua sabedoria tradicional, conectada à natureza, pode um dia nos ajudar a salvar a Terra de nosso abuso destrutivo. Entretanto, o modo como eles foram abusados e maltratados é bem conhecido, e

foi representado mais recentemente nos filmes *Dança com lobos* e *Coração de trovão*. Toni Morrison, em *Playing in the dark: whiteness and the literary imagination* apontou como os escritores e leitores brancos podem usar os personagens negros africanos como um modo de pensar sobre si mesmos, mantendo sua própria escuridão a distância ou até mesmo negando-a completamente. Este é outro padrão de comportamento que faz parte da psicologia da Musa sombria.

A musa trágica: Camille Claudel

A paixão e a intensidade da Musa trágica e sombria são essenciais para a criatividade, mas podem levar ao isolamento, ao desespero e à paranóia, que podem chegar até a verdadeira loucura. Isto é especialmente provável quando uma mulher criativa trai a si mesma e a seus próprios talentos ao se identificar com a Musa de um homem talentoso. Então sua Louca interior volta-se contra ela em vez de levá-la a compreender, expressar e afirmar sua criatividade no mundo externo. A história da escultora francesa Camille Claudel, que foi uma Musa sombria para o escultor Auguste Rodin, mostra este processo.

Nascida em 8 de dezembro de 1864, numa pequena cidade no distrito francês de Champagne, Camille foi incentivada por seu pai a desenvolver seus talentos artísticos. Embora ele fosse autoritário e de temperamento difícil, dava valor aos talentos criativos de seus três filhos. Ele lhes proporcionou uma educação de primeira classe em Paris, mesmo que para isso tivesse de trabalhar duro e separar-se deles. A mãe de Camille, por sua vez, era rígida, burguesa e presa às convenções do dever. Ela se opunha à criatividade de Camille, sempre que possível. Nunca amou nem entendeu sua filha mais velha, de espírito elevado e temperamental, era cega para sua arte e sentia-se ofendida com seu comportamento excêntrico. A mãe Rainha Gelada de Camille a rejeitava com a frieza de uma mártir.

Embora as brigas constantes e as expectativas diferentes de seus pais tenham tornado sua infância difícil, Camille florescia em seu amor místico pela arte e pela natureza. Ela era uma Musa para seu irmão mais novo, Paul, e o influenciou bastante durante a infância. Mais tarde, ele se transformou num dos maiores escritores da França. Eles gostavam de andar pelos terrenos pantanosos misteriosos, maravilhados com seus rochedos estranhos e gigantescos. Apenas sua irmã mais nova, Louise, fracassou em desenvolver seus talentos musicais, permanecendo em casa, subserviente à mãe dominadora.

Quando era jovem, Camille trabalhava com barro, insistindo em que todos os membros da família posassem para ela. Sua biografia filmada mostra-a saindo de casa à noite para ir cavar o barro para poder esculpir. Sem medo do escuro, Camille estava pronta para cavar nas profundezas de sua própria natureza e seguir seu destino criativo. Aos quinze anos ela já tinha criado três peças notáveis, e seu talento chamou a atenção do escultor Alfred Boucher que influenciou sua carreira, educando-a especialmente em arte florentina.

Camille encontrou Rodin pela primeira vez quando Boucher a recomendou a ele como sua estudante mais promissora. Na época, Rodin tinha quarenta anos e era amplamente discutido, mas ainda não era famoso. Camille foi a primeira aluna de Rodin e era considerada por muitos sua assistente mais criativa. Ela trabalhava silenciosa e diligentemente nas esculturas dele, e logo se transformou em sua colaboradora. Ela posou e ajudou a esculpir seus maiores trabalhos, incluindo *Porta do Inferno*, foi modelo de muitas de suas esculturas e inspirou seu estilo mais lírico quando ele estava num período seco. Os críticos dizem que depois de *Balzac*, a maioria dos trabalhos de Rodin eram variações dos temas de *Porta do Inferno* – a obra-prima na qual ele e Camille trabalharam juntos. Enquanto isso, Camille estava desenvolvendo seu próprio estilo, superando Rodin com sua habilidade de cortar o mármore.

Quando Rodin e Camille tornaram-se amantes, Rodin alugou um estúdio idílico e romântico para ela – um antigo edifício clássico quase em ruínas no meio de um jardim selvagem. Eles se encontraram lá durante sete anos, de 1887 a 1894. Durante o verão, eles via-

javam para fora de Paris para passar mais tempo juntos. Por todo este tempo, Rodin vivia legalmente com uma esposa comum, Rose Bauret.

Rodin importava-se genuinamente com Camille, mas era incapaz de abandonar Rose, sua companheira de muito tempo, para casar-se com a escultora. Rodin não conseguiu deixar Rose, nem quando Camille engravidou, e diz-se que ela fez um aborto.[9] Camille ressentia-se de estar nessa posição comprometedora. Na virada do século, era escandaloso ser uma artista que vivia sozinha. Ela dependia financeiramente de seus pais, que desaprovavam essa ligação ilícita. Sua mãe e sua irmã condenavam especialmente Camille por seu infeliz relacionamento com Rodin, tratando-a como se ela fosse uma prostituta, e acusando-a de ter um baixo caráter moral.

Apesar dessas dificuldades, o relacionamento entre Camille Claudel e Rodin durou quinze anos. Em 1893, Camille tinha se mudado para outro estúdio e separado seu trabalho e sua moradia de Rodin, mas eles continuavam a se ver, a passar as férias juntos e ela ouvia os conselhos dele. Em 1894, ela escreveu um bilhete dando-lhe parabéns por sua estátua de Balzac. Logo depois disto, Camille parou de se corresponder com Rodin, enquanto seu amor se transformava em ódio. A seu próprio modo, Rodin continuou a amar Camille e a apoiar seu trabalho artístico, e se desesperava com a separação e a inimizade crescente dela.

Além de ser uma Musa para seu irmão e para Rodin, Camille era também uma Musa para o compositor Claude Debussy, que se apaixonou por ela. Camille era apegada demais a Rodin para retribuir o amor de Debussy. Camille terminou o relacionamento com palavras duras, que Debussy lamentou numa carta: "Eu choro pelo desaparecimento do Sonho deste Sonho".[10] Debussy conservou até morrer a escultura dela *A valsa* sobre a lareira de seu estúdio. Entretanto, a vida romântica de Camille tinha terminado aos trinta anos. Ela sentia que sua juventude estava acabada. Mais tarde, escreveu ao negociante de arte, Eugene Blot, a respeito da perda de sua juventude romântica, descrevendo-a como um épico como *Ilíada* ou *Odisséia*: "Seria necessário um Homero para contá-la. Eu não vou tentar fazê-lo hoje e não quero entristecer você. Eu caí num vazio. Eu vivo num mundo que é tão curioso, tão estranho. Este é o pesadelo dentro do sonho que era a minha vida".[11]

Quando Camille Claudel deixou Rodin pela primeira vez, ela vivia em seu estúdio no Boulevard d'Italie e decidiu romper com o estilo artístico de Rodin. Queria que sua arte expressasse o mundo comum, as pessoas que ela via passando, as cenas diárias nas ruas, como em suas esculturas *As fofoqueiras* e *A velha cantora cega*. Ela fazia esboços, tomava notas e tentava capturar estados de espírito e as roupas de suas figuras. Também pintou muitos retratos. Ela trabalhava intensamente, evitava a vida social e recusava os convites de Rodin para festas.

Nessa época, Camille estava vivendo quase na pobreza. Seu estúdio tinha a reputação de ser uma bagunça, e ela tinha se transformado numa reclusa. Mendigava o dinheiro para pagar seu aluguel e os caros materiais com que esculpia. Acumulava dívidas por causa do mármore italiano de que precisava, e era perseguida pelos credores. Seu pai e seu irmão lhe davam dinheiro às escondidas de sua mãe e de sua irmã. Sua escultura era exibida; os críticos escreviam sobre seu trabalho e os colecionadores estavam interessados em sua arte. Mas ela se recusava a comercializar sua arte, como sentia que Rodin estava fazendo. Em vez disso, continuava a experimentar novos caminhos. Comparava-se a Cinderela, "condenada a ficar nas cinzas do borralho sem a esperança de ver a fada-madrinha ou o príncipe encantado chegarem para transformar meus trapos em roupas da moda".[12] Desprezava Rodin, ao vê-lo glorioso em todo seu sucesso e sua fama.

Suas finanças pioraram, e ela se mudou para um apartamento menor e sombrio na Ilha de São Luís, onde ela ficou até 1913. A bela Camille de antigamente ficou desleixada e engordou. Ela bebia e parecia muito mais velha do que era. Apesar de seu estilo único, a

maior parte dos críticos e do mundo da arte ainda a considerava apenas a aluna de Rodin – uma bofetada no rosto de Camille que intencionalmente se diferenciava dele. Mas seu ressentimento não se dirigia aos críticos. Em vez disso, ela suspeitava que Rodin estava por trás dessa conspiração, e em sua mente, ele se transformou em seu perseguidor. Começou a acreditar que ele estava roubando suas idéias, contratando pessoas para estragar o seu trabalho, e até mesmo influenciando e corrompendo as mentes de seus trabalhadores, seus modelos, seus fundidores e seus amigos. Suspeitou também que Rodin usava a família dela para persegui-la. Suas suspeitas podem ter sido uma metáfora psicológica para o modo como ela tinha dado a Rodin sua criatividade e seu próprio gênio.

O amor pode se transformar em ódio quando uma pessoa está tão ligada a outra que não pode se separar e ser ela mesma. Uma parte de Camille, a parte que era uma artista bem-sucedida, estava apegada ao amante não disponível, Rodin. Ao abandonar Rodin, Camille tentou separar-se externamente, mas não conseguiu se separar interiormente dele. O mais provável é que muitos elementos tenham se combinado para provocar o dilema dela: ciúmes, pobreza, a adicção ao álcool, o abuso de sua mãe, sua posição de vítima na sociedade e a falta do reconhecimento que lhe era devido. Para separar-se dele, ela deixou que o ódio substituísse o amor.

Embora criasse peças originais e únicas, Camille permaneceu na ilusão de que Rodin estava roubando suas idéias e até mesmo suas esculturas, uma a uma. Acusou um amigo de Rodin de ter invadido seu estúdio e roubado a figura esculpida de uma mulher em amarelo que ela mantinha ali. Outra vez, disse que uma faxineira tinha colocado um narcótico em seu café para fazê-la dormir e roubar uma peça chamada *A mulher com a cruz*. Camille recusou ofertas de exposições em Praga e em outros lugares, temendo que seu trabalho fosse colocado perto do trabalho de Rodin e que ele recebesse o crédito. Logo a obsessão de que seus trabalhos estavam sendo copiados e que Rodin a estava perseguindo por toda a parte começou a drenar sua energia criativa.

A condição de Camille se deteriorou a partir de 1905. Ela não conseguia mais lembrar quais os trabalhos que tinha feito com Rodin, e o acusou de ter ordenado a duas de suas modelos que invadissem a sua casa e a matassem. Começou a destruir a maior parte do que tinha criado. Seu estúdio estava cheio dos escombros das esculturas quebradas que ela ordenou que fossem enterradas. Durante este período, segundo uma carta de um dos poucos amigos que lhe restaram, Camille estava bebendo muito e convidando muitos estranhos para passar a noite e beber em sua casa.[13]

Camille revelou numa carta algumas das razões por que tinha mutilado seus trabalhos: ela não podia tolerar os desapontamentos e as frustrações, e destruía suas próprias criações por vingança. Depois da morte de um amigo, ela escreveu à esposa dele: "Quando eu recebi seu aviso, fiquei com tanta raiva que peguei todos os meus modelos de cera e os joguei no fogo. Eles fizeram uma chama enorme e eu aqueci meus pés na luz do fogo. É isso que eu faço quando me acontece algo desagradável, pego meu martelo e bato numa figura. A morte de Henri me custou muito mais do que 10 mil francos. A grande estátua seguiu rapidamente o destino de suas irmãzinhas de cera, pois a morte de Henri foi seguida alguns dias depois por mais notícias ruins: sem nenhum aviso eles pararam de me mandar dinheiro. Eu me encontrei de um dia para o outro sem nenhum recurso. Foi o bando de Rodin que trabalhou na mente de minha mãe para obter este resultado. E muitas outras execuções aconteceram logo depois, uma pilha de lixo de gesso está se acumulando no meio de meu estúdio. É um verdadeiro sacrifício humano".[14]

Na versão filmada da vida de Camille, baseada na biografia escrita por Reine-Marie Paris, Camille aparece na abertura de sua própria exposição de arte, vestida alegremente em vermelho, com seus lábios e faces pintados com a mesma cor brilhante, simbolizando tanto sua paixão quanto sua raiva. Camille, uma Louca embriagada, chocava a todos. Humilhado, até mesmo seu irmão a abandonou envergonhado. Mais tarde, ela é mostrada esmagando a cabeça esculpi-

da de uma jovem inocente, desse modo destruindo simbolicamente a esperança.

Em 1913, quando seu pai morreu, Camille não foi avisada e assim não pôde ir aos funerais. Alguns dias depois, aos 49 anos, ela foi internada à força num hospício, depois de uma decisão conjunta de seu irmão e de sua mãe. Ela tinha consciência de sua situação, considerava-a um terrível martírio, e escrevia cartas continuamente a parentes e amigos implorando que eles a ajudassem a sair. Por todo esse tempo ela continuou a acreditar que Rodin era responsável por sua prisão, quando na verdade sua família tinha concordado com a internação. Depois da morte de Rodin, ela começou a ver sua mãe como a inimiga. Camille passou o resto de sua vida (aproximadamente trinta anos) no hospício e nunca mais voltou a esculpir. Morreu na miséria em 1943, como uma Louca, velha e desconhecida.

Camille Claudel era um gênio criativo e uma grande escultora. Hoje seus trabalhos remanescentes, que representam menos da metade de suas criações, estão em muitos museus. Os críticos concordam que a essência de sua arte é terrena, mas ainda assim brilha com uma luz interior. Suas esculturas, sempre inspiradas por seu senso de toque e pela terra, que era sua própria Musa, são auto-retratos introspectivos, que expressam intensidade e ternura, tristeza e uma sensação de vazio. Ver o trabalho de Camille, irradiando uma luz frágil, é experimentar a expressão da vulnerabilidade e da intimidade femininas, e a tragédia interior de sua própria alma.

Concretizando a musa interior: a história de Celeste

A história de Celeste, uma mulher contemporânea, mostra a dinâmica de muitas mulheres que se tornam Musas à custa de sua própria auto-realização. Mas como Celeste sempre lutou para crescer e se desenvolver, sua história também revela algumas das possibilidades transformadoras para a Musa louca.

Celeste, a segunda de três filhas, tinha uma beleza incomum, um temperamento doce e amoroso, grande inteligência e talento artístico. Paradoxalmente, ela era ao mesmo tempo agradável e rebelde. Seu pai, um oficial do exército, dominava sua família com maneiras autoritárias rígidas e estados de espírito mutáveis que se deviam a uma doença debilitante. Embora amasse sua família, ele constantemente julgava suas filhas, em especial Celeste, cujo temperamento místico e artístico não se encaixava na visão convencional que ele tinha a respeito do modo como as mulheres deveriam se comportar. Ela nunca foi incentivada por seus pais a seguir seus talentos artísticos e intelectuais. Sua mãe era uma mulher doce e atenta que cuidava de seu marido e de sua família, mas tão ligada aos caprichos de seu marido que nunca viveu sua própria vida. A Louca interior de sua mãe estava tão suprimida que sua raiva afetava negativamente a sua saúde. O primeiro modelo de natureza feminina que Celeste teve foi, portanto, sua mãe amorosa, mas co-dependente que servia ao marido, autoritário, perfeccionista e imprevisível.

Como Celeste tinha uma sensibilidade incomum aos sentimentos, e empatizava instintivamente com os outros, ela se transformou no mediador familiar, num esforço para criar uma harmonia constante. Ela repetiu este papel com seus amigos e seus namorados. Esquecia suas próprias necessidades e seus talentos, por causa do desejo de agradar e cuidar dos outros.

Sem orientação e sempre tentando agradar aos outros, Celeste tinha boas notas, mas passou sem rumo pelo segundo grau. Sua beleza lhe trouxe muitos admiradores, mas ela sempre escolhia namorados simpáticos e interessantes que bebiam e usavam drogas. Nos últimos anos do segundo grau, Celeste rebelou-se contra seu pai e continuou tentando agradar a seus namorados. Como resultado, passou esses anos bebendo, usando drogas e fazendo muitas viagens com LSD. Mais tarde, considerou que este comportamento destrutivo tinha sido uma primeira manifestação da Louca interior, que tentava expressar sua raiva interna, mas que só conseguiu fazê-lo de

modo autodestrutivo. Felizmente, sobreviveu a este período, terminou o segundo grau e foi para a faculdade.

Cursou a faculdade de teatro. Ela ainda não tinha se situado e obteve notas medíocres. Na universidade sentia-se alienada e anônima. Nesta época, ela estava buscando conscientemente o significado e o propósito da vida, enquanto seus colegas estudantes queriam brincar e se divertir. Depois de ter sobrevivido a seu perigoso flerte com as drogas, os interesses de seus colegas em irmandades e futebol lhe pareciam superficiais, mas ela não conseguia encontrar seu próprio caminho no labirinto impessoal acadêmico. Deprimida, abandonou a escola e foi trabalhar como garçonete.

No segundo grau, Celeste tinha sido inspirada por uma professora que lhe apresentou a psicologia junguiana. A abordagem simbólica de Jung na compreensão do significado da existência humana tinha ecoado em seu temperamento intuitivo. Seu encontro com esta professora e com o trabalho de Jung realmente a ajudou a superar o cenário de drogas. Quando Celeste abandonou a escola, fez contato com a professora e recomeçou a ler Jung. As duas mulheres tornaram-se amigas íntimas, e Celeste transformou-se na jovem Musa devotada a sua professora mais velha, que substituiu a autoridade de seu pai. Embora houvesse muitos aspectos positivos nesta amizade criativa para Celeste, finalmente ela se sentiu dominada e julgada pela mulher mais velha. Novamente estava agradando a outra pessoa, e sabia que estava sob o poder de sua amiga.

Fora de contato com sua raiva interna diante de sua própria passividade, Celeste começou a projetar a negatividade da Louca sobre sua amiga. Mais ou menos nesta época, iniciou uma análise junguiana e aprendeu algo a respeito da psicodinâmica por trás de sua tendência de ser a menina eterna, a encantadora *puella* que podia dançar com belas possibilidades, mas que apresentava dificuldade para escolher um caminho em que se concentrar e concretizar seu potencial. Tinha muitos sonhos em que homens doentes e loucos tentavam matá-la, simbolizando uma dependência da autoridade masculina que estava acabando com sua vida criativa. Finalmente, à medida que ela ficou mais consciente e autoconfiante, conseguiu dar valor a seu próprio processo de tomada de decisões e tornou-se mais independente. Isto a libertou da influência autoritária do pai e da amiga. Retornou à faculdade, desta vez para estudar psicologia e formar-se com boas notas.

No final do último ano, apaixonou-se por um de seus professores. Casaram-se depois da formatura. Celeste passou os dez anos seguintes num casamento relativamente harmonioso e compatível, mas continuou uma eterna menina bela. O casamento tinha um formato tradicional; Celeste gostava do papel doméstico de bela anfitriã e dona de casa cuidadosa, e ocasionalmente ajudava seu marido fazendo trabalhos de secretária. Mas apesar da compatibilidade do casal, algo parecia estar faltando na vida de Celeste. Constantemente em conflito com sua falta de direção profissional, ela não conseguia optar pela concretização nem de seus talentos artísticos nem de seu desejo de ser uma psicoterapeuta. Assim permaneceu num limbo. Internamente, sofria por causa de sua passividade, enquanto externamente se aconchegava na adoração de seu marido. Às vezes, sentia que estava vivendo numa fantasia fascinante.

Aos trinta anos, a fantasia começou a se desfazer, enquanto uma crise prematura de meia-idade se abatia sobre ela. Nesta época, decidiu seguir mais ativamente suas inclinações dramáticas, e para isto fez várias viagens de estudo. Mas sua atração pelos homens e pelo romance era mais poderosa que seus planos de estudo, e ela se enredou num caso amoroso ardente que finalmente contribuiu para acabar com seu casamento e interferiu em seus novos planos profissionais. Quando o caso amoroso acabou, ela ficou sem nada.

Celeste sempre gostara da deliciosa euforia que o álcool lhe dava, e de vez em quando ela se embriagava. Enquanto estava casada, controlava relativamente a bebida, mas agora, solitária, começou a beber mais. Mudou-se para Los Angeles para realizar seu sonho de tornar-se uma atriz, conseguiu um emprego e foi estudar teatro. Mas interiormente, ela ainda estava solitária e vivia em desespero. Então

encontrou um ator atraente, recém-divorciado e de alguma fama. Apaixonaram-se, e a vida de Celeste transformou-se num redemoinho de festas, champanhe e viagens empolgantes à Europa e ao Oriente. Seu namorado a adorava e lhe dava presentes maravilhosos. Ela, por sua vez, o adorava. Os dois beberam, jantaram e dançaram no topo do mundo, e finalmente decidiram viver juntos e ficaram noivos. Celeste abandonou seus planos de se tornar uma atriz. Ela se tinha transformado mais uma vez na figura da fantasia de um homem, a bela princesa que inspirava e alimentava a criatividade de seu amado.

Logo, o aspecto prático da vida desceu sobre ela, e também as conseqüências do abuso da bebida. Suas ressacas ficaram cada vez piores, com mais freqüência, e os incidentes humilhantes em situações sociais tornaram-se mais assíduos. As fantasias de suicídio aumentavam na mesma proporção que as bebedeiras. Uma vez, quase se atirou numa longa escada rolante que levava ao metrô, depois de um monólogo furioso e embriagado, com raiva de seu noivo e com medo de que ele não a amasse mais. A Louca estava emergindo das profundezas para vingar-se.

Na vida cotidiana Celeste começou a se sentir como um Pássaro Engaiolado, revivendo a vida de sua mãe que sempre concordava com seu pai. Não importava quanto Celeste tentasse agradar a seu namorado, ela nunca sentia que tivesse sido suficiente. Ficou tão obcecada em agradá-lo que ele também começou a se sentir aprisionado. Ele se defendeu, tornando-se tão crítico quanto o pai de Celeste tinha sido. O casal ficou preso na guerra psicológica entre a Louca e o Juiz.

No início, Celeste culpava seu namorado pela depressão que sentia e por sua dependência. Mas intimamente, estava furiosa com sua própria fraqueza. Seus impulsos suicidas vinham de seu desejo de matar sua própria dependência e a traição a si mesma. Notou que sua opinião não contava em seu relacionamento, e que seu namorado estava usando sua beleza para suas próprias necessidades de poder e enaltecimento de seu ego. Em seu primeiro casamento alguns destes sentimentos também tinham aparecido, embora ela tivesse tentado afastá-los de sua mente. Agora, dez anos depois, eles ressurgiam com uma força tão poderosa que ela não podia ignorá-los. Percebeu que tinha aprisionado a si mesma, ao basear tanto sua vida em outra pessoa, que ela havia perdido seu próprio centro. Estava enfurecida com seu carcereiro. Sabia que destruindo a si mesma iria feri-lo, mas ela também desejava viver.

A situação de Celeste ficou intolerável. Temia se transformar numa "mulher sem teto". O que aconteceria quando sua beleza se acabasse na velhice? Como ela se sustentaria se ficasse sozinha? Passou a beber ainda mais. E então leu alguns livros sobre adicção. Viu que era adicta não só ao álcool, mas à co-dependência. Na verdade, essas duas adicções estavam interagindo num círculo vicioso em sua vida. Por um longo tempo, lutou com a percepção e a aceitação de suas próprias adicções. Como podia acontecer que o belo cisne branco, num de seus balés favoritos, *O lago dos cisnes*, fosse também o cisne negro destrutivamente encantador? Como a Musa podia ser uma alcoólica? Isso não se encaixava na imagem que ela ou os outros tinham dela. Entretanto, a dor terrível e o horror aumentavam a cada vez que ela bebia.

A depressão, a ansiedade e os impulsos suicidas assustavam Celeste e a levaram a se internar num programa de recuperação. Participou de encontros de grupos de doze passos.* Este foi um período muito difícil; tinha terríveis anseios por álcool e anseios ainda mais terríveis pelo romance e pelo glamour que a bebida tinha lhe proporcionado. Mas persistiu em sua recuperação porque sabia que se não o fizesse, destruiria a si mesma e a seu relacionamento. Ao mesmo tempo, Celeste começou a se reconectar com seu lado espiritual. Depois de aproximadamente um ano em recuperação, tinha mais clareza sobre si mesma e sobre sua vida. Percebeu que além de sua adicção ao álcool, tinha sido "adicta" a ser uma Musa sombria, funcionando como a própria imagem da alma para um homem.

---

* Grupos de doze passos são grupos de apoio mútuo que adotam algumas variações dos passos e da estrutura dos Alcoólicos Anônimos. (N. T.)

Compreendeu que ao viver os sonhos dos outros, tinha perdido o contato com seus próprios sonhos.

Celeste começou a abandonar seu apego ao papel de Musa para os outros e passou a ser sua própria Musa. No início de sua recuperação, assistiu ao filme *Camille Claudel*, e se identificou em muitos níveis com a artista – especialmente com o desejo de Camille de ser a Musa de Rodin, que conflitava com sua própria criatividade, sua dor, sua raiva, e a queda até a bebida e a loucura que finalmente destruiu sua vida. Mudou seu foco da carreira criativa de seu noivo para a sua própria. Decidiu que a maior parte de sua energia de trabalho estava nas profissões de cura; pesquisou diversos programas em psicologia e se inscreveu em uma faculdade. Para sua surpresa e alegria, seu noivo apoiou-a nesta aventura. Celeste descobriu que seu noivo e outras pessoas aceitavam e respeitavam suas solicitações, se fosse clara sobre o que desejava para si mesma, se colocasse limites e pedisse afirmativamente aquilo de que necessitava.

No início, sua transformação não foi fácil. Celeste foi dependente de álcool e foi Musa dos homens por 24 anos. Ir para a faculdade era tão assustador que ela sentia um forte impulso de beber e desfazer todo o seu progresso. Mas então, teve um sonho que confirmou seu novo caminho e mostrou-lhe como poderia transformar a energia autodestrutiva de sua Louca numa expressão criativa. Celeste na verdade rezou por um sonho, pois sentia que tinha perdido o contato com seu lado espiritual. O sonho contrapôs-se a seu terror e medo de fracassar e deu-lhe a coragem de seguir a visão original que tinha tido aos vinte anos, de se tornar uma analista junguiana.

No sonho, ela era entrevistada para entrar na faculdade. Seu noivo também estava lá e era chamado em separado para sua própria entrevista. Então uma mulher mais velha a chamava para a entrevista, numa grande sala. Esta professora lia poesias para Celeste enquanto projetava imagens visuais e símbolos na parede. As imagens visuais eram primitivas – a selva e a Terra, e também a vida humana. A poesia descrevia a dor da consciência e também a importância da experiência mística. Celeste ficava emocionada, pois sentia-se maravilhada com as imagens. Quando Celeste interpretou essas imagens primitivas, terrenas e místicas como reveladoras do nascimento da heroína, a entrevistadora ficou surpresa com a profundidade de sua compreensão, confirmou o registro acadêmico de Celeste e disse: "Você será um recurso para nossa escola", e Celeste foi aprovada para o treinamento.

Para Celeste, o sonho mostrou sua transformação de uma mulher *anima* e Musa para uma mulher auto-realizadora que usava seus dons intuitivos para a cura criativa por meio de sua compreensão da vida interior. O temperamento místico nato de Celeste, que tinha sido tão criticado por seu pai, e até mesmo considerado um sinal de fraqueza, foi reafirmado pela mulher do sonho. Durante anos, o lado visionário de Celeste, seu anseio pela espiritualidade, tinha sido seu recurso mais valioso, embora suas visões tivessem sido freqüentemente menosprezadas pelos outros e suplantadas por sua própria adoração romântica dos homens. A bebida levou suas fantasias e visões ao ponto da loucura. Agora Celeste era capaz de perceber que tinha usado mal a energia da Louca, bebendo e concentrando-se em atrair a adoração dos homens, e assim negligenciando sua própria inspiração criativa. Neste sonho, que representava o doloroso nascimento e o amadurecimento da consciência, ela era a heroína criativa, não os homens a quem ela normalmente dava este papel. A mentora mais velha era um lado transformado e mais sábio de Celeste, e a iniciava no reconhecimento e na apreciação de sua própria criatividade. Celeste ficou imaginando se esta mulher iniciadora de cabelos escuros seria uma forma positiva de sua própria Louca interior.

Celeste sempre teve medo da Louca em si mesma, e também temia esta energia nos outros. Algumas vezes, cuidava dos outros e era mais agradável do que o necessário porque temia as conseqüências de rejeitá-los ou de colocar limites a eles. Agora percebia que atravessar o medo fazia parte da transformação da Louca. Precisou integrar a energia da Louca para sentir o poder e a autoridade de seu lado feminino sombrio, que possuía a energia que ela poderia usar em seu futuro trabalho nas profissões de cura, e em suas realizações artísticas. Celeste agora tinha a coragem de invocar a Musa para sua própria vida criativa.

Transformando a musa

Como uma mulher presa no papel da Musa pode transformar-se em dona de si mesma, especialmente quando os ganhos secundários da Musa são tão atraentes – o romance, a adoração e o glamour? Como ela pode crescer além de uma cultura que glorifica a beleza e a juventude?

Uma vez que uma mulher tenha experimentado a emoção de criar com base em seu próprio centro, não obstante todo o trabalho envolvido nisto, ela não vai querer ser *apenas* uma Musa para ninguém. Ela começa a se dar conta da característica artificial inerente na adoração da mera beleza ou do charme. Viver segundo a idealização dos outros suga a vida e a inspiração de uma mulher. As idealizações drenam o sangue de suas belas vítimas, como vampiros. Alma Mahler sentiu isto muitas vezes em sua vida. Ela se ressentia por ter-se transformado num objeto para seus vários maridos e para seus outros pretendentes enamorados. Mais de uma vez, sentiu a necessidade de fazer uma escolha e se comprometer com sua própria vida. Mas seu poder sobre tantos homens criativos a arrastava para longe de sua luta para ser ela mesma, talvez porque esse fosse o único poder que ela conhecesse como mulher numa cultura patriarcal. Presa nesta ambivalência, pôs-se em guarda contra seus próprios desejos e se perdeu de si mesma.

A Musa que iniciou o processo de mudança sabe como é ser ela mesma em vez de ser o objeto de fantasia de outra pessoa. Inicialmente, a experiência pode ser emocionante e eufórica. A atenção traz um sentimento "alto". Mas, como em qualquer adicção, algum dia existe uma queda. Conforme envelhece, a Musa sente que sua beleza diminui. Ela não pode mais viver na gratuidade do encanto e da juventude, e percebe que os olhares masculinos dirigem-se a outro lugar e só passam por ela. Para evitar a dor de envelhecer, algumas mulheres transformam-se em bonecas de papel machê, pintando-se com pó facial, com todo tipo de maquilagem e lápis de sobrancelha, e tentando colocar cor em suas vidas com outra camada de *blush* e de sombra nos olhos. Sofrem cirurgias plásticas que freqüentemente apagam as linhas que mostram a sabedoria feminina que elas poderiam compartilhar. Outras se escondem e se retraem da vida. Aqui, a Louca aparece com freqüência, enfurecida com sua vida desperdiçada. No filme *Sunset boulevard*, Norma Desmond, uma atriz que está envelhecendo, mata um repórter que veio até sua casa para ver o que tinha acontecido com ela. Ela não consegue suportar ser vista como uma "velha que já foi".

A Musa tem de suportar o sofrimento da vida, como todas as mulheres. Deve descer até a escuridão, até os medos que ela não confrontou, para poder integrar a dor e o prazer que a vida traz. A Musa menina de ouro, como Alma Mahler, pode pensar que está acima do trabalho da vida cotidiana. Ao passar pelo sofrimento inevitável, provavelmente cairá no ressentimento que provoca uma vida amargurada, prendendo-a, afinal ao aspecto destrutivo da Louca. Por outro lado, a Musa sombria, como Camille Claudel, tem maior probabilidade de romantizar a escuridão e de atuar o papel da heroína trágica. Ao permanecer como a Musa trágica, ela também se torna vítima da Louca.

O aspecto destrutivo da Louca toma conta, quando a dor e o sofrimento não são reconhecidos nem encarados conscientemente. Celeste encarou sua escuridão e reconheceu a dor e a angústia de sua adicção e de sua vida não vivida. Precisava trabalhar para sair de seu beco sem saída; ousou comprometer-se voluntariamente com o trabalho duro, assumiu responsabilidade por si mesma e começou a fazer diferença no mundo.

É possível ser uma Musa, de um modo saudável, se a mulher não se deixar levar pelo desejo de adoração. Por exemplo, a escritora Lou Andreas-Salomé foi uma Musa para o filósofo Nietzsche e para o poeta Rilke, e também para muitos outros. Mas ela insistia em ser

também uma mulher criativa por direito próprio. Usou a energia da Louca quando disse a Rilke, que a idolatrava, para seguir seu próprio caminho. Sabia que ambos precisavam seguir seus próprios chamados criativos. Abandonando conscientemente os papéis de Musa e de amante, continuou sua amiga, criando suas próprias obras e escrevendo muitos livros. Anais Nin é outro exemplo de uma Musa que criava a seu próprio modo. Permaneceu fiel a sua própria visão, e criava a partir de seu próprio centro de sensação e intuição. Escreveu vários romances e trouxe popularidade à forma de diário.

Outras mulheres são capazes de usar seu aspecto de Musa para acolher a criatividade dos outros sem abandonar a si mesmas. Por exemplo, Gertrude Stein realizava reuniões na Europa que ajudaram a inspirar novos escritores como Ernest Hemingway. Mas ela seguia seu caminho e nunca parou de escrever, desenvolvendo até mesmo um novo gênero literário.

A Musa pode transformar a si mesma, ao integrar a escuridão da Louca, voltando-se para sua própria beleza interior. Sua força está num relacionamento criativo com a alma, que não deve ser usado distorcidamente. Se ela abandonar os ideais românticos que a mantêm presa, ela pode recusar-se a abandonar sua humanidade, e pode sacrificar a validação falsa que recebeu ao ser idolatrada. Ela pode respeitar a natureza ao entregar-se ao processo de envelhecimento do corpo. Com a disciplina do trabalho ativo, aprende a transformar o profundo caos interno, trazido pela Louca, em criações próprias, e, com isso, torna-se uma Musa para si mesma.

Podemos não ser externamente tão belas e encantadoras como Alma Mahler, nem tão talentosas quanto Camille Claudel, mas internamente todas nós temos nosso próprio e único mistério. O poder de fascinar e inspirar os outros pode ser usado criativamente. Ele só é destrutivo quando contrai nossas almas. No fim das contas, devemos usar nossa energia de Musa para criar e fazer do mundo um lugar mais belo. Podemos ser Musas para a Terra.

5
A Amante Rejeitada

Ela riu e disse que estava pegando em armas contra o próprio Deus. Lúcifer tinha tentado e fracassado, mas ele era um homem. Ela achava que se sairia melhor, por ser uma mulher.

FAY WELDON,
The Life and Loves of a She-Devil

Uma mulher que eu conheço reclamou que estava tendo sonhos recorrentes em que era abandonada por seus amores antigos. Embora ela pensasse que já tinha elaborado os sentimentos de rejeição que tinha experimentado em cada relacionamento, ainda persistiam uma sensação geral de rejeição e o desespero diante da possibilidade de ser abandonada. Acima de tudo, desejava ter um relacionamento consciente, no qual cada parceiro incentivasse o outro a se desenvolver e a amadurecer. Seu sonho recorrente a fazia lembrar da dor da rejeição romântica e enfatizava como um relacionamento real podia ser importante.

A rejeição romântica é uma experiência humana universal. Seus aspectos trágicos recebem mais atenção na cultura americana, com relatos sensacionais de vingança de amantes que são contados pela imprensa e recriados em filmes, e nas trágicas canções de amor na música *country*, no rock e no *blues*.

Uma Amante Rejeitada é presa fácil do comportamento negativo e de padrões psicológicos de vitimização, que lhe possibilitam considerar-se uma heroína trágica. Mas por baixo dessa imagem sombria, romântica, e com freqüência deprimida, a rejeição tende a liberar a fúria de suas vítimas, raiva por ter sido traída, pois a traição é um dos

maiores medos das mulheres. Quando ela acontece, a Louca pode explodir na pele da Amante Rejeitada, apesar de suas tentativas para ocultar sua dor e fingir que sabe lidar com isto, perturbando sua vida, seu trabalho e sua alma. Com o coração partido, consumidas por tanta fúria e lágrimas que a alma e o corpo quase não suportam, algumas Amantes Rejeitadas enlouquecidas sentem impulsos homicidas em relação ao traidor, como no filme *Atração fatal*, ou então têm desejos suicidas, como em numerosas histórias, pois reduziram suas vidas apenas à função amante-em-relacionamento. Outras Amantes Rejeitadas agarram-se ao relacionamento que já acabou, e vivem numa ilusão. Possuídas por sua própria fantasia, simplesmente não podem acreditar quando seu amante diz: "Não, acabou". Consumidas nas chamas do ressentimento e do martírio, muitas mulheres rejeitadas queimam-se criativa e profissionalmente. Outras ainda compensam sua rejeição segundo padrões de trabalho obsessivos, ou comendo compulsivamente, ou com autonegação, como na anorexia, ou bebendo demais, drogando-se, mergulhando nas compras ou em outros comportamentos adictivos. Temendo a rejeição, algumas mulheres agem de modo louco assim que iniciam um novo relacionamento. Entram em pânico diante de intimidade, e atuam a Amante Rejeitada, ao rejeitarem o parceiro antes de serem rejeitadas.

Mulheres que sofreram como Pássaros Engaiolados em casamentos opressivos podem ser rejeitadas mais tarde por seus maridos. Esta traição geralmente acontece na menopausa, quando uma mulher está estressada emocionalmente e por questões hormonais, e pode realmente sentir-se louca e confusa a respeito de sua identidade feminina, que precisa ser repensada e mudada neste novo estágio da vida. Uma Musa pode transformar-se numa Amante Rejeitada numa idade ainda mais precoce no ciclo da vida, como aconteceu com Camille Claudel.

A negação de que o relacionamento tenha terminado e o comportamento vingativo são aspectos dominantes da síndrome da Amante Rejeitada. Na verdade, a paixão que a mulher sente por seu amado quase sempre é fomentada pela rejeição. Se ela acreditar que sua própria vida depende do amor do outro, ela não conseguirá aceitar no fim do relacionamento. Ela se agarra a sua ilusão, supondo que pode mudar as palavras de seu amado. Presa neste estado, ela se sente vitimizada. Pode ficar doente e usar a pena para tentar se apegar ao amante; ou, então, mergulhar numa loucura sonhadora, como Elvira, a protagonista da ópera *I Puritani*, ou pode ameaçar ou realmente cometer suicídio como Anna Karenina. Outras se consomem numa perseguição louca a suas fantasias, como no filme *A história de Adele H.*

Num momento de loucura, Adele H., filha do romancista Victor Hugo, diz a seu amante que a rejeita: "Eu não sou eu sem você". Ela seguiu o noivo que a abandonou, indo da França até as regiões selvagens da Nova Escócia, onde ele é um oficial do exército. Ela escreve cartas, segue-o pelas ruas, fica tão obcecada com ele que não pensa em mais nada, sua vida se reduz a assombrá-lo. Está convencida de que na verdade ele a ama, e acredita que pode tê-lo de volta. Não consegue ouvi-lo, quando ele lhe diz claramente que o relacionamento acabou. Escreve para o pai e lhe diz que eles vão se casar. A notícia do noivado é publicada nos jornais franceses, e o jovem oficial a lê. Perturbado, confronta Adele novamente, mas ela está perdida em seu apego às lembranças do passado. Pateticamente, continua a segui-lo em todos os lugares, incapaz de acreditar que ele não a ama mais. Sem a realidade do relacionamento, as fantasias a invadem. No final, não é mais o amante real que ela busca, mas uma figura fictícia que só existe em sua imaginação. Finalmente, um dia ela encontra com o homem real na rua, mas nem mesmo o reconhece.

Todos nós tendemos a ter idéias e expectativas de um amante ideal que projetamos sobre a pessoa real por quem nos apaixonamos. Às vezes, esses desejos desenvolvem-se segundo nossas primeiras experiências com nossos pais. A probabilidade do aparecimento de fantasias numa mulher é maior se o seu pai estava ausente por doença ou morte, ou era distante ou idealizado demais, e se ela teve um contato muito pequeno com homens reais. Ela pode imaginar um Amante Fantasma, um homem ideal que só existe em sua imagina-

ção.[1] A tarefa de uma psique saudável num relacionamento saudável é atravessar essas fantasias e projeções, até a verdadeira intimidade e os relacionamentos reais, algo que a Louca pode nos ajudar a fazer, se sua energia for usada do modo correto.

O temor dos homens diante das imprevisíveis explosões da Louca rejeitada no amor, e sua impotência em face da raiva dela, têm sido dramatizados em muitos filmes modernos. A protagonista de *Mulheres à beira de um ataque de nervos* queima sua cama, em fúria, quando seu amante a trai. Em *Atração fatal*, uma amante louca envergonha, assusta e ameaça a família do homem que a deixa depois de um caso breve. Ele acaba matando-a ao lidar com a fúria e a loucura cada vez maiores dela. Em *Acima de qualquer suspeita*, uma esposa traída mata, de modo inteligente, a amante de seu marido, um promotor famoso. Essas Mulheres Loucas cinematográficas nos assustam porque elas retratam a enorme força que existe na psique de homens e de mulheres "apaixonados", o desejo por controle e vingança.

A vingança dos demônios femininos

Mesmo a mulher mais contida, educada e amadurecida pode ficar louca quando é traída. Lesley, uma inglesa muito controlada, uma filha e esposa ciente de suas obrigações, seguiu seu marido até um *pub* depois de ficar sabendo que ele estava tendo um caso. Ela foi até a mesa onde ele estava acompanhado por outra mulher. Ele lhe disse para ir embora e não atrapalhar a diversão dele, e aí ela perdeu o controle. Sua Louca interior emergiu, e ela gritou e atirou um Bloody Mary no rosto dele, com copo e tudo. O copo quebrou-se e cortou o rosto dele. Dois seguranças imensos a seguraram e depois a arrastaram à força para fora, deixando-a chorando furiosa sob a lua cheia. Hoje, ela consegue rir desse incidente; sabe que sua reação louca a ajudou a romper a negação da crueldade de seu marido e da deterioração do casamento, para que um dia ela pudesse se libertar dele.

Existem inúmeros modos em que as Amantes Rejeitadas têm buscado vingança. Elas gastaram loucamente todo o limite do cartão de crédito do marido infiel, leram seus diários e sua correspondência, e cortaram os pneus do carro dele (é freqüente que o carro corporifique a liberdade, o poder masculino e o controle de um homem). Elas entraram nuas no quarto dos novos apaixonados, jogaram no rosto dele as fotografias tão queridas do casamento cortadas em pedaços grotescos, e seguiram o novo casal. Elas telefonaram para a nova mulher, gritando insultos e ameaças, envergonharam o homem no trabalho, e fizeram que os filhos ficassem contra ele.

Em *Ela é o diabo*, um filme baseado no romance *The Life and Loves of a She-Devil*, de Fay Weldon, as fantasias de vingança são levadas ao extremo. Ruth – uma mulher desajeitada e pouco atraente, cuja mãe a rejeitou por causa de sua feiúra – tem um colapso nervoso quando fica sabendo que seu marido vai sair de casa para continuar a ter um caso com Mary Fisher, uma escritora de *best-sellers* românticos, bela e sentimental. Com uma fúria fria, Ruth trama a vingança contra seu marido e a mulher que tomou seu lugar. Habilidosamente, incendeia e faz explodir sua casa suburbana, colocando-se na posição de uma pobre vítima. Ruth agora é uma sem-teto, e leva seus filhos para a Torre Alta, uma casa saída de um conto de fadas, situada numa colina à beira-mar, onde seu marido vive com Mary Fisher. Ruth deixa os filhos lá, sabendo que as crianças exigentes e desobedientes interromperão o idílio amoroso na Torre Alta. Ruth também planeja um modo de fazer que a mãe idosa e louca de Mary Fisher saia do asilo onde mora, e volte a viver com a filha.

Em seu casamento Ruth tinha tentado ser uma "boa esposa", fingindo estar feliz quando se sentia miserável, nunca reclamando, mostrando sua gratidão pela casa e pela comida ao limpar e cuidar das necessidades de todos. Foi fiel mesmo quando seu marido elogiava mulheres mais jovens em público; encheu a vaidade sexual dele, e fingiu ser inferior. Agora ela está ferida, despreza sua dependência antiga e decide ficar rica e poderosa. Ruth entra às escondidas nos arquivos do marido, altera seus livros de contabilidade e faz parecer que ele está desviando dinheiro. Enquanto isso, coloca o dinheiro numa conta secreta na Suíça, em nome dela mesma. Abre uma agên-

cia de emprego para mulheres, ajuda muitas a encontrarem a energia para sair de sua condição de Pássaro Engaiolado e entrar no mundo excitante dos negócios e do poder. Então Ruth consegue que algumas dessas mulheres gratas a ajudem em seus planos de vingança. Consegue que seu marido seja preso, condenado e vá para a prisão.

Enquanto isso, na Torre Alta, Mary Fisher está perdendo sua aparência e seu dinheiro. O estresse causado pelas crianças desobedientes, por sua mãe idosa, e pelo dinheiro necessário para tirar seu amante da prisão – todas preocupações práticas e novas – interfere com as fórmulas românticas de seus *best-sellers*. Seus novos livros fracassam; seus *royalties* são confiscados; seu cabelo cai; sua pele fica opaca e envelhecida. Ela recebe um diagnóstico de câncer, causado pelo estresse em sua vida, e morre. Neste mesmo período, Ruth melhora sua aparência. Perde peso e vai a um cirurgião plástico e a uma equipe médica para refazer totalmente seu corpo. A dor e os extremos da automutilação por que ela passa são exemplos dos extremos que muitas mulheres fazem para mudar seus corpos e suas aparências, o que é um sintoma da aversão coletiva ao corpo por parte das mulheres. Seu rosto é refeito, suas pernas, seu nariz e seu queixo são remodelados; consegue um novo conjunto de dentes. Ela dá aos cirurgiões uma foto da mulher com quem deseja se parecer, e acaba como uma réplica exata de Mary Fisher, a imagem de todas as mulheres belas.

Agora rica e bela, ela tem dinheiro para tirar o marido da prisão e até mesmo para comprar a Torre Alta. Remodela o lugar natural e selvagem a seu gosto, arruinando a natureza com grama artificial e estátuas plásticas – um sinal de seu controle. No fim, acolhe seu marido de volta, agora um homem confuso e acabado. Ele já foi seu mestre, mas agora é seu empregado; ele sofre enquanto ela dorme com outros homens. Trata-o mal, impondo-lhe todo o sofrimento que ele tinha lhe causado. Orgulha-se de ser uma multimilionária louca, totalmente demoníaca; erradicou a mulher dentro de si. Seu novo credo é:

> Eu não coloco minha confiança no destino, nem minha fé em Deus. Eu serei o que desejar, não o que Ele ordenar. Eu modelarei uma nova imagem para mim mesma a partir da terra que criei. Eu desafiarei meu Criador e me refarei. Eu me libertarei das cadeias que me prendem ao chão, dos hábitos, dos costumes, e da aspiração sexual; lar, família, amigos – todos os objetos da afeição natural... Uma mulher-demônio é supremamente feliz; ela está vacinada contra a dor da lembrança. No momento de sua transfiguração, de mulher a não-mulher, ela mesma desempenha o ato. Ela enfia a longa e afiada agulha da lembrança através da carne viva até o coração, queimando-o. Por algum tempo, a dor é selvagem e ardente, mas agora não dói mais. Eu canto um hino à morte do amor e ao final da dor.[2]

O livro de Weldon, *The Life and Loves of a She-Devil*, pode ser uma fantasia daquilo que muitas Amantes Rejeitadas gostariam de fazer a seus maridos. Na realidade, elas se envolvem em atos de vingança menos efetivos e menos demorados, ou então simplesmente ficam paralisadas e transformam-se em pedras-vivas, consumidas por suas fantasias de vingança. Identificar-se com a loucura de ser uma Amante Rejeitada é certamente autodestrutivo. Mais adiante neste capítulo, examinaremos os modos como as mulheres têm elaborado esta energia, para não ficarem presas nela nem continuarem sendo vítimas.

Medéia

Em contraste com a mulher-demônio fria e calculista, que tem o mesmo tipo de mentalidade que a Rainha Gelada, a história de Medéia revela a Louca em uma de suas formas mais primitivas e cruas: a Mulher Dragão vingativa. Medéia, uma feiticeira bárbara, é a única filha sobrevivente do rei Aeetes de Colchis. Ela se apaixona por Jasão, que chegou à ilha de seu pai com os Argonautas para recuperar o Tosão de Ouro e afirmar seu direito de herança ao trono da Tessália. Jasão tem de cumprir algumas tarefas aparentemente impossíveis, pedidas pelo pai de Medéia, antes de recuperar o Tosão: entre

elas, Jasão tem que dominar e arrear touros que respiram fogo, e semear um acre de terra com os dentes de um dragão que guarda o Tosão de Ouro e que nunca dorme. Medéia, com sua magia, ajuda Jasão a desempenhar as tarefas, e até mesmo estrangula o dragão. Ela trai seu pai por Jasão, que lhe faz juras de amor eterno e de lealdade. Ela também sacrifica seu irmão para que ela e Jasão possam fugir com o precioso Tosão. Quando o casal chega a Tessália, Medéia engana as filhas do rei, mata-o e o corta em pedaços. Quando o assassinato do rei é descoberto, Medéia e Jasão precisam fugir da Tessália para a Grécia. Lá, no exílio em Corinto, Medéia tem dois filhos.

E Jasão trai Medéia, que tinha sacrificado tudo por ele, pedindo em casamento a filha de Creon, rei de Corinto. Jasão tenta justificar sua traição dizendo a Medéia que ele quer proteger seus filhos, que como bastardos não teriam nenhum direito civil. (Na Grécia daquela época, as mulheres e os estrangeiros também não tinham direitos civis.)

Desesperada com a traição de Jasão, Medéia não consegue comer; ela só consegue chorar. Entretanto sua melancolia e sua fúria crescem, até que ela passa a só pensar em vingança. Ela destruirá seu lar por causa desta injustiça. Sua vida perdeu o significado; ela prefere a morte. Ela diz a si mesma: "A mulher é, de todos os aspectos, uma criatura tímida, sem coração para a guerra e que fica horrorizada à visão do aço; mas se for enganada no amor, não há coração mais assassino que o dela".[3]

Ouvindo suas pragas e temendo a feitiçaria de Medéia, o rei Creon decreta que ela e seus filhos devem ser expulsos do país. Mas Medéia implora ao rei para que este a deixe ficar mais um dia para preparar-se para a partida, e ele consente. Isto dá tempo a Medéia para que ela execute sua vingança. Medéia planeja enviar seus próprios filhos como presentes para a nova noiva – um vestido e uma tiara de ouro, embebidos em veneno. A princesa morrerá ao vestir esses presentes, e o mesmo acontecerá com qualquer pessoa que tocá-la. Depois disso, Medéia planeja ferir ainda mais Jasão, matando seus filhos. Para executar este plano, Medéia faz que Jasão pense que suas explosões de raiva foram apenas temporárias, ela se desculpa e lhe pede que interceda perante Creon para que seus filhos possam ficar e ter um lar. Ela promete enviá-los com presentes especiais para a noiva. Jasão pensa que Medéia recuperou o bom-senso e concorda.

Medéia sofre terrivelmente com seus planos. Sabe que sua vingança é vergonhosa e que ela será condenada a vaguear sem lar, sem nunca encontrar a paz. Privada de seus filhos, sua vida não terá mais sentido. Em sua imaginação, ela vê seus sorrisos doces e por um momento desiste de se vingar; ela vai levá-los para o exílio; ela não pode feri-los. Mas o ferrão do insulto retorna, quando ela vê quanto seus filhos se parecem com Jasão. Medéia entende o horror do crime que está planejando, mas sua paixão supera sua razão. Possuída pela loucura, ela invoca as Fúrias Negras para destruir o amor e a piedade em seu coração, e leva seu plano adiante. Medéia se sente triunfante, quando fica sabendo que a princesa morreu violentamente, desfigurada pelo veneno, e que o rei também morreu em agonia, por ter tocado o corpo da filha. Dedicando-se às deusas sombrias do ódio, ela mata seus filhos e amaldiçoa Jasão, dizendo: "Sim, seu pai matou vocês!".

Jasão pede aos deuses que castiguem Medéia. Medéia chega numa carruagem puxada por dragões alados com os corpos de seus filhos mortos, e diz gritando para Jasão que a luxúria *dele* e seu novo casamento, a traição que *ele* cometeu, são responsáveis por esses assassinatos. Ela justifica suas ações, dizendo que matou as crianças para puni-lo.

Como Medéia, algumas mulheres rejeitadas no amor, ferem seus próprios filhos por vingança, deslocando a raiva que sentem de seus maridos para seus filhos. "Matar os próprios filhos" pode assumir muitas formas. Pode ser atuada por meio de abuso físico direto, ou matando a alma, matando as sensibilidades, os dons e os talentos da criança. Isto tem maior probabilidade de acontecer se os filhos de uma mãe rejeitada forem diferentes da mãe, especialmente se eles forem parecidos ou se agirem como o pai. Uma criança que não viva de acordo com as expectativas da mãe provavelmente sofrerá com sua vingança. Uma mãe também pode matar a criança em seus filhos e fi-

lhas ao lhes dar responsabilidades claramente acima de sua idade. Algumas mães rejeitadas que tentaram vingar-se diretamente em seus maridos, podem ser sentir culpadas e sacrificar seus filhos ao desistir dos direitos de custódia em favor de seus ex-maridos. Outras mulheres matam a criança dentro de si mesmas, martirizando-se, e se tornando tristes e rígidas. Elas podem matar seus impulsos criativos interiores, deixando de criar ou destruindo um trabalho que já tenham feito, como Camille Claudel fez depois de se sentir rejeitada por Rodin. Em nosso tempo, podemos olhar para a vida de Maria Callas, a grande artista dramática e soprano grega passional, que também sacrificou sua criatividade depois de ser rejeitada no amor.

A tragédia de Maria Callas

Maria Callas foi famosa por interpretar papéis de mulheres traídas, em diversas óperas. Ela expressava a emoção primitiva e crua da Louca em toda a sua escuridão. Callas, que às vezes era chamada de "a Tigresa" por seu público, abriu o reino do lado sombrio da natureza feminina por meio de suas ousadas interpretações dessas famosas mulheres da ópera. Ela cantou a frágil Elvira, de Bellini, a noiva abandonada em *I Puritani*, que mergulha enlouquecida nos sonhos do passado depois de pensar erroneamente que seu noivo a traiu; e a *Lucia*, de Donizetti, que enlouquece quando é forçada a casar-se com um homem a quem não ama. Ela retratou a ambiciosa *Lady Macbeth*, obcecada pela culpa depois de fazer que seu marido matasse o rei; e *Anna Bolena*, a rainha que acusa furiosamente os juízes da corte depois de ter sido traída. Por muitas vezes, ela cantou *Tosca*, que comete suicídio depois que seu amado é morto por um demônio que a seduz e a trai. Ela se identificava conscientemente com Norma, a princesa druida, que se mata depois de ser levada pela paixão sexual a quebrar seu voto sagrado. Callas cantou para o mundo seu sofrimento sombrio. Ela tornou famosa a ópera *Medéia*: em que expressava a fúria assassina e a vingança sentidas pela Amante Rejeitada. Em 1961, depois de ter sido traída pelo homem que amava, ela disse antes de sua apresentação final de *Medéia*: "O modo em que eu via Medéia era o modo como eu o sentia: ardente, aparentemente calma, mas muito intensa. O tempo feliz com Jasão acabou; agora ela é devorada pelo sofrimento e pela fúria".[4]

Quando era menina não parecia provável que Maria Callas fosse transformar-se numa das prima-donas mais autoritárias, belas e melancólicas de todos os tempos. Ela era a segunda filha de um casal de imigrantes gregos que tinha esperado que um filho salvasse seu casamento e tomasse o lugar de seu filho que morrera aos três anos de idade. Diz-se que a mãe de Maria olhou para o outro lado quando colocaram sua filhinha em seu colo pela primeira vez e, olhando pela fria janela do hospital, pediu às enfermeiras que levassem a criança embora. Havia uma tempestade de neve lá fora, e a mãe de Maria passou sua vida como uma Rainha Gelada, amargurada pela morte de seu filho e por seu casamento infeliz. A mãe de Maria tinha abandonado seu desejo de ser uma atriz em favor de um casamento tradicional com um farmacêutico bem-sucedido, mas ela ansiava pela vida glamourosa que seu pai, um oficial do exército e cantor, levava. Depois de se mudar contra a vontade para a América, a mãe de Maria se conformou com o martírio, enquanto projetava secretamente sobre suas filhas, suas esperanças de fama.

Maria mostrou cedo seu talento vocal e começou a estudar música aos sete anos. Seu pai se opôs a este gasto frívolo, mas sua mãe insistiu. A música se transformou na vida de Maria. Ela ganhou muitos prêmios em concursos musicais, impulsionada por uma prática disciplinada e por sua mãe. Em 1937, a mãe de Maria voltou para a Grécia para que Maria pudesse ter um treinamento adequado para sua carreira de cantora. Embora sua mãe elogiasse suas realizações, Maria se sentia privada do amor da mãe, que era dirigido à irmã mais velha, Jackie, bela, graciosa e encantadora. Em contraste, Maria sentia que era o patinho feio, desajeitada, tímida e pesada. Maria comia demais para compensar a falta de amor. Na escola ela se sentia deslocada, sem amigas íntimas e sem namorados. Ela suprimiu seus desejos e anseios de adolescente, e trabalhou. Anos mais

tarde, ao reclamar sobre a perda de sua infância, ela disse: "Eu trabalho, portanto existo".[5] Ela estava determinada a conseguir o amor das pessoas ao se tornar uma cantora famosa. Por toda a sua vida, Maria se ressentiu com a rejeição de sua mãe, sentindo que sua irmã mais velha recebia amor incondicional enquanto ela tinha de trabalhar para obtê-lo. Maria colocou de lado a energia da raiva que sentia pela mãe. Este trauma de rejeição que a consumia, transformou-se numa fonte alquímica ardente para sua habilidade instintiva e imediata de expressar as paixões enfurecidas das amantes tristes e traídas, cujos sofrimentos ela cantava no palco.

Segundo sua biógrafa, Arianna Stassinopoulos, Maria Callas sempre precisava de alguém que a apoiasse e acreditasse em seu talento e em sua grandeza, primeiro sua mãe e depois sua primeira professora de música, Maria Trivella, que incentivou seu talento e cuidou dela. Depois, Elvira de Hidalgo, a grande professora espanhola de música, treinou Maria, deu-lhe amor maternal, mostrou-lhe as artes femininas de se vestir e movimentar-se, e a apresentou às grandes heroínas da ópera. Maria floresceu com a devoção de Elvira de Hidalgo e com sua crença em seu destino como uma grande cantora. Ela era devotada a sua mentora, uma "boa mãe" mágica, e via sua mãe natural como a "mãe má", que nunca tinha entendido suas necessidades emocionais.

Aos dezessete anos, Maria cantou profissionalmente na ópera de Atenas, eletrizando as audiências com sua paixão. Fora do palco ela ficou conhecida por causa de suas explosões irracionais. Em 1945, quando seu contrato não foi renovado pela ópera de Atenas, Maria decidiu ir para a América. Lá ela esperava reunir-se a seu pai, que estava separado de sua mãe, e se tornar livre e famosa.

Em Nova York, seu pai foi atencioso, mas não compartilhava seu amor pela ópera. O mundo da ópera de Nova York rejeitou-a sem se impressionar com seu sucesso em Atenas. Magoada, ela se retirou da cena da ópera. Por algum tempo, distraiu-se freqüentando os restaurantes de Nova York, decorando seu apartamento e cozinhando para o pai. Ela chegou a pesar 80 quilos. Então o Metropolitan Opera ofereceu-lhe os papéis principais de Leonora e de Madame Butterfly. Ela recusou essas ofertas dizendo que suas "vozes" intuitivas a tinham aconselhado a não aceitar. Embora realmente tivesse uma natureza intuitiva, Maria também se sentia inadequada para o papel da frágil Madame Butterfly porque estava acima de seu peso. Ela sentia que sua decisão de não cantar havia sido correta, mas começou a duvidar de si mesma quando as outras companhias de ópera passaram a rejeitá-la, temendo que seu sucesso anterior tivesse dependido da presença da mãe. Assim, Maria pediu a sua mãe que viesse para Nova York. Sua mãe veio, fazendo-se de mártir. Maria ficou presa entre sua aversão pela mãe amarga e rejeitadora e sua dependência da crença ambiciosa em seu sucesso demonstrada pela própria mãe. Maria responsabilizava sua mãe por seus desapontamentos na vida e no amor, e por ter-lhe transmitido uma visão pessimista dos homens. Desse modo, usou sua mãe como uma inimiga que energizava seu espírito de luta em sua carreira.

Quando lhe pediram que cantasse na ópera de Verona, ela conheceu a primeira figura romântica de sua vida, Giovanni Battista Meneghini, um empresário que amava ópera e mulheres, e que fora designado pelo festival de Verona para ser seu acompanhante oficial. Meneghini tinha cinqüenta e poucos anos, era estável e influente, e se devotou à jovem estrela em ascensão na ópera. Ele a cortejou, admirou seu talento e apreciava a mulher dentro dela. Ele também cuidou dela, incentivou-a e a apoiou, fez-lhe críticas construtivas e gentis, protegeu-a e ouviu seus medos e suas preocupações. Maria também conheceu o regente Tullio Serafim, que viu seu talento e o alimentou com sua fé. Maria se sentiu feliz com o amor e a atenção desses dois homens. Ela surpreendeu os amantes italianos da ópera com sua voz dramática e suas interpretações únicas de suas amadas heroínas trágicas. Em janeiro de 1949, fez o impossível numa só semana: cantou o papel de alta *coloratura* da Elvira, de Bellini, e o profundo e majestoso Brünnehilde, de Wagner – um feito operístico, pois esses dois papéis são vocal e dramaticamente muito diferentes. Este foi um ponto decisivo em sua carreira, e Maria foi aclamada e

convidada a fazer gravações e turnês internacionais. Ela se casou com Meneghini – e depois de alguns dias, viajou sozinha para a América do Sul. Maria colocava seu canto e seu público antes de tudo – até mesmo de seu casamento e de sua vida pessoal.

Maria convidou sua mãe para acompanhá-la na temporada no México em 1950, permitindo que ela desfrutasse de sua fama. No entanto, emocionalmente Maria continuava distante. Ela só demonstrou vulnerabilidade na frente da mãe uma vez, confessando-lhe em lágrimas que desejava ter filhos e queria que a mãe a ajudasse a criá-los. Mas no dia seguinte, quando a mãe tentou mostrar afeição, Maria explodiu, gritando que não era mais uma criança. Revelar sua vulnerabilidade para a mãe tinha sido ameaçador demais para Maria. Ela deu um presente de despedida simbólico à mãe – um casaco de peles para protegê-la contra o frio. Maria nunca mais viu a mãe. Ela se retraiu ainda mais quando a mãe lhe escreveu cartas cheias de acusações, reclamando de seu afastamento e de ter sido substituída por Meneghini. Rejeitando a mãe que a havia rejeitado, passou a ter medo de ser usada e devorada por ela. Disse não, quando a mãe pediu-lhe ajuda financeira para si mesma e para a irmã mais velha.

Ela se sentia mais feliz e à vontade quando estava no palco cantando. Entrava em pânico antes de um recital; depois dele era freqüente que tivesse dores de cabeça. As reuniões sociais depois da ópera eram sempre uma provação, pois não tinha confiança com relação a suas roupas e habilidades sociais. Era uma mulher impulsiva, que se irritava facilmente e cujos estados de espírito eram mutáveis. Ficava doente com freqüência, e tinha que cancelar apresentações. Parecia incapaz de aproveitar a vida, de descansar, e simplesmente ser ela própria. Apesar de seu sucesso, preocupava-se com erros do passado e temia o futuro. Ela era sua pior crítica, e exigia perfeição. Se uma apresentação não fosse totalmente perfeita, ela era impiedosa consigo e com os outros. Maria brigava cada vez mais com os diretores de ópera que tinham dificuldade em controlá-la e em lidar com seu temperamento. Seu marido sempre a apoiava nesses conflitos, e freqüentemente alimentava a raiva que ela sentia. Como sua mãe, ele estava identificado com a fama de Maria, e queria dirigir sua vida e seus sentimentos.

Em 1952, Maria, que ainda não tinha trinta anos, estava no auge de sua carreira, apesar de suas dificuldades pessoais. Aclamada ao cantar *Norma* em Londres, ficou magoada com os repórteres que fizeram comentários irônicos a respeito de seu tamanho. Certa vez, quando cantou *Ayda*, um crítico escreveu que suas pernas eram do mesmo tamanho dos elefantes usados na apresentação. Este comentário cruel perseguiu Maria pelo resto de sua vida. Determinada a perder peso, sofreu os rigores de uma severa dieta, além de sua agenda de trabalho exigente. Ela desejava a dieta tanto por causa da aparência quanto pela saúde, pois atribuía suas dores de cabeça e tonturas a seu peso excessivo. Queria ficar magra como Audrey Hepburn, o que significava perder mais de 27 quilos. Precisou de quase dois anos para conseguir isso. Mas acima de tudo, queria expressar tão plenamente quanto possível os papéis que cantava, e sentia que uma cantora pesada não deveria desempenhar o papel de uma bela e jovem heroína. Queria representar especialmente Medéia, a assassina, cujo queixo precisava estar agudo e tenso com a fúria provocada pela rejeição de seu amado.

Em 1953, Maria cantou pela primeira vez uma ópera relativamente desconhecida, *Medea*, de Cherubini, e a transformou num grande sucesso. Sua Medéia era tão poderosa que as audiências pediram para ouvi-la no La Scala. Essa apresentação foi dirigida por Leonard Bernstein que disse: "O teatro estava fora de si. Callas? Ela era pura eletricidade".[6] Maria estava vestida com um manto vermelho-sangue, e cantou a crua danação de sua fúria para uma audiência que teve de confrontar as forças totalmente primitivas do ciúme e da vingança na psique humana.

Ela havia perdido 28 quilos, era alta, magra e muito bonita. Tinha grandes olhos escuros penetrantes, e o poder mágico – até mesmo o gênio – de se transformar na personagem que estava representando. Mundialmente famosa, tinha influenciado a ópera pela ênfase que dava ao drama. Seu senso de verdade dramática não per-

mitiria que ela cantasse sem estar integrada ao papel, independentemente das críticas. Apresentou ao mundo da ópera diretores cujos corações estavam no teatro – Luchino Visconti, Alexis Minotis e Franco Zefirelli. Apaixonou-se por Visconti, que admirava sua intensidade e talento artístico, mas que era homossexual. Ela se ardia em ciúmes dos homens por quem imaginava que ele se sentisse atraído, inclusive seu querido Leonard Bernstein.

O sucesso trouxe-lhe notoriedade. A imprensa publicou que ela se recusava a receber as cartas de sua mãe, e o comentário invejoso de suas colegas. O público volúvel que a idolatrava tornou-se hostil. Transformou-se em alvo de escândalo no La Scala. Também se enredou em diversos processos legais. Por baixo de sua aparência "durona", era muito sensível, até mesmo infantil e ingênua, e sentiu-se magoada com esta hostilidade. Contudo, sua tendência era retaliar quando se sentia traída.

Quando cantava no Metropolitan, em 1956, recebeu críticas frias da colunista nova-iorquina Elsa Maxwell, uma grande dama da sociedade internacional. Maria decidiu encantá-la, e Maxwell acabou adorando-a. Isso iniciou um novo relacionamento "mãe–filha", e Maxwell a iniciou num mundo novo e intrigante. Maria recusou uma apresentação em Edimburgo para poder comparecer a uma festa de Maxwell em Veneza, e a imprensa inglesa criticou sua atitude, chamando-a de "outra retirada de Callas". Seu médico a havia aconselhado a cancelar a apresentação e a descansar em razão de seu estado de esgotamento devido ao excesso de trabalho, mas para essa vida de festas era nova e empolgante. As festas não a deixavam exausta como uma apresentação, e o baile de Veneza estava sendo realizado em sua honra. No baile conheceu Aristóteles Sócrates Onassis, que começou a cortejá-la mesmo sendo ambos ainda casados.

No final da década de 50, Maria começou pela primeira vez a colocar sua vida pessoal acima da arte. Os críticos não gostaram e quando ela cancelou parte de seu compromisso com a Ópera de São Francisco, por causa de problemas de saúde, o diretor, Kurt Adler, ficou furioso e cancelou suas outras apresentações. Ele a denunciou ao American Guild of Musical Artists, que mais tarde a advertiu por não cumprir suas obrigações profissionais e por trair a arte em virtude de auto-indulgência. Era como se ela estivesse representando o dilema de Norma, a sacerdotisa, que vive o conflito entre seus votos sagrados e sua paixão pelo amor.

A fama e a adulação diminuíam aos seus olhos. Ela disse: "Nós pagamos por essas noites. Eu posso ignorá-lo. Mas meu subconsciente não. E é ainda pior. Eu confesso que existem momentos em que parte de mim fica lisonjeada pelo clima emocional, mas geralmente eu não gosto de nenhum momento disso. Você começa a se sentir condenada... Quanto mais fama você tem, maior a sua responsabilidade e você se sente menor e mais vulnerável".[7] Maria continuou a cantar, algumas vezes para multidões hostis, que então encantava com suas apresentações mágicas, mas a atmosfera fria no La Scala continuou, fazendo que deixasse essa casa. Outras brigas, em público, com diretores deixaram-na com uma agenda vazia.

Enquanto isso, Onassis começou a cortejá-la em grande estilo. Embora odiasse ópera, ele e sua esposa deram uma festa de gala em sua homenagem antes da apresentação de *Medéia* em Londres. Ele convidou Maria e seu marido para um cruzeiro de três semanas pelo mar Egeu, em seu iate, e nessa viagem ela se apaixonou perdidamente por Onassis. Era a primeira vez que se entregava totalmente a alguém. Descobriu que Onassis era expansivo, apaixonado, extravagante, divertido, vigoroso, impetuoso, terno, e companheiro. Como ela, também era um lutador e um vencedor – e era multimilionário. Depois do cruzeiro, ele foi à casa dos Meneghini, e fez-lhe uma serenata embaixo de sua janela. Nessa noite, Maria abandonou seu marido para ficar com Onassis. Houve um escândalo, a imprensa publicou as críticas de sua mãe e os comentários amargos do marido, que disse ter transformado uma cigana gorda e desajeitada na estrela que Maria era agora.

Contudo, Maria estava profundamente apaixonada. Pela primeira vez, conseguia estar feliz. O casal viajou para um cruzeiro de duas semanas. Podia relaxar no iate de Onassis, ao lado do homem que

amava. Tinha sido um Pássaro Engaiolado em seu casamento e em seu trabalho. Ela disse: "Eu sinto que fiquei presa numa gaiola por um tempo tão longo, que quando conheci Aristo, tão cheio de vida, me transformei numa mulher diferente".[8] Conseguiu fazer amizades. Mais leve e suave, tentou reconciliar-se com os diretores no Metropolitan e no La Scala. Aceitou o convite do La Scala, mas nos anos seguintes cantou menos óperas em menos lugares, e sentia-se cada vez mais perturbada pela ansiedade em relação a suas apresentações. A maior parte de sua energia foi dirigida para seu grande amor. O diretor Zeffirelli disse: "Tudo que ela queria era estar com Onassis, ser sua esposa, sua mulher, sua amante. Se ele não a tivesse pressionado para continuar cantando, como uma forma de projeção de si mesmo, ela provavelmente teria parado totalmente de cantar".[9] Depois de falhar nos mi bemóis agudos em *Lucia*, uma das produções de Zeffirelli, Maria disse a ele: "Você não pode servir a dois mestres". A "voz" de Maria parecia estar abandonando-a.

Ela queria devotar-se ao casamento: "Eu não quero mais cantar. Eu quero viver apenas como uma mulher normal, com filhos, um lar, um cachorro".[10] Mas Onassis era um homem agitado e repentinamente começou a desaparecer do relacionamento. Assim que reaparecia, Maria ficava à sua disposição. Onassis não queria divorciar-se, mas quando sua esposa se divorciou dele, não se casou com Maria. Ele era o centro de sua vida, mas ela não era o centro da vida dele. Ela se adaptava às rotinas e aos desejos *dele*, e era vista a seu lado nas casas noturnas, nos jogos de cartas e em reuniões superficiais, das quais não gostava.

Maria estava envelhecendo. Ela praticava menos, e sua voz de soprano não conseguia mais alcançar consistentemente as notas agudas, embora ainda tivesse uma forte voz de mezzo-soprano. Não aceitou mais desafios operísticos, pois desejava ficar livre da tensão nervosa resultante do excesso de trabalho que tinha paralisado sua vida. Ainda tinha esperança de se casar com Onassis, mas não estava destinada a ter a vida "normal" de casamento e filhos que desejava.

Em vez disso, era assediada por seu ex-marido Meneghini, que fazia comentários maldosos na imprensa, e por sua mãe que, usando uma tática de Mulher Dragão, escreveu um livro sarcástico sobre sua filha. Ela também recebeu críticas negativas em suas poucas apresentações. Ainda tinha sucessos – uma *Tosca* triunfante em Londres e em Nova York. Mas sua voz "quebrou" enquanto cantava *Norma*, em Paris. Cantou sua última ópera em 1963.

Havia dito adeus à ópera, e tudo o que lhe restava era Onassis. Mas ele começou a tratá-la de modo abusivo. Ridicularizava a ópera na frente dela, gritava com ela e a espezinhava diante de seus filhos, tratando-a segundo seu estado de espírito. Sabotou um projeto criativo – um filme de *Tosca*, planejado por Zeffirelli no qual Maria seria a estrela. Ela se havia entregado totalmente a Onassis, e desse modo se colocara à sua mercê. Então, aos quarenta e três anos, Maria ficou grávida. Onassis lhe disse que terminaria o relacionamento se ela tivesse o bebê. Durante toda a sua vida, Maria tinha desejado um filho, mas traiu a si mesma e escolheu Onassis. Embora ela ainda tivesse esperanças de se casar, o relacionamento estava chegando ao fim. Estava disposta a fazer qualquer coisa para manter esse relacionamento, e fez um aborto duplo, matando o bebê e sua própria criatividade. Suas brigas ficaram ainda piores. Ela intuía que outra mulher a estava substituindo na vida de Onassis. Maria aceitava que ele tivesse casos; ela tinha uma visão antiquada de que a mulher devia servir ao homem que amava. Mas era uma tortura ser substituída como a mulher central da vida dele. A nova mulher era Jacqueline Kennedy, a quem Onassis estava cortejando havia algum tempo e com quem ele se casou em 1968.

A partir desse momento, Maria viveu angustiada. Buscava o sono como uma fuga, usando tranqüilizantes e pílulas. Não se sentia em casa em lugar nenhum. Ingenuamente, não conseguia entender como alguém podia ser tão cruel. Depois de nove anos com ele, tudo o que tinha era humilhação, fúria e lágrimas. Sofrendo, ela aceitou uma oferta para representar Medéia num filme de Pier Paolo Pasolini.

Internamente, sabia que estava atuando o mito de Medéia. Transformando sua confusão e sua raiva em arte, podia dramatizar seu próprio tormento e sua fúria nesta história antiga da Amante Rejeitada. Pasolini tinha visto a história universal de Medéia na vida pessoal de Maria, e disse: "Aqui está uma mulher, num sentido a mais moderna das mulheres, mas vive nela uma mulher antiga – estranha, misteriosa, mágica, com terríveis conflitos internos".[11] Em sua *Medéia*, Pasolini recriou um mundo ritualístico no qual o natural e o sobrenatural se entrelaçam, no qual o mistério penetra o comum de um modo estranho e perigoso.

Ao representar este mito, Maria esperava que pudesse reexperimentar seus próprios sentimentos e transformar sua amargura e raiva, seus "nove anos de sacrifício sem sentido", numa nova vida. Identificava-se com Medéia e disse: "Ela era uma semideusa que colocou toda a sua crença num homem. Ao mesmo tempo, ela era uma mulher com todas as experiências de uma mulher, apenas maiores – sacrifícios maiores, mágoas maiores. Ela passou por tudo isso tentando sobreviver. Você não pode colocar essas coisas em palavras – eu comecei a olhar para as profundezas da alma de Medéia".[12]

A filmagem aconteceu na paisagem selvagem e surreal da Turquia, e em outros lugares onde o mito e a realidade parecem-se fundir. Maria ficou tão envolvida com o filme que uma vez desmaiou no *set*, enquanto corria descalça na terra árida. Ela insistiu em atuar na perigosa cena do fogo, recusando-se a ter uma dublê. Maria viveu totalmente como Medéia durante os meses de filmagem, e depois sentiu que tinha recuperado algum significado de sua experiência com Onassis – que o significado da vida era maior do que qualquer experiência individual. Desenvolveu também uma amizade fraternal com o sensível Pasolini. Sua *Medéia* foi uma grande obra de arte, embora não fosse um sucesso comercial. A elite não foi tocada pela grande beleza arquetípica e pelo drama do filme em sua *premiére* em Paris. Onassis havia reservado um camarote especial para o evento de gala, mas não estava presente.

Onassis começou a persegui-la novamente, apesar de estar casado com Jackie. Telefonava, mandava flores e finalmente assobiou sob sua janela. No início Maria foi cautelosa, mas cedeu ao encontro. Então foi publicada uma carta escrita por Jackie a um antigo pretendente enquanto estava no iate do marido. Onassis sentiu-se insultado e passou quatro noites com Maria, aumentando suas esperanças. Mas quando Jackie o quis de volta, Onassis voltou. Entorpecida, Maria tomou tranqüilizantes demais e foi parar no hospital.

Apesar de tudo, Maria percebeu que Onassis era importante para ela, e o chamou de seu amigo mais íntimo. Onassis também percebeu que Maria o amava pelo que ele era, pois mais tarde ficou a seu lado durante uma série de tragédias: o casamento de sua antiga esposa com seu maior rival; a morte de seu filho num acidente de avião; perdas nos negócios; e problemas de saúde. Quando ele morreu em 1975, Maria ficou desolada e passou a viver a poder de tranqüilizantes.

Nesse período, ela viveu de modo mais passivo. Mergulhou num relacionamento com o grande tenor Giuseppe Di Stefano, cuja voz estava falhando, como a sua. Os dois gravaram juntos; fizeram uma turnê mundial; foram convidados a dirigir uma ópera. Nenhuma dessas tentativas de recuperar a antiga glória foi bem-sucedida artisticamente. Em casa, Maria vivia cada vez mais no passado, ouvindo gravações de antigos concertos, olhando para velhas fotos. Talvez sua iniciativa de maior sucesso nesse período tenha sido ensinar em Juilliard. Di Stefano cantou "Parabéns a você" como uma surpresa para ela em seu aniversário de cinqüenta anos, no meio da turnê mundial. O público adorou e demonstrou-lhe seu amor. Mas sua carreira artística tinha terminado, e os críticos sabiam. Uma noite, depois de ter sabido da morte do empresário Sol Hurok, ela quase teve um colapso nervoso no palco. Encarou sua morte como um presságio de má sorte, pois ele tinha organizado suas turnês americanas. No palco do Carnegie Hall, atacou o modo como as casas de ópera eram administradas, especialmente o Metropolitan. O público ficou chocado e envergonhado enquanto ela resmungava incoe-

rentemente, mas quando atirou rosas para os espectadores, eles saltaram para tentar pegar alguma. Maria tinha cantado a Louca nos palcos, em sua carreira. Agora estava atuando como uma em sua vida pessoal.

Depois da morte de Aristóteles Onassis, Maria perdeu muitos de seus amigos. Visconti morreu e Pasolini foi assassinado; ela dizia que se sentia como se fosse uma viúva. Tinha problemas de saúde e se isolou, e cancelava em cima da hora encontros com amigos. Terminou o relacionamento com Di Stefano e depois lamentou a falta de homens fortes e inteligentes, dizendo: "Eu adoraria encontrar um homem assim. Isso seria a solução para meus problemas psicológicos".[13] Ela também reclamava do destino das mulheres que eram aprisionadas pela sociedade, que não podiam sair sozinhas à noite. Em seus últimos dias, assistia televisão, ia ao cinema, ganhou o peso que tinha passado vinte anos tentando perder, caminhou com seus cachorros, e praticou o canto. Ficava sozinha durante a maior parte do tempo e tomava pílulas para passar o tempo dormindo. Um pouco antes de morrer de ataque cardíaco, em 1977, aos cinqüenta e três anos, ela disse: "Eu não tenho nada. O que vou fazer?".[14]

Como muitas mulheres, condicionadas a esperar que a resposta de suas vidas venha por meio de um homem, Maria Callas buscou resposta para seus problemas, fora de si mesma. Não olhou realmente para dentro. Algumas vezes se questionava; uma vez disse até que precisava realizar um inventário de seu subconsciente. Mas nunca fez um trabalho interior, exceto por sua arte. Sempre continuou como vítima, aprisionada no ressentimento e na autopiedade, a Amante Rejeitada e a Criança Rejeitada. Suprimiu sua vulnerabilidade, que poderia ter-lhe proporcionado relacionamentos mais íntimos com os outros, e permaneceu também presa no papel de alta sacerdotisa da ópera, a figura legendária a quem ela e os outros se referiam como La Callas, e tentou manter uma fachada pública de dignidade. Foi sempre afetada pelos rituais da Igreja Ortodoxa Grega, e uma vez lamentou sua falta de compromisso religioso. Se Maria pudesse ter-se entregado a uma energia espiritual superior, poderia ter sido capaz de redirecionar sua grande paixão e sua ânsia de amor para algo transcendente que pudesse dar-lhe sustentação, como fez em sua arte. O público a chamava de La Divina. Sua história terminou de modo trágico porque ela não pôde colher os benefícios da inspiração divina e da exaltação que podia dar aos outros.

De vítima ao espírito feminino: a história de Bárbara

A história de Bárbara, uma mulher contemporânea, que se identificava com os padrões da Amante Rejeitada, mostra algumas maneiras pelas quais podemos romper a tendência de vitimiação e conseguir um relacionamento mais saudável conosco. Como nas histórias de Maria Callas e de Camille Claudel, Bárbara revela que a rejeição de uma mãe Rainha Gelada freqüentemente está no cerne dessa manifestação debilitante da Louca.

Por muitos anos, Bárbara tinha tido uma série de casos breves, embora não se apaixonasse. Normalmente se envolvia com homens que não estavam disponíveis. Um dia, num congresso profissional, seus olhos se encontraram com os de um homem, Mark, por quem imediatamente se sentiu atraída. Ele lhe disse que era casado, mas falou que desejava ser seu amigo. Ela se sentia suficientemente firme para estabelecer uma amizade com Mark. Gostava de seu jeito brincalhão e profundo, e eles tinham a mesma profissão. Em seus primeiros encontros, eles exploraram os sentimentos mútuos, descobrindo que tinham os mesmos valores e esperanças para o futuro. Esta proximidade aumentou a atração crescente entre eles, e depois de dois meses fizeram amor.

A natureza feminina de Bárbara floresceu. Sentia-se maravilhosa quando estava com Mark. Mas nos longos períodos entre seus encontros, as dúvidas e frustrações de Bárbara apareciam. Na época do Natal, Mark disse-lhe que precisava de tempo para decidir o que fazer. Ela começou a sentir-se confusa e frustrada com seu relaciona-

mento. Às vésperas do Natal, eles tiveram um dia maravilhoso. E, então, ela teve uma série de sonhos que revelavam sua Louca interior enfurecida com seu maior medo – traição.

Na noite de Natal, sonhou que estava na cama com ele. Mas eles não estavam sozinhos. Uma bela loura juntou-se a eles e se colocou sobre o rosto de Bárbara para lutar com o homem. A cena mudou; Bárbara e Mark tinham planejado ir a um casamento. Mas ele desapareceu. E então ela o viu voltando de um baile no hotel onde eles estavam hospedados. O seu rosto estava vermelho e inchado das lágrimas que tinha derramado por medo e ciúmes. Ela tentou esconder o rosto, que mostrava sua dor emocional e seus sentimentos envenenados, com medo de que essa visão o afastasse. Ele lhe perguntou o que tinha acontecido com seu rosto e então continuou falando, sem dar atenção à resposta; disse também que queria desistir do casamento e ficar no baile com as pessoas, e saiu. Bárbara associou o rosto vermelho e inchado com sua Louca interior, que estava enfurecida por causa da raiva não liberada e dos ciúmes acumulados que envenenam com o passar do tempo. Ela não sabia o que fazer com todos esses sentimentos amargos e assustadores. Mais tarde, refletiu que a mulher loura na cama, que a tratava de modo tão rude, era o estereótipo cultural do desejo masculino, a coelhinha da *Playboy*, a quem Bárbara não respeitava, mas que ainda tinha poder sobre ela. O fato de seu amado ter preferido dançar em vez de ir ao casamento indicava que o noivo, tanto do casamento interior quanto do exterior, preferia o divertimento casual ao compromisso com a sacralidade do casamento.

Na noite seguinte, teve outro sonho importante. Sonhou que estava segurando um recém-nascido com alguns dias de vida, mas o bebê não estava respirando direito, como se não tivesse vontade de viver. Logo o nenê morreu. Os pais, que eram o amante e a esposa dele, ficaram de pé, um de cada lado, sem poder ajudar a bebê. Depois desse, teve um outro sonho em que um bebê morria em seus braços. Mais tarde, associou a morte do bebê com a morte de seu relacionamento e também de sua feminilidade que estava sendo despertada. Bárbara sentiu muito medo quando acordou depois de cada um desses sonhos.

Quando Bárbara e Mark se encontraram depois das festas, era claro que ele estava dividido entre os sentimentos que tinha por Bárbara e os que sentia pela esposa. Concordaram em não se ver até que ele soubesse o que desejava. Choraram juntos, compartilhando a dor da situação. Enquanto eles andavam em torno de um pequeno lago, Bárbara viu mães passeando com seus bebês, uma cena que a atingiu profundamente. Ela queria desesperadamente ter um bebê. O mundo parecia enorme e vazio. Será que ficaria sozinha de novo?

Bárbara esperou que Mark escrevesse, como tinham combinado. Para ela, esse foi um período de manter o relacionamento e a esperança em meio a um grande desconhecido. Mas depois de seis semanas, quando não chegou nenhuma carta, ela se sentiu tomada pelos sentimentos envenenados que seu sonho tinha expresso. Suspeitava que ele estivesse quebrando a promessa que tinha feito de que o encontro de dezembro não seria seu último contato. Ele se havia comprometido a estar presente para ajudá-la no processo, qualquer que fosse sua escolha. Uma noite, ela não conseguiu mais se conter e a Louca assumiu o controle. Bárbara não bebia muito, mas nessa noite bebeu até a inconsciência. Chamou uma amiga e pôs-se a falar com voz embargada: "Eu estou quebrada. Eu estou quebrada". Então vomitou e desmaiou na cama, deitada sobre seu vômito. O que se havia quebrado era sua capacidade de esperar e de "segurar" o relacionamento. Ela manteve o espaço sagrado com que tinham concordado, sem saber onde ele estava em seu processo. Infelizmente, ela não tinha estabelecido um limite de tempo para o período de espera. Retrospectivamente, sentiu que essa noite tinha sido um ponto de transformação.

Duas noites mais tarde, depois que a ressaca passara, sabia que tinha de contatá-lo. Telefonou-lhe, mas só ouviu a secretária eletrônica. Queria agora romper o silêncio e continuou ligando a cada vinte minutos, durante horas, até que finalmente sua esposa atendeu e ela deixou um recado para que ele lhe telefonasse. Não houve ne-

nhuma ligação, e ela acabou adormecendo, acordando às quatro horas da manhã, a hora do lobo. Sem conseguir dormir nem mais um minuto, vestiu-se e foi para o escritório dele. Era como se ela estivesse possuída. Quando ele chegou, depois do telefonema dela, estava furiosa e fora de si. Ele parecia frio e distante. Disse-lhe que seu cachorro, que era o filho em seu casamento, tinha sido morto e que estava de luto por sua morte. Então compartilharam seus sentimentos sobre a separação, e a raiva de Bárbara desapareceu, na atmosfera cálida que os envolveu. Ela sentia que ele ainda a amava e estava aliviada por seu amor não ter sido uma mentira.

No entanto, outro sonho invadiu sua sensação de alívio. Neste sonho, ela estava deitada de bruços num barco quando ouviu tiros. Ela olhou para cima e viu homens atirando contra ela. Para salvar-se, teria de pular do barco ou se pendurar nele. Ao acordar, pensou que seria morta se não agisse.

O perigoso passeio de barco simbolizava a "jornada noturna pelo mar", o caminho sombrio de transformação que esta experiência estava lhe dando. A raiva reapareceu, depois de duas semanas sem notícias. Sentiu que a raiva estava chegando como se fosse um tornado, mas antes disso, embebedou-se e atuou a fúria de modo inconsciente, e então a sensação passou a ser de colapso, pois havia impotência oculta na raiva. E ela havia descoberto um pouco mais a respeito do futuro desse relacionamento. Agora sentia que se pudesse permanecer consciente, a raiva poderia lhe trazer alívio. Telefonou-lhe; ele estava distante. Tentou conter sua raiva para descobrir por que não tinha telefonado conforme o prometido. No entanto, sua distância e falta de comunicação a deixaram furiosa, e explodiu ao telefone. Ele bateu o telefone. Depois, quando se falaram novamente, ele admitiu que não achava que esse relacionamento pudesse dar certo, e disse que não queria cuidar dela enquanto estivesse em "crise". Ele se sentia incapaz de lidar com suas explosões emocionais, que de seu ponto de vista eram causadas por ele estar distante e ela "não saber" o que se passava. Disse-lhe então que estava fazendo terapia de casal para tentar melhorar o relacionamento com a esposa.

Bárbara sentiu-se traída; ele tinha dito que a amava, mas suas ações revelavam que isso era mentira. Deixara-a esperando, em vez de lhe contar sobre sua decisão de se comprometer com o casamento. Desta vez, Bárbara o confrontou diretamente. Em parte, sentia-se louca por causa dessa decepção, especialmente porque ele tinha afirmado repetidamente que a amizade era a base de seu relacionamento. Essa confrontação foi uma transformação para ela. Normalmente, ela assumia toda a responsabilidade por um relacionamento, tentando conter seus sentimentos negativos. Esse era um padrão que desenvolvera na infância quando tinha aprendido que a expressão de seus desejos e sentimentos fazia que a mãe a rejeitasse friamente. A conexão entre a rejeição da mãe e a traição nesse relacionamento foi mostrada por seus sonhos.

Neste período de espera, Bárbara teve diversos sonhos em que estava novamente na casa de seus pais. Num deles, estava dormindo no sofá da sala quando seus pais entraram. No sonho, ela não tinha um quarto. Foi invadida então por antigos sentimentos relacionados com a rejeição que recebera quando criança, especialmente da mãe. Tinha sido punida pela mãe sempre que mostrava suas emoções, do mesmo modo em que agora se sentia punida por seu amante, quando ele desligou depois de sua explosão ao telefone. Seu pai tinha-se mostrado indiferente, e sentia-se envergonhado sempre que ela expressava seus sentimentos, mas sua mãe julgava duramente qualquer demonstração de sentimentos, e desprezava sua vulnerabilidade e sensibilidade feminina.

Sua mãe parecia uma amazona de armadura, amarga com relação ao sexo e vítima da falta de afeto do marido. A mãe ignorava as necessidades da filha, vivia por seus filhos e se interessava apenas por dinheiro e poder. Seus valores eram rígidos e masculinizados. Sua mãe era uma verdadeira Rainha Gelada, que lhe dava dinheiro em vez de amor, mas que provocava culpa em sua filha sempre que ela

aceitava o dinheiro oferecido. Bárbara lutava contra sua baixa auto-estima, nesta atmosfera de rejeição e crítica.

Aos quarenta anos, ainda estava tentando conseguir migalhinhas de amor de sua mãe, tão fria, mas sempre pagava um preço por essas migalhas. Quando estava terminando a escola, sua mãe tinha-lhe oferecido dinheiro para que pudesse comparecer a uma reunião familiar na casa dos pais, mas depois a tinha criticado por ela não ter meios para pagar por si mesma. Em vez de ficar brava e confrontar a mãe, defendeu-se culposamente. Contudo, depois de desligar o telefone, sentiu-se amarga e sem esperanças de ter um contato íntimo e real com a mãe. Seu lado infantil e inocente ainda queria que a mãe a visse e a aceitasse como era. Na verdade, era uma mulher criativa e corajosa, em busca de transformação e de uma maior consciência feminina. As mesmas características que a tornavam madura – sua sensibilidade para os outros, empatia, introspecção, capacidade de intimidade – eram uma ameaça para sua mãe, que não queria mudar. Nos relacionamentos com a mãe e com Mark, ela teve de aprender a abandonar as projeções que fazia sobre eles, para poder ter a intimidade que desejava, e chegar a situações em que pudesse desenvolver um relacionamento verdadeiro. Ela precisava transformar a fria mãe internalizada e confirmar o poder de suas próprias escolhas.

Quando assistiu ao filme *Camille Claudel*, identificou-se com a heroína – tanto em sua feminilidade florescente que tinha se aberto pelo amor de Rodin, quanto na prisão do isolamento que se fechou sobre ela e obscureceu sua vida quando Rodin a rejeitou. Sua mãe era uma Rainha Gelada, como a mãe de Camille Claudel. Bárbara experimentou esta frieza nos homens que se retraíam emocionalmente, e ela precisava encontrar a energia de sua própria Louca. Tinha de liberar suas emoções em vez de remoer poderosas fantasias de vingança. A mãe de Bárbara também ficara presa nos ferimentos da rejeição e da vingança pela frieza de sua própria mãe, mas optou por permanecer inconsciente.

Bárbara, ao contrário da mãe, confrontou a Louca quando a sentiu enfurecida dentro de si – este confronto aconteceu interiormente e também no relacionamento. No início, atuara na noite em que se embebedou, mas ela sabia que atuar não era realmente transformador e só a manteria na posição de vítima. Sabia que precisava liberar o veneno que havia dentro dela. Mais tarde, fez isto, ao confrontar seu amante que lhe escondera as decisões que tomara sobre seu relacionamento, mantendo-a na posição impotente de espera. Também lhe disse claramente que ele tinha ignorado seus sentimentos autênticos, tratando-a como uma mulher histérica e rejeitando-a por ser louca, quebrando a promessa de amizade. Para que este confronto acontecesse, foi necessária a energia da Louca, pois ela estava muito condicionada a esconder seus sentimentos e a assumir toda a responsabilidade num relacionamento.

Então, começou a escrever em seu diário duas vezes mais do que fazia normalmente, e isso a ajudou a processar os sentimentos sombrios e dolorosos. Trabalhou conscientemente para aceitar o fato da traição de seu amante. Conseguiu perdoar a si mesma por ter entrado num relacionamento com um homem casado e não disponível e, depois de muitos meses, conseguiu perdoar Mark. Aceitou o processo de luto e se permitiu chorar tanto quanto fosse necessário. Também passou muito tempo sozinha, e colocou nova energia em seus estudos universitários, trabalhando na direção do lado profissional de sua vida. Quatro meses depois do último telefonema, encontrou-se com seu antigo amante, para assegurar-se de que tinha limpado qualquer ressentimento residual. Quando se despediram, sentiu-se livre. Era final de primavera, e percebeu a esperança de uma nova vida.

Bárbara transformou sua raiva com relação a ser uma Amante Rejeitada porque desejava mudar. Reconheceu o padrão repetitivo de se prender a homens não disponíveis, e mudou essa síndrome quando percebeu que isso a fazia sentir-se inadequada e solitária. Descobriu também que não queria apenas a emoção do romance,

mas a sacralidade do casamento divino. Prometeu a si mesma que nunca mais quebraria a sacralidade de outro casamento. Refletiu que um caso na vida dos homens casados os ajudava a ir na direção do divórcio ou a voltar para a segurança do casamento.

Reafirmou que o centro de sua vida precisava ser seu próprio desenvolvimento espiritual e não o anseio por amor. Conscientemente, usou a energia da Louca para transformar a baixa auto-estima que tinha herdado da mãe. Quando descobriu a necessidade de desistir do relacionamento com seu amante, pôde ver que era necessário soltar-se de sua intensa necessidade de contato íntimo com sua mãe, que não queria ou não podia satisfazê-la. Posteriormente, conseguiu comunicar-se melhor com a mãe, numa posição de maior igualdade. Ela aprendeu a reconhecer e a delimitar seus próprios limites e a dizer um não incisivo quando necessário. Aprendeu que dizer não, não vinha antes de dizer sim. Começou a libertar-se para ser ela própria, por meio desses *insights* e ações.

Transformando a amante rejeitada

O que a Amante Rejeitada precisa fazer para entender e integrar o padrão que está controlando sua vida? Ela está presa por sua obsessão à pessoa que não pode possuir, e precisa ser capaz de aceitar a realidade que não pode controlar e desistir da ilusão que alimenta sua obsessão. Quando nos agarramos a alguém que nos rejeita, com freqüência estamos tentando nos agarrar desesperadamente a uma característica nossa que projetamos nessa pessoa. E secretamente ansiamos por essa característica. Pode ser qualquer característica – independência, criatividade, sucesso, desapego – algo que nos ajudaria ou nos animaria. Contudo, pode ser também que estejamos atraídos por algo prejudicial, um aspecto sombrio de nós mesmos que precisa ser reconhecido e integrado de algum outro modo. A Amante Rejeitada precisa olhar para dentro de si e examinar os elementos de suas projeções sobre a pessoa que a abandonou. Ao identificar qual é a fonte da atração, as características que admirou e buscou no amado, e as de que teve medo de ver ou que tentou ignorar, ela pode começar a compreendê-las interiormente e a desenvolvê-las ou a trabalhá-las.

Por exemplo, uma mulher se apaixonou por uma série de homens rejeitadores – todos escritores. Secretamente, ela sempre desejara escrever, mas seu pai a tinha desaconselhado e desanimado. Ele desconsiderava artistas e escritores. Em vez disso, ele lhe disse que pagaria seus estudos se se dedicasse a uma ocupação prática adequada para mulheres, e assim ela se transformou numa assistente social. Mas sua energia criativa não vivida a estava consumindo. Oculta em sua atração erótica por escritores estavam seu próprio desejo reprimido de ser uma escritora, o ressentimento inconsciente e a inveja. A raiva não expressa que sentia quando seus namorados tinham sucesso no que ela desejava fazer, a levava a criticá-los, especialmente a respeito de sua casa. Tinha ciúmes também dos amigos de seus namorados. Finalmente, depois de muito trabalho terapêutico, conseguiu reconhecer esta projeção. Inscreveu-se num curso de redação criativa, começou a escrever e sentiu como se um peso tivesse sido tirado de sua mente e de seu coração.

É necessário muito trabalho interior para transformar a Amante Rejeitada. Temos de confrontar a raiva que vem da rejeição para podermos entender por que ela é tão forte, quais são suas origens, e por que não podemos aceitar que o outro tenha seguido adiante e que podemos fazer o mesmo. Temos de perguntar à Louca o que realmente deseja, o que realmente queremos, e dirigir nossa energia para um processo criativo. Este processo pode ser auxiliado pelo trabalho com sonhos e com imaginação ativa. O sonho a seguir traz uma imagem assombrada da relação da Louca com a rejeição. O trabalho com a imagem do sonho ajudou Claudette, a sonhadora, a identificar sua própria raiva e a libertar-se de seus efeitos tóxicos.

> Um inseto gigante cor-de-rosa, com o corpo dividido em muitas partes, está arrastando seu imenso corpo através de uma casa. O inseto rosa é uma mãe, e seu corpo está inchado e cheio de fluido venenoso. Eu sei

que ela quer me comer. Horrorizada eu tento fugir deste inseto rosa. Mas ao despertar, eu sei que deveria ter tentado puncionar o inseto para matá-lo, ou para deixar que o fluido venenoso saísse.

No momento em que teve este sonho, Claudette sofria a rejeição de seu marido e também de outro homem que ela havia amado. O inseto cor-de-rosa, gigante e venenoso, era uma imagem grotesca da fúria da Louca que é sentida pela Amante Rejeitada. Claudette sentira esta fúria louca no ciúme que sua mãe nutria por ela, e também em outras mulheres com quem tinha crescido, mas agora a raiva expandia-se também dentro de si mesma. Embora Claudette reconhecesse que estava com raiva, sabia que sua raiva poderia se tornar venenosa à medida que aumentasse e ficasse retida sob a forma de ressentimento. O sonho do inseto rosa venenoso trouxe uma imagem útil, e ela trabalhou com os sentimentos tóxicos desencadeados pela rejeição que tinha experimentado, de modo que os transformassem e a liberassem para o trabalho criativo como artista e mãe.

As mulheres podem também ser rejeitadas por outras mulheres. A triste experiência inicial de uma filha que é rejeitada por sua mãe pode reforçar a expectativa de rejeição em todos os seus relacionamentos posteriores e fazer que ela aja de modo que provoque abandonos repetitivos. Filhas rejeitadas sempre buscam "mães" positivas em mulheres mais velhas, como professoras ou terapeutas, e assim podem curar o ferimento psicológico inicial e passar a ter relacionamentos mais saudáveis. A Amante-Filha Rejeitada pode também optar por rejeitar a humilhação que sentiu anteriormente na rejeição tóxica ou fria de sua mãe, e curar interiormente a si mesma.

Outra mulher, chamada Carol, que estava presa no padrão da Amante Rejeitada conseguiu ver que sua loucura era no fundo parte de um padrão de co-dependência no qual ficava obcecada com um relacionamento, achava que podia controlá-lo, ficava brava quando não o conseguia, e se sentia louca nesse processo. Assim que Carol identificou o aspecto co-dependente e adictivo desse padrão, foi capaz de começar a trabalhar com os passos de recuperação para qualquer padrão de adicção. Como parte de seu processo de transformação, sempre que Carol se achava obcecada por um homem, rezava pela dissolução de suas fantasias obsessivas e pela dissolução de seu apego às expectativas e projeções com relação a qual seria o resultado perfeito em sua mente. Este exercício mental possibilitou que finalmente se libertasse da necessidade de estar ligada ao homem.

O padrão da Amante Rejeitada freqüentemente está interligado a um processo de adicção, como no caso de Carol. Os passos para recuperação da adicção podem funcionar também na transformação da Amante Rejeitada. Primeiro vem o passo da entrega – aceitar a própria impotência diante da adicção do amante rejeitador, aceitar que o relacionamento acabou, e aceitar que o apego a ele tornou a vida louca e ingovernável. Acontece, então, a virada de fé e entrega aos poderes superiores internos, que pode libertar a mulher para viver e expressar seu centro criativo e para estar aberta a um relacionamento genuíno. Depois disso, ainda é necessário muito trabalho para analisar e dissipar a raiva e o ressentimento por ter sido rejeitada, e para deixar passar o medo de ficar sozinha novamente. A Amante Rejeitada precisa sentir e processar conscientemente a ansiedade, a depressão, a perda, a raiva, o medo do desconhecido, o luto, antes de poder liberar esses sentimentos. De outro modo, eles continuarão inconscientes e envenenarão o espírito, provocando ressentimento e vingança. Os relacionamentos amorosos adictivos têm uma qualidade "vampiresca". A Amante Rejeitada sempre se sente como uma "morta-viva".[15] É essencial deixar que esses ressentimentos vampirescos e os desejos de vingança do amante se vão, pois eles podem fazer que ela continue sendo refém do antigo relacionamento. Mas para abandonar essa posição, a Amante Rejeitada tem de ver como e onde eles estiveram operando em sua vida, e precisa assumir a responsabilidade por sua participação no relacionamento insustentável.

Uma vez que a Amante Rejeitada tenha-se libertado de sua obsessão específica, estará livre para sacrificar seu papel de vítima e obter acesso a seu próprio poder para determinar o que fará com sua

vida. O perdão é essencial nesse processo. A Amante Rejeitada tem de se perdoar por ter entrado num relacionamento tão insustentável e por ter sido levada tão cegamente pelo relacionamento e por suas expectativas. Precisa também perdoar o outro para poder se libertar, mesmo que ele tenha jogado conscientemente com seus medos e inseguranças, e ainda que tenha sido cruel. Isso exige que sejam vistas as limitações reais da outra pessoa, isto é, que se aceite o fato de que ele não se pode comprometer ou não pode ser fiel ou não pode retribuir seu amor e sua devoção. Ela tem de estar disposta a ver a situação real em vez de se agarrar a seus sonhos, desejos, suas projeções e expectativas. Quando uma mulher tiver se libertado da loucura das fantasias que ela própria criou, poderá ver suas necessidades e cuidar de si mesma de um modo carinhoso que mais ninguém poderia ter.

Paradoxalmente, essa nova habilidade e esse novo equilíbrio podem levá-la a irradiar uma atração que pode resultar em relacionamentos novos e saudáveis com homens não predatórios. Repentinamente, pode descobrir que está agindo de modo mais criativo, pintando, ou escrevendo poemas, canções ou histórias. As amigas podem assumir uma nova importância, especialmente um grupo que celebre o espírito feminino e gere amor entre si. Neste momento em que emergem a autocompreensão e a auto-eficiência, muitas mulheres sonham com um casamento sagrado "Consigo Mesmas", com as forças femininas divinas. Em última instância, a transformação da Amante Rejeitada pode levar ao casamento divino. Ela estava apegada a um amor falso; agora está livre para sua própria divindade.

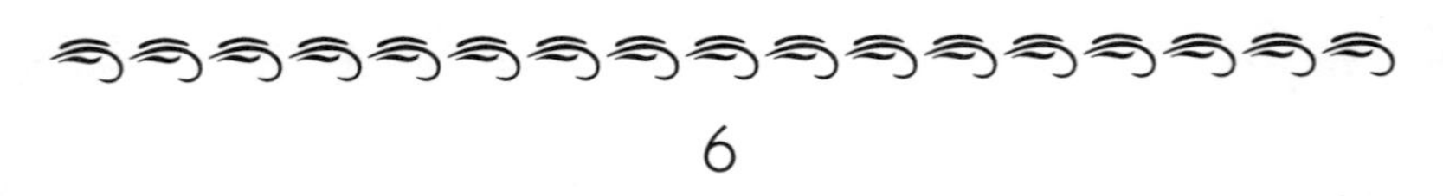

6

A Mulher Sem Teto

Veja, a mente humana é um tipo de... piñata.
Quando ela se quebra, muitas surpresas surgem de dentro dela.
Uma vez que você tenha a perspectiva da piñata,
você vê que perder sua mente pode ser uma experiência culminante.
JANE WAGNER
The Search for Signs of Intelligent
Life in the Universe

Sempre resmungo comigo mesma enquanto ando pelas ruas, a caminho dos cafés onde escrevo. As pessoas, com mais frequência homens, às vezes, param-me e me perguntam por que eu pareço tão triste. Eles dizem: "Sorria. Pareça feliz". Eles não entendem que meus resmungos e minha aparência séria devem-se a um diálogo interior extático. Escrevo meus manuscritos em blocos de papel ofício amarelo e em diversos pedaços de papel carregando parte deles numa sacola de compras ou mochila. Sou conhecida por chegar às palestras e aos *workshops* carregando uma coleção peculiar de sacolas de escritos.

Certa vez, depois de um *workshop*, um homem se referiu a mim como carregando o arquétipo da Mulher Sem Teto. No início, senti-me insultada. Seu comentário atingiu como uma flecha o cerne de minha vergonha como uma Acoa, uma filha adulta de família alcoólica. Evocou também o complexo interior da Louca e do Juiz. Senti-me diminuída, uma Louca potencial vivendo dentro do caos, a sem teto que vagueia pelas ruas carregando em sua sacola coisas que só têm valor para ela. O "acusador" falava como um homem acima disso tudo, um presunçoso juiz das excentricidades femininas, um

assessor patriarcal do valor das mulheres e do que criamos e carregamos conosco. Então, um amigo me disse que as mulheres sem teto são sobreviventes; são independentes, fortes, cuidam de sua própria vida, e não fazem mal aos outros. No nível simbólico interior, percebi que a Mulher Sem Teto pode ter uma sabedoria louca necessária mesmo para as que parecem-se encaixar no mundo. Depois disso, comecei a notar como as mulheres freqüentemente expressam seus medos de se transformarem numa mulher sem teto. Algumas dessas mulheres são solteiras e têm quase quarenta anos. Outras, embora sejam casadas, têm medo de serem abandonadas e de ter de viver nas ruas, desintegrando-se solitárias em idade avançada.

Os medos da mulher sem teto

O medo da Mulher Sem Teto sempre se esconde na aparência da mulher bem-cuidada, produzida, da profissional qualificada, da esposa suburbana, da viúva rica, ou da bela *femme inspiratrice*. Muitas mulheres temem secretamente desabar se ficarem completamente por conta própria. A pior fantasia é que não sejam capazes de cuidar de si mesmas, material ou emocionalmente. Elas têm medo de que possam deteriorar, parar de lidar com as coisas, perder tudo e terminar pobres e sem teto. Essas fantasias refletem um medo de "perder", um medo que é muito real numa cultura que mede o sucesso pela quantidade de posses de uma pessoa e, em especial, numa cultura que funciona contra o desenvolvimento de um espírito feminino forte. Esses medos refletem também uma falta de integração da "sombra", as partes desagradáveis de nós para as quais não queremos olhar.

Os medos da Mulher Sem Teto freqüentemente surgem quando uma mulher está prestes a fazer uma mudança importante em sua vida. A mudança pode ser física, como mudar para uma casa nova, ou psicológica, como iniciar ou terminar um relacionamento, mudar de profissão, ou se comprometer com um novo modo de vida. Algumas vezes essas mudanças são voluntárias, outras, impostas. Os medos da Mulher Sem Teto com freqüência emergem em períodos como os de divórcio, da entrada na menopausa, ou mesmo ao fazer quarenta anos (ou qualquer idade que uma mulher considere importante). Considere, por exemplo, a bela mulher que viveu o arquétipo da Musa, o que fazem todas as mulheres em nossa cultura, em algum grau. Quando suas rugas e linhas começam a aparecer, seguidas por flacidez na pele e no rosto, uma mulher americana começará a preocupar-se especialmente com seu futuro, conciliando uma aparência desejável e sua segurança econômica, que freqüentemente depende de um homem. Suas preocupações com sua aparência podem começar mais cedo, aos trinta anos ou mesmo aos vinte, em especial se sua mãe também se preocupava com o envelhecimento. Algumas mulheres recorrem a *liftings* faciais e assumem uma aparência vaga e artificial que cobre as linhas de experiência, de sofrimento e de sabedoria que acompanha qualquer vida feminina plena. Para uma dessas mulheres, a Mulher Sem Teto pode representar um destino a se temer, sobretudo se não desenvolveu nem um firme senso de si mesma, nem uma profissão ou base econômica externa.

O medo de se transformar na Mulher Sem Teto impede que a mulher corra os riscos necessários para ter uma vida criativa e espiritual. Algumas vezes, seu medo parece vir da insegurança econômica, mesmo que ela seja uma profissional qualificada. Uma advogada de sucesso, chamada Rita, que viu sua mãe deteriorar-se por causa do alcoolismo, temia ter o mesmo destino. Embora sua mãe tenha morrido em casa, Rita imaginava que ela podia facilmente ter morrido nas ruas. Para proteger-se de um destino semelhante, Rita desenvolveu uma *persona* precisa e controlada, e sempre tomava a frente em qualquer situação. Sua armadura de amazona funcionava bem em sua profissão, mas ela realmente desejava ser uma artista. A aversão de Rita a um estilo de vida menos seguro e estrito vinha de seu medo de ser como sua mãe, uma artista, mas alcoólica, e a impedia de responder ao chamado criativo. Ela temia que ser uma artista a fizesse perder o controle, e terminar pobre, adicta e sem teto.

Outra mulher, Donna, cresceu no Meio-Oeste numa família perfeccionista, em que qualquer coisa diferente do *status quo* era varrida para baixo do tapete. Transformou-se numa perfeccionista em sua própria vida. A casa de Donna estava sempre arrumada com perfeição não conseguia tolerar o caos na casa de amigos e vizinhos menos rígidos do que ela. Julgava os outros sempre, e sentia que estava certa, e assim começou a afastar as pessoas com suas críticas. O pior medo de Donna era que as pessoas ficassem com pena dela se percebessem sua solidão e a confusão desesperada que havia sob sua *persona* correta. Julgava os outros para não ser julgada, mas seu perfeccionismo a estava matando porque destruía o amor ao ferir os sentimentos dos outros.

Começaram então os pesadelos. Sonhou que estava comprando um aspirador e que uma velha sem teto falou com ela quando entrou na loja. Donna se afastou, incomodada. Meses depois, teve um sonho em que uma mulher sem teto estava pendurada numa esquina perto da casa de uma vizinha. Na realidade, Donna não se dava com essa vizinha, uma musicista despreocupada, que tinha muitos amigos que entravam e saiam de sua casa e também muitos encontros românticos. Mas no sonho, conforme ela passava pela sem teto, Donna era atraída pelo brilho de sua velha, esfarrapada e enfeitada capa vermelha.

Quando contou este sonho a seu terapeuta, ele sugeriu que fosse conhecer a Mulher Sem Teto interior, falasse com ela e perguntasse sobre sua vida. Durante muito tempo, não conseguiu fazer isso. Sentia-se humilhada e assombrada por esta figura interior, enquanto externamente estava obcecada e enfurecida com o estilo irregular de vida de sua vizinha. Então teve outro sonho com a mulher sem teto. Desta vez, a velha estava em pé ao lado da lata de lixo de sua casa, como se fosse mexer nela. A mulher sem teto murmurava: "Meu nome é Matilda". Um cheiro podre parecia permanecer no ar quando Donna acordou deste sonho. O sonho aconteceu depois de uma briga com a vizinha a quem Donna tinha criticado pelo estilo de vida caótico. A vizinha respondeu com raiva e não com vergonha, e apontou o próprio caos de Donna nas finanças e nos relacionamentos com as pessoas. Este confronto e os sonhos com a mulher sem teto forçaram Donna a olhar para o lado sombrio de seu perfeccionismo e de sua natureza cheia de julgamentos, o que, paradoxalmente, a ajudou a "ficar mais leve".

A mulher sem teto como uma figura interior

O símbolo da Mulher Sem Teto era importante para Nancy, uma mulher casada que morava numa agradável casa suburbana. Ela tinha até mesmo escrito uma peça a respeito da Mulher Sem Teto. Uma vez, Nancy hospedara-se em um bom hotel de Chicago, onde tinha notado uma mulher majestosa, apesar de suja, e que vinha sempre sentar-se no *lobby* do hotel. Ficou impressionada com a dignidade e a liberdade desta mulher, uma independência que estava tentando desenvolver. Nancy descobriu que andar sozinha e observar as pessoas era um estímulo para sua imaginação. Sentiu-se inspirada a escrever uma peça sobre essa Mulher Sem Teto que, ela sabia, simbolizava uma figura positiva em sua sombra, pois Nancy estava num estágio em sua vida no qual desejava libertar-se das posses, distrações e responsabilidades desnecessárias, para poder focar suas energias em seu trabalho criativo. Em sua peça, a Mulher Sem Teto traz liberdade e amor para a vida de um gerente de hotel e o ajuda a descobrir uma nova apreciação e recordação de sua mãe, que desaparecera, e que crê estar morta.

Patrícia, uma mulher de sessenta anos, que estava em processo de deixar um casamento de trinta anos, teve um sonho com uma Mulher Sem Teto e que lhe trouxe uma imagem útil. Patrícia tinha também acabado de se aposentar, uma aposentadoria proporcional, e estava procurando seu próprio apartamento. Ela nunca morara sozinha antes, e estava perturbada e ansiosa sem saber se conseguiria sustentar-se com outro trabalho e um pequeno negócio de artesanato que tinha recém-iniciado. Embora desejasse ser independente e começar uma nova vida, tinha medo de ficar sozinha e sem teto ou,

pelo menos, sozinha e pobre. Na noite anterior ao sonho, Patrícia tinha fechado o negócio do novo apartamento.

> Eu estou andando numa rua da cidade e encontro uma mulher que vem em minha direção. Ela me dá a impressão de ser moradora de rua. Ela parece ter saído do chuveiro e eu fico imaginando se ela saiu de um abrigo para moradores de rua. Ela está vestindo uma saia e uma camiseta sem mangas e decotada, com alças nos ombros. A mulher está tendo dificuldade para manter seus grandes seios dentro da camiseta. Ela os empurra para dentro conforme anda, e olha para mim e faz uma careta. Eu a vejo empurrando-os novamente quando ela se aproxima, e vejo que um dos seios tem dois mamilos.

Na mesma noite, Patrícia teve outras duas imagens em sonhos. Em uma, estava num carro com uma mulher negra amigável, que dirigia fazendo uma rota circular para procurar apartamentos. No segundo, estava olhando para o céu com outras pessoas e viu uma série de quatro ou cinco arco-íris que preenchiam metade do céu. O arco-íris mais baixo formava um arco completo. Patrícia experimentou essa série de fragmentos de sonhos como alegres e otimistas. Sentiu que o sonho era uma afirmação do caminho que estava escolhendo. As duas figuras de sonho, a Mulher Sem Teto e a mulher negra, eram figuras positivas da sombra e simbolizavam mulheres fortes, independentes, alegres e amigáveis que sabiam como sobreviver por si mesmas. A presença delas em seu sonho a convenceu de que também poderia sobreviver sozinha. A Mulher Sem Teto, que fazia careta, tinha até mesmo dois mamilos em seu grande seio, sugerindo uma capacidade extra de alimentação e cuidado. Os arco-íris no céu sugeriam tanto a proteção do arco dos céus quanto a beleza natural que emerge depois de uma tempestade.

Como muitas mulheres de sua geração, Patrícia sentia que tinha vivido segundo as expectativas das outras pessoas por toda a sua vida. Tinha experimentado o tratamento negativo que nossa sociedade dá às mulheres, especialmente enquanto crescia com seu irmão,

Clark. Como era menina, sempre recebia a menor parte, enquanto seu irmão recebia o que desejava. Patrícia teve de se contentar com um triciclo, embora fosse a mais velha, para que Clark pudesse ter uma bicicleta. Ele aprendeu a dirigir assim que atingiu a idade necessária; ela só aprendeu a dirigir mais tarde, depois de ter-se casado. Clark foi mandado para uma universidade cara e renomada da Ivy League; Patrícia ficou em casa e foi para uma pequena faculdade local, como aluna externa. Ela sabia que a discriminação que experimentava como a filha em sua família era comum em sua cultura, e isso a deixava ressentida, mas ela havia tentado suprimir seus sentimentos para adaptar-se. Depois do fim de seu casamento, ela começou a ter uma série de doenças. Nesse período, teve também vários sonhos assustadores nos quais serpentes a ameaçavam, como se a alertassem para seguir um caminho diferente. Em nível consciente, gostava de serpentes, e desse modo a aparência ameaçadora que tinham em seus sonhos chamou sua atenção. Reconhecendo sua frustração por ter sido limitada por sua cultura e ter aceito essas restrições, decidiu sair de casa para tentar viver por si mesma, depois de ter trabalhado muito interiormente.

A imagem da Mulher Sem Teto no sonho revela dois aspectos da vida feminina. Como uma figura da sombra pessoal, a Mulher Sem Teto simboliza a mulher sobrevivente, livre e, nutridora, generosa. Ao combinar esta imagem com a do arco-íris, o sonho sugere um belo e divino significado feminino, pois a deusa Íris é ao mesmo tempo a deusa do arco-íris e uma mensageira dos céus. O sonho também se refere ao tratamento externo que as mulheres recebem, pois tanto a Mulher Sem Teto quanto a mulher negra foram destratadas, e suas imagens carregam as projeções negativas de nossa cultura. Neste sentido, elas simbolizam o lado rejeitado do feminino que é caracterizado como excêntrico, estranho, peculiar ou louco, e que tem sido desprezado por nossa sociedade branca e patriarcal.

Confrontando o medo: a história de Diana

A história de Diana, uma profissional bem-sucedida que confrontou conscientemente seu medo de se transformar numa Mulher Sem Teto, e aceitou esta manifestação da Louca como uma energia transformadora interior, pode ser um modelo para aquelas que precisam realizar mudanças importantes na vida, mas hesitam. Embora Diana ganhasse mais de cem mil dólares por ano, seu tipo de trabalho deixou de ser significante, depois de alguns anos de mudança interior. Para conseguir mais espaço para aprender e crescer espiritualmente, ela desistiu de seu emprego, vendeu seu carro de luxo, e começou a viver de modo simples. Limpou seus armários e se livrou de suas roupas de trabalho, caras e desconfortáveis, sentindo um grande alívio quando se livrou de seu papel e de sua imagem de mulher de negócios. Optou por tentar construir uma nova vida para si mesma e entrou numa exploração de seu eu interior desconhecido. Durante esta jornada interna e externa, ela encontrou duas polaridades surpreendentes – seu medo de se transformar numa Mulher Sem Teto e uma nova compreensão do espírito feminino sagrado.

O encontro de Diana com a Louca sob a forma da Mulher Sem Teto foi acompanhado pelo reconhecimento de que sua vida tinha sido dominada por valores patriarcais. O pai de Diana era um pastor, e ela fora educada para adaptar-se e ser uma respeitável filha cristã. Sempre que expressava interesse por algo que não se encaixava nessa imagem, seus pais diziam: "O que a congregação vai pensar disto?". O conflito entre se conformar ao papel da filha bem-sucedida materialmente e cumpridora de suas obrigações, e explorar sua própria vida espiritual fez com que ela se sentisse caótica internamente e desconectada durante vários anos.

Diana sempre fora um espírito revolucionário quando jovem, era levada e, ao contrário de suas irmãs, nunca se tinha encaixado bem ao papel de filha de um pastor. Seu pai era emocionalmente caloroso, mas exigia que suas filhas melhorassem sua imagem pública, esperando que elas se sentassem na igreja, quietas e bem-vestidas, ouvindo atentamente seus sermões todos os domingos de manhã. Sua mãe vivia para o marido, alinhando-se com sua imagem embora se ressentisse disso. Ela havia sacrificado suas próprias necessidades e seu talento musical para continuar sendo uma dona de casa que tentava criar as filhas estritamente de acordo com os valores cristãos estabelecidos. Sua mãe se sentia martirizada, era um Pássaro Engaiolado que não podia nutrir suas filhas com sentimentos femininos, nem fortalecê-las com a sabedoria das mulheres. As respostas simplistas e o dogma religioso que Diana recebeu de seus pais, e a comunidade religiosa na qual cresceu, não pareciam corretas em sua visão, sabia que não combinava com sua família, mas externamente se comportava como eles.

Ela era bonita e brilhante, e venceu um concurso da garota mais bonita de sua classe, mas por dentro sentia-se invisível, miserável, até mesmo morta e, às vezes, tinha pensamentos suicidas. Sua família a proibiu de ver seu namorado judeu, e tentou impedi-la de freqüentar uma faculdade não religiosa. Ela se manteve firme e saiu de casa para estudar numa universidade da costa leste e, segundo ela, isso salvou sua vida. Depois de se formar, trabalhou como estagiária, e depois conseguiu um importante trabalho em publicidade em Nova York. Embora tivesse só vinte anos, era uma ótima vendedora; tinha sido treinada por seus pais a apresentar a imagem certa e a agradar às pessoas. Como sabia lidar com finanças, comprou uma casa e investiu na bolsa. Seu futuro era seguro e promissor, estava subindo rapidamente no mundo dos negócios. Então, aos trinta anos, no auge do sucesso, as coisas começaram a desmoronar internamente. Tinha escapado de seus pais, mas ainda não era feliz, e se sentia mal e entediada. O ritmo no trabalho era o mesmo, mas estava exausta e confusa. Sentindo que não conseguiria manter mais essa imagem falsa, começou a fazer terapia, além de mergulhar no estudo do tarô e da astrologia. Pela primeira vez, começou a sentir-se aprovada e única.

Seus sonhos começaram a lhe revelar uma grande sede por uma vida espiritual mais profunda, mais relacionada com as fontes místicas e femininas do conhecimento que tinha experimentado quando

era criança, mas que havia sido suprimido pela forma patriarcal de cristandade vivida por seu pai. Esses sonhos trouxeram um conflito interior entre a religião patriarcal e sua própria busca individual pelo espírito. Um de seus primeiros sonhos, já em terapia, mostrava uma Louca, semelhante a uma Mulher Sem Teto, que invadia sua casa enquanto tentava proteger seu pai, o pastor. Outro sonho lhe disse especificamente para ler o livro *After the Fall*, de Herman Hesse. Diana tinha-se identificado com Hesse como um colega viajante iconoclasta no caminho místico. Hesse, que ganhou o Prêmio Nobel de Literatura, tinha sido na verdade colocado por seus pais numa instituição para crianças retardadas. Hesse rebelara-se contra uma forma fundamentalista de cristandade, e na juventude sofreu um colapso nervoso. Depois da ajuda de um analista junguiano, ele descobriu seu próprio modo de escrever e se tornou um dos buscadores espirituais mais influentes de sua geração. Diana, que fora ajudada pela leitura de Hesse, imaginava se o sonho queria dizer que ela também teria de passar por um "colapso" ou sofrer algum tipo de "queda", como parte de sua jornada espiritual.

Depois de iniciar a terapia, ficou cada vez mais ambivalente com relação a seu trabalho. Este não a desafiava mais, nem lhe dava significado, e ela sentia que o trabalho estava começando a obstruir seu real chamado espiritual. Os valores materialistas de sua empresa, voltados para o enriquecimento rápido, conflitavam com seus próprios valores que estavam emergindo. Não queria mais vender produtos que causavam dano à ecologia. Da mesma forma, não queria mais usar roupas e sapatos desconfortáveis que não combinavam com sua independência feminina. Acima de tudo, ela percebeu que precisava de tempo e espaço para deixar que seu espírito fosse aonde desejasse. Havia algo dentro dela que queria insistentemente viver, embora não soubesse o que era. Assemelhava-se ao Louco no tarô, que está à beira de um abismo; ela que tinha de lutar com o medo e dar o passo no "vazio". Deixou seu emprego e passou a viver de suas economias. Seus pais desaprovaram essa mudança e especialmente seus novos estudos de tarô.

Da perspectiva de seus pais, parecia loucura desistir do sucesso e do *status*, e se devotar aos estudos ocultos e esotéricos.

Entretanto, ela se sentiu aliviada. Adorou ter todo o tempo e espaço de que necessitava para sua exploração espiritual – tempo para ler, escrever em seu diário, trabalhar com seus sonhos, e estudar o tarô. Estava curando a si mesma, caminhando na natureza, meditando e tendo conversas profundas com amigos que estavam no mesmo caminho. Sentia-se em êxtase.

Diana perdeu uma parte substancial de suas economias quando houve uma queda na bolsa de valores. Sua "queda" tinha acontecido. Seus medos de se transformar numa mulher sem teto irromperam com uma força avassaladora. Ela podia imaginar-se nas ruas, com o ridículo de sua família, atuando a Louca que eles já projetavam sobre ela. Seu medo e sua raiva apareceram. Sentia-se horrível e tola. Tinha perdido sua segurança, mas isso a forçou a olhar para as aplicações práticas de seus estudos de astrologia e de tarô, em sua vida. Mais tarde, percebeu que podia combinar seu treinamento em negócios com sua nova compreensão espiritual do feminino para realizar mudanças na sociedade.

Depois da queda da bolsa, começou a ter medo de que algo ruim pudesse lhe acontecer. Começou a sonhar com homens enfurecidos que a atacavam. Em um dos sonhos um homem enfurecido tinha um cutelo de açougueiro – ela o chamava de "o revolucionário no porão". No sonho, ele se escondia no *closet* da casa de sua família, e depois descia as escadas e passava pela sala de estar, indo até o porão, onde ficava, enfurecido e ameaçador. O "revolucionário" representava sua própria raiva suprimida e sua energia revolucionária, que não tinha permissão para ser expressa em sua família. Como o revolucionário subterrâneo, a primeira tendência de Diana foi se retrair e ocultar sua raiva. Seu pai aparecia em alguns dos sonhos. Em um dos sonhos, ele morria, mas voltava a viver. Nesse último sonho, ela lamentava sua morte, mas não queria que as pessoas soubessem que ele estava de volta. O reaparecimento de seu pai simbolizava a ameaça de voltar a sua vida antiga e ao ambiente empresarial. Sentia-se

confusa e paranóide em relação à possibilidade de retornar ao campo de negócios que tão alegremente tinha abandonado.

Em outro sonho, estava de volta à casa da família. Via um pacote endereçado ao Rev. e Mrs. X, seus pais. Sabia que havia uma bomba em seu interior e que esta explodiria se ela não a jogasse fora. Ficou agitada, e sem saber o que fazer com a bomba, pois feriria alguém, em qualquer lugar que ela a colocasse. Finalmente, percebeu que não caberia a ela salvar a todos e lidar com a bomba. Sabendo que precisava sair de casa, chamou um especialista em bombas qualificado para lidar com a situação. O sonho mostrou o que precisava ser feito – cuidar de si mesma e permitir que especialistas externos lidassem com a bomba ameaçadora, o sistema religioso supressivo criado em sua família. O velho sistema familiar precisava explodir para que outro mais saudável pudesse se desenvolver. O sonho ajudou-a a perceber que inconscientemente ainda estava defendendo o sistema familiar e a imagem de seu pai.

Durante esse mesmo período de incerteza, também teve muitos sonhos que revelavam os mistérios femininos que encontraria em sua descida ao desconhecido. Em um sonho, estava de pé ao lado de um altar, investigando os lugares onde corpos de curadoras mágicas estavam delineados por pedras preciosas em uma rocha. Isso simbolizava o grande valor de seu próprio tipo de espiritualidade. Ainda teve muitos sonhos em que visitava lugares antigos e via velhos símbolos de muitas culturas. O sonho a seguir é um exemplo.

> Estou andando na praia. Sinto que é a virada do século. Muitas pessoas estão brincando ao ar livre. A atmosfera é incomum. Tenho treze anos, e estou de *short*, andando com as mãos nos bolsos. Existem alguns tubos que se abrem na areia. Outros garotos querem entrar neles, mas digo que não entrem porque não são seguros. Eles parecem ser tubos de minitornados que podem cair enquanto estivermos lá dentro. Então desço por uma escada até uma sala subterrânea, que foi construída com tijolos. A sala – uma câmara mortuária egípcia, oculta pela areia – é fria e sólida. Vejo todo tipo de hieróglifos e de símbolos egípcios. Gosto dali e me sin-

to em casa. Então vejo um gatinho chorando perto de uma entrada em forma de túnel, na parede. Ouço outro miado e percebo que a gata mãe está lá dentro. Chamo um guarda para ajudar a tirar a gata dali porque temo que se machuque, mas ele me diz que mesmo que tirássemos a gata, o gatinho ainda ficaria chorando nesse lugar.

O sonho revelou que havia uma antiga fonte de sabedoria oculta nas profundezas de sua psique, uma fonte de conhecimento hieróglifo simbólico proveniente de uma rica cultura antiga, que ela podia acessar e entender.

Na época desse sonho, Diana estava pesquisando as religiões primitivas das deusas. Entendia a importância da descida feminina até os recônditos escuros da alma, para obter conhecimento, como mostra o mito sumério de Inanna, rainha do mundo superior, que viajou para o mundo subterrâneo para encontrar a Rainha Ereshkigal, sua irmã sombria. Também sabia que místicos de todas as religiões falavam dessa mesma necessidade. O sonho confirmou que estava no caminho certo para recuperar a antiga fonte de conhecimento espiritual feminino. Sugeria ainda que ela tinha de ir mais fundo para poder utilizar o conhecimento da Grande Mãe, simbolizada pela gata mãe. Diana achava que o gatinho simbolizava seu eu criança que desejava o carinho maternal, o cuidado que não tinha recebido de sua própria mãe, mas viu que poderia ser alimentada pela sabedoria universal da Grande Mãe que residia nas profundezas da psique antiga. No início do sonho, Diana era uma criança andando alegremente na praia – simbolicamente, o lugar onde o consciente e o inconsciente se encontram na beira do mar. No sonho, tem treze anos, começando a alcançar a feminilidade e o autoconhecimento. A exploração era essencial para ela agora, pois não havia explorado suas próprias necessidades e questionamentos como uma jovem. Seus sonhos continuaram a revelar a figura da Exploradora, que desce em cavernas e descobre jóias antigas e símbolos arcanos.

Os medos que sentia da destituição foram um pouco atenuados depois que assistiu à peça *The Search for Signs of Intelligent Life in the Universe.* A protagonista, Trudy, é uma mulher sem teto que anda pelas ruas de Nova York. Ela havia sido uma executiva perspicaz e de sucesso, que saiu do emprego para ter liberdade. Diana sentiu e ouviu a maravilhosa sabedoria louca e a cura espiritual oferecidas por Trudy, a mulher sem teto. Viu-se como uma pessoa profundamente excêntrica. Embora ainda tivesse de lidar com seus medos da Mulher Sem Teto, aceitou-a como uma figura positiva, dizendo: "Uma das vantagens da Mulher Sem Teto é que ela não precisa de nada que o patriarcado tem a oferecer". Ela pode ver a Mulher Sem Teto simbolicamente como uma sacerdotisa visionária de nosso tempo, tentando mostrar os paradoxos em nossa versão coletiva da realidade.

Recentemente, para suplementar seu trabalho com astrologia, Diana começou a trabalhar meio período numa companhia como vendedora de sacolas de algodão que, ao contrário das sacolas de plástico ou de papel, não destroem o meio-ambiente. Este trabalho permitiu que ela se sustentasse, e estava de acordo com seus valores sociais. Um dia, uma amiga notou que ela possuía uma coleção de sacolas de algodão e chamou-a de mulher sem teto. Embora chocada no início, Diana disse depois, com prazer: "Eu me transformei no que mais temia – uma mulher sem teto cheia de sacolas, na vida real, mas a meu próprio modo. Perceber que eu era uma Mulher Sem Teto foi uma alegre transformação". Diana transformou a imagem da Mulher Sem Teto para si mesma, uma imagem arquetípica com vida própria, que queria ser parte de sua vida. Agora ela é uma Mulher Sem Teto ecológica, independente e autoconfiante, em vez de ser uma Mulher Sem Teto tida como louca pelo patriarcado.

A sabedoria louca: Trudy, a mulher sem teto

Enquanto refletia sobre o significado da Mulher Sem Teto em minha própria vida, alguém me convidou para ver *The Search for*

Signs of Intelligent Life in the Universe, a peça que ajudou Diana. A visão do mundo "louca", mas engraçada da protagonista revela as atitudes governadas pelo poder que nos enlouquecem, nos pesam, e nos deixam todos ansiosos e com medo uns dos outros. Na peça, Trudy, a mulher sem teto, apresenta uma sabedoria louca, gentil e curativa, por meio do humor. A peça foi escrita por Jane Wagner, e apresentada pela primeira vez como um monólogo por Lily Tomlin, que representava Trudy e também diversas outras personagens femininas.

Encontramos Trudy, a mulher sem teto, numa esquina onde ela nos flagra tentando nos afastarmos dela, evitando olhá-la nos olhos. Ela nos confronta com nossos preconceitos a seu respeito: sabe que achamos que fala alto demais, que se coça muito, que seus dentes são ruins, e que seus olhos se mexem como "moscas de frutas". Trudy nos diz que grita porque ninguém a ouve, e que se coça porque está ardendo com energia criativa. Se pensamos que está louca porque junta coisas sem valor, Trudy diz: "De que devemos chamar as pessoas que *compram* essas coisas?".[1] Ela acredita que todos se perguntam secretamente se estão loucos. A diferença entre ela e os que pensam que está louca é que reconhece sua loucura: "Enlouquecer foi a melhor coisa que aconteceu comigo. Eu não digo que isto seja para todo o mundo; algumas pessoas não agüentariam".[2] Sua loucura aconteceu quando nada estava funcionando em sua vida. Foi uma dádiva, como Sócrates descreveu: "Uma libertação divina da alma, da opressão do costume e da convenção".[3] Desse modo, livre da "realidade", Trudy agora se recusa a ser por ela "intimidada". Acha que essa é a principal causa do estresse, e ainda pergunta: "Afinal de contas, o que é a realidade? Nada, a não ser uma intuição coletiva".[4]

Sente que sua loucura lhe deu uma "ligação com os canais extraterrestres" e "um vínculo com toda a humanidade, os animais e as plantas".[5] Quando está em transe, seu cérebro eletricamente carregado lhe mostra *flashes* de cenas das vidas de outras pessoas, até dos alienígenas espaciais que observam com ela. Seus amigos espaciais ficam fascinados com suas sacolas, e encontram dados importantes

para seu projeto de pesquisa sobre a Terra nas coisas mais estranhas. Eles tentam entender as coisas estranhas que fazemos aqui – como nosso modo de medir o tempo com relógios, ou o hábito de usarmos roupas desconfortáveis e de aparência absurda para eles.

Trudy e seus amigos espaciais especulam que a evolução pode ter-se incendiado e ser mais bem compreendida como a sobrevivência dos mais espertos em vez da sobrevivência dos mais aptos. O próprio homem pode ser o elo perdido. O vínculo louco de Trudy com a humanidade (a conexão criativa da Louca) poderia ser o "impulso" para a evolução. Ela pensa que se enlouquecer não poderia ser a mente evolutiva se expandindo para uma nova forma, e supõe que seu "*colapso*"* foi uma "*transformação*", e que sua mente é parte de um grande experimento científico que serve ao progresso.

Segundo Trudy, os *aliens* pensam que tudo está interconectado, que compartilhamos os mesmos átomos por todo o tempo, vivemos sob o mesmo céu. Do mesmo modo como todo o oceano pode ser encontrado em cada gota de água, também as emoções de toda a humanidade estão em cada pessoa. Os *aliens* pensam que a habilidade dos humanos para iludir a si mesmos pode ser seu método de sobrevivência. Por que outra razão eles ocultariam a verdade assim que a encontram? Trudy relata que os *aliens* estão fazendo um estudo especial de como e quando a superficialidade apareceu pela primeira vez na natureza humana, como os homens se transformaram de repente de caçadores em freqüentadores de festas. Estão também especulando sobre o início da linguagem, que, ela acredita, começou com nossa necessidade interna de reclamar: "Quando os humanos começaram a fofocar, a raça humana tornou-se paranóide porque percebeu que os outros podiam falar deles; a paranóia desencadeou a guerra, que deu início ao estresse. Trudy aponta que os *aliens* estão preocupados conosco, sabendo que outras formas de vida inteligente

---

* Trocadilho intraduzível. Em inglês colapso e transformação têm a mesma raiz: break-*down* (colapso nervoso) e break-*through* (transformação). (N. T.)

"jogam por jogar", enquanto nós humanos jogamos para ganhar, e assim nos transformamos em perdedores.

Depois de toda esta pesquisa, Trudy e os *aliens* desenvolveram uma visão filosófica semelhante à de Sócrates: "Tudo o que nós *realmente* sabemos é como sabemos *pouco* sobre o que *tudo* significa".[6] Em vez de sempre tentar conhecer o significado da vida, ela põe a imaginar por que não relaxamos "e aproveitamos o *mistério* da vida".[7] Trudy diz que seu maior *insight* é: "[...] no momento em que você está mais admirado com tudo o que não entende na vida, é que você está mais perto de entender isso tudo".[8]

Durante seus transes, Trudy sintoniza e retrata outras personagens na peça – que também dão voz à Louca interior. Lily Tomlin aparece como ela própria e se preocupa com a possibilidade de Deus estar com a doença de Alzheimer e ter esquecido o esquema cósmico. Agnes, uma adolescente *punk* confessa que queria ter uma pele grossa para não ter de chorar. Agnes sente através de sua pele, a loucura de nosso mundo, no qual o próprio ar que temos de respirar está nos matando. As pessoas a acusam de desprezar a sociedade, mas ela sabe que nada se compara ao desprezo que a sociedade sente por adolescentes *punks* como ela. Outras personagens incluem Tina, uma prostituta, viciada em drogas, e que tem um grande coração, e uma comunidade de amigas feministas liberais que falam de sua luta pela libertação e seu estado atual de confusão. E depois há Chrissy, que tenta superar todos os seus medos. Ela não tem foco, malha em academias para manter-se em forma, está sempre perdendo e ganhando os mesmos cinco quilos, e tentando encontrar um homem e um emprego. O bilhete de suicídio de Chrissy é encontrado por Kate, uma mulher elegante, rica e entediada com a vida, teme o caos e olha para o outro lado, cheia de aversão por sua "irmã sombria", a Mulher Sem Teto. Depois de encontrar o bilhete de suicídio de uma mulher genuína com sentimentos intensos, Kate percebe o contraste com seus próprios sentimentos congelados e se conscientiza de que foi se fechando para o seu sofrimento e o dos outros. Este *insight* permite que ela olhe direto para Trudy, que lhe oferece seu chapéu

de guarda-chuva para que se proteja da chuva. Quando Kate aceita, dois aspectos opostos do feminino se encontram – a mulher da alta sociedade, perfeccionista e crítica, que teme a Mulher Sem Teto, e a Louca, excêntrica, vulnerável. Seu encontro mostra a todos nós a possibilidade da integração feminina.

As personagens "loucas" em *The Search for Signs of Intelligent Life in the Universe* simbolizam diversas partes de nós mesmas que precisam ser encontradas e integradas para sermos psicologicamente conscientes e inteiras. Como exemplo, vemos a Mulher Sem Teto e a Visionária pela personagem da própria Trudy. A Revolucionária está presente nas mulheres liberais e na adolescente Agnes, que se expressa num estilo Mulher Dragão, por causa de sua frustração. Tina, a prostituta compassiva, é uma Musa a seu próprio modo, enquanto Chrissy é um Pássaro Engaiolado, aprisionada pelas expectativas dos outros. Kate estava presa em seu papel como Juiz e Rainha Gelada. A generosidade gentil e tola de Trudy é necessária para derreter os frios julgamentos de Kate. O afastamento de Trudy das idéias e maneiras convencionais é um exemplo da conexão criativa de Louca que nos permite ver as coisas como novas. Mas para que vejamos todas essas personagens interiores, relacionando-se umas com as outras, e a nova perspectiva que elas trazem, algumas vezes, a mente tem de interromper-se por um momento. Como Trudy diz: "Veja, a mente humana é um tipo de... *piñata*. Quando ela se interrompe, muitas surpresas surgem de dentro dela. Uma vez que você tenha a perspectiva da *piñata*, você vê que perder sua mente pode ser uma experiência culminante".[9]

Caminhando livremente: a peregrina da paz

A história verdadeira de Peregrina da Paz, uma mulher que deixou seu trabalho, seu nome, e todas as suas posses para andar pelos Estados Unidos em nome da paz, é um exemplo empolgante de uma forma física e real da Mulher Sem Teto espiritual. Peregrina da Paz caminhou pela paz durante 28 anos, apenas com as roupas do corpo e com uma túnica com bolsos nos quais ela carregava aquilo de que necessitava – caneta, papel, uma mensagem de paz, cartas, um pente e uma escova de dentes dobrável. Ela não carregava dinheiro consigo e recebia comida e abrigo das pessoas que encontrava. A Peregrina da Paz se preparou por quinze anos para sua jornada, atendendo a um chamado espiritual. Então, na segunda metade de sua vida, iniciou sua peregrinação com o credo: "Sou uma peregrina, uma andarilha. Devo continuar a ser uma andarilha até que a humanidade tenha aprendido o caminho da paz, andando até receber abrigo, e jejuando até receber comida".[10]

Peregrina da Paz andou durante 28 anos e caminhou mais de 40 mil quilômetros pelas estradas dos Estados Unidos e pelos 3.200 quilômetros da Trilha Apalache, e ainda por todo o país. Ela andava em média 40 quilômetros por dia, dependendo de quantas pessoas se aproximassem para falar com ela. Quando estava frio, andava a noite inteira para manter-se aquecida. Seguia os pássaros migradores e, dependendo do tempo, dormia embaixo de pontes, nos campos, em estações de trem e em cemitérios.

Andar era o modo de rezar de Peregrina da Paz, e esperava inspirar as pessoas a trabalhar pela paz. Andava pela fé e se sentia protegida em sua humildade. Enquanto andava pela paz, esperava que os outros se aproximassem para compartilhar sua mensagem: "Se você quer promover a paz, deve ter paz interior".

Em sua jornada, Peregrina da Paz era freqüentemente considerada uma Louca. Ela foi presa diversas vezes por vagabundagem, e passou muitas noites na prisão. Ela aceitava essas prisões como oportunidades para compartilhar suas visões sobre a paz com aqueles que encontrava, quer fossem os policiais que a tinham prendido ou as prisioneiras que ocupavam a mesma cela. Depois de terminar sua primeira travessia do país, ela dormiu na Grand Central Station em Nova York com as mulheres sem teto. Algumas vezes, especialmente nos subúrbios ricos, as pessoas a olhavam com desprezo. Sua vida também foi posta em perigo por estranhos na estrada. Mas seu ser

interior radiava tanta fé e serenidade que, milagrosamente, os agressores se detinham antes de feri-la.

Peregrina da Paz considerava que os detalhes de sua vida pessoal não tinham importância. Embora tivesse crescido numa família de fazendeiros pobres na periferia de uma pequena cidade, teve uma infância feliz, em que pôde brincar nos bosques e nadar num riacho, onde teve muito espaço para crescer. "Nós precisamos de espaço para crescer"[11], como as plantas. Peregrina da Paz acreditava que a falta de religião formal durante sua infância foi uma vantagem, pois teve menos "a desfazer em sua mente, depois".[12]

Durante sua adolescência, seus colegas a olhavam desdenhosamente por se recusar a beber ou a fumar, mas ela sabia que estava escolhendo a liberdade. Tinha nascido com um senso natural de autodisciplina, estabeleceu prioridades e levou uma vida regrada. Essas qualidades a ajudaram a realizar sua peregrinação. Durante algum tempo, teve uma vida profissional convencional, procurando a felicidade na segurança e nas posses, mas percebeu que o sucesso material não era o caminho para o significado, e sofria quando via as pessoas passando fome. No início, buscou externamente por "Deus", questionando, mas sem receber respostas. Uma vez, depois de andar longamente e de refletir a fundo sobre essas questões, acordou olhando para as árvores e as estrelas com uma nova crença interior, numa força criativa sustentadora que motivava a mudança e que estava além de todo poder humano. Para Peregrina da Paz, esta energia criativa, que sentia dentro de si, era "Deus".

Seu despertar espiritual aconteceu em uma noite enquanto caminhava sozinha pelos bosques e parou para rezar numa clareira iluminada pelo luar. Sentiu-se completamente entregue e disposta a dirigir sua vida para esse chamado. A partir desse momento se dedicou a trabalhar pela paz. Este foi o começo de seus quinze anos de preparação espiritual e de sua metamorfose de uma pessoa autocentrada para alguém que se doava completamente. Durante este período, teve conflitos interiores, mas fez um grande esforço para deixar de viver na superficialidade. Acreditava que cada pessoa tem um papel especial a desempenhar no jogo divino, e que ouvir silenciosamente é o modo de escutar a orientação de Deus que fala dentro de nós. Para ouvir esta voz interior, ela andava em silêncio, apreciando as belas dádivas da natureza.

Peregrina da Paz descobriu que a verdadeira liberdade baseia-se em nosso reconhecimento de que só podemos ser atingidos espiritualmente por nossos próprios erros ou por nossa inação, e não por terceiros. Peregrina da Paz acreditava que todos podemos encontrar o caminho para a paz interior e o amor universal, se aprendermos a aproveitar os lugares e as pessoas que encontramos na jornada de nossas vidas, e seguir adiante quando chega o momento de fazê-lo. Ela buscava livrar-se de "pensamentos sem valor", sabendo que guardar ressentimentos ou amargura em relação a si mesma ou aos outros apenas provoca doenças interiores. Acreditava que o perdão é a cura, que a maioria de nossos problemas vem do "cultivo da raiva" e já que suprimir a raiva nos fere por dentro, sugeria que transformássemos a enorme energia contida na raiva, dirigindo-a para tarefas construtivas ou para exercícios físicos. O medo, outro grande obstáculo, é na verdade medo do desconhecido. Precisamos conhecer o medo para poder transformá-lo. De outro modo, atraímos o que tememos.

Peregrina da Paz trabalhou para purificar seus motivos de modo que pudesse estar a serviço da paz interior e exterior, e procurou obtê-la. Esforçou-se para abandonar a vontade pessoal, a possessividade, e todos os sentimentos negativos, buscando ter um pequeno gesto bom a cada dia. Concentrou-se nisso, em vez de "sair correndo cheia de entusiasmo" para resolver problemas alheios, pois isso os privaria de sua própria jornada de autocrescimento. Simplificar sua vida às necessidades básicas foi essencial para esse esforço. Sua prática era comer alimentos saudáveis e cuidar do corpo, comendo para viver em vez de viver para comer. Descansava, exercitava-se e vivia ao ar livre, na natureza, tanto quanto possível.

Durante essas preparações espirituais, Peregrina da Paz começou a sentir-se livre, tendo belas visões. Uma vez viu um halo e uma emanação de luz circundando cada flor e árvore, e sentiu a unidade de todos os seres – a unidade que, para muitos, é "Deus". Um dia, enquanto estava sentada no alto de uma colina no campo, soube que estava pronta para sua peregrinação quando teve uma visão em que estava andando de costa a costa dos Estados Unidos, sem aceitar dinheiro nem estar ligada a nenhuma organização. Estava pronta para receber comida e abrigo como os andarilhos mendigos do Oriente e da Idade Média, e esperava compartilhar sua mensagem de paz: "Supere o mal com o bem, e a falsidade com a verdade, e o ódio com o amor".[13]

Iniciou sua peregrinação em 1" de janeiro de 1953, e abandonou seu nome pessoal, sua história, associações e o fardo de suas posses. Começou a caminhar pela Califórnia, na Tournament of Roses Parade e pensou que poderia ser parada ou presa pela polícia. Em vez disso, foi acolhida e até mesmo entrevistada pela TV. Finalmente pediram-lhe que falasse para grupos e em universidades. Uma vez, num julgamento com a acusação de vagabundagem, perguntaram-lhe o que ela faria se tivesse de escolher entre matar e ser morta. Ela respondeu que, se sua vida continuasse em harmonia, provavelmente não teria de fazer essa escolha a menos que fosse chamada a ser uma mártir por Deus; mas, se tivesse de escolher, preferiria ser morta. Quando os juízes lhe pediram uma explicação lógica, tentou explicar a diferença entre uma natureza autocentrada e estar centrada em Deus. Peregrina da Paz disse: "Eu lhes disse que em meu quadro de referência, eu não era o corpo. Eu apenas estava vestindo o corpo. *Eu sou aquilo que ativa o corpo* – esta é a realidade. Se eu for morta, isso destruirá meramente o invólucro de barro, o corpo. Mas se eu matar, isso ferirá a realidade, a alma!".[14] A polícia a libertou, pois sua peregrinação tinha uma base religiosa. Sua mensagem era praticar "uma jornada suave de prece e exemplo",[15] e ela se viu como "uma corporificação do coração do mundo" pedindo por paz.

Peregrina da Paz algumas vezes era considerada uma Louca por ter um coração tão aberto e confiante. Entretanto, ela não era ingênua, e sabia que a humanidade "equilibra-se num fio entre o caos abismal e um novo renascimento, com passos amedrontados e vacilantes" e que existem fortes pressões na direção da destruição. Acreditava que o único modo de superar o medo é confrontá-lo. Assim, estava disposta a encarar o caos com a sabedoria e a força da Louca, cuja coragem selvagem irradia esperança. Sobre a louca sabedoria da Mulher Sem Teto, observou: "Esta sou eu e todas as minhas posses. Pense em quanto sou livre! Se quiser viajar, simplesmente me levanto e ando. Não há nada que me prenda".[16] Viveu como "as margaridas do campo" e compartilhou sua jornada até o fim de sua vida. Ela morreu há vários anos, em um acidente automobilístico quando se dirigia a uma palestra sobre a paz. Sua morte foi instantânea e aconteceu como a tinha exprimido – como "a gloriosa transição para uma vida mais livre".[17]

O dilema exterior

No livro *Shopping Bag Ladies: Homeless Women Speak about Their Lives*, de Ann Marie Rousseau e Alix Kates Shulman, somos colocados frente a frente com o dilema social que todos nós enfrentamos por negligenciar as mulheres sem teto. Este tratamento exterior negligente diante de nossos companheiros humanos reflete a carência e a rejeição que muitas mulheres sentem. Muitas dessas mulheres, mas nem todas, estão nas ruas por causa da pobreza, velhice, senilidade, incapacidade mental, de uma história de abuso, droga e do alcoolismo. Freqüentemente situações de crise – doenças, brigas com a família, incêndios, despejos, roubos, perdas, – as deixaram sem casa e incapazes de lidar com a situação de modo suficientemente adequado para encontrar ajuda. Contudo, todas sofrem com o isolamento social que tendemos a infligir sobre a mulher solteira rejeitada, quer ela seja idosa ou de meia-idade.

Quando estão nas ruas, as mulheres sofrem com o estresse do barulho e da falta de privacidade; com o estupor, a desorientação e a confusão resultantes da falta de sono; com a falta de alimentação; com a falta de segurança diante de assaltos e estupros; com a exposição às intempéries, e com a pura exaustão. Isso diminui ainda mais a capacidade para obterem um abrigo seguro. Algumas dessas mulheres têm muito medo de serem aprisionadas numa instituição mental ou de serem presas, e preferem lutar por si mesmas a depender do sistema social ou da caridade.

Algumas mulheres sem teto disseram na entrevista que prefeririam arriscar-se nas ruas, que se sentiam mais seguras ao ar livre do que em hotéis caindo em ruínas, onde provavelmente seriam assaltadas nas escadas. Uma mulher sem teto disse ter sido despejada de um hotel e que o gerente lhe disse que conseguiriam mais dinheiro se alugassem os quartos para prostitutas. Em algumas cidades, existem abrigos para homens, mas não para mulheres. Muitas das mulheres sem teto não sabiam como lidar efetivamente com o tratamento impessoal e freqüentemente rude que recebem dos sistemas burocráticos para obter ajuda financeira e abrigo. Como disse uma mulher nativa americana, que originalmente veio a Nova York com sua mãe para ganhar dinheiro com o artesanato que faziam e enviá-lo para sua tribo: "Eu fui para a Casa de Maria, mas não havia lugar lá. Eles me enviaram para o Abrigo Feminino e agora dizem que vão colocar-me num abrigo. Isso é pior do que a morte. Eu prefiro viver ao ar livre do que ir para um desses lugares".[18]

Diversas mulheres sem teto se sentem envergonhadas de mendigar, e querem manter seu orgulho e sua integridade. Uma mulher, que acabou nas ruas depois do fim de seu casamento, descreveu seu marido como alguém que controlava completamente sua vida. Ele se enfurrecia e abusava dela. "Ele não estava acostumado a lidar com seus sentimentos. Você podia tirar a cobertura e era como se não houvesse nada embaixo a não ser o caos".[19] Outra jovem sem teto, que havia tido um colapso nervoso, reclamava dos homens que diziam querer ajudar, mas que na verdade queriam levá-la para a cama: "É claro que as mulheres são discriminadas e isso fez que eu me sentisse como um vulcão. Tudo apenas explodiu, e eu fiquei completamente louca porque nunca tinha falado claramente sobre isso".[20]

O problema social da mulher sem teto não melhorará se for ignorado. Isto é verdade tanto em nível interior quanto exterior. Quer admitamos ou não, o medo de ser abandonada e ficar sem teto – de se transformar na mulher sem teto das ruas – espreita no inconsciente de quase todas nós. A menos que encaremos este medo, seremos incapazes de transformá-lo, em nossas vidas individuais e na sociedade. Temos de aprender a cuidar do feminino sob todas as suas formas, quer ela seja a mulher sem teto isolada nas ruas, a Mulher Sem Teto negligenciada dentro de nós, ou a Mãe Terra na qual vivemos e da qual abusamos. Num *workshop*, uma mulher expressou de modo poético a situação pessoal e cósmica da Mulher Sem Teto:

Nossa Mãe, a Mulher Sem Teto

As calças amarrotadas,
Os sapatos estragados,
A rosa em seu chapéu...
Lá estava ela; e eu a observava,
Enquanto ela se sentava na praia.
Ela carregava seu mundo nas sacolas
Que havia posto a seu lado...
Picos de montanhas e vales profundos
e oceanos com correntezas rápidas.
Eu juro que ouvi o rugir do mar
E senti o cheiro da floresta verde.
Eu senti o arrepio do vento;
E vi a neve;
E aí soube que havia sido vista.
Ela olhava para mim com olhos escuros e loucos;
Eu não sabia o que dizer
Para a deslocada,
Desrespeitada Gaia.
Ela se levantou e foi embora.

7

A Reclusa

A alma escolhe sua própria sociedade –
E então – fecha a porta –
Atrás de sua maioridade divina –
Não mais presente.
EMILY DICKINSON

Certa vez encontrei uma mulher idosa andando sozinha por montanhas altas. Sou também uma reclusa excêntrica, que se sente mais à vontade caminhando sozinha e apreciando a natureza, e dessa forma nos reconhecemos como espíritos afins e começamos a conversar. Ela já havia tido uma típica vida suburbana, mas depois da morte de seu marido, repentinamente, ficou livre para fazer o que desejasse. No verão, passava seu tempo sozinha numa cabana nos bosques onde podia cantar com os pássaros, seguir a fuga dos veados, e observar o comportamento das raposas e dos esquilos. Todo esse jogo solitário com seus amigos animais alimentou sua fantasia e ela se transformou em uma excelente poeta. No entanto, seus antigos amigos a consideram um pouco esquisita e, algumas vezes, ela se sentia desse jeito, principalmente quando comia sozinha em restaurantes, enquanto viajava para sua cabana no campo. Embora tenha sido feliz em sua antiga vida de casada, agora sente-se feliz de um modo diferente. Não está interessada em um novo casamento, mas em aproveitar a nova vida criativa que descobrira, vivendo segundo seus próprios ritmos naturais.

A pessoa solteira que vive de modo diferente das convenções da sociedade, freqüentemente é vista como digna de pena, tratada com condescendência, marginalizada ou até mesmo considerada esquisita e louca por aqueles que levam uma vida convencional. Essas pessoas que ridicularizam a excêntrica solitária podem secretamente ter medo, pois o solitário rejeita e ameaça seu modo de vida estabelecido. A Reclusa pode ter qualquer idade – uma adolescente talentosa, uma divorciada, uma pessoa que está saindo da crise da meia-idade, uma jovem que escolhe uma vida solitária, uma mulher solteira ou uma viúva, mas geralmente essa projeção negativa é feita sobre as mulheres solteiras de meia-idade ou idosas.

A mulher Reclusa é freqüentemente vista como Louca, e de fato, algumas pessoas isoladas que se fecham para a vida, por medo, raiva, ressentimento, ou paranóia, são mentalmente perturbadas. A mulher idosa louca arquetípica que vive em casas em ruínas com mais ou menos quarenta gatos tem suas correspondentes na vida real e na literatura, em solteironas como a srta. Havisham, a personagem de *Great Expectations*, de Dickens, que se embala em seu quarto no sótão, ainda vestida de noiva, esperando pelo noivo que a abandonou.

As mulheres solteiras normalmente sentem medo de se transformar numa "solteirona", outra figura da Reclusa, na realidade e na ficção. No jogo infantil, receber a carta da Solteirona significa ser um perdedor. Mesmo hoje, as mulheres solteiras recebem essa projeção negativa, que pode incluir uma suspeita de loucura ou de excentricidade. Um homem solteiro é visto como alguém livre para aproveitar a vida, enquanto uma mulher sem um homem é vista como digna de pena. Algumas mulheres ainda se casam para evitar o estigma social da solteirona, mesmo que em seus corações preferissem sua independência. Outras mulheres optam por permanecer solteiras – porque o preferem ou porque não encontraram o companheiro certo ou alguém suficientemente aceitável, e não querem prender-se a um compromisso convencional. Outras ainda são deixadas de lado porque não se encaixam na imagem coletiva e são vistas como simples demais ou altas demais ou gordas demais ou tímidas demais, e assim por diante. Entretanto, mesmo as mulheres

casadas e felizes sentem falta de um tempo só delas e de espaço para criarem por si mesmas; elas precisam de "um espaço só delas".

A suposição de que muitas mulheres solitárias são dignas de pena ou infelizes não é apenas condescendente, mas em geral também reflete o medo da solidão do homem, da mulher ou do casal que faz essa projeção. Ficar sozinha (perdida, não escolhida, abandonada ou rejeitada) e não ser capaz de lidar com a situação por si mesma, é um dos maiores medos das pessoas que realmente dão valor aos relacionamentos ou que não desenvolveram uma vida interior rica, nem alcançaram a paz interior. Muitas pessoas projetam sua aversão de ficarem sozinhas sobre a mulher solteira, e desse modo evitam encarar o desafio da solidão humana, algo que todos nós teremos que confrontar cedo ou tarde.

A mulher que se sente solitária e que não está em paz com sua solidão pode experimentar o aspecto negativo da Reclusa – isolamento e paranóia. O escritor inglês Jena Rhys descreveu este aspecto da Louca – a mulher que se sente só e rejeitada e que se ressente da piedade dos outros. É freqüente que outras mulheres sejam seus juízes mais cruéis. No livro de Rhys, *Good Morning, Midnight*, uma mulher, que se aproxima dos cinqüenta anos, senta-se num café, autoconsciente e sofrendo enquanto duas jovens riem dela. Ela expressa sua raiva, resmungando para si mesma:

> Nem se incomode... um dia, bem de repente, quando você não estiver esperando, eu pegarei um martelo de dentro das dobras de minha capa escura e esmagarei seu pequeno crânio como se fosse uma casca de ovo, ela ficará esmagada, a casca de ovo; e eles escorrerão para fora, o sangue, o cérebro, um dia, um dia... um dia, o lobo feroz que anda a meu lado saltará sobre você e arrancará suas entranhas abomináveis, um dia, um dia...[1]

Leah, uma mulher de quarenta anos, ao contrário, identifica-se bastante com o aspecto positivo da Reclusa. Ela é uma mulher independente e criativa, que anseia pela solidão e que viveu mais tempo sozinha do que casada. Leah passa dias seguidos sozinha, fazendo um trabalho criativo e divertindo-se com isso. Atinge com freqüência estados de consciência extáticos enquanto caminha, toca música, esquia ou lê. Sente-se feliz e elevada com a natureza e a arte. A vida reclusa lhe proporciona o espaço sagrado em que pode entrar e fazer um contato com seu eu mais profundo; é o lugar onde está em comunhão com a alma e encontra o espírito.

Entretanto, como muitas mulheres reclusas, Leah às vezes se sente um pouco paranóide com relação a estar solteira. De vez em quando se acha tão diferente que se sente desajeitada quando está perto de casais, como se não fizesse parte da vida normal. Em alguns momentos, sua Louca Reclusa negativa a deixa enraivecida com a normalidade de suas amigas casadas e a isola ainda mais, por medo de que as pessoas esperem muito dela. Às vezes, fica sozinha para proteger-se do comportamento co-dependente, quando não sabe como regular sua energia. Seu comportamento recluso também fica negativo quando a impede de se abrir e pedir ajuda e faz que se feche e não compartilhe seus sentimentos.

As pessoas que não entendem a relação entre criatividade e solidão também consideram o retraimento de Leah como evidência de loucura. Sua autoconfiança freqüentemente perturba os maridos de suas amigas, que a temem por ser uma mulher poderosa. Alguns maridos até mesmo a consideram uma má influência para suas esposas, e temem que as mulheres possam ser tentadas por seu senso de independência. Como uma Reclusa, Leah não gosta de ir a festas, principalmente porque quase sempre acha as conversas superficiais e um desperdício de tempo. Prefere ficar em casa e ler, mas quando sai e encontra uma pessoa interessante, pode conversar profundamente por horas e horas. A recuperação num programa de doze passos a ajudou a se abrir e a encontrar um equilíbrio entre a comunhão com sua alma interior e seus relacionamentos exteriores. Num desses encontros ouviu uma afirmação – “Você precisa fazê-lo por si mesma, mas não pode fazê-lo sozinha.” – que enfatizava a necessidade de manter a tensão paradoxal entre sua independência reclusa e sua necessidade de comunhão.

Quando Leah precisa ser disciplinada para poder pintar em seu estúdio, para escrever ou estudar em sua escrivaninha, ou para praticar saxofone em sua sala de música, ela invoca mentalmente uma imagem positiva da Reclusa. Essa energia interior da Reclusa lhe dá a fé e o poder para entrar no fluxo de seus sentimentos, sua energia e seu ritmo natural para que possa sentir e expressar seu poder criativo. Leah encontrou um modelo feminino para contrapor sua tendência de se distrair com os estímulos externos. Esse modelo é a personagem da srta. Helen, uma reclusa em *The Road to Mecca*, uma peça inspiradora que mostra o valor humano universal e a integridade da vida solitária.

A velha reclusa: *The Road to Mecca*

The Road to Mecca conta a história de uma mulher idosa que mora só, lutando para continuar livre e criar – uma luta que todos nós enfrentamos cedo ou tarde. *The Road to Mecca* é uma peça de Athol Fugard, inspirada numa história real que ouviu sobre uma mulher excêntrica que vivia num lugar remoto da África do Sul. O drama mostra como a loucura é freqüentemente projetada sobre a pessoa criativa, nesse caso pelas pessoas da cidade, e demonstra a enorme força necessária para que a Louca afirme sua própria integridade e seu trabalho. *The Road to Mecca* também apresenta o paradoxo entre a necessidade de solidão e a necessidade de que as próprias criações sejam apreciadas por outras pessoas. Este processo é retratado no relacionamento entre dois tipos muito diferentes de mulher – cada uma delas uma Louca a seu próprio modo – e a transformação de cada uma, que acontece como resultado de seu encontro e de sua confrontação com o Juiz louco patriarcal.

Em *The Road to Mecca*, encontramos a srta. Helen, uma mulher pequena e frágil que tem quase setenta anos, é escultora, suas estátuas são consideradas escandalosas por seus vizinhos, desde que seu marido morreu, há quinze anos. Antes da morte do marido levava uma vida comum, acompanhando-o à igreja todos os domingos. Ela parece uma mulher obediente e passiva, e é uma das paroquianas favoritas do pastor, Marius Byleveld. Depois do funeral de seu marido, Marius acompanha a srta. Helen até sua casa, fecha as cortinas e persianas para protegê-la, faz chá, diz-lhe palavras confortadoras, e acende uma vela antes de sair. A srta. Helen permanece sentada no escuro, olhando fixamente para a vela, esperando que ela se apague e a deixe no escuro. Está acostumada com a desolação, pois tem-se sentido vazia por dentro há muitos anos, embora tenha escondido isso dos outros. Contudo, algo estranho acontece naquela noite, em vez de apagar, a vela torna-se de repente mais brilhante, e a srta. Helen tem uma visão de uma luz criativa que pode ensiná-la.

Depois deste incidente, numa noite de sábado, ela vê repentinamente a figura de uma coruja. A srta. Helen se lembra de que "pode ver no escuro" e percebe que deve ficar em casa para esculpir a imagem da coruja antes que a esqueça, em vez de ir à igreja no domingo. O pastor Marius vê o lugar vazio na igreja e fica preocupado com ela. Mas depois disso, a srta. Helen começa a faltar à igreja, enquanto cria uma cidade de luz, sua própria Meca, que inclui um grande número de estátuas que ela coloca em seu jardim e em sua casa. Canta enquanto esculpe, e as pessoas da cidade pensam que ela enlouqueceu. Eles se chocam pela estranha reunião de camelos e de sábios que olham para o leste, os pavões brilhantes, as sereias e corujas. Ela criou um Buda, uma cabeça da Ilha da Páscoa, e uma estranha criatura que é meio homem, meio galo, com calças meio vestidas. Montou até uma mesquita com velhas garrafas de cerveja. As pessoas da cidade falam sobre a srta. Helen e assustam as crianças com histórias a respeito de seus "monstros". Certa vez, apedrejaram sua casa e suas estátuas.

Entretanto, depois de quinze anos de visões e de esculturas, a srta. Helen foi tomada pelo medo. Parou de ter novas imagens e inspirações. Sua vista está começando a falhar, e a artrite afeta sua capacidade de levantar coisas e de cuidar de si mesma. A srta. Helen tem medo de que seu processo criativo, que é o que mais lhe importa na vida, esteja acabando-se. Entra num estado de depressão, e escreve

uma carta alarmante a sua única amiga, Elsa, uma jovem professora da Cidade do Cabo, dizendo que está em sua noite mais escura e que está perdendo tudo. Menciona pensamentos suicidas. E tenta explicar seus medos para sua amiga:

> Primeiro eu preciso vê-las muito claramente. Elas vêm a mim a partir de dentro como imagens. E se elas não vêm, bem, tudo o que eu posso fazer é esperar... e ter esperança de que elas apareçam. Eu gostaria de saber como fazê-las acontecer, mas não sei. Eu não sei de onde as imagens vêm. Eu não posso me obrigar a ver algo que não está lá. Eu tentei fazer isto uma ou duas vezes no passado quando estava desesperada, mas o trabalho sempre acabou transformando-se numa confusão sem vida e sem forma. Se elas não vêm, tudo o que eu posso fazer é esperar...
>
> Eu tentei ser paciente comigo, mas é difícil. Não sobra muita coisa... e os meus olhos... e as minhas mãos... eles não são mais como eram. Mas o pior de tudo... imagine se eu estiver esperando por nada, se nunca mais houver imagens interiores novamente, se desta vez eu *tiver* chegado ao fim? Oh Deus, não! Por favor, não.Tudo menos isso.[2]

Elsa chega para visitar a srta. Helen, e encontra a mulher idosa nervosa e se desculpando, vestida de modo menos cuidadoso que o normal. Ela, que tem 28 anos, tem uma aparência forte e uma filosofia social igualmente forte. Não é uma Reclusa, mas uma Louca Revolucionária. Ela é uma ativista que se escandaliza com as injustiças existentes na África do Sul contra os negros e as mulheres, e está pronta para lutar por suas crenças. Ao chegar, está brava e amargurada pela traição de um namorado recente com quem ela esperava casar-se. Mesmo assim, logo sente a magia da casa da srta. Helen, cheia de espelhos coloridos e de objetos fantásticos, e o senso de humor da mulher mais velha a ajuda a relaxar.

As duas mulheres se encontraram por acaso vários anos antes. Elsa estava viajando por uma aldeia poeirenta no Karoo, e entrou por uma estrada deserta para escapar de algumas moscas que a estavam deixando louca. Essa estrada passava pelo jardim da srta.

Helen, e Elsa parou para olhar as estátuas. Ela havia ouvido a respeito da velha estranha que tinha a reputação de ser "louca de pedra", mas não violenta. A srta. Helen estava consertando uma sereia no jardim, e reparou no olhar surpreso da jovem. A srta. Helen lhe perguntou se conhecia o caminho para Meca. Elsa não sabia responder, e então a srta. Helen apontou para o leste e a convidou para entrar e tomar chá. Quando começou a escurecer, a srta. Helen acendeu velas na sala, meio tímida no início, pois o espaço mágico de luz e cor era a expressão de seu eu mais íntimo.

A srta. Helen estava acostumada com o olhar rude das pessoas da cidade, que consideravam sua casa feia, mas nunca mostrara para ninguém o interior de sua brilhante casa de fantasia. Os anos de ridículo como "uma velha louca tinham cobrado seu preço".[3] A srta. Helen não tinha conseguido criar nada durante um ano, mas sentiu-se orgulhosa quando viu os olhos de Elsa cheios de surpresa. Assim, ela lhe disse: "A luz é um milagre... que mesmo o ser humano mais comum pode fazer".[4] Nessa noite, depois de Elsa ter ido embora, imagens de novas estátuas para sua Meca inundaram sua mente. A srta. Helen ficou feliz, e soube que podia trabalhar de novo.

As duas mulheres – uma jovem e uma velha – tornaram-se amigas rapidamente por meio do jogo criativo. Como diz a srta. Helen: "Eu confio em você. É por isso que minha menininha pode sair e brincar. Todas as portas estão completamente abertas!".[5] De fato, era normalmente a "menininha" da srta. Helen que saía primeiro para brincar e ajudava a séria Elsa a divertir-se e a ser um pouco tola. Quando essas duas mulheres "brincavam juntas", o humor da "velha louca" se reunia à jovem ativista social para criar um maravilhoso relacionamento feminino.

Porém, desta vez, Elsa não está fazendo uma visita para brincar, mas para descobrir o que está errado com a srta. Helen. Finalmente, a mulher mais velha confessa que o conselho da igreja quer que ela se interne num asilo para idosos, pois os paroquianos temem que a srta. Helen não consiga mais cuidar de si mesma. Ela tem sofrido alguns acidentes, inclusive um incêndio grave em sua casa, por causa

de sua visão fraca e da artrite em suas mãos. No início, Elsa se escandaliza com o fato de o conselho da igreja querer "internar" sua amiga num asilo religioso "seguro" para idosos de modo que ela não seja mais parte do mundo. Mas depois percebe que a srta. Helen está permitindo que o pastor Marius a intimide, que é necessário que lute por si mesma para que possa sobreviver. Dessa forma, dá-lhe algumas sugestões práticas – marcar consultas com um médico e com um oftalmologista para tratar de sua artrite e melhorar sua visão, e conseguir alguém para ajudá-la com os serviços domésticos.

Internar a srta. Helen num asilo seria uma vitória para o patriarcado da igreja, pois seu estilo de vida não conformista perturba os paroquianos. A própria srta. Helen tem consciência de que o pastor Marius está só esperando pelo dia em que ela se conforme e pare de criar sua Meca. Até então, ela não precisou lutar por si mesma. Agora, se não disser não ao pastor Marius, estará dizendo não a sua própria vida. Helen sabe disso, mas sente-se confusa e precisa da força e assertividade de Elsa. Quer que Elsa diga não ao pastor em seu lugar.

Elsa confronta Marius, que ora trata a srta. Helen com condescendência ora a bajula, dizendo que ela é uma senhora idosa inofensiva que precisa de ajuda. Entretanto, Elsa percebe que as pessoas têm medo da srta. Helen porque ela é diferente, e responde que não se apedrejam senhoras idosas inofensivas. As pessoas da cidade têm ciúmes da luz criativa da srta. Helen e temem as estátuas de Meca porque expressam sua liberdade. Elsa diz: "Tenho certeza de que isto se caracteriza como um pecado cardinal. Uma mulher livre! Deus nos perdoe". E continua dizendo que a srta. Helen é "o primeiro espírito verdadeiramente livre" que encontrou, e que a mulher idosa a desafiou a ter consciência e responsabilidade por sua própria vida que ela nunca havia conhecido até conhecê-la.

Então, as preocupações verdadeiras do pastor Marius surgem. Ele revela sua ansiedade e tristeza pela srta. Helen ter abandonado a igreja para criar os "monstros de cimento", o que em outra época e outro lugar "poderia ter sido considerado idolatria".[7] Ele admite que está desconcertado e com ciúmes por ela ter abandonado sua antiga amizade, e admite também que odeia essa palavra louca, *liberdade*. Marius age como um Juiz, e justifica seu próprio modo como o único correto.

Nesse ponto, a srta. Helen recuperou sua calma e sua força. Ela diz a Marius que sabia muito bem o que estava fazendo quando escolheu ficar em casa e não ir à igreja naquele primeiro domingo, e esculpir a coruja. Ela diz enfaticamente: "Você não quebra os hábitos de toda uma vida sem perceber que essa vida nunca mais será a mesma".[8] Então, falando com autoridade, a srta. Helen diz a Elsa para acender as velas, começando pelo candelabro no centro da sala. Ela fica radiante, viva com sua visão de Meca – e tenta mostrá-la para Marius. "Uma cidade, Marius! Uma cidade de luz e cor, mais esplêndida do que qualquer outra coisa que eu já tenha imaginado. Havia palácios e belos edifícios por toda a parte; com paredes brancas ofuscantes e minaretes brilhantes. Estranhas estátuas enchiam os jardins. As ruas estavam repletas com camelos e homens de turbante, falando uma língua que eu não entendia, isso não importava porque eu sabia, simplesmente sabia, que era Meca! E estava a caminho do grande templo. Há um templo no centro de Meca, Marius, e no centro do templo há uma grande sala com centenas de espelhos nas paredes e com lâmpadas penduradas, e é lá que os Homens Sábios do Oriente estudam a geometria celestial de luz e cor. Nessa noite, tornei-me uma aprendiz."[9]

A srta. Helen está extática. Ao ver o que criou, encontra sua força e seu centro. Ela ri com alegria, e diz a Elsa para acender todas as velas na sala. Quer mostrar a Marius o que aprendeu, e a magia e o esplendor que criou nesta sala.

> Olhe, Marius! Olhe! Luz. Não fique nervoso. Ela é inofensiva. Ela só quer brincar. É isso que eu faço aqui. Nós brincamos com ela como crianças com um brinquedo mágico que nunca deixa de encantar e divertir. Acenda apenas uma pequena vela aqui, deixe entrar a luz de uma só estrelinha, e a dança começa. Eu até a ensinei como escorregar pelos cantos. Sim, eu o fiz! Quando eu me deito na cama e olho *naquele* espelho,

eu posso ver *aquele* espelho, e *nele* vejo a lua cheia quando ela se eleva acima do Sneeuberg *atrás* das minhas costas! Este é o meu mundo e eu expulsei a escuridão dele.

Não é loucura, Marius. Eles dizem que pessoas loucas não conseguem ver a diferença entre o que é real e o que não é. Eu posso. Eu sei como é minha pequena Meca lá fora, e esta sala. Eu tive de aprender como dobrar o arame enferrujado até a forma correta, e como misturar areia e cimento para fazer meus Homens Sábios e seus camelos, como reduzir a pó garrafas de cerveja num moedor de café para colocar brilho nas minhas paredes. É o melhor que eu posso fazer, o mais perto que posso chegar da Meca real. A jornada está acabada agora. Isto é o mais longe que posso chegar.

Eu não vou usar isto (*o formulário de inscrição*). Eu não posso reduzir meu mundo a alguns poucos enfeites numa salinha num lar para idosos.[10]

Com esta afirmação de sua própria vida e de sua aceitação e preparação para a morte, Helen devolve ao pastor os formulários do asilo para idosos. Finalmente, Marius aceita sua decisão. Ele a ama secretamente, e percebe que eles estiveram em jornadas separadas. Elsa diz com orgulho a Helen: "E você fez mais do que simplesmente dizer não a ele. Você afirmou seu direito, como uma mulher".[11]

Repentinamente, Elsa tem um colapso, confessando que fez um aborto e que odeia a si mesma por tê-lo feito. Sente-se também amarga pelo destino das mulheres negras na África do Sul e com o envelhecimento de Helen. Ressente-se de sua própria impotência. Agora, a srta. Helen é capaz de ajudar Elsa, confortando-a para que ela possa chorar. As duas mulheres – uma jovem, no início de sua jornada; a outra velha, que sabe que está no fim de sua jornada e na "última fase de aprendizado", confrontando a escuridão da morte – olham-se e riem.[12] Seus braços estão abertos, confiando uma na outra para o salto de fé que cada uma precisa para suas respectivas jornadas – sozinhas e juntas.

Elsa e a srta. Helen representam dois aspectos diferentes da Louca. Elsa é a amarga Amante Rejeitada, que esconde suas lágrimas por baixo de sua armadura de raiva, porque tem medo de mostrar sua vulnerabilidade. Ainda assim, sob a armadura existe uma menininha que quer brincar e que anseia por amor e aceitação pessoal. Elsa precisa incorporar a criatividade brincalhona e a vulnerabilidade da srta. Helen, do mesmo modo como a gentil Helen precisa afirmar sua auto-assertividade e poder de luta que Elsa expressa tão facilmente. Elsa corporifica um aspecto revolucionário positivo da Louca em sua revolta contra a injustiça social. A raiva da Louca impulsionou muitas das reformas do início do movimento feminista, e ainda é necessária para confrontar as desigualdades e o abuso psicológico, econômico e político. A energia reclusa da Louca, dentro da srta. Helen, com sua direção interior, afirma a liberdade da expressão criativa que freqüentemente é a inspiração para a ação social. As formas complementares da energia da Louca nas duas mulheres mostram o que pode acontecer num encontro admirável quando duas ou mais mulheres se reúnem.

Na figura da srta. Helen, vemos a transformação da Louca que aceita, afirma e expressa sua criatividade, mesmo que os outros zombem dela. Embora leve uma vida reclusa, não está separada do amor, como é evidente em seu relacionamento com Elsa. O que a separa dos outros são apenas as projeções negativas da loucura que a sociedade conformista em que vive coloca sobre ela. A srta. Helen escolheu conscientemente seu modo de vida, compreendendo que terá de sacrificar algumas coisas para ser livre e dar forma a suas criações. Para que suas visões se tornem reais, suas mãos dobram arames e misturam cimento para fazer as esculturas. Pela disciplina e pelo trabalho de dar forma às imagens que recebe, ela dá forma à realidade e transforma a humanidade, da qual Elsa é um exemplo, e cuja vida mudou completamente por meio da consciência e da responsabilidade como resultado de seu encontro com a srta. Helen e de sua experiência de Meca. Meca simboliza um lugar sagrado no Leste – o centro e o objetivo do praticante espiritual. Para a srta. Helen representa o propósito de sua vida e a concretização de sua visão pessoal única – uma criação de luz, cor e fantasia, que "mesmo o ser humano mais comum pode fazer acontecer".[13] Mas para criar sua Meca, a

srta. Helen tem de ter a coragem de se desviar do modo de vida cristão convencional, aprovado pelas pessoas da cidade. Tem de viajar sozinha. Ela confia em si mesma, em suas visões e em seus sentimentos, e simboliza a mulher com a luz interior radiante do espírito feminino. A srta. Helen corporifica a "loucura divina" da vida criativa. Segundo Sócrates, as moscas da irritação nos tiram de nossas vidas estáticas em busca de sentido. Realmente, Elsa foi em direção à casa de Helen para escapar das moscas que a estavam deixando louca na cidade quente e poeirenta. Como resultado, sua vida muda quando encontra o primeiro espírito verdadeiramente livre de sua vida – uma mulher "mosca louca" que lhe diz todas as verdades por meio de sua arte.

A Reclusa é personificada pela srta. Helen, a sábia idosa dentro de todos nós, que afirma o valor da jornada da vida que cada um de nós tem de fazer por si mesmo, a passagem do nascimento para a morte. Do mesmo modo que a figura literária da srta. Helen, a bióloga e escritora reclusa Rachel Carson, seguiu as indicações de seu espírito para transformar-se numa pioneira da preservação da vida em nosso planeta.

Respeitando a natureza: Rachel Carson

Rachel Carson foi uma Reclusa que se transformou em Revolucionária, foi também uma Visionária. Era chamada por alguns de "Freira da Natureza" e lutou contra o envenenamento da terra por meio de seu livro pioneiro, *Silent Spring*. Já em 1962, enfatizava uma abordagem ecológica da vida. Expunha o modo como os pesticidas e outros agentes tóxicos destroem a natureza e a própria comida que comemos. Rachel Carson assumiu, sozinha, uma batalha contra a indústria química, e isso viria a mudar o curso da História. Esta mulher tímida, que amava a solidão da natureza, foi atacada maldosamente por oponentes furiosos que diziam que ela era "uma mulher histérica", com tendências a explosões emocionais. Foi acusada de assustar o público ao usar palavras emocionalmente carregadas que apagavam a controvérsia. Os adversários diziam que seu livro deveria ser ignorado; outros o consideravam uma "bobagem".[14] Até mesmo os especialistas em nutrição e em saúde pública das Universidades e os horticultores a criticavam e a tratavam de modo condescendente.

Rachel Carson era uma naturalista e uma poeta, uma pioneira no pensamento holístico, e tinha consciência de que cada simples ato que fazemos afeta o todo. Preocupava-se com a preservação da terra viva. Enxergava a manipulação brutal e sem sentido da natureza que um dia destruiria não apenas a beleza natural, mas toda a vida. Estava alarmada com a arrogância da humanidade em seu abuso do ambiente e dos seres vivos.

Os amigos a descreviam como uma mulher digna e intensa, modesta e gentil, séria, mas com senso de humor. Ela não gostava de "conversas superficiais", estava sempre atenta, observadora, tranqüila e reservada, e sentia-se em grande comunhão com o silêncio e a solidão grandiosos da natureza. Ela nasceu em 27 de maio de 1907, e cresceu na zona rural da Pensilvânia, perto de Pittsburgh. Adorava explorar os bosques e campos, e brincar com os animais da fazenda. Era a mais nova de três filhos, uma criança solitária que gostava de estar "nos bosques e nos riachos, aprendendo com os pássaros, os insetos e as flores".[15]

Rachel disse que seu amor pela natureza foi um presente de sua mãe, que a incentivava e compartilhava com ela a consciência da beleza e do mistério da natureza. Sua mãe a protegeu durante sua infância por causa de sua constituição física frágil e a fazia ficar em casa, sem ir à escola quando ela lhe parecia doente. Sua mãe fora professora e a ensinava e lia para ela. Rachel amava os livros, e mesmo quando era uma criança pequena, já desejava ser escritora. Aos dez anos ela ganhou um prêmio com um conto, e aos onze recebeu um pequeno cachê por um artigo sobre São Nicolas. Era uma solitária debruçada sobre seus estudos, não tinha inclinação para a vida social e tinha poucas amizades. Contudo, seus colegas a respeitavam,

e os professores reconheciam e incentivavam seus talentos. Ganhou uma bolsa de estudos para uma faculdade feminina (que agora é o Chatham College), onde se graduou em literatura inglesa e escreveu para o jornal da escola. Também era fascinada por biologia e zoologia, e estudou genética, recebendo o grau de mestre em zoologia na Johns Hopkins University. Mais tarde, lecionou em sua faculdade e na Universidade de Maryland. Passou muitos verões estudando no Woods Hole Marine Biological Laboratory, em Massachusetts.

Rachel era fascinada pelo mar e se transformou em sua biógrafa (*The Sea Around Us*), sentindo que seu destino estava ligado ao oceano. Desejava também ser uma poetisa, e mesmo que seus poemas fossem rejeitados pelos jornais, sua imaginação poética fundiu-se com sua paixão científica, formando uma combinação única que criou muitos livros belos sobre a natureza. Mas seus primeiros escritos profissionais foram artigos para jornais e *scripts* para rádio, para o Bureau of Fisheries, que a levaram a um emprego permanente como bióloga aquática. O pai de Rachel morreu repentinamente durante a Depressão. Ela estava com vinte e poucos anos, e precisou sustentar sua mãe e a si mesma. No ano seguinte, quando sua irmã morreu, assumiu a criação de duas sobrinhas pequenas.

"Undersea", seu primeiro ensaio conhecido por todo o país, foi publicado por *The Atlantic Monthly*, em 1937. Rachel descrevia a vida misteriosa no oceano, com uma série de belas imagens poéticas. Os editores pediram-lhe para escrever um livro, e *Under the Sea-Wind* foi publicado três anos depois. O personagem central do livro era o próprio mar, que tinha o "poder de vida e morte" sobre cada um de seus habitantes. Ela descreveu as interconexões entre todas as criaturas vivas do mar e seu ritmo único, não mensurável pelo "tempo de relógio" humano. *Under the Sea-Wind* é uma deliciosa descrição do oceano e de suas criaturas, mas vendeu poucos exemplares. Rachel percebeu desapontada que, com exceção de algum *best-seller* ocasional, escrever livros não era um modo de conseguir dinheiro. No entanto, escrever estava em seu sangue.

Rachel sofreu com a clássica tensão da Reclusa, entre a alegria de se perder em seus escritos, e as pressões do mundo prático. Ela escrevia tarde da noite, e seus amados gatos eram seus companheiros, e possivelmente suas Musas. A solidão era um sacrifício necessário para a escritora. Rachel disse:

> Na melhor das hipóteses, escrever é uma ocupação solitária... No trabalho real da criação, o escritor se separa de todos e confronta sozinho o seu assunto. Ele vai para um reino onde ele nunca esteve antes – onde talvez ninguém tenha estado. É um lugar solitário, e até mesmo um pouco assustador... Nenhum escritor pode ficar parado. Ele continua a criar ou sucumbe. Cada tarefa terminada carrega sua própria obrigação de seguir para algo novo.[16]

Mas para escrever, Rachel tinha de se retirar para "minha caverna secreta".[17] Apesar de sua dificuldade, o isolamento e a solidão tinham suas recompensas. Eles permitem que o escritor "aprenda a ficar quieto e ouvir o que seu assunto quer lhe contar".[18] Rachel precisava permitir que o assunto a preenchesse e assumisse o comando, no momento em que "o verdadeiro ato de criação começa" e em que "se sente a real agonia de escrever".[19] Envolvida pelo estágio sensível do processo de um livro, ela sempre tentava descobrir a unidade interior do livro, a batida de seu coração. A propensão natural da Reclusa a ajudava nesse "estado de determinação desesperada", a tortura de escrever que muitos escritores sentem conforme trabalham com um manuscrito. É freqüente que os escritores passem por um processo criativo difícil e caótico. Rachel descreveu isso do seguinte modo:

> Descobri que venho tentando escrever por muito tempo o tipo errado de livro, e enquanto lidava com os corais e as árvores e com todo o resto, parecia pelo menos estar chegando ao tipo de tratamento que é "certo" para mim ao lidar com este tipo de assunto... O livro se transformou numa interpretação de quatro tipos de praias, e os outros capítulos sim-

plesmente dão o contexto para isto, o verdadeiro coração do livro... A solução liberta meu estilo para ser ele próprio; a tentativa de escrever um capítulo sem estrutura, que era apenas uma pontinha de biografia depois da outra, estava me deixando louca.[20]

Rachel escrevia até tarde da noite, tendo seus autores favoritos por perto para inspirá-la – Conrad, Melville, Thoreau, Richard Jefferies, Henry Beston, H. M. Tomlinson, Henry Williams. Desejara ganhar a vida com sua escrita criativa, mas como precisava sustentar a mãe e as sobrinhas adotadas, aceitou um trabalho burocrático no qual escrevia para o Fish and Wildlife Service. Este emprego deixava-lhe pouco tempo livre para escrever. Ela foi uma das primeiras mulheres contratadas para um emprego que lhe conferia alto prestígio, em que ela fazia a maior parte do trabalho editorial e exigia muito de si mesma e de sua equipe de redatores, que trazia informação sobre a vida selvagem e a conservação, mas ela era conhecida também por seu senso de humor e suas piadas.

Sua mãe fazia a maior parte das tarefas domésticas, deixando Rachel livre para freqüentar reuniões intelectuais nas quais podia conversar sobre música, arte, literatura e as idéias que amava, com pessoas de mentalidade semelhante a sua. Passava a maior parte de seu tempo livre caminhando e explorando santuários de vida selvagem. No verão de 1946, alugou uma casinha na beira de um rio no Maine. Amava tanto os sons e cheiros da solidão na natureza que colocou como meta comprar uma cabana num local selvagem, o que conseguiu sete anos depois com o sucesso de *The Sea Around Us*. Seus momentos emocionalmente mais intensos eram os que passava sozinha na natureza – quando lágrimas de êxtase e de assombro podiam correr livremente, evocadas por sua admiração dos mistérios da vida selvagem. Sentia-se conectada física e espiritualmente com cada ser vivo individual, e com a vasta conexão entreligada de todas as criaturas e de seu ambiente. Tinha uma reverência pela vida e assombro pelo "Criador e seu processo". Indignava-se com os que gostavam de matar seres vivos, o que, segundo ela, bloqueava o progresso da humanidade.

Embora fosse uma Reclusa, Rachel tinha muitos amigos humanos – todos unidos por seu amor à natureza. Uma de suas amigas era sua agente literária, Marie Rodell, que depois a acompanhou numa viagem ao fundo do mar para a pesquisa de *The Sea Around Us.* Foi a primeira vez que se permitiu a presença de mulheres num navio de pesquisa do governo. Rachel aprendeu a mergulhar, mesmo não sendo uma nadadora experiente.

Rachel Carson levou três anos para escrever *The Sea Around Us*, que foi publicado em 1950. Mas este livro contém os frutos do trabalho de toda a sua vida, desde sua fascinação com o oceano quando era uma pequena criança. Seu primeiro ano em Woods Hole foi a origem do livro. Foi aí que começou a reunir fatos sobre o mar pela leitura da literatura científica e observação pessoal, e recebeu ajuda de muitos especialistas que a auxiliaram a encontrar e reunir informações.

Terminar o livro foi muito estressante. Exigências familiares, além de sua carga de trabalho, deixavam-na tão exausta que não conseguia dormir. Precisou até sacrificar suas caminhadas matinais – aquilo que mais a alimentava. No verão de 1950, entregou o manuscrito finalizado e experimentou uma sensação de alívio, comum à maioria dos escritores. Depois de algumas rejeições iniciais, os primeiros direitos sobre a série foram comprados por diversos jornais, e finalmente pela revista *The New Yorker*, e isto fez com que a situação financeira de Rachel melhorasse. *The Sea Around Us* tornou-se imediatamente um *best-seller.* Vendeu tão rápido que os editores não conseguiam manter um estoque, e antes do final do ano, ele tinha vendido mais de 250 mil cópias. Finalmente foi traduzido para 32 idiomas por todo o mundo. O livro alcançou o primeiro lugar na lista de *best-sellers* do *The New York Times* e permaneceu nessa lista por mais de um ano e meio.

Rachel recebeu muita publicidade – coisa difícil para uma reclusa que valorizava a privacidade acima de tudo. Ganhou prêmios, in-

clusive o *National Book Award*, e foi admitida na Sociedade Real de Literatura, na Inglaterra. Recebeu pedidos para falar em público, e por ser tímida e introvertida, teve medo de não conseguir. Mas Rachel fez um discurso público inspirador de muita aceitação, que expressava sua filosofia de vida. Ela considerava tanto a ciência quanto a literatura partes importantes da vida, e disse que seu objetivo comum era "descobrir e iluminar a verdade".[21] Dizia que se seu modo de escrever era poético porque expressava a poesia do mar, cuja existência no tempo geológico era anterior à dos humanos. Ela sugeriu: "Talvez se revertermos o telescópio e olharmos para o homem por meio dessas lentes, possamos encontrar menos tempo e inclinação para planejar nossa própria destruição".[22]

Ela se encontrava ainda mais exausta por causa das viagens para divulgar o livro e dos convites para falar. Tinha dificuldade para lidar com a invasão de sua privacidade pelo público curioso com relação aos autores famosos. Sua foto não fora publicada na capa do livro, e assim o público começou a projetar suas próprias idéias sobre ela – freqüentemente sua sombra – chamando-a de "uma mulher muito gorda e repugnante", "grisalha e venerável".[23] Hollywood estava interessada no livro, e a RKO comprou os direitos para fazer um documentário de longa-metragem, que ganhou um Oscar. Mas apesar de seu sucesso, Rachel ficou desgostosa com o filme por causa dos numerosos erros científicos e das falsificações apresentadas.

Em *The Sea Aroud Us*, Rachel focalizava primariamente os aspectos físicos e geológicos do reino oceânico com o ciclo das marés e naquilo que permanece oculto sob a superfície do mar. No livro seguinte, *The Edge of the Sea*, publicado cinco anos depois, ela focalizou a beira-mar, sua origem e a sobrevivência da vida na beira do vasto mundo aquático. Uma enxurrada de cartas de seus leitores, projetos de publicidade e convites interferiram em seu trabalho. Ela teve de estabelecer limites e recusar muitas ofertas tentadoras, até mesmo encontros com seus queridos amigos, para poder terminar sua pesquisa e seus escritos. Uma bolsa da fundação Guggenheim, que ela devolveu mais tarde quando seus *royalties* foram pagos, permitiu que deixasse seu emprego no governo.

Neste livro, Rachel Carson estudou comunidades vivas e não simples entidades individuais. Sua abordagem era ecológica: "A relação de uma criatura com seu ambiente não é uma questão unicamente de causa e efeito, em nenhum lugar da praia; cada ser vivo está ligado a seu mundo por muitos laços, tecendo o padrão intrincado do tecido da vida".[24]

Com os *royalties* recebidos por *The Sea Around Us*, Rachel conseguiu comprar uma pequena propriedade no Maine, nos rochedos da beira da praia. Ela agora vivia de fato em meio ao tema de seus escritos, em harmonia com o oceano que amava – no limiar do mar, com o fluxo e refluxo das marés. Estava trabalhando no projeto de um documentário para a televisão, e num livro chamado *The Sense of Wonder*, que apresentava a maravilha do mundo natural para as crianças. Enfatizava que o sentido inicial de maravilha e de resposta emocional das crianças diante dos mistérios da natureza são a base mais importante para a idade adulta. Os sentimentos acontecem antes dos fatos, na preparação do solo onde pode desenvolver-se uma vida madura; um senso de maravilha era o antídoto mais poderoso contra o tédio e a alienação. Ela dizia que, com esta finalidade, todas as crianças precisam da companhia de pelo menos um adulto com quem possam experimentar a maravilha da natureza. Ela também escreveu um artigo ressaltando a importância de salvar alguns dos lugares selvagens da terra antes que o "progresso" os destruísse. Desejava usar seu próprio dinheiro para comprar terras à beira-mar destinadas a reservas naturais, e seu testamento destinava verbas para conservar partes selvagens da costa e para estabelecer um refúgio para a vida selvagem no litoral do Maine.

Quase aos cinqüenta anos, Rachel iniciou o livro mais difícil de sua vida – um livro revolucionário que desafiava os modos tecnológicos pelos quais abusamos do planeta. Ele alterou o curso da História. Anos antes, em 1945, Rachel escrevera que o uso indiscriminado do DDT como pesticida colocava os pássaros em perigo, be-

neficiava os insetos e podia perturbar o delicado equilíbrio da natureza, do qual depende toda a vida. Por volta de 1958, as leis estaduais e federais autorizaram a pulverização cada vez maior de venenos no ar para controlar os insetos, e isto exterminou os insetos e também os pássaros. Rachel desejava escrever sobre a ameaça química para a vida selvagem e sobre saúde pública, mas editores duvidosos rejeitaram suas propostas. Percebendo a dificuldade de fazer que as pessoas ouvissem o que não desejavam ouvir, Rachel percebeu que teria de escrever um livro sobre o assunto, embora não tivesse a menor idéia de como fazê-lo. Como Cassandra, a antiga vidente grega, ela previa verdades nas quais as pessoas não acreditavam porque não queriam ouvi-las.

Rachel era uma ótima pesquisadora, e começou a coletar evidências sobre os perigos do uso de pesticidas, correspondendo-se com cientistas, especialistas técnicos, e pioneiros no campo. Ela fez uso da evidência acumulada a respeito da pulverização indiscriminada em Long Island onde animais foram mortos e trabalhadores e crianças que brincavam, intoxicados. Descobriu dois pontos de vista conflitantes na comunidade científica: alguns cientistas anteviam os possíveis perigos e aconselhavam medidas preventivas, enquanto que os "positivistas" apegavam-se firmemente a sua crença de que a demonstração de destruição era necessária antes de qualquer ação. Rachel notou que muitas pessoas, especialmente os homens profissionais, ficavam incomodados em se opor a algo sem uma prova absoluta de seu perigo, uma cegueira que vimos manifestando-se mais recentemente nas administrações Reagan e Bush, ao se oporem à regulamentação da poluição causada por empresas e indivíduos. Ela viu que a necessidade de justificativa absoluta – de "estar certo"– impedia a descoberta da verdade e podia contribuir inconscientemente para a destruição.[25] Escandalizada com a danosa interferência humana na natureza, Rachel buscou a energia de sua Louca interior para escrever um livro que fizesse o mundo estremecer e tomar consciência.

A pessoa mais influente na vida de Rachel, sua mãe, morrera. Rachel herdara dela a natureza gentil e compassiva que amava toda a vida, e também um ardente espírito de luta para combater o que julgava errado. Embora sua mãe não estivesse mais presente fisicamente, seu espírito feminino inspirava Rachel em sua cruzada para preservar a vida selvagem e a saúde humana, e para prevenir "a perturbação da ecologia que é a base de todos os seres vivos".[26] Rachel apontava que as toxinas podiam causar danos ao fígado, ao sistema nervoso, e a todas as células do corpo, levando assim ao câncer; elas podiam afetar os bebês recém-nascidos por meio da placenta e do leite que bebiam; e podiam afetar as enzimas e a divisão normal das células, distorcendo padrões hereditários, e lentamente envenenando todo o ecossistema. Ela delineou um caso bem embasado, aconselhando o Senado a aprovar as leis sobre vida selvagem que estavam para ser votadas.

Apesar das doenças que a acometiam e dos tratamentos que interferiam em seus escritos – câncer de mama, inflamação na íris que atrapalhava sua visão, e infecções em seus joelhos e tornozelos que a mantiveram acamada –, Rachel escrevia com a fúria de uma fêmea protegendo seus filhotes, e terminou o livro que a tinha obcecado por quase cinco anos. Seu título era *Silent Spring*, uma referência aos pássaros silenciados pela morte provocada pelas toxinas, que simbolizavam o tema de todo o livro.

Silent Spring foi publicado primeiro sob a forma de série na *The New Yorker*, na primavera de 1962, e causou sensação. Rachel Carson foi veementemente atacada por seus oponentes. Algumas indústrias químicas a ameaçaram com processos legais, tentando boicotar o trabalho antes que fosse publicado sob a forma de livro. Associações comerciais, como a National Agricultural Chemical Association, tentaram desacreditá-lo. O livro foi ridicularizado por uma interpretação errônea de seu conteúdo. Ela foi parodiada por jornais de agricultura e por organizações governamentais financiadas pela indústria química. Seu livro foi descrito como mais venenoso que as toxinas que ela condenava.

A Louca perigosa (que fala a verdade não desejada) projetava-se sobre a autora calma e gentil de *Silent Spring*. Era tratada com con-

descendência e diziam que se baseava em mera intuição feminina. Pelas revistas era chamada de "amante dos pássaros – amante de gatos – amante dos peixes, sacerdotisa da natureza, devota de um culto místico".[27] Um adversário afirmou que ela estava tentando levar as pessoas de volta à Idade Média, na qual reinavam os vermes e as doenças.

A saúde de Rachel estava muito debilitada nessa época e, dessa forma, ela deixou que o livro falasse por si mesmo, embora tivesse comparecido a um programa de televisão. Num discurso público, enfatizou que a questão dos pesticidas era apenas uma pequena parte de um problema muito maior – rios poluídos, céus cheios de fumaça, chuva radioativa. Enfatizou a importância da responsabilidade individual para a revolução ambiental que era necessária para salvar o planeta. Uma de suas maiores preocupações era que *Silent Spring* afetasse as políticas governamentais tanto no presente quanto no futuro. Como resultado do livro, o presidente Kennedy solicitou um estudo governamental que terminou por criticar o FDA e outras agências federais que tinham ignorado o problema da toxicidade dos pesticidas. Este estudo também descobriu que até a publicação de *Silent Spring*, a maior parte do público não conhecia esses perigos tóxicos.

Rachel jamais recomendara a abolição total de todos os pesticidas químicos, mas argumentava que essas substâncias perigosas tinham sido colocadas indiscriminadamente à disposição de pessoas que ignoravam seu devastador impacto ambiental. Afirmava que soluções melhores eram urgentes e que deviam ser buscadas, e que sua segurança precisava ser comprovada antes de serem colocadas em uso público. Criticava o desejo de lucro apesar do custo para a humanidade, e elogiava o relatório do governo, acrescentando que precisava ser "colocado em prática".[28] Ela compareceu a uma entrevista com uma comissão do Senado, recomendando mais estudos sobre as questões ambientais, e uma ação legislativa para informar e proteger o público. Insistiu também em que fosse formada uma comissão para tentar resolver os conflitos de interesse entre os agricultores e os ecologistas. Escreveu ao Congresso, contra o abuso de animais, insistindo em que fossem adotados padrões federais para proteger os animais usados em projetos de pesquisa.

Silent Spring tinha sido dedicado a Albert Schweitzer, a pessoa que Rachel mais admirava por ter colocado em prática sua filosofia, "a reverência pela vida". Ela foi pessoalmente receber a medalha Schweitzer do Animal Welfare Institute. Rachel recebeu o prêmio da National Wildlife Federation como Conservacionista do Ano (1963); a National Audubon Society a homenageou como a primeira mulher a receber sua medalha; recebeu a medalha Cullem da American Geographical Society; e foi eleita membro da American Academy of Arts and Letters, uma das poucas mulheres escolhidas como membros durante seus sessenta anos de história.

Rachel Carson estava muito orgulhosa por representar a contribuição das mulheres nessas sociedades. Era uma pioneira do espírito feminino e do coração amoroso. No final de sua vida, sabia que não tinha muito mais tempo e estava grata a cada precioso dia de vida, e grata pela visão que canalizara por seus talentos naturais e seu trabalho disciplinado, para contribuir na luta para salvar o ambiente natural. Ela morreu em 1964, aos 56 anos, em Silver Springs, Maryland. Em seu credo, que publicou no final de sua vida e incorporou a *The Sense of Wonder*, ela compartilhou a filosofia pela qual viveu.

> Uma grande parte de minha vida foi dedicada a algumas das belezas e dos mistérios desta terra, e aos mistérios ainda maiores da vida que a habita. Ninguém pode permanecer por muito tempo entre esses assuntos sem ter pensamentos profundos, sem perguntar-se questões enigmáticas e freqüentemente irrespondíveis, e sem alcançar certa filosofia.
>
> Há uma qualidade que caracteriza a todos nós que lidamos com as ciências da terra e de sua vida – nós nunca ficamos entediados. Nós não podemos ficar. Existe sempre algo novo para ser investigado. Cada mistério resolvido nos traz até o limiar de um mistério maior... Os prazeres, os valores de contato com o mundo natural não estão reservados para os

cientistas. Eles estão disponíveis para qualquer pessoa que se coloque sob a influência de um pico de montanha solitário – ou do mar – ou da quietude da floresta; ou que pare para pensar sobre uma coisa tão pequena como o mistério do crescimento de uma semente.

Eu não tenho medo de ser considerada sentimental quando digo que acredito que a beleza natural tem um lugar necessário no desenvolvimento espiritual de qualquer indivíduo e de qualquer sociedade. Acredito que sempre que destruímos a beleza, ou sempre que substituímos um aspecto natural da terra por algo artificial feito pelo homem, retardamos alguma parte do crescimento espiritual do homem...

Eu tive o privilégio de receber muitas cartas de pessoas que, como eu própria, têm sido reconfortadas e reafirmadas ao contemplar a longa história da terra e do mar, e os significados mais profundos do mundo da natureza... Essas pessoas encontraram calma e coragem, ao contemplar a "maravilhosa beleza da terra". Pois existe uma beleza simbólica além da beleza real na migração dos pássaros, no fluxo e refluxo das marés; no que está latente, mas pronto para a primavera. Existe algo infinitamente curador nesses repetidos ciclos da natureza – a certeza de que a aurora acontecerá depois da noite, e a primavera depois do inverno.

A humanidade foi muito longe dentro de um mundo artificial criado por ela própria... Mas acredito que quanto mais claramente pudermos focar nossa atenção nas maravilhas e nas realidades do universo sobre nós, menos desejo de destruição teremos.[29]

Curando a reclusa

É essencial entender a diferença entre estar só e estar solitário para que se possa realizar a passagem da Reclusa que é refém do isolamento e da paranóia para a mulher que valoriza a solidão e cresce com ela. A solidão é a base da vida espiritual e regenera a alma, quando é escolhida livremente. Ela tem muitos aspectos: gentileza, intensidade selvagem, introspecção e contemplação, êxtase, serenidade, admiração, uma energia divina silenciosa, paz interior e exterior. A solidão não nos remove do sofrimento; ela exige o sacrifício de partes do eu e pede algo de nós para que possamos nos conectar com algo maior. Como disse o poeta Rilke: "Amor não é posse". Em vez disso, amor significa "que duas solidões protegem e se tocam e saúdam uma a outra".[30] A experiência da solidão pode trazer um sentido de união, dando sustentação aos relacionamentos.

Estar solitário, ao contrário, freqüentemente faz que nos sintamos abandonados, rejeitados ou perdidos. Sentimo-nos vítimas, desesperados, e cheios de conflitos, sob o jugo do destino. Uma pessoa pode estar mais solitária quando está com um grupo de pessoas do que quando está sozinha; quando ela sente as projeções lamentáveis das outras pessoas, e a criança solitária dentro dela, experimenta a vergonha. Entretanto, a solidão tem as sementes de sua própria cura, pois a ansiedade e o terror podem ser o limiar para a reverência e também para a autocompreensão consciente. Isto foi verdadeiro com Heather, uma mulher que era reclusa por natureza.

A transformação curativa aconteceu para Heather quando conseguiu distinguir entre estar sozinha e estar solitária. Quando era criança, não parecia encaixar-se em sua família. Enquanto eles se sentavam como zumbis na frente da televisão, falando sobre os vizinhos ou comparando quem tinha mais sucesso em seu ambiente social, Heather se recolhia em seu quarto, fechava a porta e lia. Esta reclusão se transformou num padrão durante toda a sua infância. O reino da imaginação era empolgante e vital, e ela tinha uma amiga imaginária especial com quem brincava. *O jardim secreto* e *Heidi* estavam entre seus livros favoritos.

Todas as outras pessoas da família eram mais extrovertidas que ela; não conseguiam entender seu comportamento e a criticavam por ser diferente. Eles não podiam enxergar por que ela não gostava de festas ou ficava mais envolvida com as atividades da igreja do que as outras meninas. Com freqüência ficava consigo mesma, sozinha em seu quarto, lendo e pintando, ou ao ar livre em contato com a natureza. Quando entrou na faculdade, teve de morar no dormitório por um ano, e odiou isso; ela ansiava por ter seu próprio apartamento.

Heather começou a imaginar se não havia algo de errado com ela, por causa das críticas de seus pais e porque se sentia uma estranha na escola e na faculdade. Começou a sentir-se culpada por ser

diferente. Algumas vezes sentia como se estivesse se escondendo; era freqüente que se sentisse isolada. Começou a sentir-se muito solitária e algumas vezes envergonhava-se de seu estado solitário.

Depois de se formar, morou por diversos anos com o namorado, mas quando o relacionamento terminou, mais uma vez desfrutou de morar sozinha numa pequena casa nas montanhas com seus gatos. Ela ainda ansiava por encontrar uma alma irmã, e sofria com a solidão. Tinha trinta anos e trabalhava duro em sua profissão, mas mesmo assim sentia-se julgada por seus pais e irmãos por ser solteira, e ressentia-se porque aos seus olhos era uma solteirona.

Uma transformação importante aconteceu com Heather quando ela leu o livro *The House by the Sea*, de May Sarton. Sarton tinha descrito não só as dificuldades de estar sozinha, mas também a necessidade que o escritor tem de estar só. Isto ajudou Heather a entender a diferença entre estar só e estar solitária, e a aceitar que sofrer com a solidão pode ser uma parte essencial do processo criativo e o chamado para a individuação. Com esta mudança de atitude pode-se valorizar a solidão – estar só e em paz consigo mesmo. A apreciação de Sarton com relação à solidão ajudou Heather a se sentir à vontade com quem ela era; isso a ajudou a compreender que sua tendência natural para a introversão e a reclusão não era doentia, como temia, mas um dom raro e valioso que podia torná-la capaz de descobrir como poderia contribuir para a cura das pessoas e da sociedade. Ela percebeu que a Reclusa dentro de si permitia-lhe mover-se em direção aos outros e à sociedade. Precisava da solidão para conhecer seu eu verdadeiro, para viver de modo mais autêntico com base em seu centro feminino.

Heather disse uma vez: "A Reclusa me dá silêncio, a vida em silêncio é rica. Adoro acordar cedo de manhã e observar a primeira luz conforme ela entra em minha casa na montanha – sentir o calor do sol, ver o que ele toca, onde ele vai. Durante o dia, posso passar horas simplesmente observando o caminho do sol, e à noite, observando a passagem da Lua. Algumas vezes, passo um dia inteiro cavando profundamente no lugar onde a voz interior está viva. O espaço surge e me dá tempo para descobrir meus valores genuínos. A solidão me ajuda a sair de minhas rotinas de modo que novas possibilidades possam surgir e a inspiração para criar possa encontrar seu canal natural". Ela realiza diversas práticas para desenvolver a apreciação da solidão, aprender a ser sensível a ela, e direcionar as novas energias que surgem nesses momentos solitários: exercícios de consciência sensorial que focam simplesmente em ser; ioga para permitir que o corpo esteja vivo; meditação para sentir a quietude no corpo; e caminhadas e esqui nas montanhas no silêncio nevado do inverno para sentir o movimento na natureza. A jardinagem a conecta com o florescer da terra e com seu próprio florescer feminino.

May Sarton enfatiza a importância de viver como seres humanos plenos – nem totalmente isolados, nem totalmente entregues aos outros. Viver em solidão significa viver nesta tensão criativa. Numa entrevista em comemoração a seus setenta anos, Sarton disse:

> Eu sou terrivelmente solitária agora, mas também me apaixonei pela solidão. Esse é meu último grande amor. Minha solidão está em todos os lugares, e às vezes no inverno eu não falo com ninguém literalmente por dias e dias, exceto para dizer bom dia para a mulher dos correios. E é difícil lidar com isto, não ficar desequilibrada e não deixar a depressão pegar você. Tudo fica mais intenso, você vê, o que em parte é a razão disto ser maravilhoso. Não há nada que quebre a intensidade. O fluxo grandioso do subconsciente para o consciente é o lado bom da solidão.[31]

A transição da mulher que teme a loucura devido ao isolamento ou que se ressente de sua solidão, para a mulher que conhece as alegrias selvagens, e a criatividade que a solidão pode nos trazer é exemplificada por mulheres como Rachel Carson, May Sarton, e a srta. Helen. Estas três mulheres confrontaram o desespero da solidão existencial, e deram o salto de fé para criar a luz com base na escuridão. Dando valor à solidão, cada uma delas permaneceu fiel a sua visão única, enquanto, ao mesmo tempo, aceitavam e lidavam com a força das tensões da vida criativa. Cada um de nós está sozinho, em

última instância, na grande passagem do início da vida até o momento em que teremos de encarar a morte. Estamos sozinhos diante do desconhecido quando criamos e, no final, temos de encarar a morte por nós mesmos. Embora tenhamos família, amigos, filhos, e amores que nos acompanham em diversos estágios da jornada da vida, estamos sozinhos em cada momento em que tomamos uma decisão importante. Apesar de muitas pessoas na cultura ocidental professarem a cristandade, tendemos a esquecer que Cristo carregou sozinho a cruz. Outras culturas têm rituais que reconhecem a tarefa essencial de encarar sozinho a Criação. Por exemplo, a tribo Lakota enfatiza e respeita a importância de que cada pessoa realize sozinha sua jornada no caminho espiritual, que algumas vezes é chamado a Estrada Vermelha. Durante sua Busca da Visão, a comunidade apóia o iniciado pelas cerimônias na tenda de suor, enquanto ele faz as quatro paradas no caminho do lugar da visão, permanecendo sozinho durante quatro dias, e depois desce para compartilhar o novo conhecimento espiritual com a tribo. Na primeira parada, o iniciado abre mão dos apegos às posses materiais; na segunda parada, desiste dos amigos; na terceira, da família; e na quarta, deixa os vestígios remanescentes de sua identidade pessoal. Então, com compromisso e coragem, espera na solidão e no silêncio até receber as vozes, as visões, ou qualquer coisa que as grandes forças ofereçam e desejem que ele experimente e aprenda, por meio do processo de morte que se transforma em renovação e dá aos humanos uma conexão com o Todo maior.

8

A Revolucionária

A raiva turbilhona
entre mim e as coisas,
transfigurando,
transfigurando.
Uma boa raiva posta para fora
é bela como um raio
e cheia de poder.
Uma boa raiva engolida,
uma boa raiva engolida
talha o sangue.

MARGE PIERCY,
Uma raiva justa

O filme *Uma cidade sem passado* revolucionou meu próprio pensamento a respeito da Louca e deu-me uma imagem que podia unir os opostos de gentileza e assertividade, de paz e combate. Numa cena do tribunal, a figura da Justiça é representada como uma Louca, enorme, feroz e poderosa. O filme dramatiza uma história real de como uma historiadora foi marginalizada quando tentou descobrir a verdade sobre sua cidade natal alemã durante o período nazista. O título inglês minimiza o título original alemão, *Das Schreckliche Mädchen*, que quer dizer "a jovem terrível ou assustadora".* Este filme apresenta um modelo de mulher contemporânea suficientemente corajosa para rebelar-se contra a negação de sua comunidade sobre sua culpa nazista, para assim lutar pela justiça, uma mãe terna que

* O título em inglês é *The nasty girl* [A jovem desagradável]. (N. T.)

precisa ser incansável em sua busca da verdade, uma mulher sensível com a coragem e a determinação de uma Louca.

A heroína, Sonja, conta sua história, a de sua família e de cidades modelos num documentário irônico para a televisão alemã. Ela começa a vida como uma "boa menina", elogiada por sua inteligência e obediência numa escola paroquial, onde se torna a queridinha dos professores, mas ela também tem amigos entre seus colegas por causa de seu temperamento doce e senso de humor. Ela é uma criança rebelde e travessa. Por sugestão de sua professora, inscreve-se num concurso escolar nacional, e ganha uma viagem a Paris. Recebe uma medalha especial do prefeito por sua realização, e se deleita com o elogio.

Entretanto, as circunstâncias a levam a transformar-se numa revolucionária. No próximo concurso escolar, Sonja escolhe o tema "Minha cidade natal durante o Terceiro Reich", embora seus professores tentem fazê-la mudar de idéia. Sonja se orgulha de sua cidade, um bispado que se gaba por sua resistência aos nazistas. Sonja quer mostrar como a cidade manteve sua integridade durante a ocupação nazista. Sua mãe a aconselha a escrever coisas positivas, pois ela vem de uma família importante e respeitável. Ao pesquisar, Sonja descobre que as pessoas da cidade não gostam muito de falar sobre suas lembranças. Fica intrigada ao descobrir que um padre muito admirado na cidade fora sentenciado à morte por tentar ajudar os judeus, e questiona um sacerdote amigo que bruscamente sugere que ela abandone este tema. A única pessoa disposta a falar é sua avó – quando ela tentou dar pão aos prisioneiros judeus, as autoridades mandaram que ela parasse. A avó era uma rebelde e continuou a ajudar os judeus e organizou uma marcha de protesto com as mulheres. Ela foi condenada à prisão, mas foi perdoada porque tinha dez filhos. A avó rebelde de Sonja é o único modelo de compaixão e justiça que ela tem.

O noivo de Sonja, que anteriormente tinha sido seu professor, fica feliz com o cancelamento do concurso, pois estava sentindo-se negligenciado em razão da energia dela estar sendo dirigida para o trabalho escolar e não para ele. Eles se casam e têm dois filhos, mas Sonja

não consegue esquecer suas descobertas sobre sua cidade durante o período nazista. Ela estuda história e teologia na universidade para poder pesquisar de modo mais profundo. Pesquisando nos arquivos do jornal, descobre fatos importantes que haviam sido omitidos.

A pesquisa de Sonja leva-a a suspeitar de que as pessoas estejam ocultando o relacionamento da cidade com os nazistas para proteger sua reputação atual. Pede para ver os arquivos históricos, mas seu pedido é negado, então fica furiosa e processa a cidade para que esta libere os documentos selados. Seu marido a chama de louca e quer que ela pare, mas no julgamento que se segue, ela recebe acesso aos documentos. Neste momento do filme, a imagem da Justiça é projetada numa tela atrás dela e é representada como uma Louca poderosa segurando a balança, simbolizando a integração do poder da Louca alinhado com a justiça.

Sobrecarregado pelas tarefas domésticas e pelas crianças enquanto sua esposa trabalha em seu projeto, o marido de Sonja pergunta cheio de desgosto: "O que significa compromisso social quando um marido tem de ir para a cama com as crianças?". Ele lhe diz que devia se devotar a ser esposa e mãe, mas Sonja está "comprometida socialmente" e continua a pesquisa. Com o aprofundamento de suas descobertas, as pessoas da cidade tornam-se defensivas e a marginalizam. Punks neonazistas jogam uma pedra na janela de seu carro, pregam um gato em sua porta e mais tarde jogam uma bomba em sua casa. Mensagens telefônicas ameaçadoras incomodam a família.

Sonja questiona se insistir neste tema vale a ameaça a seus filhos e a sua família, mas ela acha que não pode desistir. Sua integridade a obriga a continuar buscando a verdade. Aproveita uma falha na segurança e consegue acesso aos arquivos que contêm evidências incriminatórias sobre a colaboração da cidade com os nazistas. As pessoas da cidade tinham projetado sua própria culpa sobre pessoas inocentes que tentaram ajudar os judeus, e as tinham perseguido como bodes expiatórios. Dois padres que colaboraram, agora estavam no alto escalão da Igreja Católica, e tinham sido elogiados em vez de punidos. Um era o sacerdote que a tinha desestimulado;

quando ela revela o que descobriu, ele a processa por calúnia e difamação. Ao entrar no tribunal, ela vê uma imagem de si mesma como Cristo, sacrificada na cruz, mas ganha a causa. A verdade não pode mais ser negada. Os dirigentes da cidade tentam corrigir seu erro, e ordenam que uma estátua de Sonja seja colocada na prefeitura. Na cerimônia, Sonja está com os filhos no colo quando repentinamente sua Louca interior irrompe, quando se dá conta de que o governo está tentando seduzi-la para que seja "um deles", para fazer que se cale. Recusa-se a ser conformista, fica enfurecida na sala do tribunal, e briga com sua mãe que deseja acalmá-la.

Sonja sai correndo do tribunal e vai para um espaço sagrado na natureza, uma árvore alta e especial, numa colina sobre a cidade. Esta árvore é chamada de Árvore da Misericórdia, e as garotas da escola penduram imagens em seu tronco e rezam por seus desejos secretos. O filme termina enquanto Sonja busca refúgio entre os ramos e as folhas dessa sagrada Árvore da Misericórdia, olhando fixamente como uma Louca, enquanto segura sua filhinha bebê nos braços. A platéia fica com esta imagem, a de uma mulher gentil e de espírito livre que é enlouquecida pelo processo de tentar respeitar a liberdade e buscar a verdade, sentada num símbolo de refúgio espiritual, a árvore da vida, um lugar de sacrifício.

Este filme, que combina sátira e fatos, baseia-se na história verdadeira da historiadora alemã, Anja Elisabeth Rosmus, e mostra o modo pelo qual os juízes patriarcais corruptos tentam marginalizar e perseguir uma mulher que insista em conhecer a verdade se esta diferir da visão ou do desejo estabelecidos. Ele mostra o valor positivo da Louca que insiste em expor a negação de sua comunidade para revelar os fatos. Numa entrevista, a sra. Rosmus disse que embora seus escritos sobre a história contemporânea tenham recebido muitos prêmios, ela foi novamente alvo de hostilidade quando o filme foi lançado. Entretanto, suas exigências de verdade são levadas mais a sério pois ela persiste.[1] O filme mostra que a Louca e a Justiça podem estar unidas, mesmo que o custo pessoal seja alto.

A revolucionária consciente *versus* a terrorista: elevando a consciência feminina

Em *The Rebel*, Albert Camus aponta que, quando o ressentimento e a auto-intoxicação tomam conta, o rebelde corre o risco de se transformar num assassino niilista: "Todos nós carregamos lugares de exílio dentro de nós, nossos crimes e nossas ruínas. Mas nossa tarefa não é despejar isso no mundo; é lutar contra isso em nós mesmos e nos outros".[2] O paradoxo entre ser um terrorista e um bom Revolucionário confronta todas as mulheres que tentam entender e integrar a Louca. Como lutarmos de modo justo? É possível defender a nós mesmas e erradicar os abusos na sociedade, sem recorrer à violência? É possível incorporar a energia criativa da Revolucionária sem recorrer à violência destrutiva da terrorista? A energia de luta da Louca precisa ser usada para unir as mulheres em vez de dividi-las pela inveja, ambição ou pelos jogos de poder. Em vez de criar juntas como irmãs, as mulheres às vezes sabotam umas às outras, especialmente se são governadas por um *animus* dominador e motivado pelo poder.

A terrorista pode emergir, se o aspecto revolucionário da Louca sair do controle. Sempre que os interesses do ego começam a dominar, a energia da Louca pode destruir tudo, ao considerar tudo apenas com relação a suas finalidades – pode destruir até mesmo a causa na qual ela antes acreditava. Se uma mulher teme que sua Louca se transforme numa terrorista, pode deixar de se entregar à boa força revolucionária dentro de si mesma. O sonho a seguir revela o medo da conexão secreta entre a Louca e a terrorista que deseja o poder total, recorre à intimidação violenta para atingir seus fins, e submete seu eu feminino a sua marginal assassina interior.

> Eu estou num vôo *charter* com outras mulheres, indo a uma celebração especial do feminino. Repentinamente uma mulher na frente do avião se levanta, segurando um revólver. Ela é uma terrorista e está nos tomando como reféns. Eu a reconheço como uma famosa psiquiatra feminista, uma revolucionária na luta pela causa das mulheres. Todas as mulheres

no avião têm medo dela, embora algumas especulem que seu ato pode ter um propósito secreto bom. Mas ela está seqüestrando o avião para entregar todas as mulheres a bandidos mexicanos, que estão escondendo-se da lei numa área remota do deserto. Esta terrorista está entregando aos assassinos as mesmas mulheres a quem ela havia incentivado, e elas serão estupradas.

A sonhadora, Renata, enxergava a terrorista como uma figura da sombra, uma combinação de Rainha Gelada e Mulher Dragão. Na vida real, esta mulher era distante, sem respostas emocionais e friamente agressiva, e tendia a manipular os outros para conseguir o melhor resultado para si mesma. Quando era criticada, sempre se justificava e atacava antes, em vez de ouvir. Era conhecida entre seus colegas por sua tendência a acusar os outros para defender as mulheres traídas, muito embora ela própria às vezes magoasse as mulheres com seu impulso de poder. Renata não gostava das características dessa mulher agressiva, mas também a invejava por promover assertivamente a si mesma. No sonho, esta mulher era mostrada como uma terrorista, entregando as mesmas mulheres que ela afirmava ajudar aos bandidos para que estes as estuprassem. Ela representava as tendências separatistas patriarcais da mulher voltada para o poder que precisa ser a primeira e estar no topo. Seu lado positivo era sua auto-afirmação.

O desafio pessoal para Renata era aprender a lutar por si mesma e reconhecer sua própria energia louca e seu poder, usando-os para confrontar o espírito valentão nos homens e nas mulheres, em vez de se retrair com medo. Renata estava envolvida num projeto revolucionário para desafiar os padrões abusivos e torná-los públicos, e tinha realmente de confrontar essa mulher. O sonho revelou que para continuar seu trabalho na área da espiritualidade feminina, precisaria confrontar a terrorista – tanto o valentão, no mundo externo, quanto a terrorista, dentro de si mesma, que ameaçava seu trabalho público com táticas de medo e que a isolava, e então a mantinha refém de sua marginal interior oculta.

Outro modo em que a energia da Louca pode degenerar é por meio da empolgação maníaca com relação a uma causa revolucionária, sem uma disciplina adequada ou um plano de ação efetivo. Apaixonar-se e abraçar uma causa pode resultar em sentir-se perdida e confusa com o caos da empolgação. O fracasso em desenvolver a disciplina e o conhecimento necessários para atingir os objetivos pode levar a um cinismo amargo se os resultados não forem os desejados, mesmo que a causa seja importante e o entusiasmo seja bom. O ressentimento diante do poder estabelecido, com o qual não se pode lidar, permite sabotar qualquer trabalho em direção aos objetivos, e alimentar a marginal em vez de a Revolucionária.

A Revolucionária consciente, que defende quem ela é e não permite que os outros violem sua integridade, pode transformar sua energia Louca para lutar pelos direitos humanos e pela liberdade. Neste momento, talvez mais do que em qualquer outro período da História, os abusos do patriarcado resultaram numa sociedade adictiva e na destruição ecológica que ameaça a vida na Terra. A energia da Louca, a raiva feminina diante dos abusos individuais, familiares, sociais e planetários pode alimentar tanto a transformação pessoal quanto a social, contanto que reconheça e aprenda como usar seu próprio poder. Muitas mulheres necessitam aprender a lutar por si mesmas. Elas foram ensinadas pela cultura e por seus pais que não é feminino mostrar raiva, mesmo para defender-se. Precisamos encontrar bons modelos para lutar por nossos direitos. Uma mulher precisa ser uma Revolucionária para mudar a si mesma, a família, a sociedade ou o mundo. Um modelo atual é Anita Hill, que confrontou Clarence Thomas, com acusações de assédio sexual quando ele foi indicado para o cargo de juiz da Suprema Corte. A coragem e dignidade de Anita continuam a inspirar mulheres a lutar por seus direitos, mesmo que Thomas tenha assumido o cargo.

Aprendendo a lutar pelos direitos femininos: a história de Brenda

O modo pelo qual os abusos do sistema patriarcal podem levar as mulheres à ação revolucionária aparece na história de Brenda, uma mulher contemporânea que precisou integrar o poder positivo da Louca. Brenda é uma historiadora que sempre lutou por justiça social para as minorias, em marchas pela paz e escrevendo artigos que expressavam sua visão de harmonia social. Embora ela pudesse lutar pelos outros, tinha dificuldade em lutar por si mesma, pois tinha sido criada para cuidar dos outros e se sacrificar por eles. Ela admirava as mulheres heróicas da História que lutaram para corporificar seus ideais, como Rosa Luxemburgo, Emma Goldman, Margaret Sanger e Jane Addams. Contudo, ficava triste por haver poucos modelos femininos contemporâneos e, algumas vezes, ressentia-se com o fato de ter de se identificar profissionalmente com os homens.

Brenda lecionou por muitos anos numa universidade do Sul. Como outras mulheres no campo acadêmico, sempre ouviu que não receberia o mesmo salário nem merecia promoções. Diversos homens no mesmo departamento, que foram contratados ao mesmo tempo que ela e tinham o mesmo número de publicações ou até menos, tinham sido promovidos em *status* e salário, enquanto ela permanecia durante anos no mesmo nível. Quando Brenda começou a lutar e foi até a administração, seus pedidos foram recusados, independentemente das evidências que ela apresentasse. Foi ainda tratada com condescendência e lhe disseram que suas energias deviam se dirigir principalmente para o cuidado de seus filhos. Mas nem suas tarefas como professora nem suas outras obrigações profissionais tinham sido afetadas pela maternidade.

Seu departamento tinha pedido que fosse promovida, mas a administração recusara. Os homens que tinham sido promovidos possuíam algo em comum – faziam parte do sistema dos "rapazes dos bons tempos". Quando foi escolhido um novo diretor para o departamento, Brenda descobriu que estava sendo gradualmente afastada das aulas mais importantes, das indicações para comitês e relegada a comitês sem importância. Ela suspeitava que o diretor desprezava as mulheres, mas outras duas mulheres mais jovens do departamento estavam empolgadas com o diretor, pois ele parecia estar protegendo-as. No entanto, no momento em que elas poderiam ser promovidas, ele as sabotou. Ele teve influência suficiente para fazer que a promoção de uma dessas mulheres fosse recusada, e impediu que a outra atingisse as exigências de publicação ao pressioná-la para entrar na política do *campus*, e aconselhá-la a mudar de especialização. Sua promoção foi recusada por falta de publicações. Brenda já tinha os requisitos necessários e assim ele não podia questioná-la quanto a isso, mas recomendava consistentemente que ela recebesse o menor aumento de salário possível, enquanto os homens do departamento continuaram a receber aumentos maiores. Ele também ridicularizava sua abordagem única a seu tema como sendo coisa de "miolo mole".

Finalmente, Brenda decidiu agir. Foi ao reitor, mas ele lhe disse que os "diretores têm o direito de tomar essas decisões". Chocada e furiosa, pediu ao reitor para rever seus relatórios de progresso, mas ele se recusou. Ela saiu de seu escritório enfurecida, e foi até a administração para dar início a um processo de queixa salarial. Um estudo quantitativo mostrou que ela estava vários milhares de dólares abaixo de seus colegas, mas o julgamento final da administração foi que não havia desigualdade. Brenda questionou esta decisão, citando o relatório quantitativo. Mas o relatório tinha "desaparecido", e quando ela questionou o fato, o grupo decisório disse-lhe que não haviam visto o relatório. Ela escreveu uma carta indignada, criticando o procedimento. E, então, tentou obter uma resposta dos membros de seu departamento. Escreveu um bilhete a cada pessoa, descrevendo o que havia acontecido, e não obteve resposta.

Durante algum tempo, Brenda ficou obcecada em fazer que as pessoas ouvissem sua história. Sentia-se louca quando ninguém en-

xergava nem ouvia seu ponto de vista. Finalmente, parou de lutar, sentindo-se derrotada e humilhada. Ela se sentiu como se estivesse repetindo um papel que carregara como a filha do meio, invisível em sua família, oculta nas sombras de uma mãe dominadora e das irmãs. Agora, estava impotente diante do patriarcado autojustificado, obrigada a assumir o papel de uma cidadã de segunda classe, envergonhada e sem auto-estima. Sua nova passividade conspirou contra sua criatividade e a levou à paranóia e ao isolamento. Quando ficamos passivas e abandonamos a luta, cheias de ressentimento, a nossa energia da Louca pode voltar-se contra nós de um modo destrutivo, contribuindo para nossa falta de eficiência e nossa vitimação.

Brenda continuou a inspirar seus alunos, e suas aulas estavam sempre lotadas, mas sua habilidade e seu sucesso no ensino não lhe valeram nenhuma recompensa de cargo ou salário. Estava furiosa internamente, e se manteve afastada das atividades do departamento, dava suas aulas e depois corria para casa onde jogava Paciência loucamente. Como o "Underground Man" de Dostoievski, ela começou a viver abaixo de seu potencial, pois sua energia estava sendo consumida pelas cinzas ardentes do ressentimento com a injustiça deste patriarcado acadêmico.

Os sonhos de Brenda refletiam seu desespero pelo modo vil com que havia sido tratada, e revelavam sua raiva e seus medos de isolamento, de ser rotulada, invisível, e de não ter importância. Mas seus sonhos também revelavam uma figura feminina poderosa cuja loucura podia provocar mudanças. Em um sonho, ela viu um livro aberto com uma figura de um homem do lado esquerdo, e o título *As vinhas da ira*. Brenda acordou aterrorizada com sua própria fúria, por sentir a terrível ira e a raiva dos trabalhadores oprimidos, representados pelo livro de Steinbeck. Outro sonho revelou seu medo de ser considerada uma Louca, trancada e perdida num hospício.

> Eu estou procurando pelo Departamento de História, vagueando entre ruas e corredores estranhos. Finalmente chego lá, e um colega solidário me abraça. Por um curto período sinto-me feliz. Logo estou novamente

perdida, procurando pelo departamento. Ando por um corredor escuro, com outra mulher, com medo de ser vista. Nós esbarramos em alguém no escuro. Tento avisar mentalmente a outra mulher para que fique quieta e parada, para que não sejamos pegas. Agora estou sozinha, escondendo-me numa cabine de um banheiro. Duas enfermeiras psiquiátricas discutem o que farão com os pacientes. Tenho medo de que as enfermeiras me encontrem, e me mantenham presa num hospício, onde ficarei perdida na anonimidade dos pacientes loucos. Quando tudo parece perdido, vejo um homem na minha frente – calado, estrangeiro, sorridente, olhos fechados, de pé, com uma faixa na testa como um índio da América Central. Sorrindo, ele me ajuda, segura minha mão e me diz que posso voar. Conforme voamos para longe juntos, sinto-me aliviada por ter sido salva.

O sonho revelou várias coisas a Brenda. Mostrou-lhe seu estado perdido, amedrontado, confuso, desesperado e seu terror por estar saudável, mas trancada num asilo, não reconhecida por quem era. Esta imagem do sonho refletiu a dinâmica enlouquecedora de seu departamento. A companheira era uma figura de sombra para Brenda – uma Louca com uma fachada ilusoriamente polida por baixo da qual manipulava para abrir seu caminho, e que era competitiva, agressiva e conhecida por suas farpas venenosas. Esta mulher ambiciosa, que queria estar no topo, estava continuamente brigando com os outros e os afastando. Ela não sabia como usar efetivamente a energia da Louca. No sonho, Brenda sentia que se esta Louca falasse, seria hospitalizada. Assim tentou mantê-la em silêncio. Entretanto, na realidade, Brenda precisava integrar parte desta energia agressiva da outra mulher para poder lutar por si mesma. Esta mulher foi a primeira aparição de seu lado louco e sombrio que precisava ser transformado e integrado. No nível consciente, Brenda era contrária à forma inaceitável de agressão desta mulher, mas a psique funciona de maneiras estranhas. Os sonhos freqüentemente nos chocam e nos tiram dos estados em que estamos presos, com figuras e cenas que nos assustam para acordar-nos. Brenda precisava trabalhar com sua Louca interior para aprender a usar essa energia efetivamente para si

mesma. Para ajudá-la nesta tarefa, o sonho revelou um estranho amigável que poderia ajudá-la a voar para a liberdade. Para Brenda, isso simbolizava um lado xamânico, útil, gentil, introvertido de si mesma, que não estava aliado ao Juiz patriarcal.

Brenda encontrou cenas semelhantes em outros sonhos. Em um sonho, a mesma mulher queria que ela vivesse numa casa subterrânea. Mas Brenda achou que isto era horrível e disse não. Ela estava começando a afirmar-se. Este sonho foi seguido por outro no qual um homem queria que ela morasse num porão sob a calçada. Brenda recusou novamente, dizendo-lhe que ele não o vira por dentro, onde era escuro, apertado e horrível. O porão simbolizava o modo restrito em que Brenda estava vivendo. Os dois sonhos enfatizavam sua habilidade crescente de dizer não, de recusar um modo inferior de vida. Em outros sonhos, foi confrontada com a saída da universidade, que estava inundada, e em consertar um banheiro alagado. A inundação e o banheiro alagado simbolizavam os sentimentos avassaladores que Brenda tinha relegado a um lugar particular de recusa, mas que precisavam ser contidos e expressos. Em outro sonho, ela e sua irmã, que parecia controlada, mas que na verdade estava furiosa, começavam a agir de modo enlouquecido, e ela teria de levá-la embora. Neste sonho, Brenda tinha de lidar com a Louca no contexto de uma palestra acadêmica patriarcal.

Seus sonhos revelaram aspectos opostos da Louca. As maneiras ressentidas e passivas, ou agressivas e marciais da Louca são ineficazes, e desse modo são coniventes com o Juiz. Ao contrário, uma mulher que é capaz de afirmar-se, expressar a raiva do modo apropriado quando necessário, e rir das regras rígidas, pode usar sua energia construtivamente.

A Louca começou a aparecer com maior freqüência em seus sonhos. Ela sonhou que estava numa festa em que via um patriarca, um dos "rapazes dos bons tempos" do departamento. Quando ela descobria que estava grávida e sentia assombro e alegria: passou por um aborto. Repentinamente, suas longas unhas vermelhas soltavam chamas enfurecidas. A gravidez simbolizava o nascimento potencial de seu novo eu feminino assertivo – que poderia lidar efetivamente com os "rapazes dos bons tempos". Ela se defenderia, para que este novo eu não fosse destruído. Em outro sonho, Brenda encontrou uma Louca bem-humorada e de espírito livre.

> Acabei de receber um aumento de salário com a condição de me mudar para a periferia de uma grande cidade. Não quero me mudar para longe, e percebo que meus colegas querem me manter a distância. Eles também zombam, dizendo que agora tenho novas obrigações. Como Juízes, dizem-me o que fazer e como fazer. Penso cinicamente: "Quanto mais as coisas mudam, mais elas permanecem iguais". E então um mulher estranha aparece de repente e eu lhe pergunto: "O que se pode fazer?". A mulher ri, dizendo: "Não existe procedimento. Faça o que você quiser!".

Ao acordar, Brenda sente-se mais leve. Talvez exista um modo de lidar com os juízes críticos do patriarcado – não em seus termos, mas de acordo com seu próprio modo feminino. Para Brenda, a mulher nos sonhos era uma manifestação poderosa e positiva da Louca – uma mulher que podia rir e agir de acordo com o domínio não-linear, uma mulher que lhe disse que podia fazer o que quisesse, de seu próprio jeito – tão diferente da mãe de Brenda, que havia insistido em que ela fosse uma filha boa e cumpridora de suas obrigações.

Depois deste sonho, Brenda sentiu uma nova energia. Começou a fazer coisas saudáveis para si mesma – ioga, andar de bicicleta e construir sua força física e sua flexibilidade. Começou a sentir-se menos à mercê do comportamento caprichoso dos outros. Um sonho mostrou que ela agora estava mais forte. No sonho, um homem lhe mostra um apartamento de aspecto feio que lhe dá má impressão. Ela o recusa. E então um grupo de pessoas, de um culto perigoso, tenta aprisioná-la. Ela se defende. Usa a tampa de uma lata de lixo como escudo, e um bastão como espada, e os atinge quando tentam atacá-la, cantando zombeteiramente uma canção de Shirley Temple, "The Good Ship Lollipop". Agora Brenda estava pronta

para defender-se, não pegaria mais o lixo dos outros; ela havia quebrado a imagem da boa menina que a mantivera aprisionada.

Internamente, Brenda estava libertando-se ao se conectar com o poder da Louca positiva; externamente, as coisas começaram a mudar de modo sincrônico, como freqüentemente acontece quando alguém se transforma. Foi eleito um novo diretor do departamento. Era um homem honrado, reconheceu que Brenda estava sendo discriminada, e escreveu uma carta ao reitor pedindo que ela recebesse salário melhor, promoção e tarefas de maior responsabilidade. Ao mesmo tempo, um grande grupo de mulheres da faculdade encontrou-se para discutir sua condição; elas representavam aproximadamente um terço das mulheres da faculdade. Conforme falavam, todas as mulheres confessaram que tinham tentado fazer alguma coisa sozinhas, com relação ao tratamento desigual que recebiam dos homens que detinham o poder na faculdade, mas haviam fracassado. Cada uma das mulheres passara por um processo semelhante ao de Brenda, inicialmente culpando a si mesma por seu baixo salário e a ausência de promoção, sentindo-se incapaz de progresso, e aceitando a superioridade masculina e os decretos do patriarcado. A raiva e o ressentimento tinham fervido internamente, como acontecera com Brenda. Uma depois da outra, as mulheres contavam as histórias de suas vidas na universidade – essencialmente a mesma história de desigualdade, abuso, culpa, sentimentos de inferioridade, baixa auto-estima – ficou claro para as mulheres reunidas que elas precisavam se encontrar e agir juntas. Este foi o início de sua ação conjunta.

Enquanto isso, Brenda buscava novamente sua promoção – sem sucesso. Juntou-se a um grupo de mulheres da faculdade para discutir um processo legal coletivo para lutarem por seus direitos. Encontrou reforço, entusiasmo e um modo efetivo de fazer um apelo na solidariedade delas, e começaram a lutar efetivamente por seus direitos. Elas possuíam uma agressividade efetiva, que ela esquecera que podia ter dentro de si, mas que seus sonhos haviam revelado. Então, começou a sentir-se muito melhor consigo mesma, com a esperança de mudar sua situação. Sua ação positiva ao se juntar e trabalhar com as outras mulheres constelou uma nova e surpreendente energia. Liberou o ressentimento e o isolamento, baseados na rejeição patriarcal e conseguiu continuar e terminar um livro que tinha abandonado.

A história de Brenda mostra a importância da solidariedade feminina, para a defesa própria. Finalmente, as mulheres tiveram ganho de causa, e Brenda recebeu uma equiparação salarial e a promoção que deveria ter recebido dez anos antes. Lutar com outras mulheres contra as injustiças dos Juízes patriarcais despertou-a, trouxe de volta sua energia e auto-estima e a libertou das projeções negativas e das expectativas dos outros. Começou a sentir-se livre conforme se tornou consciente de sua Louca interior, fez amizade com ela, aceitou sua raiva por ter sido abusada e aprendeu a voltar essa energia para a ação construtiva solidária com outras mulheres. Ela teve dois sonhos maravilhosos que mostravam a nova amplidão psicológica que tinha alcançado. Em um sonho, colocara em sua casa uma pedra gigantesca retirada da natureza. A enorme rocha condicionou o ar da casa, e fez que o ar fluísse livremente, representando a força natural, a solidariedade e a independência que a deixaram respirar livremente. Em outro sonho, estava no comando de uma nave espacial. Olhando para a vastidão do espaço, era inundada pelo assombro e pela admiração quanto à beleza e grandeza da vida e do cosmos.

A história de Brenda mostra como a energia da Louca pode ser revolucionária e abrir espaços livres, dentro da vida individual e da cultura. Hoje os filmes estão começando a mostrar como a energia da Louca pode capacitar as mulheres a romperem velhas identidades e papéis, e a construírem vidas novas.

Solidariedade feminina: Thelma e Louise

O filme *Thelma e Louise* mostra como as mulheres presas em situações sexualmente abusivas, que são toleradas pela lei masculina,

podem invocar a Louca interior. Em sua luta para fugir aos abusos de uma cultura patriarcal, essas mulheres se transformam em Revolucionárias em vez de continuar reféns de um sistema patriarcal que não permite que as mulheres se defendam.

Thelma é um Pássaro Engaiolado, presa num casamento limitador. Seu marido é grosseiro e abusador, vive dando ordens a ela, e a menospreza constantemente, chamando-a de "cabeça oca". Por sua vez, Thelma tende a ser tola e a viver no mundo da lua, confirmando a imagem estereotipada que ele lhe faz, uma projeção que freqüentemente é feita sobre as mulheres numa cultura patriarcal. Os homens tendem a usar mais essa estereotipia quanto mais estiverem fora de contato com seu próprio lado feminino, e quanto mais temerem as diferenças inatas das mulheres e desejarem mantê-las passivas. É freqüente que os homens tentem dividir e conquistar, quando têm medo do poder feminino. Uma tática comum é envergonhar uma mulher por expressar sua raiva, tentando portanto suprimir sua força. Uma mulher assertiva, em geral, é rotulada como uma prostituta louca e agressiva, como o marido de Thelma se refere a Louise.

O marido de Thelma abusa de sua esposa, controlando-a do mesmo modo como controla a TV com um instrumento mecânico. Ele nunca deixa que Thelma fique livre para divertir-se, e grita com ela sempre que tenta iniciar algo. Ele espera que Thelma fique em casa e faça as tarefas domésticas, mesmo que ele raramente ali permaneça, e se encontre furtivamente com outras mulheres. Thelma se casou no início da adolescência e nunca teve outras experiências sexuais; nem experimentou a liberdade. Mas em seu coração, ela é um espírito livre, um Pássaro Engaiolado que deseja voar para fora de sua gaiola.

Quando Louise sugere que viajem juntas para as montanhas, num fim de semana, para divertirem-se, Thelma se entusiasma, mas tem medo de dizer a seu marido, sabendo que ele vai gritar com ela e proibi-la. Assim ela sai sem lhe contar, deixando um bilhete no microondas. Ela joga suas coisas de qualquer modo numa maleta, refletindo seu caos interior, e pega um revólver para proteger-se, pedindo a Louise que tome conta dele.

Louise é mais velha e mais sábia. Trabalha como garçonete e se recusa a ser intimidada. Louise tornou-se endurecida pelos bombardeios da vida, pelas zombarias dos homens e por um passado traumático do qual tenta fugir e ocultar, e tenta controlar sua vida. Aprendeu a lutar para proteger sua vida, caso seja necessário. Tem o caráter oposto ao de Thelma: ela faz as malas com cuidado e arruma a casa antes de se encontrar com a amiga para viajar. Num velho Thunderbird 1966 conversível, as duas mulheres começam suas férias. Louise acelera o conversível em direção a seu retiro selvagem, sentindo o sopro do ar fresco.

No caminho, Thelma quer parar e beber alguma coisa. Elas pedem *drinks* num bar à beira da estrada. Um homem interrompe-lhes a conversa, chama-as de belas "bonecas *kewpie*" e convida Thelma para dançar. Louise não gosta da intromissão deste homem, mas Thelma quer dançar. No íntimo, Thelma é uma mulher selvagem, sedutora e *sexy*. Está feliz por estar longe de seu marido rude, e repentinamente sente-se livre e deseja divertir-se com o homem, que flerta com ela enquanto bebem e dançam. Louise chama Thelma para ir embora e continuar a viagem, e paga a conta. Tonta e enjoada pela bebida e pela dança, Thelma vai em direção ao carro, acompanhada pelo homem, que tenta seduzi-la. Quando ela lhe diz não, e tenta pará-lo, ele lhe dá um soco, diz-lhe alguns impropérios e tenta estuprá-la. Quando Louise vê este homem atacando sua amiga, pega o revólver de Thelma de sua bolsa, sem pensar, e ameaça matá-lo se não soltar a amiga. O homem dá um passo atrás, mas quando sente que está a salvo, ele xinga as mulheres agressivamente e abusa verbalmente delas. Enfurecida, Louise lhe diz que se ele alguma vez vir uma mulher chorando como Thelma, deve saber que a mulher não está se divertindo nem um pouco. Ele chama Louise de puta e diz: "Chupe meu pau", e Louise responde: "Olhe o que você fala, companheiro", e impulsivamente aperta o gatilho, baleando-o acidentalmente no coração.

Em pânico, Thelma e Louise entram rapidamente no carro e se afastam. Não conseguem acreditar no que aconteceu, mas Louise sabe que está encrencada. Thelma pensa que a polícia acreditará na verdade – que o homem a estava estuprando e que foi baleado em legítima defesa. Mas Louise diz: "Quem vai acreditar em você? Nós não vivemos nesse tipo de mundo, Thelma". Num mundo masculino, mesmo que uma mulher diga não e queira dizer *não!*, não é levada a sério, não importam as circunstâncias. Em vez disso, é menosprezada como alguém que não sabe o que quer ou como alguém que não tem opinião. Um *slogan* usado pelos cadetes de West Point, nos anos 60, diz tudo: "A diferença entre a sedução e o estupro é a habilidade do vendedor". Este ponto de vista reduz a mulher a um receptáculo para elogios e sêmen, e nega voz e escolha a ela. Mas este é o código "peniano" masculino contra o qual as mulheres se rebelam. Louise teme que Thelma seja acusada de seduzir o homem e que ela própria seja acusada de assassinato.

Desesperada, Louise decide tentar fugir para o México; ela sabe que está marcada. Thelma liga para o marido às quatro da manhã e decide ir com Louise quando descobre que ele não está em casa. Na estrada, Thelma convence Louise a dar uma carona para um jovem mochileiro, e eles vão para o motel para o qual o namorado de Louise deve enviar dinheiro. Ela deixa o dinheiro aos cuidados de Thelma enquanto conversa com seu namorado, que foi até lá contra sua vontade. Ela lhe diz que o ama, mas recusa seu pedido de casamento, sabendo que se ficar com ele ou lhe contar algo, ele poderá ser preso como cúmplice. Enquanto isso, Thelma, que mantivera relações com o mochileiro, deixa ingenuamente o dinheiro sobre a mesa, mesmo sabendo que o jovem é um ladrão. Na manhã seguinte, Louise desaba quando descobre que o dinheiro foi roubado. Todo seu controle se rompe.

Thelma repentinamente fica no comando. Ela decide repor o dinheiro perdido, roubando uma loja; o jovem ladrão havia-lhe dito como fazê-lo. Louise espera no carro, desesperada, sem saber dos planos de Thelma. Thelma assalta a loja, de um modo "educado" e agora é procurada por assalto à mão armada. De volta à estrada, ela ameaça um policial, que havia parado Louise por excesso de velocidade. Thelma o coloca no porta-malas do carro dele e lhe diz para ser bom para sua esposa quando, então, ele pede misericórdia. Depois diz a Louise: "Algo passou por cima de mim; eu não posso voltar, eu simplesmente não conseguiria viver daquele modo. Agora me sinto desperta, totalmente desperta. Não me lembro de ter-me sentido assim antes. Tudo parece diferente". Ela sentiu o "chamado do vento" e gosta desta nova sensação de liberdade. Thelma se tornou consciente das desigualdades, do desprezo e dos abusos, e não vai mais tolerá-los.

A Louca emerge de dentro delas, quando um motorista de caminhão, rude e indecente, assedia-as com linguagem e gestos obscenos, e tenta tirá-las da estrada. Enfurecidas, Thelma e Louise o enganam para que ele pare. Louise pede que se desculpe e lhe pergunta se trataria de modo tão cruel sua mãe, irmã ou esposa. O motorista de caminhão as xinga e as chama de mulheres loucas, e então elas atiram, murchando os pneus de seu caminhão e explodindo seu tanque de gasolina – talvez uma metáfora para a raiva que sentiam diante do aspecto inflado do masculino, da ambição e do estupro da Mãe Terra. Elas assumem uma posição por si mesmas e por todas as outras mulheres, e não tolerarão mais a exploração por um homem ou pelo sistema masculino.

Enquanto isso, o policial que investiga o assassinato no bar encontra um arquivo sobre Louise e grampeia o telefone de Thelma. Eles aconselham seu marido a ser gentil com ela, se ela telefonar, e a agir como se a amasse. "As mulheres adoram essa merda", diz um cínico oficial do FBI, que está perseguindo essas mulheres que se rebelaram contra seu sistema. Só o investigador original se preocupa com elas, consciente de que suas vidas estão em perigo em virtude do modo que o sistema legal abusa das mulheres. Ele checou a ficha de Louise e sabe que ela foi estuprada no Texas. Thelma telefona para seu marido e suspeita que a polícia está lá, por causa da gentileza incomum do marido. Então Louise telefona e fala com o policial que

acredita que o assassinato foi acidental. Ele lhe pede que volte, antes que seja tarde demais. Mas Louise não acredita que terá uma oportunidade justa. Helicópteros circulam sobre elas, carros da polícia as cercam e rifles telescópicos potentes estão mirando as cabeças dessas mulheres "perigosas", que foram avisadas de que seriam baleadas se não se entregassem.

Thelma e Louise viram a beleza da natureza e se sentiram próximas à Mãe Terra durante sua jornada, e isto lhes deu um senso de conexão que lhes permite fazerem juntas suas jornadas finais. Elas dirigiram durante a noite pelas terras do *canyon*, e ficaram comovidas até as lágrimas, sentindo o assombro e o êxtase sob o céu cheio de estrelas. Louise percebe que suas lágrimas tinham estado congeladas até esse momento. Presas numa armadilha, à beira do Grand Canyon, que representa o abismo, Thelma e Louise sabem que estão numa encruzilhada e que precisam decidir se se entregam ou se vão em frente. Elas decidem fugir; não podem voltar ao modo como as coisas eram. As duas mulheres olham uma para a outra e admiram a coragem uma da outra. Sua jornada lhes deu um amor único – de amiga para amiga – um amor que raramente é entendido pelos homens. Beijam-se, amigavelmente, e concordam em ir adiante – elas dão um salto de fé, de mãos dadas, e jogam o carro pela beira do *canyon* e mergulham no vazio. Thelma e Louise atingiram um estado de consciência que não lhes permitirá voltar a um estado policial repressivo ou patriarcal que abusa das mulheres e as explora. Escolhem morrer pela liberdade. Unidas em sua amizade, voam livres sobre o abismo enquanto o filme termina.

Thelma e Louise não conseguiriam retornar a uma sociedade disfuncional que abusa do feminino, e só têm um lugar para ir – em frente, no abismo, para a liberdade do desconhecido. Simbolicamente, o abismo é o lugar da transformação espiritual, onde os místicos vão para a revelação divina: seu salto é a descida ao inconsciente, ao vazio, o salto que o buscador dá para dentro do caos do inconsciente criativo para encontrar novos modos de expressão. É o fundo do poço, no qual os adictos caem antes da recuperação. O abismo é onde todos nós precisamos ir, despidos de idéias preconcebidas, de expectativas do ego, de posses, e de qualquer outra coisa que nos impeça de realizar a mudança radical necessária para a transformação social e pessoal. Saltar no abismo parece ser loucura com base na perspectiva convencional que deseja manter as coisas como estão, agarrar-se na pouca segurança que temos, manter o *status quo*, e impedir a mudança. Neste sentido, Thelma e Louise se transformaram em Mulheres Loucas que consideram insustentável o sistema dos "rapazes dos bons tempos" e que não estão dispostas a submeter-se aos Juízes patriarcais de uma sociedade degenerada. Um novo modo de ser, mais humano, para homens e mulheres, pode emergir de seu sacrifício e de suas histórias revolucionárias. Thelma e Louise simbolizam um estado de consciência feminina que rejeita e tenta abandonar o velho sistema para descobrir um novo caminho. A tempestade de críticas levantadas contra *Thelma e Louise*, por ser considerado violento, é surpreendente à luz dos filmes masculinos de "companheiros", nos quais os homens matam a torto e a direito. É menos importante que as mulheres não pudessem, em última instância, estabelecer uma adaptação viável à sociedade, do que o fato de terem escolhido sua afirmação de vida – liberdade diante da repressão e do julgamento. Não é de surpreender que tantas mulheres e homens aplaudam este filme revolucionário, que expõe o aspecto corajoso da Louca em todos nós.

Uma revolucionária consciente: Rosa Luxemburgo

Thelma e Louise estavam apenas começando a descobrir a consciência feminina e não tiveram tempo de colocar sua consciência em prática. É necessário outro passo em direção à consciência – aprender como agir e como introduzir os valores humanos na sociedade – para transformar a energia da Louca em ação revolucionária efetiva para a mudança humanitária. Existem poucos modelos femininos desse tipo de mudança. Mas na virada do século XX, Rosa Luxem-

burgo, uma Louca pela justiça, deu o salto para a ação revolucionária e para a consciência. Ela era uma porta-voz política do socialismo democrático, e desenvolveu um ponto de vista de mudança radical, acreditando que a revolução precisava desenvolver-se de acordo com uma consciência crescente dos oprimidos, obtida por meios pacíficos, e não por meios violentos. Rosa se opunha totalmente ao terrorismo e à visão patriarcal dominante de que a mudança social devia ser dirigida de cima, por uma pequena elite. Acreditava que a reforma se desenvolveria naturalmente com base na consciência amadurecida da comunidade humana sobre o que é necessário para uma vida boa e com significado espiritual. Rosa Luxemburgo propunha uma política humana que viesse de dentro de uma situação em vez de uma imposta de fora pelas leis estáticas e absolutas do Juiz patriarcal.

Seu compromisso moral com a "liberdade de pensar de modo diferente" estava no âmago de sua filosofia humanística. Argumentava que sem virtude moral não pode haver progresso humano. O alvo genuíno do marxismo, como ela o via, era restaurar a totalidade das pessoas, superando as alianças nacionais e unindo as pessoas em suas profundezas humanas. A discriminação contra as mulheres, o racismo, a exploração e a dominação das nações terminariam com o advento do verdadeiro socialismo internacional humanístico. Ela se opunha a greves organizadas artificialmente, planejadas e controladas pelos líderes partidários, e acreditava que apenas os trabalhadores amadurecidos tinham o direito de iniciar suas próprias lutas pela liberdade, e que isto podia ser feito pacificamente. A "harmonia e a solidariedade" uniriam os indivíduos. Ao contrário do nacionalismo, Rosa vislumbrava a cidadania mundial.

Rosa Luxemburgo (nascida: Luksenburg) era filha de judeus, e nasceu em Zamosc, na Polônia, em 1870. Seus pais tentaram se integrar à vida polonesa e encontraram o anti-semitismo dos poloneses, a oposição dos judeus ortodoxos e as dificuldades econômicas. Mudaram-se para Varsóvia, onde esperavam que a vida fosse mais livre, e foram morar num bairro de profissionais que só recentemente tinha aceitado judeus. Rosa era uma criança brilhante, cheia de energia e feliz porque era adorada pelos pais. Aos cinco anos de idade, desenvolveu uma anormalidade no andar que a deixou manca, o que a envergonhava.

Aos dez anos foi admitida na escola pública, num sistema de cotas, no qual tinha de ter notas mais altas do que os gentios pois era judia. Era uma criança sensível e se sentiu humilhada por esta segregação, que se somou a seu medo de ser diferente. Queria misturar-se com os poloneses, mas o fato de ser manca e sua aparência – ela era baixa, com cabelos e olhos escuros e um nariz semita – a faziam ficar de lado. E o mesmo acontecia por causa de seu talento intelectual e de suas notas excepcionais. Ocultava sua falta de jeito e seus sentimentos de inferioridade sendo forte, agressiva e, às vezes, arrogante. Aos doze anos, passou por um terrível trauma – um brutal e violento *pogrom* irrompeu em seu bairro; muitos judeus foram mortos.

Durante a adolescência, descobriu uma pequena comunidade clandestina de estudantes que amavam a poesia e a literatura e compartilhavam uma consciência social inspirada pelo poeta e profeta místico, Adam Mickiewicz, que via a peregrinação espiritual como uma busca de justiça e liberdade para todas as pessoas cujos instintos saudáveis levariam a uma revolução social natural e não violenta. Influenciada por Mickiewicz, Rosa desenvolveu sua filosofia humanística sobre a necessidade de alimentar as revoluções espontâneas que surgiriam com base na sabedoria espiritual e nos sentimentos saudáveis das pessoas comuns, e assim resultariam numa vida mais humana para todos.

Rosa mudou seu nome para Luxemburgo quando partiu para estudar ciências, leis, economia e filosofia em Zurique – pois as mulheres não eram aceitas nas universidades da Polônia naquela época. O ideal da "mulher rebelde" atraía Rosa, que resistia aos ideais burgueses. Ela não desejava ser uma dona de casa conformista e dependente, como sua mãe, nem uma mulher judia estereotipada, tratada como uma não-identidade. Seus modelos femininos eram as heroínas que sacrificaram suas vidas, lutando pela causa da liberdade.

Ela entrou para uma comunidade socialista alemã e encontrou seu primeiro e maior amor, Leo Jogiches, um revolucionário radical. Tornaram-se amantes, embora ele insistisse em que sua intimidade permanecesse secreta. Rosa sentia-se continuamente frustrada em seu relacionamento de longa duração com Jogiches. Eles se relacionavam principalmente por meio de cartas, pois moravam separados por causa do trabalho pela revolução. Ela acreditava que as mulheres poderiam amar e trabalhar para ter uma vida plena, e desejava que o casamento combinasse intimidade emocional, paixão física e beleza espiritual, e que contribuísse para o crescimento mútuo de cada parceiro e também para uma sociedade justa e espiritualizada. Mas Jogiches, que colocava a revolução antes da vida humana individual, sentia-se ameaçado pela intimidade emocional e resistia aos sentimentos, acreditando que a vida pessoal e o trabalho precisavam ser separados ou interfeririam na causa social pública. Rosa acreditava que a pessoa vinha primeiro – entendendo a arte da vida humana como um pré-requisito para criar uma vida melhor para os outros. Este conflito atrapalhou todo o seu relacionamento.

Rosa desejava desesperadamente um filho mas, como Jogiches era contra, suas energias se voltaram para escrever e para o trabalho revolucionário. Seus escritos deram poder à visão revolucionária dele; ele lhe dava amor quando ela seguia suas instruções e o retirava quando resistia. Entretanto, seu apoio financeiro tornou possível que ela se devotasse a estudar, escrever e ao trabalho político. Como a reputação de Rosa estava superando a de Jogiches, ele tentou dirigi-la cada vez mais e mantê-la sob seu controle.

Rosa entrou publicamente no mundo político em 1893, falando apaixonadamente pelo socialismo democrático polonês no segundo congresso socialista internacional. Ela era carismática, magnética, brilhante, intensa e cheia de energia apaixonada. Seus discursos ardentes influenciaram os delegados. Tinha talento para escrever e para a oratória, e se transformou na caneta influente por trás de diversos jornais socialistas. Deste modo, transformou sua raiva diante das injustiças que experimentara em sua própria vida – sua desvantagem e seu *status* inferior como uma judia na Polônia – numa polêmica contra a injustiça política e numa visão humanística da harmonia social que afetariam o rumo da História.

Aos 27 anos, já tinha-se doutorado em lei e ciência política e publicado mais de cinqüenta artigos. Seu sucesso e reconhecimento públicos estavam aumentando. Tornou-se uma cidadã alemã por meio de um casamento arranjado, que depois foi desmanchado para que ela pudesse mudar-se para Berlim, o quartel-general de onde ela persuadia os trabalhadores poloneses na Alemanha com seus discursos inspiradores sobre sua exploração e a necessidade de lutar por seus direitos.

Tornou-se conhecida internacionalmente como um dos jovens especialistas do socialismo científico. Seu espírito rebelde e sua imaginação cativavam os ouvintes, que a adoravam; seu *background* em literatura, filosofia e história dava profundidade e perspectiva à teoria social que estava formulando. Rosa era uma lutadora natural pelos ideais, e freqüentemente era criticada pelo partido. Foi denunciada por "se comportar mais como uma mulher do que como um membro do partido".[3] Mas seu poder vinha precisamente de seus valores femininos. Sua crença de que um escritor precisa mergulhar fundo dentro de si mesmo e reviver emocionalmente a importância e a verdade de seu assunto, para poder atingir com entusiasmo o coração do leitor, estava no centro de sua influência.

Rosa era constantemente solicitada como palestrante política e jornalista, e era influente nos partidos socialistas da Alemanha (o SPD*), Polônia e Lituânia. Viajava num ritmo exaustivo, falando diariamente para milhares de pessoas, dava palestras com o objetivo da unificação dos trabalhadores da Alemanha e da Polônia, e os inspirava com seus discursos sobre o sufrágio universal e a liberdade artística, e com sua filosofia política. Hipnotizava as pessoas com seu calor e charme, sua energia, seu intelecto e sua profundidade, e surpreendia e impressionava os velhos líderes do socialismo internacional.

---

* Partido Social Democrata. (N. T.)

Contudo, a solidão e a depressão tinham-na oprimido tanto durante seus primeiros anos em Berlim que começou a ter medo de ficar louca. Sofria de exaustão nervosa, tinha fortes dores de cabeça e outros sintomas debilitantes. Apesar de sua fama, de suas realizações públicas e do amor que recebia das audiências, sentia-se insatisfeita consigo mesma pelas coisas que havia deixado sem fazer. Também se sentia culpada por não escrever e visitar seus pais, e deixar sua irmã mais velha cuidando deles. Rosa culpava seus pais por serem judeus burgueses. Não gostava da falta de idealismo de seu pai; criticava a doçura gentil de sua mãe, e não reconhecia sua força interior.

Rosa acreditava que escapara à sorte comum das mulheres, apesar do fato de os líderes partidários condescendentes, às vezes, a menosprezarem e zombarem dela e de sua amiga Clara Zetkin, editora de revistas femininas socialistas, como *Frauenzimmer* ("quarto das mulheres"). Embora sentisse que um movimento feminino separado dividiria a causa, apoiava a liberdade das mulheres, estimulando suas amigas a agirem de modo significativo. Criticava as mulheres burguesas "entediadas com o papel de boneca ou de cozinheira do marido", e recomendava que "procurassem alguma ação para encher suas cabeças e suas existências vazias",[4] comparando-as com as mulheres da classe trabalhadora que sentiam mais profundamente a conexão inerente necessária entre os direitos das mulheres e os direitos humanos universais. Rosa acreditava que as mulheres precisavam lutar pela igualdade e pela liberdade de todas as pessoas oprimidas, e não apenas das mulheres. Em 1919, quando se transformou na editora do único jornal socialista em Berlim, planejou uma edição especial para as mulheres, enfatizando sua importância para a política. Sem influência política, as mulheres não poderiam nem decidir o destino de suas próprias vidas, e muito menos o destino de seus filhos ou de seu país.

Rosa foi presa diversas vezes em sua vida por ser uma revolucionária. Em 1904, passou três meses numa prisão feminina em Berlim por insultar publicamente o imperador prussiano. Tinha permissão para estudar, ler, escrever e receber visitas. Com tempo para refletir, questionou seu amor por Jogiches e se valia a pena viver. A busca espiritual por significado empreendida por Tolstoy a ajudou mais do que Marx.

Nessa época, criticou a disciplina e o controle advogados por Lênin. Rosa disse que: "Ele se concentra principalmente em *controlar* o partido, não em *torná-lo fértil*; em *estreitá-lo*, não em *desenvolvê-lo*; em *regulamentá-lo* e não em *unificá-lo*". Convocando um "espírito criativo e positivo", em vez de um "espírito estéril de um guardião noturno" (a abordagem de Lênin).[5] Criticava também a máquina burocrática. Era contrária à guerra e se opunha totalmente à proposta de insurreição armada de Lênin, sentindo que os trabalhadores podiam realizar uma revolução do povo pela elevação de sua percepção consciente. Mas apesar de serem opostos, Vladimir Lênin e Rosa Luxemburgo respeitavam o gênio que viam um no outro.

Rosa juntou-se a Jogiches em Varsóvia durante uma reação polonesa provocada pelo massacre do Domingo Sangrento, em 1905, na Rússia. A polícia polonesa invadiu seu quarto, encontrou uma prensa ilegal e os prendeu no dia anterior ao seu aniversário de 36 anos. A imprensa alemã anti-socialista chamou-a de "Rosa Sangrenta", uma estrangeira perigosa, e afirmou que ela havia obtido a cidadania alemã ilegalmente, e expôs seu caso com Jogiches. Foi levantado dinheiro suficiente para tirá-la da prisão, e, em 1906, quando uma corte marcial considerou Rosa e Jogiches culpados pela tentativa de derrubar o governo russo, ela já estava na Alemanha.

Por volta dos trinta anos, apaixonou-se pelo filho de uma de suas melhores amigas. Ele tinha uma personalidade oposta à de Jogiches, era um sonhador romântico que amava a música, a poesia e a natureza. Ela queria moldar a psique desse jovem como se ele fosse seu filho. Quando Rosa disse a Jogiches que o casamento acabara, ele ficou enfurecido e se recusou a sair do apartamento; ameaçou matar Rosa e seu novo amante. Rosa desafiou Jogiches do mesmo modo como desafiava qualquer hierarquia abusiva que diminuísse a liberdade humana, quer fosse o patriarcado marxista, a sociedade burguesa ou simplesmente um homem.

Rosa e Jogiches não podiam romper completamente por causa de seu trabalho como líderes revolucionários, mas seu conflito foi interrompido por outra sentença de prisão por ter "instigado a violência" numa palestra pública alguns anos antes. Rosa ficou com medo de perder seu jovem amante para uma mulher mais jovem e atraente, e se tornou possessiva. Ele se retraiu, mas continuou seu dependente. Rosa concordou com uma amizade que era sobrecarregada por seus estados de espíritos sombrios. Usou a raiva desta rejeição para alimentar batalhas no mundo exterior com os líderes marxistas e continuou a criticar a "autoridade do partido central". Apesar de seu poder e carisma no setor público, sentia-se inferior como mulher apaixonada. Rosa voltou para Jogiches e para seu trabalho. Mais tarde, teve um relacionamento mais maduro, apesar de curto, com seu advogado, Paul Levi, que permaneceu seu amigo e continuou seu trabalho depois que ela foi assassinada.

Aos 40 anos, Rosa desenvolveu sua noção de socialismo, diferente das idéias de Marx, Lênin e do SPD. Afirmava que o marxismo não era um dogma, e apontava o erro de agarrar-se literalmente ao *Manifesto Comunista*. Transformou-se em alvo de abuso depois de ter criticado a direção do SPD por justificar o uso da insurreição armada e do terrorismo. Os editores do partido começaram a rejeitar seus artigos. Um dos patriarcas do partido disse a respeito de Rosa: "A vagabunda venenosa ainda causará muito dano, ainda mais sério porque ela é perigosamente inteligente".[6] Ela agora era vista pelo estereótipo da mulher briguenta, sentia que o partido estava tentando silenciá-la e atacou o caráter de alguns membros do partido. Sempre rebelde, recusava-se a ficar parada e ser silenciada. A Rosa revolucionária continuou sendo um espírito livre, lutando por seus ideais, mas ficou cada vez mais isolada politicamente.

Artigos nos jornais começaram a atacá-la por ser judia. O fato de ser manca era citado como evidência de degeneração judaica; foi acusada de ódio semítico por sua terra natal, a Polônia. Os social-democratas europeus apoiaram-na enquanto se defendia dos ataques, pois ficaram incomodados com o anti-semitismo. Seu maior trabalho, *The Accumulation of Capital*, foi publicado em 1913, e foi escrito em quatro meses, um longo período criativo que ela disse ter sido o mais feliz de sua vida. Ele era polêmico e foi criticado tanto pela direita quanto pela esquerda do Partido Social Democrata alemão (SPD). Ela argumentava que o colapso do capitalismo era inevitável e automático, e que ele só seria substituído pelo socialismo por meio da crescente consciência revolucionária da classe trabalhadora. Em seu trabalho seguinte, *Anti-Critique*, afirmou que não existiam especialistas em marxismo, e que isto incluía o próprio Marx. Rosa sempre instigava a criatividade, não o dogma.

Condenada por incitar a desobediência pública, colocou o tribunal alemão sob julgamento, com um apelo em 1914, argumentando que só as pessoas, e não o governo, tinham o direito de determinar seus destinos, e que greves gerais eram apenas um estágio na luta de classes em direção à liberdade e paz humanas. Seu discurso brilhante e corajoso a transformou numa celebridade. Seus artigos, que anteriormente tinham sido rejeitados, eram agora procurados pela imprensa do SPD. Rosa foi condenada a um ano de prisão, mas tornou pública sua filosofia antiguerra – a guerra poderia ser evitada se os trabalhadores fizessem uma greve geral em escala internacional e exigindo assim que os exércitos fossem abolidos. Os trabalhadores que fossem conscientes de seu poder e se recusassem a lutar poderiam alimentar a paz e evitar a guerra.

Aumentaram as divisões no SPD; quando a Primeira Guerra foi declarada, os social-democratas apoiaram-na e votaram um fundo de guerra. Rosa e outros se opuseram à guerra e saíram do partido. Desesperada com a deflagração da guerra, Rosa trabalhou tão duro que ficou doente com exaustão nervosa e física sendo hospitalizada, e depois foi presa novamente. Durante a guerra, Rosa passou mais de três anos na prisão, e foi transferida freqüentemente por causa da custódia protetora, até que a guerra acabasse. Na prisão escreveu cartas de desafio e de incentivo, censurando a fraqueza. Mas ela também escreveu cartas em que confessava sua vulnerabilidade e seu desespero.

Rosa estava espiritualmente enfraquecida e temia a loucura; os pesadelos a oprimiam. Ela registou um sonho aterrorizante no qual ela devia cantar uma canção e se acompanhar ao piano. Na hora da apresentação, percebia que não podia tocar piano, e que não havia ninguém para acompanhá-la. Para ter uma desculpa para não tocar, cortava seu dedo, e depois gritava de pavor com medo de ser abandonada pelo amigo que havia organizado o concerto. Tinha esperanças de que a sobrinha pudesse acompanhá-la, mas depois se lembrava de que a sobrinha não tocava piano. O sonho revelava o pânico que tinha do isolamento e seu medo de ser abandonada pelos amigos. Ela afirmava seu desespero diante do fato de seu próprio canto, que representava a afirmação de sua existência, parecer impossível se estivesse condenada a cantar sozinha.

Rosa foi lançada no caos, na noite escura da alma. No plano universal, era confrontada com o paradoxo da existência humana – o mistério do bem e do mal – enquanto no plano psicológico ela sofria com mudanças extremas de estado de espírito. Num dos períodos de afirmação, ela escreveu: "[...]na escuridão, eu estou sorrindo para a vida... e buscando a razão dessa felicidade... A profunda escuridão noturna é tão bela e macia como veludo se soubermos como olhar para ela... Precisamos sempre aceitar tudo o que pertence à [vida] e achar *tudo* belo e bom. Pelo menos é isto que eu faço, não guiada pela razão ou pela sabedoria, mas simplesmente seguindo minha natureza. Eu sinto instintivamente que este é o modo correto de viver, e portanto eu me sinto realmente feliz sob quaisquer circunstâncias".[7]

A natureza elevava seu espírito. Enquanto estava na prisão, permitiam que ela cultivasse um jardim. Ver um pássaro, observar o crescimento de uma planta, observar a mudança do tempo a tranqüilizavam. Finalmente podia identificar-se com sua mãe, que acreditava que era possível entender o canto dos pássaros. Podia ler e estudar, e mandava citações significativas dos livros que amava a seus amigos, informando-os sobre concertos e afirmando a persistência e o otimismo. Escrevendo, salvou-se de sucumbir no desespero e tentou transformar a derrota material em vitória espiritual.

Rosa saiu da prisão em 1918 e voltou a Berlim – uma cidade em caos, com multidões aglomeradas nas ruas. A revolução ameaçava o país, enquanto o governo alemão censurava o bolchevismo. Ela escreveu para um jornal socialista revolucionário recém-fundado, mudava com ele de hotel para hotel pedindo em seus artigos por ação consciente, maturidade espiritual e medidas práticas, e continuou a denunciar o terrorismo como a perversão final do socialismo.

Jogiches trabalhava com ela, lutando pelo renascimento espiritual do trabalhador alemão. Eles estavam mais velhos, mais tolerantes e compreensivos um com o outro, e podiam expressar ternura. Ele sabia que Rosa não faria concessões, nem com Lênin, cujos meios terroristas criticava, nem com os social-democratas alemães, que tinham traído o socialismo ao apoiar a guerra. Prisioneira entre os dois lados, criticando os dois, era condenada como uma "mulher demônio" que queria destruir o povo alemão. O ódio e o preconceito eram lançados contra ela em murais, panfletos, jornais.

Em dezembro de 1918, soldados e trabalhadores lutaram uns contra os outros, as greves paralisaram a Alemanha, e as diversas facções do SPD brigavam, uma acusando a outra de ter traído a revolução. Rosa acusava o SPD de ter dado apoio à guerra e ao exército do imperador que tinha-se voltado contra os trabalhadores, enquanto ao mesmo tempo ela alertava os trabalhadores alemães de que eles não estavam prontos para assumir o governo. Isolada, encarava também seu pior medo – o fracasso de sua visão. Os socialistas da geração mais jovem buscavam o poder e usavam violência para alcançar seus objetivos.

Soldados do governo matavam os trabalhadores rebeldes, batiam neles, e mutilavam seus corpos. Os soldados a criticaram sobre sua previsão de que o derramamento de sangue provocaria a aniquilação de uma ordem – uma previsão que mais tarde se mostrou verdadeira com a ascensão de Hitler. Ela culpava os líderes pelo fracasso, não as massas.

Os soldados prenderam-na na noite de 15 de janeiro de 1919. Havia uma recompensa de cem mil marcos por sua captura. Eles a levaram para um hotel que era o quartel-general temporário de uma divisão de soldados, e para o quarto do capitão para ser identificada. Enquanto era conduzida pelo *lobby*, os soldados turbulentos zombavam dela, gritando "Röschen" e "lá vai a velha puta".[8] Quando foi conduzida de volta, um soldado saltou da multidão que escarnecia da "Rosa Vermelha" e bateu em sua cabeça com a coronha de seu rifle, e depois a atingiu novamente na têmpora quando ela estava caída no chão. Os soldados levaram-na, sangrando, para um carro no qual um oficial atirou em sua cabeça. Levaram, então, seu corpo para as margens do rio Spree, arrastaram-no pelos arbustos e o jogaram no rio enquanto diziam: "A velha suja está nadando agora".[9]

Depois de seu assassinato, foram relatadas diversas versões do crime. Um jornal alemão chamou-a de líder terrorista e disse que seu assassinato fora uma sentença da "justiça do povo". Mas Jogiches expôs os fatos de que os assassinatos de Rosa e de Karl Liebknecht, outro líder revolucionário socialista, tinham sido planejados com a cooperação do mesmo grupo militar que investigava o caso. Jogiches foi preso e fuzilado pelos militares, mas a publicação dos fatos sobre os assassinos de Luxemburgo e Liebknecht exigiu uma corte marcial. Cada um dos soldados que atacaram Rosa recebeu a sentença de apenas dois anos.

Quando seu corpo foi encontrado meses depois, a polícia tentou enterrá-la secretamente, com medo, pois eles sabiam que ela era amada pelo povo, o qual poderia rebelar-se. Mas Paul Levi, que agora era o chefe do partido comunista alemão, requereu uma identificação pós-morte. Não foi possível determinar se ela havia morrido por causa dos golpes, do tiro ou por afogamento.

No funeral de Rosa Luxemburgo, em 13 de junho de 1919, uma enorme multidão lamentou a morte de uma grande heroína. As palavras de encerramento de seu último artigo foram colocadas sob sua foto em grandes bandeiras carregadas bem alto, para que todos as vissem. Ela escrevera que a revolução voltaria e anunciava: "Eu fui, eu sou, eu serei".[10] Estas últimas palavras de afirmação, vindas das profundezas femininas desta heroína revolucionária, inspiram-nos ainda hoje, lembrando-nos da necessidade de nos opormos à violência e de lutarmos pelos direitos humanos e pela dignidade de todas as pessoas – independentemente de sexo, raça, nacionalidade ou religião.

Rosa Luxemburgo canalizou efetivamente o poder da Louca. Ela confrontou a raiva que sentia com relação às privações que teve em sua vida pessoal – ser manca, a solidão no amor, sua infância, o preconceito religioso e por ser mulher, e as terríveis injustiças sociais que viu em todos os lugares a seu redor. Tinha consciência de sua loucura com relação a estes temas, e usou esta energia, dirigindo-a para a ação construtiva. Recusou o extremo do terrorismo, e se recusou a ser vitimada pelas circunstâncias. Sabia que era diferente, e o aceitava, e ao fazer isso se abriu para uma visão revolucionária das possibilidades humanas. Lutou para concretizar suas visões revolucionárias da mudança social no mundo, com disciplina e coragem, com *insight* e trabalho duro. Sacrificou conscientemente sua vida a esse compromisso. O que Muriel Rukeyser diz em seu poema a respeito da artista revolucionária social Käthe Kollwitz descreve a essência do poder transformador da Louca como Revolucionária, exemplificada pela energia de Rosa Luxemburgo:

> a aparência revolucionária
> que diz eu estou no mundo
> para mudar o mundo.[11]

Incorporando o poder feminino

Como uma mulher pode ser uma Revolucionária consciente no mundo de hoje? Primeiro precisamos dar uma passo à frente e encarar nossos medos, interiores e exteriores. A Revolucionária se compromete com um valor que acredita que humanizará o mundo, e então age de modo que corporifique esse valor. Isto exige uma atitu-

de firme e a luta por esse direito, se for necessária. Na verdade, os extremos de agressão rígida e de resistência fraca podem levar ao terrorismo e à vitimação.

O maior perigo para a Revolucionária é sucumbir a uma inflação egóica que pode degenerar no terrorismo ou no dogmatismo, que são os dois lados da mesma moeda. Se uma pessoa ficar presa na energia da Louca, corre o risco de passar a sentir que está sempre certa e autojustificada, o que paradoxalmente é uma posição patriarcal. Como os autores de *The Madwoman in the Attic* apontaram, as mulheres têm dificuldades para formar vínculos entre si, no patriarcado, porque o "espelho" coloca uma mulher contra outra. Se as mulheres ficarem artificialmente infladas, podem tender a diminuir umas às outras em vez de se apoiar mutuamente. As mulheres que temem e desconfiam das outras estão involuntariamente a serviço do patriarcado, o que também ocorre com aquelas que permanecem vitimadas e se entregam ao medo.

Um modo de utilizar a energia revolucionária da Louca é confrontar o medo, reconhecendo-o, e ao mesmo tempo dando o salto de fé corajosamente, sabendo que algo melhor está à espera. A ganhadora birmanesa do Prêmio Nobel, Aung San Suu Kyi, encarou corajosamente o medo, por sua atitude revolucionária. Atualmente, está lutando contra seu governo e seu sistema injusto, por meio de uma espera ativa em nome da humanidade enquanto está sob prisão domiciliar. Acredita que o medo é um hábito que as pessoas acabam por cultivar se viverem com medo por um longo período. Ela acredita que em seus corações, as pessoas querem a liberdade.[12] Um modo em que as mulheres modernas podem superar seus medos e se tornar Revolucionárias é vir à frente e contar suas histórias como fez Anita Hill. A negação do assédio e do abuso só pode ser exposta se as vítimas derem um passo adiante e contarem suas histórias. As mulheres transformarão a si mesmas, encontrarão sua força interior e serão capazes de mudar o sistema, quando se tornarem ativas, assumirem uma posição solidária, agirem com o poder vindo da energia construtiva da Louca e confrontarem o sistema dos "rapazes dos bons tempos". Diretoras de filmes como Margarethe von Trotta, que retratam as lutas das mulheres revolucionárias para atingir a totalidade feminina, em filmes como *Rosa Luxemburg* e *Marianne and Juliane*, ajudam-nos a aprender sobre nossa força e nosso relacionamento como mulheres.

A afirmação revolucionária *exige* a ação honesta, espiritualmente centrada e totalmente focalizada. Ela necessita dedicação a uma causa e a disposição de abandonar os desejos egoístas, de realizar os sacrifícios necessários, de morrer para um tipo de vida e continuar com outro e com identidade. Agir com base no centro feminino com outras mulheres, e não competindo entre si, é essencial para revolucionar a liberação das mulheres. Uma demonstração poderosa do poder ativo da Louca quando as mulheres cooperam aconteceu há alguns anos em Alice Springs, na Austrália, onde um grande grupo de mulheres aborígenes atravessaram a cidade marchando. Elas andavam de modo poderoso, de braços dados, seus símbolos rituais femininos estavam pintados sobre seus seios nus, e protestavam contra a venda ilegal de álcool e drogas aos homens de sua comunidade que estavam desmoralizados pelo abuso dessas substâncias.

A Revolucionária pode utilizar construtivamente a energia da Louca, ao provocar o caos criativo de onde pode surgir o novo crescimento. Ao lutar contra os sistemas sociais regressivos que matam o espírito feminino, pode cavar o solo escuro onde as novas idéias podem germinar e crescer. A Revolucionária pode "reescrever" as regras rígidas do patriarca que busca poder na perfeição e na vitória, e dar à luz conscientemente diretrizes mais flexíveis de mudança, descoberta e exploração, acrescentando assim ao mundo sua visão feminina única. Hoje muitas mulheres já são Revolucionárias "evolucionistas", como Rachel Carson. Elas são ecofeministas que compartilham objetivos comuns e desejam criar uma relação de cuidado e cura com a Terra, e buscam novos modos de auxiliar as causas ecológicas e de recuperar o equilíbrio da sociedade e do meio ambiente.

9

A Visionária

E aconteceu no sexto ano, depois de estar sendo incomodada
por cinco anos por visões maravilhosas e verdadeiras.
Nessas visões, uma visão verdadeira da luz perene
me havia mostrado – a mim, um ser humano
totalmente ignorante – a diversidade dos muitos modos de vida...
Eu tremia com todo o meu corpo e comecei a
me sentir doente por causa da minha fraqueza corporal.
Durante sete anos escrevi sobre essa visão, mas eu mal
podia completar a tarefa. Eu via sob (a influência de)
mistérios celestiais enquanto meu corpo estava totalmente
desperto e enquanto eu estava em meu juízo perfeito.
Eu o via com o olho interior de meu espírito e
o ouvia com meu ouvido interno...
E mais uma vez eu ouvi uma voz dos céus me instruindo.
E ela disse: "Escreva o que eu lhe conto!".
HILDEGARD VON BINGEN

Muitas mulheres intuitivas são desacreditadas pelos homens quando expressam o que viram. No mito, Cassandra sofreu com esta maldição trágica.[1] Cassandra é um exemplo arquetípico da mulher visionária; possuía o dom da profecia e previu que os gregos se ocultariam num enorme cavalo de madeira fora dos portões da cidade e tentariam conquistar Tróia de surpresa. Foi considerada louca; ninguém prestou atenção em seu aviso. Seu pai, Príamo, rei de Tróia, prendeu-a numa cela e a colocou sob a guarda de uma serva, a quem pediu que relatasse qualquer coisa que Cassandra dissesse. Deste modo, tentou controlar sua filha como uma Louca e, ao mesmo tempo, ter acesso a suas intuições. Muitos pais aprisionam suas filhas clarividentes desse modo. Algumas vezes, eles o fazem com gentileza, como no caso de Claire, a quem encontramos no Capítulo 2. O pai de Claire se apoiava na sabedoria inata de sua filha e a usava como companheira e ajudante. Maridos e empregadores também usam os *insights* intuitivos das mulheres para avançar em suas próprias carreiras, embora em público pareçam ignorar ou menosprezar seu modo de conhecimento, como acontece com freqüência com a Musa e com o Pássaro Engaiolado. A expressão "a mulher por trás do homem" mostra tanto o poder quanto a exploração das mulheres pelo patriarcado.

Também as mães podem desestimular as intuições de suas filhas ao negligenciá-las ou depreciá-las. Em uma versão da lenda, Cassandra recebe originalmente o dom da profecia quando, enquanto criança, ela e seu irmão gêmeo são deixados pelos pais no templo de Apolo, onde a celebração de seu nascimento está sendo realizada. Os pais bebem vinho demais e esquecem seus filhos, que dormem num canto do templo, e vão para casa. Mais tarde, quando sua mãe, Hecuba, volta para buscar os gêmeos, ela encontra as serpentes de Apolo lambendo os ouvidos de Cassandra – o primeiro sinal do dom profético de sua filha. Chocada, Hecuba afasta as serpentes, embora ela própria esteja relacionada com Hecate, que como deusa da magia e da feitiçaria provoca tanto visões quanto loucura.[2] Compreendida simbolicamente, a mãe de Cassandra está conectada com as artes da intermediação, mas não instrui sua filha nessas artes, tentando mantê-la afastada delas. A negligência de Hecuba com relação a Cassandra tipifica a mãe intuitiva que não desenvolve seus próprios dons proféticos e tenta negá-los em sua filha. A história de Claire no Capítulo 2 e o sonho de Sofia neste capítulo são exemplos de mulheres Visionárias que são deixadas com o medo da loucura porque suas mães fracassaram em reconhecer e em confrontar seus próprios poderes, usá-los e transmiti-los de modo consciente e seguro.

Em outra versão do mito, Apolo dá a Cassandra o dom da profecia para conseguir seu amor. Quando Cassandra se recusa a entregar-se a ele, se enfurece e a amaldiçoa. Ele não pode retirar o presente

que lhe deu, mas a engana e lhe pede um beijo. Quando estende seus lábios, ele cospe em sua boca, lançando a maldição de que as pessoas não acreditarão em seu poder profético. As mulheres que foram assediadas por seus parentes, empregadores, professores, ministros ou terapeutas experimentaram esta combinação – a promessa de uma aliança secreta e a maldição de serem atacadas como Loucas se recusarem seus avanços, e o dilema real de não serem acreditadas se falarem a respeito. Quando Anita Hill relatou que Clarence Thomas a havia assediado sexualmente, não recebeu crédito e foi depreciada como uma Louca histérica, iludida por suas fantasias. Como Cassandra, que sofreu estupro nas mãos de Ajax, depois que ele a arrastou de seu refúgio atrás da estátua de Athena, a deusa da justiça, a reputação de Anita Hill também foi estuprada.

Mais tarde, Cassandra foi traída por outro grupo de anciãos. Agamemnon a levou para seu palácio como um de seus troféus de guerra. Para ganhar a guerra de Tróia, Agamemnon já havia sacrificado sua filha, Efigênia.[3] Fora do palácio, Cassandra percebe seu destino – ser assassinada pela mulher de Agamemnon, Clitemnestra, que depois mata seu marido e golpeia Cassandra até a morte com um machado. Na frente do palácio, Cassandra grita que ela pode cheirar o sangue passado e futuro no chão da Casa de Atreus, a família que desonrou o feminino quando Efigênia foi sacrificada. O resultado é uma cadeia de assassinatos por vingança. Como a Casa de Atreus não tinha honrado o feminino, as Fúrias assumem o comando. Assim Cassandra, primeiro abandonada por Hecuba, foi depois assassinada por Clitemnestra, representando o abuso pelas "mães". A raiva e o ciúme que Clitemnestra sentia por Cassandra exemplifica o modo como as mulheres se voltam contra as outras mulheres e as acusam de "feitiçaria", de conivência, ou de outros comportamentos condenáveis, quando a ofensa ou atrocidade foi, na verdade, cometida por um homem.

Como Cassandra, as mulheres intuitivas freqüentemente encontram o desdém por suas intuições. Mulheres com um tipo de temperamento mais suave, como as introvertidas, intuitivas, perceptivas e sensíveis, em geral temem os ataques das que pensam de modo mais agressivo e que fazem julgamentos. Assim, elas ocultam seus *insights*, mantendo-os para si mesmas, ou fracassam em desenvolver modos de expressar as intuições que são tão fundamentais para sua natureza. Outras tecem suas visões em poemas ou em pinturas, mas temem mostrá-los para o mundo exterior.

Uma mulher Visionária, que desenvolvera uma fobia de falar em público e recusava convites para palestras, sonhou que tinha muitas jóias preciosas dentro de si. Mas as jóias – suas visões – estavam entaladas em sua garganta e ameaçavam sufocá-la até a morte. Seu medo do julgamento crítico e da censura imediata – de homens ou de mulheres – a estava impedindo de dar voz às verdades que via. Ela precisou conectar-se com suas Fúrias interiores, com o poder da Louca, arriscar-se a ser rejeitada e mostrar seus dons.

Outra mulher reflexiva e prática, que sempre estava olhando à frente para ver os possíveis resultados de uma decisão, descreveu o modo como se sentia. Quando expressava os resultados que antevia, normalmente as pessoas lhe diziam: "Você se preocupa demais", ou "Esqueça. Você não pode pensar em tudo o que vai acontecer". Conseqüentemente, sentia-se incompreendida, pois suas preocupações legítimas não eram consideradas realistas. Ficava com raiva internamente, e rangia os dentes de frustração, especialmente quando suas previsões se concretizavam.

Outra mulher que se sentia semelhante à Cassandra, disse que se considerava traída quando os outros duvidavam dela em momentos cruciais. Ela havia sido molestada na adolescência, mas seus pais não acreditaram no que contou. Assim, quando adulta, sentia-se especialmente magoada quando compartilhava suas intuições com relação aos homens que não lhe acreditavam e menosprezavam seu modo de expressar o conhecimento. Mais tarde, quando compartilhou a visão de um livro que planejava escrever, tentaram desanimá-la, dizendo: "Você está desperdiçando seu tempo. Não existe mercado para um livro assim. Quem o compraria?". Com todas

essas experiências, ela teve de ter fé em si mesma e continuar trabalhando para concretizar sua visão até que seu livro fosse publicado.

A mulher Visionária, que é intuitiva e vê o futuro, revela mensagens – às vezes profecias sombrias, às vezes visões de luz – e é suspeita para a mente racional. Seu conhecimento e sua percepção vêm de fontes misteriosas que transcendem a lógica e os métodos empíricos. Como suas visões não podem ser compreendidas apenas pelo pensamento racional, ela ameaça o pensamento hierárquico e é temida, ridicularizada, e até mesmo condenada por seu acesso a um domínio que muitos se recusam a experimentar. Poetas, místicos, santos, xamãs, artistas, atrizes, professores e curadores, inclusive alguns psicoterapeutas, são alguns dos canais tradicionais e contemporâneos da sabedoria visionária.

A Visionária recebe o conhecimento diretamente do inconsciente por meio de imagens, sonhos, vozes interiores, palavras e títulos, idéias ou sensações corporais que surgem repentinamente, às vezes chocando-a, às vezes inspirando-a com êxtase. Ela é como um médium que tem um canal direto com uma fonte psíquica. Toni Wolff, a colega e Musa de Jung, primeiro chamou este modo de conhecimento feminino de "intermediário".[4] Ela disse que a mulher intermediária está imersa no inconsciente coletivo; tem um talento especial para a visão em relação ao bem da humanidade – para a totalidade e a harmonia no mundo. Entretanto, sua vida pessoal pode sofrer, pois seu relacionamento com a psique existe primariamente no nível universal. Ainda mais, a mulher *médium* que não está consciente de sua relação especial com o inconsciente pode ser involuntariamente oprimida pelo poder do inconsciente e se transformar em seu agente, atuando o que está "no ar". Ela pode, então, se transformar no bode expiatório que carrega as projeções negativas dos que negam o que ela vê neles ou na cultura. Como a portadora dos aspectos sombrios que podem perturbar os valores dominantes, a mulher *médium* se transforma numa ameaça aos outros. Joana d'Arc foi uma visionária que se transformou em bode expiatório, embora tivesse trazido esperança para uma cultura inteira e tenha-se transformado num ícone e num símbolo de salvação.

A Visionária parece perigosa por ver coisas do "outro lado". Se suas visões parecem loucas, é porque viram de ponta-cabeça as rotinas esperadas e as suposições que consideramos garantidas, e trazem o caos. As visões atravessam as fórmulas e/ou e as soluções superficiais, para mostrar a profundidade de significado por trás do óbvio. Essas pessoas podem se sentir fora de contato com as outras, pois vêem além do domínio material. As Visionárias freqüentemente têm medo de enlouquecer, devido à natureza diferente da percepção intuitiva que permite a recepção de *insights* novos e incomuns. Existe o perigo de se afastar da vida terrena por intermédio de sonhos e visões – e este perigo pode terminar em loucura. Algumas mulheres Visionárias são tão efêmeras e frágeis que os outros têm medo de interromper seu mundo de fantasia, assim como a personagem de Laura na peça *À margem da vida*, de Tennessee Williams.[5]

Os talentos e a natureza da Visionária são freqüentemente vistos como esotéricos, mas a intuição é uma característica humana inerente, e pode ser desenvolvida em certo grau. A maioria das pessoas tem momentos de visões, *flashes* de consciência que podem mudar suas vidas, ou sonhos proféticos que apontam para percepções e mudanças necessárias. A mulher "normal" precisa aprender a reconhecer seu potencial intuitivo e a respeitá-lo dentro de si mesma. No filme *Resurrection*, Ellen Burstyn faz o papel de uma mulher comum que se transforma em visionária, mas que continua humilde e com os pés firmes no chão. Depois de uma experiência de quase-morte num acidente de automóvel, começa a ter visões e gradualmente descobre que tem o dom da cura. Primeiro, usa este dom para curar sua própria paralisia provocada pelo acidente. Depois, descobre que pode curar os outros ao empatizar com eles e, ao sentir sua dor, por meio do amor, ela começa a realizar curas públicas. Como afirma que não sabe de onde veio seu dom, e que apenas seu amor profundo a ajuda neste processo, passa a ser considerada demoníaca por um fundamentalista cristão que a força a dizer que seu dom veio de Deus e de

Sua palavra, e sua vida é ameaçada. Quando percebe que seus dons da cura são ameaçadores demais para serem usados publicamente em sua comunidade, sai da cidade e encontra um emprego comum num posto de gasolina, isolado no deserto. Continua a usar seu dom visionário para curar, fora dos olhares públicos, e sem ser reconhecida pelas pessoas a quem ajuda. No final deste filme, ela cura um menino com câncer terminal, sem dizer nada sobre isso a ele ou a seus pais. Manifesta o milagre pelo simples amor humano.

Em tempos antigos, muitas mulheres esconderam sua natureza intuitiva para não serem perseguidas, atormentadas ou marginalizadas como estranhas. Algumas a negaram; em outras, essa capacidade foi suprimida muito cedo, quando eram meninas pequenas, como resultado de críticas duras feitas por seus pais. As mulheres que negam suas intuições normalmente sofrem conseqüências disso. Sem serem usadas, suas capacidades psíquicas se voltam contra elas sob a forma de medos, ressentimento, culpa, raiva, doença e loucura. Entretanto, quando as mulheres revelaram suas visões, foram em geral perseguidas como feiticeiras: Joana d'Arc; Jezebel, esposa do Rei Ahab, que foi chamada de perigosa sedutora pelos patriarcas do Velho Testamento que desaprovavam sua adoração pagã à Deusa Mãe; e as poetisas russas Anna Akhmatova e Marina Tsvetayeva, que foram silenciadas e proibidas de escrever durante décadas pelo regime soviético. O sofrimento e a perseguição foram demais para Marina Tsvetayeva, que conseguiu fugir para o exílio, mas depois cometeu suicídio. Anna Akhmatova, que sobreviveu, preservou seus poemas durante anos apenas na memória, até que a proibição de escrever fosse suspensa e ela, premiada como a mais alta sacerdotisa da poesia russa. Outras visionárias foram enviadas para hospícios por causa de suas revelações.

Quando as mulheres não aceitam seus talentos intuitivos inatos, podem experimentar manifestações de loucura. Seus filhos suportam o impacto do potencial não usado por suas mães. Isto é ilustrado no seguinte sonho de Sophie, uma mulher que percebia sua mãe como mesquinha e louca. A mãe de Sophie sempre escolhia um adversário, e depois começava uma discussão.

> Minha mãe está tentando explicar para mim e meu irmão por que ela tem sido tão louca, maluca e mesquinha conosco. Ela nos diz que recebeu um poder sobrenatural para saber o que estava acontecendo num momento específico em diversos lugares, e também o poder de prever o futuro. Com medo de que este conhecimento especial seja perigoso, ela tentou negá-lo. Permaneceu como dona de casa, e se afastou das atividades do mundo para assegurar-se de que seu conhecimento psíquico não irrompa inesperadamente. Ela nos diz que, como resultado disso, sentia-se louca e irritadiça e na defensiva durante a maior parte do tempo. Meu irmão e eu olhamos surpresos para ela e dissemos: "Você não percebe que seu poder poderia ser usado para o bem e para a transformação?". Eu penso, é um desperdício que minha mãe não tenha usado esses poderes especiais.

Sophie disse que sua mãe estava deprimida durante a maior parte do tempo e ficava doente com freqüência. Sophie sentia que se sua mãe tivesse reconhecido e desenvolvido seus poderes intuitivos e intermediários, e os tivesse usado de um modo criativo, sua energia não teria irrompido como irritação diante de sua família. Em vez disto, sua mãe funcionava como uma Mulher Dragão, tentando possuir seus filhos, especialmente devorando sua filha e se ressentindo de sua energia criativa. A própria Sophie era intuitiva, e passou a trabalhar conscientemente na formação e no aterramento de seus próprios poderes intermediários, depois de ter tido um sonho de aviso no qual tinha-se casado com sua mãe. Este sonho foi na verdade um pesadelo, enfatizando o medo de Sophie de se parecer com sua mãe ou de ficar sua dependente. Seguindo a mensagem do sonho, entrou num programa de redação criativa para desenvolver modos de articular suas intuições.

Como a mulher *médium* pode sentir emoções não expressas a seu redor e ganhar conhecimento desse modo, sente freqüentemente

o que está acontecendo no ambiente, mesmo que possa não ter consciência disso. Por exemplo, se as interações de seu grupo familiar ou comunidade forem disfuncionais e enlouquecedoras, mas consideradas normais pelos outros, pode-se pensar que ela é a louca. Ela pode absorver o estresse da família e atuá-lo. Sentindo-se enfraquecida pela força caótica dos conteúdos inconscientes que intermedia, e pelas reações negativas das pessoas a sua volta, pode ficar isolada, histérica, paranóide e até mesmo afundar na loucura. Ou, se identificar com seus poderes ou com os conteúdos que transmite, pode sentir-se inflada com o poder, e pensar que merece pessoalmente o crédito como a fonte das novas idéias às quais dá voz. Então, pode ser tentada a glamourizar e romantizar seu papel como profetiza. No entanto, sentindo-se usada por uma força além de si mesma, pode-se sentir esvaziada e ficar com raiva de seu destino. Se não entender seu papel como *médium*, "será a primeira vítima de sua própria natureza".[6] Por exemplo, se considera as idéias ou os conteúdos arquetípicos que deve comunicar para a cultura, como sua própria posse pessoal, pode sucumbir ao poder sedutor do desejo de ser um guru.

O desafio espiritual para a mulher *médium* ou Visionária é se tornar consciente de seu dom e valorizar e apreciar seu potencial único para receber e mediar suas visões. Precisa aprender a discriminar entre as intuições que se referem a sua própria vida pessoal e as que se relacionam com o ambiente a sua volta. Algumas de suas visões vêm do inconsciente coletivo e são provocadas pelo anseio de totalidade da psique. Essas visões se referem a novas idéias e sentimentos que precisam ser expressos na sociedade. Como qualquer dom requer sacrifício do desenvolvimento consciente, a mulher *médium* tem uma tarefa especial a ser cumprida: precisa ser capaz de distinguir conscientemente entre o pessoal e o impessoal, ou nas palavras de Toni Wolff, "de se tornar uma *médium* em vez de uma mera intermediária".[7] Isto significa que precisa se preparar ativamente não só para receber as visões, mas para comunicá-las. Se escolher fazê-lo conscientemente, "consagra-se ao serviço do espírito novo, e talvez ainda oculto, de sua época".[8]

Toni Wolff, que era também uma mulher *médium*, descreveu este modo de conhecimento feminino em 1951. Agora, na última década do século XX, as mulheres modernas estão se conscientizando de seus talentos visionários e desejando lidar de modo responsável e consciente com o conhecimento intuitivo. Enraizadas no centro feminino – por sua relação com as culturas das deusas, ou de antigas raízes matrifocais, ou apoiadas na Mãe Natureza –, estão tentando juntas, como irmãs da terra, visualizar e criar um mundo no qual os valores femininos sejam respeitados. Mas a natureza paradoxal e os conflitos sofridos pela mulher Visionária devem ser entendidos para que ela seja respeitada. De outro modo, provavelmente continuará a ser menosprezada como uma Louca.

O conflito da visionária: desejos pessoais *versus* serviço transpessoal

A mulher *médium* precisa reconciliar seus dons com seus desejos. Como uma Visionária, é chamada a servir às forças transpessoais maiores e a transmitir mensagens para a comunidade. Entretanto, como um ser humano com anseios pessoais, pode querer levar uma vida "normal" e ter um relacionamento amoroso que pode conflitar com suas obrigações de *médium*. Ela tem de aprender a reconciliar sua vida pessoal com seu chamado para o serviço.

Uma razão pela qual a Visionária se sente presa neste terrível paradoxo é sua preocupação de que aceitando seu potencial para a visão profética, venha a perder o amor pessoal, pois a qualidade de *médium* freqüentemente é temida e mesmo condenada. Portanto, ao tentar esconder ou negar seu modo único de conhecimento, algumas vezes uma mulher intuitiva coloca todas as suas habilidades psíquicas nos relacionamentos concretos. Deslocando seu dom de conhecimento, pode aconselhar o homem que ama, seus filhos e amigos, ou

comentar suas fraquezas. Quando um amante irritado se ressente desse conselho não solicitado, a mulher *médium* pode ficar chocada e não entender o que aconteceu. Algumas mulheres evitam até mesmo se comprometer em relacionamentos e sofrem a agonia da solidão, por anteciparem temerosamente a rejeição causada por suas intuições. Outras mulheres se ressentem do que estão perdendo na vida, e se recusam a colocar seu potencial intuitivo a serviço do divino ou da comunidade humana. Outras ainda estabelecem relacionamentos com homens a quem podem ajudar a resolver as dificuldades de um relacionamento já existente, por sua intuição, e acabam recebendo gratidão mas ficando sozinhas. Por exemplo, uma mulher que conheço percebeu recentemente que tem uma tendência a relacionar-se com homens casados. Quando ela conhece esses homens, percebe como eles se comunicam mal em todos os seus relacionamentos, e lhes fala sobre isto. Contudo, suas intuições selvagens assustam seus amantes e atraem suas projeções e seus julgamentos negativos. Um homem falou com sua família a seu respeito, e eles a transformaram numa figura de bruxa que provocava todas as suas dificuldades com este homem. Ao concentrar toda sua raiva nela, uniram-se novamente contra um inimigo comum, e ela foi rejeitada e abandonada. Na terapia, ela agora trabalha para desenvolver relacionamentos mais realistas, bem como para ficar mais consciente do modo como se comunica.

Outras mulheres intuitivas, ao contrário, escolhem servir a algo além de si mesmas. Podem ser chamadas por religiões para ocupar posições como sacerdotisas ou freiras, ou podem ser inspiradas como artistas. Se escolherem conscientemente este caminho, não sentirão nenhum ressentimento. Mas se elas se sentirem pressionadas por forças exteriores a seguir este caminho exigente, podem ter um sentimento amargo, martirizado e separado sobre sua vida, e isto pode se transformar em desespero. Por exemplo, uma mulher teve de optar entre se casar com o artista que amava ou permanecer solteira. Decidiu que não devia casar-se, porque para isso teria de sacrificar sua própria criatividade em favor da vida que ele desejava levar com ela, pois teria de ser a força de aterramento em seu relacionamento. Assim sofreu por causa de seu anseio solitário por um relacionamento romântico pessoal.

Algumas mulheres vivem desafiadoramente, recusando-se a servir a seu chamado criativo porque se ressentem do destino de Visionárias. Maria Callas sofreu com este conflito entre seu chamado como a alta sacerdotisa da ópera e seu anseio por ser a esposa de Onassis. Ela representava, em sua vida pessoal, a tragédia da grande princesa druida da ópera *Norma*, que traiu seu chamado como sacerdotisa Visionária para ficar com um amante humano que mais tarde a abandonou por outra mulher. Norma se joga nas chamas de uma pira funerária quando percebe a dimensão de sua autotraição.

O sonho a seguir é de uma Visionária que se sentia insatisfeita com sua vida romântica, e mostra este conflito entre o anseio pessoal pelo romance e o papel de sacerdotisa para o qual seu sonho a guiava.

> Dois homens me levam como refém num carro aberto para uma comunidade numa alta montanha nos Andes. As pessoas de lá estão esperando pela minha chegada, pois devo ser a sacerdotisa oracular de sua celebração. Levam-me para o centro do círculo para dar-me as ervas que me fariam entrar em transe. Com medo, fujo para Paris, onde tentei viver quando tinha vinte anos. Acordo com medo, sabendo que os dois homens voltarão para levar-me de volta para ser o oráculo.

Paris era o lugar onde ela tinha experimentado o romance quando era jovem. Agora mais velha, estava sendo chamada a compartilhar sua sabedoria visionária com a comunidade. Sua resistência a ter um papel central na comunidade, como a sacerdotisa oracular, estava interferindo com o chamado criativo que sentia para escrever um romance, sua forma de expressão visionária.

A Visionária é lançada com freqüência num paradoxo que a confunde e que provoca padrões negativos de comportamento. Algumas mulheres podem ser chamadas para servir as forças criativas, ficando sozinhas e quietas no coração da natureza para receber e revelar os mistérios da Mãe Terra. Entretanto, a carne e os senti-

mentos da Visionária podem ansiar pelo toque do amor humano. A Fada Morgana, conforme descrita no romance *As brumas de Avalon*, sofreu com este conflito. Como sacerdotisa da Grande Mãe, ela pertencia à Deusa. Tinha de sacrificar o laço do casamento e de qualquer outra aliança amorosa com um homem mortal em favor da realização dos desígnios maiores da Deusa. Morgana foi escolhida por Vivianne, a Senhora do Lago, para substituí-la como a Alta Sacerdotisa de Avalon, seria uma sacerdotisa que está em treinamento para estudar as coisas sagradas, e se preparar para receber o dom da cura. No entanto, Morgana é tentada quando se apaixona por Lancelot. Depois, os deuses ordenam que ela se una sexualmente, num ritual sagrado que honra a união divina do homem e da mulher diante da Deusa, com um homem que ela não sabe que é seu irmão, Arthur. Morgana ouviu e respondeu ao chamado da Deusa – uma voz que ela não consegue identificar e da qual não pode se esconder. Mas no nível pessoal, quando soube o que fez, se enfurece por esta união incestuosa que desafia todos os costumes humanos. Desesperada e desafiando a brutalidade da vontade da Deusa, foge do mundo de Avalon para viver na sociedade humana, na corte de seu irmão. Morgana sente-se aflita com sua "visão" e com seu destino oracular. Entretanto, quando se estabelece na sociedade humana, sabe que traiu sua tarefa como sacerdotisa. Morgana não está destinada a pertencer ao mundo humano, e teme perder também seus dons visionários.

Então Vivianne, a idosa Alta Sacerdotisa de Avalon, vai à corte do rei Arthur para pedir que ele proteja Avalon – suas antigas leis, as formas antigas de adoração da natureza, e os bosques sagrados que estão sendo desmatados pelos reis menores. Morgana teme que os padres cristãos possam expulsar a velha sacerdotisa pagã da corte, como uma Louca. Mas o que acontece é ainda pior: Vivianne é assassinada – em nome de Cristo – por um homem que deseja livrar a terra de todos os costumes pagãos de Avalon, e que a considera uma feiticeira demoníaca. O assassinato de Vivianne choca Morgana e faz que ela se comprometa novamente com seu verdadeiro destino.

Morgana imagina por que os humanos identificam a força criativa com o pai vingativo da batalha, e não com a mãe amorosa dos campos férteis. Morgana sabe que a Deusa Mãe também tem seu lado sombrio, e contém a Louca dentro de seus próprios múltiplos mistérios. A Grande Mãe não é apenas a Senhora Verde da terra que dá frutos; é também a Sombria Senhora da Semente, oculta no solo do inverno, e também a Senhora da Podridão.[9] A própria Morgana experimenta esta escuridão quando é enviada para deitar-se com seu irmão. Ela observa que a Deusa foi afastada como "Louca" pelos padres cristãos que não entendem o fluxo da natureza, nem tampouco que todas as forças divinas – luz e escuridão, cristãs e pagãs – são na verdade uma só. Como as pessoas não querem lutar pela iluminação, ou suportar o sofrimento dos mistérios que são difíceis demais para serem entendidos apenas com a razão, querem um Deus que as proteja e torne as coisas fáceis. Assim, os padres tentam apagar os paradoxos divinos que permeiam os propósitos humanos, apresentam definições que negam a sacralidade impenetrável do fluxo sagrado da natureza.

Ao final, Morgana volta sozinha para retomar seus passos, para de novo entrar em Avalon e reclamar o papel de sacerdotisa ao qual tinha renunciado. Sabendo que não pode fugir a seu destino como sacerdotisa e que será chamada a realizar as tarefas da Deusa onde quer que vá, finalmente aceita o sacrifício e o sofrimento de seu chamado – esquecer sua própria vontade e seguir o caminho da Deusa.

Respeitando a visionária

Em nossa cultura, perdemos a percepção da importância do conhecimento oracular e fracassamos em respeitar ou mesmo em ouvir as Visionárias que intermedeiam as visões. Esquecemos de reverenciar os antigos mistérios; descartamos os rituais que permitem que os mistérios se manifestem e sejam revelados. Nos tempos antigos, o papel da sacerdotisa era central para a vida humana. Por exemplo, em Delfos, a sacerdotisa oracular era consultada por sua sabedoria. A

própria palavra *sibyl* (um título para a sacerdotisa) deriva das palavras gregas *sios* (*theos*), que significa "Deus", e *bola*, que quer dizer "conselho". Acreditava-se que a sibila recebesse as palavras diretamente de Deus num ritual consagrado. Depois da purificação, a sibila recebia a mensagem oracular nas entranhas da terra numa caverna escura. Ela entrava em transe, seu corpo tinha convulsões e seus gritos vinham das profundezas. Podia exprimir vocalmente o conhecimento revelado, ou podia escrevê-lo, comunicando-se por hieróglifos ou símbolos.[10]

As sacerdotisas eram escolhidas com muito cuidado, enquanto ainda eram crianças, para sua busca de sabedoria, beleza e pureza. Passavam por um treinamento rigoroso, eram educadas e submetidas a julgamentos iniciatórios, que exigiam morte e renascimento. Tinham de ser castas e puras para receber a inspiração divina e revelá-la aos corações dos outros. Não tinham posses pessoais e faziam grandes sacrifícios. Alguns relatos dizem que tinham de suportar dentro de si mesmas o impacto da mudança cíclica da terra. Quando eram possuídas desta forma, ficavam próximas da morte ou da loucura, e seus corpos se contorciam em agonia conforme sentiam a iluminação.

A sibila era uma guia para o mundo subterrâneo, e ajudava os viajantes a interpretarem o que eles aprendiam lá, e também os auxiliava a regressar. Ela aconselhou os romanos a consultar a tripla deusa do mundo subterrâneo, Hecate, que se senta no local onde três caminhos convergem. Ajudou Aeneas a entrar no Mundo Subterrâneo, por uma floresta escura e primitiva para encontrar o Ramo Dourado oculto que tinha de ser presenteado a Perséfone antes que ele pudesse retornar à terra. Na versão de Ovídio, Aeneas chama a sibila de deusa, oferecendo-se para construir um templo em sua honra. Mas a sibila recusa a oferta, dizendo que ela serve às forças divinas como uma sacerdotisa sem ser ela uma deusa.

A sibila era vista como uma sacerdotisa idosa, mas majestosa. Michelangelo pintou a sibila de Cumae no teto da capela Sistina como uma figura grande, massiva e poderosa com olhos alertas que espiavam sob uma pele enrugada e cheia de sulcos. Ele acreditava que as profecias da sibila revelavam o destino do mundo. Entre as profecias da sibila de Cumae estavam a ascensão e a queda de Roma e o nascimento de Cristo.

As conseqüências de desrespeitar a antiga vidente são mostradas na seguinte lenda. Um dia uma velha de Cumae veio a Roma para ver Tarquínio, o rei etrusco. Ela se ofereceu para vender-lhe nove livros que continham o destino do mundo em troca de trezentas peças de ouro. O rei recusou a estranha oferta da velha excêntrica, pensando que ela estava pedindo demais. A velha foi embora, mas voltou a Roma algumas semanas depois. Desta vez, ela se ofereceu para vender-lhe apenas seis livros pelo mesmo preço. O rei recusou novamente, dizendo que o preço era alto demais. Longo tempo depois, a velha voltou pela última vez, oferecendo três livros para o rei, pelo mesmo preço. Finalmente o rei concordou em comprar os livros e perguntou dos outros. A velha disse que ela os tinha queimado. Depois de ler os três livros, que falavam do destino do mundo, ele pediu à velha (que era a sibila de Cumae) que reescrevesse os outros seis livros, mas ela se recusou. Os três livros revelavam muito sobre a ascensão de Roma até um império mundial. Mas seu destino final permaneceu desconhecido em razão do fracasso do rei em reconhecer e respeitar a velha que era a Alta Sacerdotisa de Cumae.

A sibila de Cumae e a pitonisa de Delfos recebiam seus poderes divinatórios da terra. A terra e os lugares sagrados onde os templos oraculares estavam situados as inspiravam.[11] A inspiração podia ocorrer por meio de um sonho ou de um transe extático. Quando a alma humana se juntava à alma divina num casamento sagrado, então a mensagem da divindade podia ser transmitida. Assim, quando lhe pediam para ler o oráculo, a pitonisa de Delfos vestia um vestido branco, como a noiva do deus, antes de entrar no templo de Apolo. Ela ainda era uma sacerdotisa da terra. Seu nome vinha de Pytho, o dragão que Apolo tinha matado, e ela falava numa caverna escura e subterrânea, ao lado de um abismo sombrio, uma fenda assustadora na

qual reverberavam os terremotos. Nesta garganta, havia uma cachoeira que alimentava as águas purificadoras da fonte de Castália.

Os adoradores que desejavam consultar o oráculo de Delfos tinham de passar por ritos sacramentais especiais: jejum, isolamento, purificação, vestir roupas rituais e fazer uma oferenda. Eles andavam pelo Caminho Sagrado, um caminho íngreme e ventoso de pedras sagradas até chegar à grandiosa entrada megalítica do templo. Entravam vindos do leste para o qual os templos gregos estavam voltados para honrar a fonte de luz. Então, passavam pela chama eterna da fornalha de Héstia e continuavam pelo templo escurecido até a parede do fundo, onde havia uma estátua de ouro de Apolo. Para consultar a suma sacerdotisa, o adorador tinha de descer a uma sala de espera subterrânea. A caverna profética ficava ainda mais abaixo, e lá a sacerdotisa severa, a pítia, sentava-se num banco de três pés, e se inclinava sobre uma profunda fissura na terra. Vapores subiam deste abismo, e a pítia os inalava e entrava em transe. Neste estado, a suma sacerdotisa revivia os grandes dramas da terra e da humanidade, e proferia suas profecias. Mircea Eliade, o estudioso de mitologia, observa que a própria Mãe Terra era o oráculo original de Delfos, reverenciada por todos.

A sacerdotisa oracular de Delfos recebia seu conhecimento mediante revelação divina, e apelava para a intuição dos que faziam as perguntas. Seu lema era "conheça-se a si mesmo". Ela reconhecia Sócrates como a pessoa mais sábia da terra porque ele admitia que nada sabia. Os princípios que a guiavam eram um senso de medida, uma aceitação da finitude do ser, e um compromisso com a jornada que se havia escolhido. Respeitava especialmente a verdade poética, porque a poesia honrava o mistério da existência e expressava o relacionamento entre os mundos visível e invisível.

Depois que as culturas da Deusa foram desrespeitadas e Apolo foi separado de seus aspectos dionisíacos e femininos, as sacerdotisas passaram a ser subservientes aos valores e às interpretações patriarcais. A sibila foi explorada.

Enfurecida com deus: a Sibila

Como o destino da Visionária é revelar as verdades universais da existência, que abrangem não apenas o belo, mas também o terrível, e como suas revelações às vezes assustam o público conservador que a nega e a chama de louca, ela acaba sendo afastada, ou até mesmo expulsa do curso normal da vida. Algumas vezes, explode em ira, sentindo-se explorada tanto pela divindade quanto pelos humanos. O trecho seguinte, extraído do romance mítico de Pär Lagerkvist, *A sibila*, expressa a fúria da Visionária:

> Mas ameaço com meu punho aquele que me tratou assim, quem me usou deste modo, em seu poço, seu poço oracular – usou-me como seu instrumento passivo – violentou meu corpo e minha alma, possuiu-me com seu espírito assustador, seu delírio, sua inspiração, encheu-me com sua respiração quente, seu fogo alienígena, e meu corpo com seu raio fertilizante e luxuriante de modo que eu tenho de carregar seu filho não testemunhado, que zomba dos homens – da razão e do homem – uma zombaria de mim que tenho que carregar. Quem me escolheu para ser seu sacrifício, para ser possuída por ele, para espumar invocando um deus e para produzir um idiota. Quem me explorou por toda a minha vida; quem roubou de mim toda a verdadeira felicidade, toda a felicidade humana; quem me afastou de tudo o que os outros podem apreciar – tudo o que lhes dá segurança e paz. Quem me afastou de meu amor, de meu amado; tudo, tudo – e não me deu nada em troca, nada a não ser si mesmo. Ele mesmo. Quem ainda está em mim, enchendo-me com sua presença, sua agitação, nunca me dando paz porque ele próprio não é paz; nunca me abandona. Nunca me abandona!
>
> Eu o ameaço com meu punho – meu punho impotente![12]

Revelando seu desespero com o conflito entre seu papel como sacerdotisa e seu anseio pelo amor, a sibila de Lagerkvist enfurece-se com o deus que usou sua voz, e que depois a pune quando ela aceita o amor de um homem mortal. Como a suma sacerdotisa no templo sagrado de Delfos, ela proferiu profecias que foram mais reverencia-

das do que todas as outras. Como uma jovem camponesa, sentia-se sozinha com suas visões. Tendo crescido no campo onde seus pais, fazendeiros simples, prestavam adoração no modesto santuário da deusa Gaia, ela experimenta a presença sagrada na natureza. Seu pai oferece presentes à deusa num altar de grama que ele próprio construiu; sua mãe reverencia os mistérios bebendo das águas sagradas. As árvores e as fontes são lugares sagrados, onde as jovens rezam. Quando entra na idade adulta, ela se perturba com as visões e as vozes, e se sente separada dos outros. Assustada com a mudança violenta em sua psique, teme que o caos em sua mente possa significar que está louca. Mas também experimenta o êxtase e é tomada pelo anseio do assombro com a presença divina, que experimenta nas visões.

Quando é escolhida para ser o vaso do espírito sagrado no templo de Apolo, espera ser elevada até a luz pelo deus. Mas em vez disso, recebe a ordem de se sentar numa caverna escura e sufocante, num trípode sobre um buraco profundo no chão, que solta um forte odor de bode. Inclinadas sobre o abismo, as serpentes sagradas do deus se arrastam a sua volta, enquanto ela inala a fumaça das folhas de louro queimadas, que a deixa tonta. Ela cai em transe, e seu corpo se contorce, atormentado, conforme o espírito selvagem do deus a preenche. Mal é capaz de suportar sua agonia e, no entanto, é consumida pelo êxtase e se torna possuída pelo deus, gritando cheia de dor suas mensagens aos sacerdotes, que interpretam seus estranhos gritos para as pessoas. Quando desperta do transe, está usando um vestido de noiva, casada com o deus que sempre a deixa sozinha e abandonada, e ansiando por ser preenchida mais uma vez pelo êxtase selvagem. Por muitos anos vive desse modo, reverenciada de longe como a pítia, mas evitada pelas pessoas que temem um contato próximo com o oráculo do divino. Sente-se como um pária e é tratada pelos sacerdotes com condescendência, pois eles é que interpretam seus gritos selvagens; ela é meramente o vaso. Entretanto, ela não pode com o oráculo que a mantém como refém. Toma conhecimento da corrupção ao redor do templo. As pessoas da cidade vivem e lucram com a licenciosidade das que vêm às festividades do templo para ouvir suas profecias.

No dia em que sua mãe está morrendo, a sibila é mandada para casa, usando suas vestimentas rituais. Ela parece tão estranha que sua mãe mal a reconhece. Recebe permissão para permanecer por algum tempo em seu lar da infância, e certo dia vai a um fonte sagrada onde vê um homem bebendo de suas águas puras. Os dois conversam e ela se apaixona, e pela primeira vez sente o calor humano. Eles fazem amor na margem do rio, onde mais tarde ele se afoga por ter ousado tomar como sua a noiva do deus. Quando sua união é descoberta, é condenada por todos por ter traído seu voto de virgindade como sacerdotisa. Embora a multidão enfurecida quisesse apedrejá-la até a morte, eles também a temem e permitem que fuja. Ela sobe para a segurança da montanha selvagem além da vila, e vive como uma reclusa, afastada das pessoas. Lá, descobre que está grávida, e dá à luz a um filho que acha ter nascido de sua união com seu amante humano.

Mas o parto é cercado por acontecimentos estranhos. O filho da sibila nasce vários meses atrasado, e ela é despertada do trabalho de parto por bodes lambendo o sangue que cobre o corpo do bebê. Isto a faz lembrar de sua última união ritual com o deus no poço do oráculo. Naquele momento, sentiu o deus selvagem dentro de si sob a forma de um bode preto, violentando-a com seu poder impiedoso. Conforme seu filho cresce para tornar-se um idiota com um sorriso furtivo, ela cai num desespero louco. Como é cruel o fruto de um amor humano tão maravilhoso estar fadado a destino tão terrível. Ainda pior, às vezes imagina se não concebeu este filho no dia ritual em Delfos quando foi violentada pelo deus. Será que este idiota poderia ser o filho do deus? Tomada pela amargura e pelo ressentimento diante da crueldade do inefável a quem ela tinha sacrificado sua juventude, seu lar e seus pais, e que a havia privado do amor humano, mergulha num pensamento enlouquecido, sentindo-se explorada, zombada, violentada, horrorizada.

> Deus não tem misericórdia. Os que dizem que ele é bom, não o conhecem. Ele é o que há de mais desumano, selvagem e incalculável como o raio. Como o raio que sai de uma nuvem que ninguém imaginava que contivesse um raio. Repentinamente ele golpeia e cai sobre alguém, revelando toda a sua crueldade. Ou seu amor – seu amor cruel. Com ele, tudo pode acontecer. Ele se revela a qualquer tempo e em qualquer coisa... O divino não é humano; é algo bem diferente. E não é nobre ou sublime ou espiritualizado, como as pessoas gostam de acreditar. Ele é alienígena e repelente, e às vezes, é a loucura. Ele é maligno, perigoso e fatal. Ou foi assim que eu o descobri.[13]

A sibila envelhece, uma pária que vive nas escarpas selvagens em volta de Delfos. Seus únicos companheiros são seu filho retardado de meia-idade, e os bodes selvagens que rodeiam sua cabana nas montanhas. Ela contou sua história a um estranho que também foi amaldiçoado pelo deus, e que veio vê-la com a esperança de entender o significado de sua própria vida desesperada. Conforme a velha vidente lhe conta sua estranha história, ele sente que o rosto dela profundamente enrugado foi "tocado pelo fogo" e os olhos realmente "viram a deus". Quando ela termina, percebe que seu filho desapareceu. Ela segue seus rastros montanha acima, como um animal selvagem, sem que a idade avançada lhe impeça. Mas os rastros desaparecem na névoa e na neve que cobrem o pico banhado pelo luar. Ao retornar a sua casa, percebe que o retardado é o filho do deus, nascido de modo incompreensível, e que voltou para seu pai também tão misterioso quando veio para ela. A idosa sibila finalmente vê o mistério inescrutável, o paradoxo divino que inclui o bem e o mal, a luz e a escuridão, o êxtase e a aniquilação, o enlevo e a agonia, o fogo que consome e o abismo devorador – o eterno enigma divino para que continuemos a questionar. Seus olhos já envelhecidos se voltam para dentro, e ela diz ao estranho:

> A coisa mais incompreensível sobre ele [o divino] é que ela pode também se revelar como um pequeno altar de grama onde podemos deixar algumas espigas de milho, e assim ficar bem e em paz. Ele pode ser uma fonte, onde podemos olhar nossos rostos e beber a água fresca e suave com nossas mãos. Eu sei que ele pode também ser isso. Embora não tenha sido isso para mim – acho que ele não podia ser.
>
> Para mim, ele foi um precipício selvagem, que engoliu a mim e a tudo que eu amava. Uma respiração em brasa e um abraço sem segurança, sem paz, mas pelo qual eu ainda anseio. Um poder quente e alienígena que governou meus caminhos.[14]

Percebendo que o destino do estranho, como o seu, é uma bênção que os liga ao infinito mistério e que os faz continuar buscando, diz-lhe que este ódio de deus é em si mesmo uma experiência do divino. E então, a idosa sibila continua a sentar-se sozinha acima de Delfos, olhando, vendo todas as coisas com seus velhos olhos.

A história da sibila mostra a transformação da Visionária que se enfurece com deus por causa de sua exploração. Ela é colocada num trípode e toma as drogas que lhe são dadas pelos sacerdotes, mas são eles que relatam e interpretam suas visões, com suas próprias regras e necessidades masculinas. Ela aceita seu tratamento como um receptáculo puramente passivo e não sabe o que viu. Depois que ela começa a sofrer conscientemente seu conflito entre o amor divino e o humano, passa a viver só, num ambiente selvagem, afastada das pessoas da cidade, que representam a multidão coletiva que temem a sibila e suas visões, especialmente quando elas não são controladas por regras e costumes patriarcais. As pessoas temem o desconhecido, o inefável, os poderes e as visões que não podem compreender, e buscam diluí-los por meio das fórmulas ensinadas pelo patriarcado. Um exemplo moderno é o medo que algumas pessoas têm dos poderes reprodutivos femininos e suas tentativas para controlar a sexualidade.

Sozinha na natureza, a sibila precisa olhar para seu desespero e sentir seu ódio ao deus. Quando conta sua história ao estranho, o

ajuda a entender sua busca, e dá-lhe a possibilidade de ver sua própria vida por outra perspectiva. Aprendendo a aceitar os mistérios inefáveis da vida, percebe que deu à luz o filho divino (que simboliza a criança interior divina em todos os humanos, por mais absurdo que isto possa parecer de uma perspectiva racional). Ela se transforma, vê por si mesma e conhece suas visões sem influências externas. Os sacerdotes não interpretam mais sua vida para e por ela. Em vez disso, ela olha diretamente para o mistério da existência. Pode olhar para o paradoxo divino do terrível e do belo, e aceita essa união inefável como aceita todas as coisas. Este o desafio final para a Visionária – aceitar a responsabilidade por aquilo que ela vê e ser capaz de dar uma forma concreta a suas visões, expressando-as por mais estranhas e enigmáticas que possam parecer.

A sacerdotisa da poesia: Anna Akhmatova

Anna Akhmatova, uma das maiores poetisas do século XX, na Rússia, sofreu com os conflitos da Visionária. Era chamada por alguns de "suma sacerdotisa da poesia russa", e sua poesia pessoal e lírica foi difamada pelo governo totalitário de Stalin. Foi uma das grandes poetas russas do século XX que vieram representar a Velha Rússia, ao lado de Bóris Pasternak, Osip Mandelstam e Marina Tsvetayeva.[15] Ao contrário de muitos outros poetas russos, ela optou por não emigrar de seu país. Amava tanto a alma e o solo russos que sentia que deixá-los seria uma traição. Quando jovem, Akhmatova lamentava seu destino como profetisa, pois este a impedia de usufruir o calor do amor humano. Finalmente, optou por testemunhar seu talento e seu destino como Visionária por meio de seus escritos. Como Cassandra, Akhmatova previu a destruição e a ruína trazidas pela guerra. Algumas pessoas não acreditaram nela; para outras, sua voz era ameaçadora demais. Durante vinte anos, ela foi silenciada pelo regime soviético.

Anna nasceu perto de Odessa, no Mar Negro, em junho de 1889, e sua família mudou-se para o norte, para Tsarkoe, onde ela cresceu numa cidade cheia de parques e áreas verdes, local onde o poeta Pushkin vivera quando jovem. No verão, a família retornava para a costa do Mar Negro, e Anna se apaixonou pelo oceano. Sua primeira relação com a natureza deu-se de forma mística da qual se revestia sua poesia. Ela disse, escrevendo a respeito de sua infância:

> Eu cresci no silêncio padronizado
> No berçário frio do jovem século
> E não gostava das vozes das pessoas
> Mas eu podia entender a voz do vento.[16]

Aos dez anos, teve uma doença misteriosa; ficou delirante e temia-se que não conseguisse sobreviver. Depois de ter-se recuperado, ela começou a escrever poemas. Mais tarde, acreditou que seus escritos estavam conectados com a doença da infância. A morte e a doença marcaram sua família. Uma irmã mais jovem morreu quando Anna tinha cinco anos; e sua mãe, outra irmã e outras parentes sofriam de tuberculose, uma doença que acometeu Akhmatova quando ela ficou mais velha. Mas sua alegria pagã de viver não diminuiu; quando estava na água sentia-se em casa – os lagos de Tsarskoe e o Mar Negro.

Pela imagem de Anna como uma sereia, o poeta Nikolai Gumilyov se apaixonou; imortalizando-a em sua poesia como a jovem da Lua, como a ninfa da água com olhos tristes e como a Beatriz que inspirou Dante. No início, Anna não retribuía os sentimentos de Gumilyov, e ele fez várias tentativas de suicídio devido ao desespero de ser rejeitado. Anos mais tarde, depois de terem se casado, a Musa se transformou numa "feiticeira", e ele a descreveu deste modo em um de seus poemas. Nessa época, Anna escrevia muitos poemas expressando a agonia de seu sofrimento.

Em 1905, confrontou a morte em diversas formas – no nível pessoal, quando Gumilyov tentou o suicídio pela primeira vez, e no que diz respeito a seu país, quando os japoneses destruíram a esquadra russa. Então, seus pais se separaram e o dinheiro ficou escasso. A

morte de sua irmãzinha também lançou sua sombra, mas ela continuou a estudar e a escrever poesia.

Seus primeiros poemas honravam a jovem que está unida à natureza – a jovem *médium* que pode chamar os peixes e as gaivotas. Esta jovem senta-se na praia, rejeitando seu admirador terreno enquanto espera por um príncipe que nunca chega. Em seu poema "À beira-mar" essas imagens se combinam com uma imagem "sombria" de uma jovem irmã que é manca, mas que entende a tristeza, a morte e o significado mais profundo da vida. Nesses primeiros poemas, a Musa aparece-lhe em sonhos, como uma jovem esbelta que se banha com ela no mar, que a ensina a nadar, e cujas palavras "caem como estrelas numa noite de setembro" com a "voz de uma flauta de prata".[17] Ao acordar, não consegue lembrar-se das palavras e pergunta à misteriosa Musa por que ela levou a visão. Muito depois, Akhmatova enfatizou a importância essencial de se lembrar das visões, uma tarefa que teve de realizar ativamente durante os longos anos da censura, quando guardava seus versos de cor.

Para Akhmatova, a Musa era feminina, uma irmã pagã da natureza, ligada à Maria russa. Anna era uma mulher profundamente religiosa e passional, e tentou curar a cisão entre o espírito e o desejo corporal – uma cisão sofrida por todas as mulheres de sua época. Tentou, com sua poesia, dar voz às mulheres para que mostrassem que eram seres humanos inteiros, heroínas corajosas e íntegras. Para Anna, a inspiração poética era sempre um dom, quer fosse da Musa ou da natureza, ou da graça milagrosa de Deus. Ligava a Musa pagã às peregrinas cristãs do mesmo modo em que relacionava poesia e prece. Quando silencia a voz da poetisa, lamentando a retirada do mundo, sua irmã, a musa pagã pode aliviar seu sofrimento por seu relacionamento criativo com a natureza.

Seu cabelo ficou grisalho. Seus olhos
ficaram embaçados e enevoados com as lágrimas.

Você não entende mais a canção dos pássaros,
nem vê o relâmpago de verão ou as estrelas.

Faz tempo que não se ouve o pandeiro
mas eu sei que você está assustada com o silêncio.

Eu vim para substituir sua irmã,
com o incêndio nos bosques...[18]

Quando do casamento de Anna com Gumilyov, em 1910, eles passaram a lua-de-mel em Paris. Mais tarde, em Paris, conheceu o artista Amedeo Modigliani, com quem se sentava nos jardins de Luxemburgo, recitando Verlaine e com quem andava ao luar pelos quarteirões boêmios da margem esquerda. Anna era sonhadora e romântica, e também uma mulher *médium* que podia intuir os sonhos e anseios secretos das outras pessoas.

Gumilyov estava ausente grande parte do tempo, e Anna começou a escrever seriamente. Sua poesia apareceu nos jornais e expressava a crença de que o Deus divino estava presente aqui e agora na terra, que a poesia é orgânica e que a vida é um presente para ser apreciado e vivido. Escrevia que não importava o quanto a realidade do mundo fosse dura, a resposta não estava na fuga; o propósito de um poeta era testemunhar, corporificar a verdade pela palavra. A primeira coletânea dos poemas de Akhmatova, *Evening*, foi publicada em 1912, e recebeu críticas favoráveis. Seus poemas brotavam dos sentimentos pessoais, especialmente os da mulher que se sente não amada ou foi abandonada por seu amado, e enlouquece por causa do sofrimento e da dor do amor. Nesse momento, mesmo a "Musa" parece reter seu dom divino, o "anel dourado" da inspiração.

Em 1912, Anna teve um filho, Lev, mas seu casamento estava indo mal. Ela vivia de um modo que afirmava sua liberdade e sua independência como uma mulher, enquanto seu marido insistia em sua própria independência e em casos amorosos contínuos com outras mulheres. Os dois compartilhavam um amor apaixonado pela poesia mas, como Akhmatova expressou mais tarde, cada um vivia em alturas secretas. Compartilhavam um vínculo espiritual, mas não podiam sustentar um relacionamento cotidiano. Assim, separaram-se, e Anna deixou que seu filho fosse criado por sua sogra.

Akhmatova tinha uma aparência marcante, gestos graciosos e voz musical, e logo se tornou parte da cena literária boêmia de São Petersburgo; foi também uma Musa para outros poetas russos. Para o poeta Osip Mandelstam, ela era um "anjo negro", tocado pelo estranho selo de Deus; certa vez, ele até mesmo a chamou de "Cassandra". Para Aleksander Blok, sua beleza era tão grande que inspirava terror. Para Marina Tsvetayeva, ela era um "fogo celestial" a quem a poetisa trágica dedicou um volume de seus poemas. Anna era alta e esbelta, com olhos cinzentos emoldurados por cabelos escuros e lisos e uma franja sobre a testa. Vestia-se com seda negra, adornada com um xale e um camafeu oval na cintura. A presença carismática de Akhmatova inspirou Modigliani e outros artistas, que a retrataram. Embora sua poesia fosse lírica, pessoal e confessional, ela própria era reservada.

Com sua segunda coletânea, *Rosary*, transformou-se numa das poetisas mais populares da Rússia durante o início do século XX. Embora Anna lamentasse a "amarga fama" que veio substituir o calor do amor e a alegria da juventude, em *Rosary* ela enfatizou que o amor é eterno e pode transcender o tempo e o espaço comuns, ultrapassando os rompimentos e as separações finitas. Acreditava que a poesia dava ao amante sofredor a possibilidade de sobreviver ao abandono apesar do tormento do amor, e apontava as mulheres camponesas que viviam esta filosofia com sua fé e esperança simples, compreendendo que a vida traz sofrimento e é um processo pelo qual os humanos podem encontrar sua fonte de força.

Quando a guerra irrompeu em 1914, ela perturbou a vida da Rússia por muitos anos. Em vez dos sonhos patrióticos de glória que empolgavam muitos russos, Akhmatova intuiu os anos amargos e sangrentos que estavam por vir. Durante a guerra, a separação de Gumilyov foi consumada, e ela deixou sua casa em Tsarskoe. A partir deste período até o fim de sua vida, sentiu falta de ter a própria casa, pois sempre vivia na casa de outras pessoas. Em 1918, casou-se novamente, mas com o tipo oposto de homem – um estudioso chamado Vladimir Shileyko, que era possessivo e ciumen-

to, um tirano inflexível, que destruía seus poemas, queimando-os no samovar. O casamento durou apenas alguns anos – anos difíceis e frios, durante os quais a Musa de Akhmatova permaneceu calada.

Apesar do desespero em sua vida pessoal, seu sofrimento mais profundo vinha da guerra, que ela via como um ferimento no corpo de Cristo e na terra viva. Em seus poemas, falava com freqüência por meio da voz da peregrina, e sentia que sua própria obrigação como poetisa era fazer a crônica da tragédia da guerra do modo como a via. Assim como a jovem que enlouquecera pela perda do amor, a Akhmatova mais velha enlouquecia agora pelos horrores da guerra. Embora seu primeiro impulso fosse pedir a Deus que a tomasse em sacrifício, sabia que sua tarefa como poetisa com o "dom da canção" secreto era continuar e testemunhar a batalha sangrenta. Assim, em *White Flock*, sua terceira coletânea de poemas, publicada em 1917, acrescentou o tema da guerra a sua preocupação anterior com o tema do amor.

Akhmatova começava a aceitar seu destino como uma poetisa e profetisa. Anteriormente, dedicara muitos poemas a lamentar essa fama amarga na qual havia sido lançada e que não compensava a perda do amor pessoal. A fama era uma "armadilha onde não existe alegria ou luz!".[19] Mas agora, começava a aceitar sua força e autoridade como poetisa e a responsabilidade inerente a ela. Estava preparada para abandonar seu sonho do príncipe e sua identidade como uma Musa romântica, para aceitar seu papel como sacerdotisa e peregrina errante.

Não, alteza, eu não sou aquela
Que você deseja ver em mim
E durante muito tempo, meus lábios
Têm profetizado, não beijado.
Não pense que em delírio
E torturada pela dor e pela mágoa
Eu tenha cortejado o desastre em voz alta:
Essa é minha profissão.[20]

Os anos de luta revolucionária na Rússia trouxeram o terror para dentro de sua vida. Gumilyov foi preso e fuzilado em 1921, como um conspirador antibolchevique. A revolução estava isolando-a de muitos de seus amigos e dos principais círculos literários, mas continuou a escrever. Os volumes *Plantain* e *Anno Domini MCMXXI*, publicados no início da década de 1920, expressavam sua dor e o horror da guerra. Eles foram os últimos a ser publicados até 1940. Neste período, os críticos literários soviéticos se afastaram da piedade clássica da Velha Rússia, representada por Akhmatova, e se aproximaram dos poemas revolucionários dos Futuristas. Ela foi desprezada como uma relíquia do passado, como uma poeta da "intimidade entre quatro paredes", e como um anacronismo aristocrático das velhas religiões da Rússia. Sua poesia foi criticada por seu misticismo e erotismo, sua gama limitada às emoções pessoais e por sua falta de visão revolucionária. Os críticos marxistas desdenhavam sua poesia como não merecedora de atenção literária séria, e sua publicação ficou difícil. Em 1925, a publicação de seu trabalho foi banida, por meio de uma resolução não-oficial do partido.[21]

Durante este período, Anna ficou seriamente doente, com tuberculose. A maioria de seus amigos literários tinha emigrado da Rússia, e ela estava separada de seus leitores. Sentia-se misteriosamente ligada ao sofrimento da Rússia, e tinha uma sensação profética de que sua voz refletia a de muitas outras pessoas, embora estivesse calada no momento. Foi considerada por algumas pessoas uma Louca, por optar por permanecer na Rússia e suportar o caos e o tormento, e testemunhar o renascimento que poderia vir.

O reino de terror de Stalin estava começando a se aproximar dos escritores. Muitas pessoas eram presas e executadas. Nessa época, Akhmatova foi morar com Nikolai Punin, o historiador de arte. Era difícil encontrar acomodações, e a família de origem de Punin morava com eles. O filho de Anna, Lev, agora com 16 anos, foi morar com eles. O relacionamento de Anna e de Punin era frio e distante. Ele flertava com outras mulheres e a tratava mal. Anna tinha péssimas condições financeiras. Entretanto, ainda tinha uma aparência marcante, mesmo usando roupas velhas. Escreveu alguns poemas, mas estudou detalhadamente Pushkin, e fez traduções. Explorou a vida das heroínas na História e na Bíblia, e mais tarde incorporou essas histórias em seus poemas. Neste período, perdeu a confiança em si mesma, mas sabia que era uma época de teste. Foi também um período em que Punin, Lev, e seu amigo, o grande poeta Osip Mandelstam, foram presos. Nos anos de 1930, Akhmatova foi aprendendo a sobreviver, à medida que as condições da União Soviética pioravam progressivamente. Entretanto, o medo ainda estava no ar, e ela escreveu descrevendo o que viu depois de uma visita a Mandelstam, que foi executado logo depois:

E na sala do infeliz poeta
O medo e a Musa fazem turnos de observação.
E a noite continua
Uma noite sem amanhecer.[22]

Lev foi preso novamente, condenado à morte; depois exilado e mais tarde libertado para lutar na guerra. Anna não conseguia sustentar-se com sua poesia; ficou muito doente em razão da má alimentação: apenas pão preto e chá sem açúcar. Esperava em longas filas fora da prisão para ver seu filho e, enquanto isso, compunha os poemas de *Requiem*. Ela e suas amigas os decoravam para preservá-los, pois um poeta poderia ser condenado à morte se fosse encontrado com um verso por escrito.[23] Quando escrevia alguns versos, queimava o papel logo depois de decorá-los.

A habilidade de Akhmatova para formular as coisas por meio das palavras, para encontrar a ordem no caos, transformou-a numa profetisa para as pessoas. Como profetisa, conseguia ver o horror e não fugir. Podia verbalizar o que não podia ser dito, e atravessar a negação da destruição, do povo. Em *Requiem*, dedicou sua própria tristeza e seu sofrimento para falar em nome de todas as outras mulheres que estavam confusas e sozinhas, de pé fora da prisão, nas lon-

gas filas do terror, para ver as pessoas amadas, mas que continuavam a sobreviver e a viver.

Anna viu a jornada da mulher solitária, que sofria por seu amado, como uma jornada universal, ligando arquetipicamente ela própria e as outras mulheres à mãe, Maria, que sofreu com a crucificação de seu filho, Cristo. Ao abrir a porta da morte e atravessar a loucura, uma mulher podia obter uma nova força. Akhmatova disse: "A loucura com sua asa/ Já cobriu metade de minha alma".[24] Ela sentia que é preciso olhar diretamente para o horror, com os olhos abertos e atravessar essa loucura sem esquecer "a velha mulher que brame como uma fera que foi ferida",[25] o grito de horror, o guincho de fúria da mulher cujos entes queridos foram levados para a prisão, ou para a morte. *Remembering* o sofrimento que se viveu é essencial para que ele não se repita. O poema *Requiem* é seu grito de fúria diante do horror que acontecia em seu país, um grito enlouquecido que nos impedia de esquecer.

A censura aos poemas de Akhmatova foi suspensa em 1940, mas apenas por pouco tempo. Alguns de seus poemas receberam autorização para ser impressos em revistas e reunidos em livro. Mas alguns meses depois, as autoridades declararam que a publicação de seu livro tinha acontecido por engano, e ele foi retirado das livrarias, não podendo mais ser vendido. Ela teve medo de sucumbir à loucura, mas embora sofresse com o abuso das autoridades soviéticas e com o medo da loucura, conseguiu terminar *Requiem* e escreveu "The Way of All Earth", um poema no qual a heroína, originalmente vinda de uma cidade celestial, Kitezch, é chamada de volta de sua estada terrestre, depois de ter confrontado o horror da loucura e desejado a morte, para realizar uma jornada "passando pelo caminho das balas" até seu lar verdadeiro com Deus.[26]

Quando Hitler invadiu a União Soviética em 1941, o povo russo pode se unir contra um inimigo comum. Isso aliviou a alienação dos indivíduos, colocados uns contra os outros pelo medo durante o reinado do terror. Akhmatova pôde falar mais uma vez, e se dirigiu às mulheres de Leningrado pelo rádio, lembrando-as de que eram suficientemente fortes para proteger sua cidade, para ajudar os feridos e para sobreviver num período difícil. Apesar de sua saúde frágil, permaneceu na defesa da cidade durante os ataques aéreos. E, então, o Partido Comunista ordenou que ela fosse levada para um lugar afastado. Finalmente, Akhmatova e um amigo se mudaram para Tashkent, no sul da Ásia Central, e lá ela permaneceu durante vários anos, até 1943. Neste período, foi abalada pelo suicídio de uma poetisa irmã, Marina Tsvetayeva, que se enforcou em 1941. As duas mulheres tinham se encontrado pela primeira vez, secretamente, um ano antes, compartilhando a admiração mútua.

Em 1942, seu poema "Coragem" foi publicado pelo *Pravda* e lido freqüentemente para as platéias durante a guerra, para dar-lhes forças. Akhmatova reconhecia seu papel como uma poeta-profetisa para a Rússia. Aceitou seu próprio sofrimento como um destino com base no qual poderia gerar uma visão, uma força feminina que incluía a capacidade de derramar lágrimas sem se submeter à derrota. Viver se transformou num modo de encontrar significado num tempo de guerra, embora a própria Anna não fosse imune aos medos e a períodos de fraqueza. Entretanto, suas palavras testemunhavam sua capacidade de sobreviver e de registrar a coragem e a força da humanidade, pois ela própria conseguira passar pela loucura durante o período do terror, e testemunhou a força em si mesma e nos outros, por seus poemas.

Em Tashkent encontrou-se novamente entre amigos e publicou um volume de seus poemas. Mas sua saúde piorou de novo, e quase morreu de tifo. Depois disso, sua aparência mudou, não era mais a Musa magra e elegante, mudou o penteado e engordou. Em 1944, pôde voltar a Leningrado, mas descobriu que o homem com quem esperava viver tinha-se casado sem lhe dizer nada. De novo, seu destino parecia não lhe permitir uma vida "normal", mas consagrar-se à poesia "em que cada passo é um segredo/E há um abismo à esquerda e à direita/E a fama, uma folha murcha, está caída sob os pés".[27]

Apesar de seu desapontamento pessoal, do sofrimento e da idade, Akhmatova reafirmava sua aceitação de seu destino como poeta. Ela escreveu:

Como se eu fosse um rio
A idade impiedosa mudou meu curso
Substituiu uma vida por outra,
Fluindo por um canal diferente
E eu não reconheço minhas margens.[28]

Ainda assim ela escolheria sua vida: "Quem pode se recusar a viver sua própria vida?", enfatizava com sua autoridade interior.[29]

Antes de seus poemas serem censurados novamente em 1946, seu sofrimento foi aliviado. Seu filho foi libertado em 1945 e voltou para casa para viver com ela. Foi programada a publicação de uma coletânea de seus poemas, e ela foi visitada por Isaiah Berlin, da embaixada britânica, um admirador de seu trabalho vindo do exterior. Mas a visita de um estrangeiro era perigosa; anos antes ela teria sido considerada traição. Anna sentiu que a censura subseqüente de sua poesia, em 1946, chamando-a de "poesia vazia e apolítica" e "danosa" para a educação dos jovens era conseqüência desta visita. A resolução do Partido Comunista criticava novamente sua poesia por seu misticismo, erotismo e senso de predestinação. Sua afirmação espiritual era considerada uma sobra dos velhos dias da aristocracia, e ela própria era depreciada como "uma freira prostituta cujo pecado está misturado às preces".[30] Seus poemas que estavam no prelo foram destruídos, e foi expulsa da Associação de Escritores Soviéticos.

Os dirigentes tratavam-na como se fosse uma Musa louca, relegando-a à época do romantismo passado e desconsiderando suas percepções proféticas da guerra. A censura foi publicada também no exterior, e Akhmatova ficou mais isolada em resultado dessa nova caça às bruxas. Exigia-se que ela aparecesse na janela duas vezes por dia, para que os guardas na rua pudessem relatar que ela não tinha nem cometido suicídio nem fugido. Os críticos literários dirigiam-se de modo abusivo contra ela, nesses anos do pós-guerra cheios das fúrias imprevisíveis de Stalin – era a Guerra Fria, uma época de ataques ferozes contra os artistas.

Em 1949, Punin e seu filho, Lev, foram presos novamente. Numa tentativa de salvar a vida de seu filho, escreveu em 1950 alguns versos, *In Praise of Peace*, nos quais elogiava Stalin e outros. Akhmatova os considerava poemas pobres e mais tarde pediu que fossem retirados da coletânea de sua obra. Mas a vida de seu filho foi salva. Enquanto isso, estava compondo silenciosamente um de seus maiores trabalhos, "Poema sem um herói", que precisou de vinte e dois anos para ser concluído (1940-62). Numa das partes desse poema, reconhece sua ligação com outras Mulheres Loucas, tendo sido ela própria silenciada como uma profetisa louca do mesmo modo que Cassandra fora aprisionada.

> Só pergunte a meus contemporâneos:
> Mulheres dos campos de concentração, mulheres das prisões, mártires
> E nós lhe diremos do terror entorpecido,
> De criar os filhos para serem executados
> No fim do quarteirão, ou contra o muro,
> De criar os filhos para as prisões.
> Apertando os nossos lábios azulados
> Nós que somos como Hecubas enlouquecidas,
> Como Cassandras de Chukhlomy,
> Tempestuosas num coro silencioso
> (Nós, que fomos coroadas para sempre com a vergonha)
> Nós atravessamos o Inferno, até o outro lado...[31]

Sua situação ficou mais fácil depois da morte de Stalin, em 1953. Ela recebeu dinheiro por suas traduções de Victor Hugo – o primeiro dinheiro em muito tempo – e pôde pagar o que devia a seus amigos. Como tradutora, era mais uma vez considerada escritora, e até recebeu uma pequena *dacha* (uma cabana na floresta) numa

colônia de escritores perto de Leningrado. Seu filho foi finalmente libertado em 1956. Muito depois, escreveu um poema expressando o horror e o abuso que tinha suportado, o modo em que tinha sido amaldiçoada, e depois desdenhada como uma Louca.

> Eles me levaram para a beira do precipício
> E por alguma razão, me deixaram lá –
> Eu vou vaguear pelas praças silenciosas,
> Como se fosse a louca da aldeia.[32]

Nos últimos anos de sua vida, recebeu o reconhecimento e até mesmo honrarias por seu trabalho. Em 1956, seus poemas recomeçaram a ser publicados. Poetas mais jovens, inclusive Joseph Brodsky, visitavam-na, e ela incentivava e tentava ajudar os novos escritores. Começou a receber cartas de agradecimentos de pessoas que admiravam seus poemas e que também agradeciam-lhe sua existência como um modelo de força e integridade. Admiradores estrangeiros a visitavam, inclusive Robert Frost. *Requiem* foi publicado na Alemanha em 1963. Ela era respeitada no exterior, e recebeu um prêmio italiano de literatura em 1964. Em 1965, recebeu um doutorado honorário da Universidade de Oxford, onde foi comparada com Safo.

No final de sua vida, falou-se duas vezes sobre uma indicação para o Prêmio Nobel. Mas a grande poeta morreu em março de 1966, aos 75 anos, por causa de um problema cardíaco crônico. Centenas de admiradores vieram prestar suas homenagens na igreja de Leningrado onde foi velada. Foi enterrada no lugar onde se sentia em casa – num cemitério, numa floresta de pinheiros situada na colônia de escritores perto de Leningrado.

Os temas de seus últimos poemas enfatizavam a capacidade do amor de transcender as separações finitas do tempo e do espaço, afirmando a imortalidade e a sacralidade dos relacionamentos espirituais e a natureza profética dos sonhos, que nos ligam ao outro mundo. Dava valor aos presentes da vida que recebemos enquanto somos "hóspedes na terra", como o enlevo da música e o perfume de uma rosa selvagem. Afirmava que o lugar da transformação humana está aos pés da cruz. Enfatizava que ser uma vidente exigia a corporificação que contivesse tanto a beleza quanto o terror desumano – um paradoxo que ousou enfrentar. Chegou a ver sua falta de lar e suas andanças pela terra como um sofrimento necessário para suportar seu destino como poeta. Aprendeu a servir à Musa ao colocar suas visões em palavras, expressando assim o paradoxo da vida e da morte humanas. Embora tivesse desejado ser uma Musa feminina para um homem, aprendeu que tinha de servir a sua própria Musa e aceitar seu destino como uma poetisa profética para seu país. Viveu num louco período de terror, desprezada como uma mulher histérica que ainda acreditava em Deus, foi silenciada por suas visões e ainda assim sobreviveu para transformar-se numa "consciência viva" da literatura, confrontando corajosamente a escuridão e o caos como uma poeta num tempo de guerra.

A história de Glenna: resolvendo o conflito

A história de Glenna exemplifica o modo como diversos padrões da Louca podem emergir numa pessoa. Ela teve o seguinte sonho com uma vidente, durante uma crise de meia-idade, depois de ter experimentado muitos dos padrões da Louca. O sonho enfatizava a importância de seu lado Visionário neste momento de sua vida, quando tinha acabado de fazer quarenta anos.

> Eu estou numa audiência numa grande sala ou numa catedral. Reconheço algumas pessoas, inclusive um casal idoso. A audiência está esperando por uma apresentação. Um homem alto e atraente dá uma passo à frente. Ele está usando roupas de corte impecável; é da alta sociedade e se parece com um deus. A audiência foi reunida para a apresentação formal da mulher que está noiva dele.

Por trás das cenas, a mulher, um tipo de Barbie loira debutante, está sendo preparada para a apresentação por um pequeno grupo de mulheres. Para minha surpresa, elas a colocam de cabeça para baixo numa máquina de lavar. Eu posso ver as pernas dela fora da máquina. Fico chocada quando o grupo de mulheres a tiram de lá. Durante a preparação, elas enxertaram outra mulher na parte de cima de seu corpo. Por trás da debutante loira aparece uma mulher oriental, alta e exótica – uma vidente. A mulher boneca Barbie loira que seria a noiva parece desorientada e tonta por estar carregando essa mulher oracular, cuja presença a faz parecer menor. A cortina se abre para a apresentação. É a vidente oracular, e não a debutante, quem é apresentada à audiência.

Glenna acordou assombrada e assustada pela mulher oracular ser tão proeminente, e por esta vidente exótica ter sido apresentada ao mundo para casar-se com o noivo em vez da *socialite* loira. Para Glenna, a debutante loira representava uma pessoa de sociedade que levava uma vida convencional – uma mulher "convencional" que provavelmente será escolhida para ser uma esposa. Glenna queria casar-se, mas nunca poderia adaptar-se ao *status quo*. Estava sempre viajando numa busca de transformação. Sua intensa necessidade espiritual para seguir adiante a tinha levado ao rompimento com seu último namorado, um homem sensível com quem esperava casar-se.

Uma imagem chocante neste sonho é a cerimônia de preparação, por trás da cena, na máquina de lavar realizada pelo grupo de mulheres, um ritual que apenas Glenna havia visto. No início, sua associação com elas foi: as "esposas de Stepford" – um grupo de mulheres convencionais que queria adequar a noiva e adaptá-la à sociedade. Mas tinha testemunhado o contrário. O grupo de mulheres passou a parecer-se mais com Mulheres Loucas, as assistentes de um ritual misterioso. Ficou imaginando consigo mesma se seriam cabeleireiras ou alquimistas, não percebendo no momento que, simbolicamente, as cabeleireiras são as formatadoras da identidade feminina.

A lavagem, ou o "banho", é uma purificação ritual simbólica para o casamento sagrado, pois é o casamento divino alquímico das energias masculina e feminina dentro de cada pessoa. De acordo com a transformação feita pelas Mulheres Loucas, esta preparação era mostrada como caótica no sonho. Elas punham a iniciada de cabeça para baixo numa máquina de lavar que girava, de modo muito semelhante ao das Bacantes que giravam num frenesi durante suas danças para Dioniso. Será que o homem parecido com um deus, que surgia numa forma impecavelmente vestida, era realmente Dioniso, o deus dos vinhedos e do drama, a quem as Bacantes – artistas criativas, Visionárias, e pessoas *médiuns* – eram devotadas?

Glenna acordou confusa e admirada. O sonho tinha-lhe revelado diversas coisas: "As coisas não são como parecem". Seu conceito de noiva tinha sido virado de cabeça para baixo. A noiva não era a boneca Barbie debutante, mas a estranha vidente oracular oriental. Glenna foi apresentada a seu lado mediador, e sua vocação foi apresentada como um chamado a ser corporificado no mundo. A vidente se apresenta para mostar Glenna como a musa de si mesma. Seu trabalho no mundo era observar o que existe e corporificar sua visão.

Glenna sempre se sentira como uma rebelde. Tinha sido a única menina na família, e era bem levada. Era a companheira de seu pai e uma companheira mais nova de brinquedos para seus irmãos. Aprendeu a pescar e a caçar, e sentia-se à vontade ao ar livre. Mas seu pai, um operário, sentia-se inferior diante de sua esposa, que tinha estudado mais. Não gostava de seu emprego, mas ainda assim fazia horas extras, desejando ajudar seus filhos a conseguir a educação que não pudera ter. Mas, não era divertido estar com ele quando se encontrava em casa. Ele não sabia como brincar; tudo o que fazia era orientado para um objetivo. Entretanto, sob sua aparência externa de força, sentia-se passivo e sofria por sua falta de auto-afirmação. Ele queria que sua filha fosse feliz, mas não a entendia.

Sua mãe sempre desejara uma filha, e sentira que seus sonhos tinham-se realizado quando Glenna nasceu. Ela estivera doente durante toda sua gravidez e por grande parte de sua infância. Era um Pássaro Engaiolado, uma mulher inteligente aprisionada num casamento e num ambiente religioso e cultural que lhe dizia que deveria

ficar em casa e ser uma boa esposa, cumpridora de suas obrigações. Seu jeito de lidar com isso foi igual ao de muitas Mães Loucas de sua geração – ficou doente e dependente do álcool. Sua mãe ainda estava presa a sua criação burguesa do Meio-Oeste e a suas crenças católicas, e desejava que sua filha fosse uma garota normal, que se casasse e tivesse uma vida convencional. Não conseguia ver Glenna como ela realmente era; nem tentou decifrar o quebra-cabeças desta filha que era um enigma para ela. Conseqüentemente, Glenna se sentia como um pássaro engaiolado em sua casa, e ansiava por se afastar de sua família.

Em casa, experimentava o caos; seus irmãos brigavam freqüentemente entre si e com seu pai. Sua mãe bebia secretamente fugindo de sua vida não vivida, trancava-se no quarto e fingia estar doente. Seu irmão mais velho tinha talento artístico, mas também bebia e usava drogas; em geral chegava bêbado e drogado, o que o tornava violento, trazendo mais loucura para a família. Embora Glenna admirasse este irmão criativo, temia suas tendências destrutivas. Mais tarde, quando ele passou a viver nas ruas, ela descobriu seu próprio medo inconsciente de se tornar uma Mulher Sem Teto.

Glenna deixou sua casa pela primeira vez aos dezessete anos, entediada, com medo do caos familiar e sentindo-se presa como um Pássaro Engaiolado. Entrou num programa de intercâmbio estudantil e foi estudar na África. Estava empolgada com os estudos e com a viagem, e queria estudar numa universidade em que as aulas eram ministradas num navio que viajava por todo o mundo. Mas seus pais disseram não ter dinheiro para pagar essas despesas, embora tivessem tentado ajudar seus irmãos a ir para boas escolas. Seus pais queriam que estudasse e depois se casasse; e assim eles achavam que uma faculdade menos importante seria o suficiente. Isto foi um golpe duro para Glenna que, como resultado, ficou passiva com respeito a sua educação. Seguiu um padrão estabelecido por seu pai, sentindo-se inferior com relação a seu potencial profissional, e dessa forma aceitou uma faculdade que não tinha escolhido. Isso estabeleceu um padrão para os próximos sete anos de sua vida educacional, que foi o tempo necessário para que ela se formasse. Freqüentava as aulas por um ou dois semestres, e depois viajava. Periodicamente, voltava à faculdade, finalmente terminando numa área que não a inspirava.

Era uma questionadora natural, e tinha começado a rebelar-se contra a autoridade durante o colegial. Parara de freqüentar a igreja porque o padre fazia sermões a favor da Guerra do Vietnã. No fim da década de 1960, transferiu-se da faculdade local no Meio-Oeste para a Universidade da Califórnia em Berkeley. Transformou-se numa Revolucionária e continuou a protestar contra a guerra, nas marchas pela paz. Fazia demonstrações pela causa do "People's Park", e colaborou numa clínica clandestina que ajudava a cuidar dos revolucionários feridos de modo que eles não tivessem de ir para os hospitais públicos e acabar presos. Durante algum tempo viveu numa casa com membros dos Panteras Negras. Sua Louca revolucionária explodiu. Estava enfurecida com a polícia de Berkeley por ter jogado gás lacrimogêneo e atirado nos jovens rebeldes que lutavam contra a injustiça e protestavam pela paz. Glenna só podia gritar pelas ruas, jogando as bombas de gás lacrimogêneo de volta para a polícia. Teve sorte e não foi presa. No entanto, via a sociedade e o "sonho americano" com cinismo. Sonhava que era uma sem teto que vivia nas ruas, uma mulher sem teto que empurrava um carrinho de compras na avenida do Telégrafo. Abandonou a escola e viajou pela Europa e viu o que se escondia por trás da Cortina de Ferro. Lá constatou outras formas de corrupção política. Imaginava se haveria algum lugar na terra livre da corrupção e da injustiça.

Embora no nível coletivo estivesse lidando com a injustiça por suas atividades revolucionárias, sofreu uma grave violência no nível pessoal quando tinha dezenove anos. Passeava em um belo bosque de eucaliptos, num raro momento de paz, numa manhã de sol, quando um homem a atacou pelas costas e tentou estuprá-la. Quando lutou, ele a espancou e começou a estrangulá-la, tentando sufocá-la até a morte e ao mesmo tempo estuprá-la. Ela continuou lutando, e ele perdeu a ereção. Neste mesmo momento, ela caiu inconsciente e quando se recobrou, ele tinha ido embora, provavelmente pensando

que estava morta. Alguns estudantes a encontraram e a levaram ao hospital, onde ficou por dez dias, lutando por sua vida.

Glenna ficou muito deprimida, por causa do estupro e do fracasso da revolução. Seu lado feminino gentil e vulnerável fora gravemente ferido, e o mesmo acontecera a seu espírito de luta feminino. Voltou-se para dentro buscando a cura, presa numa "jornada noturna pelo mar", uma descida ao mundo subterrâneo do inconsciente, uma jornada que a levou para as profundezas do abismo para morrer e renascer, passando de Revolucionária a Reclusa. Em busca da cura, foi para as ilhas gregas para um retiro de meditação que durou um mês. Passou um ano deste modo, recuperando-se na solidão da natureza. Aprendeu a velejar e fazia jóias, macramê, e outros tipos de artesanato que vendia aos turistas para ganhar dinheiro. Saiu disso sentindo-se centrada, mas consciente de que precisava aprender a lutar de modo eficiente. Pegou, então, um cargueiro até o Brasil, onde aprendeu técnicas nativas de cura e estudou uma forma brasileira de arte marcial. Desse modo, começou a trabalhar para integrar sua Louca interior. Terminou seu curso em Berkeley e foi para outra universidade, na qual obteve um título de mestre e ensinou em escolas no exterior por alguns anos.

Na mente de seus colegas mais convencionais, Glenna ainda era uma estudante que abandonara os estudos, uma Louca Sem Teto. Quando ela viu o filme francês *The Vagabond*, dirigido por Agnes Varda, identificou-se com a protagonista, uma adolescente sem teto que anda de carona por todo o país, apenas com uma mochila, e finalmente congela até a morte, na margem de um rio, faminta e ferida. Glenna conhecia os perigos de vaguear, mas também sabia que existem lições a serem aprendidas com este modo de viver – experimentar outras culturas, andar livremente na natureza, sobreviver, aprender a defender-se. Durante suas viagens, evocava conscientemente sua Louca e usava com eficiência as artes marciais em diversas situações em que ela e seus companheiros foram atacados. Aprendeu que podia sobreviver fora do "sistema", da "gaiola americana".

Inscreveu-se para ser um membro da tripulação que velejaria pelos mares durante quatro anos. Aprendeu a planejar as provisões, a consertar as velas e os cabos; ela mergulhou sob o barco para checar as amarras e consertar os cabos da âncora. Experimentou muitas culturas e sentiu a liberdade da mulher selvagem oceânica. O casamento e a sociedade representaram a "gaiola" do sonho americano.

Nesta época, Glenna tinha 35 anos e estava relacionando-se com um dos marinheiros, que se tornara dependente de ópio, facilmente encontrado nos portos onde ancoravam. Embora velejar pelo mundo proporcionasse uma sensação de aventura e de liberdade, ela começou a ter uma série de sonhos com ondas de marés, e eles a chamaram à consciência. Os sonhos com ondas de marés freqüentemente alertam o sonhador de que está correndo o risco de ser inundado pelo inconsciente, e enfatizam a necessidade de ficar mais com os pés no chão. Ela prestou atenção às mensagens dos sonhos e percebeu que tinha de fazer uma mudança em sua vida. Na mesma época, ficou sabendo de uma conferência sobre cura e decidiu participar. A conferência abriu-lhe um mundo novo – os reinos interconectados do simbolismo da psique e da natureza.

Então, apaixonou-se por um homem que a inspirava, e se transformou em sua Musa. Mas havia um obstáculo em seu relacionamento: ele era casado e tinha uma família. Ele não conseguia dar os passos necessários para o divórcio, embora soubesse que seu casamento era destrutivo para ele e para seus filhos. Nem conseguiu comprometer-se plenamente em seu relacionamento com Glenna. Quando Glenna o confrontou e estabeleceu um limite, ele vacilou e não conseguiu responder totalmente. Ela se sentiu rejeitada e terminou o relacionamento, de modo muito semelhante ao de Camille Claudel ao terminar seu relacionamento com Rodin. Mas ao contrário de Camille Claudel, Glenna não chegou à paranóia e à loucura. Ficou deprimida e sofreu por algum tempo com os padrões da Musa louca e da Amante Rejeitada. Contudo, sabendo que o poder curativo da Reclusa age na solidão, continuou seu trabalho interior.

Decidiu iniciar uma terapia com uma mulher de mente brilhante, de sessenta anos, que se transformou em seu primeiro modelo feminino de uma vida autêntica. Com a ajuda da terapia, decidiu-se inscrever num programa de doutoramento em aconselhamento. A conferência lhe abrira um caminho de crescimento espiritual e de cura com o qual desejava se comprometer – seu primeiro compromisso real com uma área profissional.

Na universidade passou por outra rejeição e sentiu-se traída: foi designada por uma supervisora que ultrapassou seus limites e invadiu sua privacidade, pedindo-lhe que revelasse assuntos confidenciais inadequados ao relacionamento professor-aluno. Glenna confrontou-a e disse-lhe que ela não era sua terapeuta; que já tinha uma. Esta mulher voltada ao poder, mas insegura (uma Louca do tipo Mulher Dragão) não conseguiu vê-la de fato, e vingou-se, escrevendo uma carta acusando-a de ser superficial e mentalmente instável, e recomendando que fosse afastada do programa de doutoramento. O comitê encarregado dispensou-a e depois "arquivou" a carta. Glenna desesperou-se por ter sido rejeitada em seu relacionamento e em sua profissão. Pensou em abandonar tudo e em velejar novamente. Mas sua terapeuta lembrou-a deste padrão de abandono e, como seria fútil protestar, incentivou-a a buscar um treinamento em outro lugar. A terapeuta também compreendeu sua raiva por ter sido traída pela supervisora, mas a ajudou a ver a necessidade de transformar a raiva em trabalho criativo. Glenna estudou em outro lugar; encontrou uma professora que reconheceu sua capacidade para este campo, ajudou-a a se afirmar nele e a incentivou a inscrever-se novamente para o mesmo programa. Sua terapeuta apoiou-a nesta nova inscrição. Enquanto isso, o comitê reviu sua posição; Glenna foi aceita e completou o programa com honras.

Embora tivesse sido traída por sua professora e por seu amado, sua Louca interior a ajudou a lutar por sua própria integridade em vez de ser devorada pelo poder e pela vingança. Também não sucumbiu ao desespero de ser a vítima. Ela lembrou o ditado dos índios americanos: "Agradeça a seus inimigos, pois eles o deixam forte".

Entendeu o valor dessas palavras e permaneceu fiel a seus valores e compromissos, e lutou por si mesma de um modo honrado.

Neste período em que estava lidando com a traição, teve um sonho impressionante com a sacerdotisa oracular. O sonho despertou-a para o papel central deste novo lado feminino visionário em si mesma, que precisava ser expresso. Um ano depois, teve outro sonho que afirmava a importância da sacerdotisa como um valor feminino interno que precisava afirmar em si mesma e em sua vida exterior. No sonho, via uma mulher bela e escultural com um colar de triângulos crescentes e círculos incrustados em sua carne, próximo ao chakra da garganta. Isto a lembrou das pinturas das sacerdotisas egípcias, que possuíam colares dessa maneira. Seu primeiro sonho com a "vidente" lhe mostrara um conflito entre os lados comum e oracular de si mesma – havia dois troncos separados acima da cintura –, mas esta imagem de sonho mostrava que ela era como a sacerdotisa. Agora, com os pés firmados na autenticidade e no poder de seu centro feminino, ela serve à Visionária dentro de si mesma por meio de seu trabalho na profissão de cura. Glenna aprendeu a usar a intuição em seu trabalho como terapeuta, para guiá-la no modo de tratamento de seus clientes, conforme ela integra o conhecimento visionário e a disciplina do momento oportuno e da contenção de limites necessária para o relacionamento terapêutico.

Concretizando as visões

Se uma mulher é verdadeiramente uma Visionária, precisa viver de acordo com suas visões. Um exemplo inspirador é Minnie Evans, uma artista folclórica afro-americana do sul dos Estados Unidos que, numa visão, recebeu a ordem de pintar ou, então, morreria, conforme havia sido previsto. Optou por pintar, e lembrou seus ancestrais; viu as cores dos espíritos de seu povo em sonhos e em visões e pintou-as como asas de anjos iluminadas e com as cores do arco-íris.

Alguns a chamavam de louca mas, no final de sua vida, tinha pintado uma crônica da herança de seu povo, como uma testemunha de suas origens espirituais.

A Visionária tem o dom de ver o que os outros não podem ver normalmente, e sua tarefa é revelar essas visões para sua comunidade. Ela precisa não apenas ver, mas também lembrar e registrar o que viu. Ver e esquecer é deixar-se aberta à ambigüidade e ao menosprezo dos céticos, pois não se está dando expressão aos mistérios. Viver de acordo com o dom da visão requer um treinamento. É por isso que as antigas sacerdotisas passavam por anos de preparação e de disciplina espiritual antes de participar dos rituais. Em nossa época, os artistas e escritores treinam a si mesmos para lembrar suas visões ao registrá-las em palavras, pinturas, notas musicais ou movimentos. Trabalham durante anos em sua arte, aprendendo a revisar, a pintar de novo. De modo semelhante, é importante que as mulheres Visionárias busquem um professor confiável que possa guiá-las no aprendizado dos mistérios.

Algumas mulheres não sabem por onde começar. Existem tantos caminhos, tantas escolhas, e é fácil ficar confusa com qual caminho seguir. Nesses casos é necessário dar o primeiro passo no caminho, e isso ajudará esse tipo de mulher a firmar seus pés no chão. É essencial que a Visionária tenha os pés firmes no chão. As Visionárias freqüentemente enfatizam a importância do trabalho ritual para firmar-se no chão. Bater o tambor, dobrar as roupas numa preparação ritual, cuidar dos objetos e lugares sagrados, escrever versos poéticos, cavar a terra para semear – todos esses são modos de fazer com que a Visionária se firme no chão. É importante viver o sagrado em nossas vidas cotidianas.

A Visionária precisa aprender a distinguir as visões que devem ser expressas daquelas sobre as quais deve se calar. Existem momentos em que é importante honrar os mistérios mediante o segredo (para que não façamos luz deles), até que sintamos que eles dançam em nosso sangue. Visionárias de todos os tipos precisam temperar a revelação do que vêem com um julgamento bem afinado. Momento oportuno e método são essenciais – saber quando e como expressar publicamente uma visão. Isto é tão verdadeiro para a mulher convencional, cujas percepções intuitivas se focam em sua família e seus amigos, quanto para a vidente que está intermediando uma mensagem para a sociedade.

Algumas mulheres não concretizam o que vêem por medo de perder a visão. Como disse uma escritora amiga minha: "Puxada para dentro da carne, a luz pode se apagar. Mas se uma mulher vive apenas no céu, ela não tem limites nem sombra nem peso". Quando tentamos colocar nossas visões em palavras ou em cores – concretizar nossas visões –, temos medo de perder a experiência. Entretanto, precisamos ousar dar corpo a nossas visões, e ao mesmo tempo aceitar nossas limitações. O filósofo russo Nikolai Berdyaev disse que não podemos nunca incorporar plenamente a visão divina por causa de nossa finitude humana. Mas nossa tarefa é nos devotar a nossas artes e suportar a tensão criativa entre a visão transcendente e os limites do trabalho corporificado. Uma Visionária que viva no mundo da lua não está realmente trabalhando para concretizar a visão em si mesma e no mundo. É importante que ela cuide de seu corpo e da terra, e dê atenção às necessidades da sociedade e do mundo perceptível, para que fique conectada com a terra e tenha a força e a substância para realizar seu trabalho de modo responsável. Também precisa estar consciente do orgulho e do egoísmo que interferem com sua tarefa. Embora seja o vaso para o poder mediador que transmite, ela própria não é o poder. O orgulho freqüentemente leva à ambição, à inveja e ao ciúme, ao desejo de ser a primeira ou de ser a *guru* – sentimentos que põem em risco o seu chamado. A dúvida e o medo também interferem quando impedem que se expresse e a colocam à mercê dos que podem menosprezá-la. Muitas visões são assustadoras simplesmente porque vêm do desconhecido. O uso positivo da energia assertiva da Louca pode nos ajudar a lutar contra os medos desnecessários e a aprender como nos proteger e a nossos limites e fronteiras – quando dizer sim, e quando dizer não.

Uma grande questão para ela é como lidar com o poder que vem de suas visões. A inflação (agir como superior aos outros: "Eu sei de tudo!") é uma grande tentação para uma mulher Visionária. Seu oposto, a deflação (sentir-se inferior e pequena, como uma fraude) é outro perigo, especialmente para a mulher cujas intuições são desacreditadas pelos outros. Uma mulher que chegou ao poder por sua natureza visionária (como muitas terapeutas, líderes espirituais, professoras, conferencistas, autoras e artistas) precisa tomar um cuidado especial para evitar as armadilhas tanto da inflação narcisista (que alimentaria um impulso pelo poder) quanto da deflação (que poderia impedi-la de falar e dar voz a sua sabedoria). Morgana, em *As brumas de Avalon*, observa que "Todas as mulheres são de fato irmãs diante da Deusa".[33] Assim uma mulher que sucumbe ao orgulho, que se vê como superior aos outros, e que usa seu poder visionário sobre os outros para chegar a seus próprios fins, está abusando de seu dom. Usar os dons visionários para tentar forçar as coisas a se curvarem à própria vontade é uma forma de magia negra que provoca o desastre na alma.

Para ser uma Visionária é necessário que se tenha fé e confiança de que o cosmos é "uma dança em espiral" e que deseja que estejamos aqui como reveladores e revelados. Em última instância, os poderes visionários estão disponíveis apenas se tivermos respeito por eles, e trabalharmos de modo sério e comprometido. Paradoxalmente, a Visionária precisa estar vulnerável e aberta a receber novas imagens, mas ainda assim ser forte, habilidosa e suficientemente decidida para expressá-las.

As visões são presentes misteriosos. Temos vislumbres em momentos transcendentes, por exemplo quando ouvimos música, contemplamos um trabalho de arte ou caminhamos numa trilha de montanha e vemos uma frágil pomba. Uma vez estava caminhando por uma trilha no Alasca, tentando ver o grande "Denali", o monte McKinley. Esperei por duas horas enquanto as nuvens se abriam de vez em quando, revelando por um momento faces diferentes da montanha majestosa. Ver apenas uma parte dos numerosos mistérios da montanha foi arrebatador para mim, e lembrou-me de meu humilde lugar como parte de um todo maior. Mas esta experiência enfatizou meu caminho – compartilhar a importância das verdades sobre os mistérios femininos que tinha visto.

Não podemos respeitar adequadamente a Visionária se não respeitarmos sua maneira vulnerável e receptiva – olhando para dentro e escutando o silêncio profundo no templo escuro da terra. O poeta Rainer Maria Rilke nos lembra em *Sonetos de Orfeu* que existe um templo no ouvido, do mesmo modo como existe um templo em cada um dos sentidos e também no "terceiro olho" da Visionária. A métrica da música e da poesia, e de nossos pés conforme caminhamos nas trilhas da natureza, pode nos colocar num transe receptivo para ver, cheirar e tocar, ouvir e registrar as vozes dos anjos enquanto viajamos entre os mundos visível e invisível. Viajar entre os "mundos" e intermediar as mensagens do espírito para a comunidade é o caminho de "loucura" extática divina da Visionária.

10

Através da Loucura

O grande mar
me levou sem direção,
Ele me move como uma planta num grande rio,
A terra e o grande tempo me movem,
Me levaram para longe,
E movem-me internamente com alegria.
XAMÃ ESQUIMÓ

É essencial compartilharmos as histórias de nossas jornadas pela loucura e pelo caos, e nosso renascimento como mulheres criativas, para que possamos libertar o espírito feminino em nós mesmas e nos outros. Podemos encontrar a esperança e a coragem para encontrar a Louca dentro de nós e transformá-la, ao descobrir as maneiras em que mulheres diferentes retornaram de sua descida até a loucura. Por exemplo, a escritora neozelandesa Janet Frame compartilhou sua jornada em seu romance *Faces in the Water* e em sua autobiografia.[1] A artista Leonora Carrington descreveu seu sofrimento com a loucura em seu trabalho de ficção *Down Below*. Carrington disse, ao escrever e pintar seus personagens interiores: "Eu tentei me esvaziar de imagens que me tornavam cega".[2] Em seu romance, *I Never Promise You a Rosa Garden*, Joanne Greenberg enfatiza a importância de aceitar o sofrimento da psicose com o retorno ao mundo. Nesta autobiografia ficcionalizada, Deborah, a protagonista, foge para seu próprio mundo imaginário em razão de um trauma que vivenciou aos cinco anos de idade, durante operações cirúrgicas realizadas para remover um tumor na uretra. Este trauma manifestou-se pela ilusão dos médicos a respeito da realidade da dor, pela negação de sua família, pelo preconceito por ela ser judia e pelo sarcasmo de seus colegas de escola por ela ser diferente. Voltar-se para a fantasia ajudou-a no início, mas depois isolou-a dos demais. Seu retorno posterior à saúde é facilitado quando descobre que sua psiquiatra não teme nem se horroriza com seus problemas, mas fica indignada com os abusos e as mentiras que a fizeram sofrer. Greenberg enfatiza a necessidade de integrar os mundos imaginário e externo para que seja possível retornar à sociedade como um participante ativo e contribuinte. A terapeuta de Deborah lhe diz: "Pode ser que você tenha primeiro de aceitar o mundo, aceitá-lo com fé como um compromisso total... E então com base no que você mesma construiu com este compromisso, você pode decidir se esta é uma negociação justa ou não... Contribuir é construir o compromisso... A saúde não é simplesmente a ausência de doença. Nós nunca trabalhamos duro assim apenas para que você possa não estar doente".[3]

O aspecto destrutivo da Louca pode ser transformado em criatividade. Para fazer isso precisamos mudar as condições que levaram à loucura. Algumas vezes, uma mulher supera naturalmente alguns aspectos destrutivos. Por exemplo, conforme uma Musa envelhece, pode perceber que a aparência externa da beleza juvenil, que fora tão importante para ela, agora não tem mais significado. À medida que uma mulher atravessa a menopausa, a natureza a obriga a confrontar sua Louca. Ela provavelmente ficará amarga e ressentida se não conseguir confrontar diretamente a raiva que sente por estar envelhecendo. Ela pode ficar com ciúmes da juventude de sua filha e diminuir seu entusiasmo ou tentar competir com ela. Ou pode ficar deprimida, envelhecendo ainda mais rápido, definhando sem compartilhar sua visão. Mas se puder aceitar a velha louca dentro de si – a Hecate interior que se senta na encruzilhada da vida com a morte –, poderá compartilhar conosco sua própria perspectiva única e sua sabedoria oracular.

A sibila envelhecida foi finalmente capaz de ver o todo da vida e da morte, e de aceitar seu paradoxo, olhando com serenidade para todas as coisas. Assim, uma mulher que aceite sua Louca interna e aprenda a relacionar-se com ela pode vir a afirmar o paradoxo tragi-

cômico da vida. Para fazer isto é necessário apelar para uma parte espiritual mais grandiosa em si mesma que transcenda seus desejos individuais ligados ao ego e que enfatize a importância de compartilhar sua sabedoria com a comunidade. Abandonar as projeções e os desejos antigos nos libera para a ação em grupo e o serviço à humanidade. A transformação da Louca leva à transformação da sociedade, mas essa mudança revolucionária tem de começar dentro de cada mulher. Isto requer a aprendizagem do valor de estar só, isto é, integrar a Reclusa. As mulheres mais velhas encontram com freqüência o lado Revolucionário de suas Mulheres Loucas e se devotam à ação política, tentando realizar a mudança social. Algumas mulheres liberam sua energia para a criação artística – escrever ou pintar sua história única.

Uma mulher *não* desistirá de sua visão quando a Louca foi transformada, deixando os caminhos destrutivos e sendo concretizada de maneiras criativas. Ela estará livre para criar, tendo-se libertado dos ressentimentos, da paranóia e do isolamento que ocorrem quando a raiva é suprimida, ou não reconhecida. Sua visão será clara e congruente e terá a coragem e a sabedoria para concretizá-la no mundo.

A jornada consciente para encontrar nossa Louca interior envolve muitos desafios e pode ser facilitada por um guia habilidoso que nos reassegure de que existe um valor em nossa descida ao caos, que algo criativo pode surgir da escuridão, e que nos diga que não precisamos terminar internados numa ala de isolamento. O processo de psicoterapia pode ser muito valioso neste sentido. Ele pode nos ajudar a reconhecer os diversos padrões que nos mantêm reféns e que consomem nossa energia criativa. Podemos realizar a viagem ao centro da escuridão, ao lado selvagem de nossa natureza interior, quando temos um lugar seguro onde podemos comunicar nossos medos secretos, reconhecer nossa fúria, aprender a voltar esta energia para direções construtivas e permitir que nossas lágrimas corram. Podemos encontrar novas fontes em nós mesmas e descobrir o profundo poço de espiritualidade e de criatividade que permaneceria inexplorado se tivéssemos permanecido apenas na superfície de nossas vidas conscientes.

Na medida em que encontramos nossa Louca interior, aprendemos que podemos projetar a imagem da Louca sobre os outros. Podemos atuá-la, *ou* podemos usar o potencial transformador de sua energia. Normalmente projetamos a Louca sobre os outros por causa de nossos sentimentos de medo ou de inveja. Podemos temer seu poder se não reconhecermos o poder dentro de nós, e podemos usá-lo de modo negativo contra outras mulheres. Cortamos também as energias femininas em nós mesmas, e assim nos sentimos confusas e impotentes. Quando a Louca está isolada e separada do todo, no nível interno ou externo, o deslocamento resultante provoca um rompimento, como as Bacantes da Grécia antiga rompiam e destruíam as pessoas a quem não reconheciam em seu frenesi e em sua fúria. Não conseguiremos nos desenvolver como mulheres inteiras, se permanecermos inconscientes de nossas diversas energias ou se negarmos sua existência dentro de nós e as condenarmos nos outros. Também fracassamos no relacionamento com as energias sombrias irmãs dentro de nós quando atuamos inconscientemente as energias da Louca, e agimos de modo destrutivo com raiva e frustração, como no caso de Camille Claudel que destruiu seu trabalho artístico e terminou no hospício.

O encontro com a Louca sonda as profundezas interiores de nosso autoconhecimento e sofrimento. Se não confrontarmos nosso eu interno, nosso lado sombrio, se não viermos a nos conhecer, nós podemos cair na armadilha de um círculo vicioso, nos transformando em prisioneiras dos padrões da Louca que tentamos evitar. Um Pássaro Engaiolado como a sra. Bridge, uma Amante Rejeitada como Maria Callas, ou uma Musa Louca como Camille Claudel ficam perdidas ou se tornam autodestrutivas, não alcançado nunca seu próprio centro feminino autêntico. Aprendemos a reconhecer e a respeitar as energias femininas sombrias da Louca como parte de um todo maior, quando optamos por confrontar a Louca e a fonte de sua força, as situações ou as frustrações de onde ela emerge.

No processo de confrontação e de transformação podemos passar por um estágio no qual descemos ao abismo, experimentando uma espécie de caos e de confusão. Isto pode parecer-se com e dar a sensação da loucura, ou ser uma experiência temporária dela. A maioria das mulheres que compartilham suas histórias neste livro, bem como os modelos históricos, experimentou este tipo de tumulto psicológico e emocional. Algumas até temeram a possibilidade de enlouquecer, como Rosa Luxemburgo e Anna Akhmatova. Cada uma delas sentiu a angústia e a imprevisibilidade de sua situação e de sua tragédia individual, mas optou por confrontar sua Louca interior, para dar nova forma a seu eu único e encontrar sua voz autêntica. A própria vida é caótica, mutável e imprevisível. A vida é "louca" – "tem limites estranhos e um coração selvagem", como reflete a protagonista do filme *Coração selvagem*. A loucura do tumulto emocional pode ser um processo de cura se nos abrirmos para suas lições, se as integrarmos e tentarmos comunicar aos outros o que aprendemos. Se não tentarmos compartilhar com nossa comunidade o que aprendemos, ficaremos isoladas e fracassaremos em realizar nosso destino humano.

A jornada pelo caos para encontrar a Louca pode ser um processo criativo, pois a Louca nos conecta com a criatividade. Do mesmo modo em que Ereshkigal, a deusa suméria sombria do mundo subterrâneo, estava louca, sofrendo com as dores do parto, e precisava de empatia e de compaixão, todas as mulheres experimentam um momento de loucura ao tentar dar à luz um novo modo de ser, quer seja um trabalho artístico ou um novo *self* feminino. A própria imagem de uma mulher em trabalho de parto, agachada para trazer à luz o novo ser que passa pelo canal de parto, evoca um retrato da Louca. Esta imagem fecha o círculo, levando-nos de volta à Mãe Louca, pois no final precisamos dar à luz nós mesmas.

A história a seguir, de uma mulher contemporânea, uma artista, mostra uma jornada pela loucura que culmina num nascimento – de seu novo *self* feminino e de seu trabalho artístico.

A jornada de Moira

Dar à luz – concretizar a criatividade no mundo – é um grande problema para muitas mulheres com Mães Loucas biológicas, externas. Pode parecer a essas filhas que a mãe amargurada e hostil não quer que sua filha a supere. A Mãe Louca, aprisionada numa gaiola de raiva fria e que se recusa a encarar sua própria fúria com as frustrações e as limitações de sua vida, ressente-se do potencial de crescimento de sua filha e freqüentemente tenta sufocá-la. A história de Moira é um testemunho do modo como uma mulher pode transformar a loucura herdada de sua mãe e dirigir essa energia para a expressão criativa no mundo.

Moira vinha de uma linhagem de Loucas. Três gerações de mães ficaram amarguradas porque foram abandonadas pelos homens. Seu bisavô deixou o lar para participar da corrida da prata em Nevada. Seu avô, que era alcoólico, foi morto num acidente de carro, obrigando sua avó a sustentar-se sozinha. E sua mãe casou-se sucessivamente com três alcoólicos e rechaçou cada um deles com sua ira. Também Moira foi abandonada por esses três pais e deixada sozinha com sua mãe irada.

Sua mãe era abusiva em todos os níveis – físico, emocional e mental. Freqüentemente, sua mãe saía com homens, deixando-a sozinha à noite enquanto ainda era pequena. Algumas vezes, sua mãe trazia os homens para casa e a acordava no meio da noite, dando-lhe tapas no rosto, se estivesse chupando o polegar enquanto dormia. Batia-lhe com cabides de metal, bastões, pás – com qualquer coisa que estivesse à mão. Certa vez, espancou-a tanto no ouvido com a fivela de um cinto que deixou uma cicatriz permanente. Quando criança, tinha tanto medo de sua mãe, que sempre escondia seus machucados com medo de ser castigada. Aos seis anos, enquanto brincava, pisou numa tachinha e teve de ocultar a dor. Tinha mais medo de apanhar por causa da raiva de sua mãe do que do ferimento no pé. Mais tarde, na pré-adolescência, foi molestada sexualmente durante um ano inteiro por um parente distante, mas tinha medo de

contar a sua mãe. Arriscou-se a contar para sua avó, mas a velha a repreendeu por inventar histórias tão ruins. Isso fez que Moira começasse a duvidar de seu próprio senso de realidade. A negação era uma loucura que assolava sua mãe e avó. As duas se recusavam a olhar para dentro de si, e permaneciam presas em suas próprias vidas e em suas visões limitadas.

Na escola, Moira era uma excelente aluna e tentou conseguir o amor de sua mãe deste modo. Mas cobrava duplamente da filha. A mãe exigia perfeição e ameaçava dobrar qualquer punição que ela recebesse em sua escola católica por mau comportamento. Mas quando Moira recebeu honras por falar em público, sua mãe a ignorou em casa e não compareceu a sua apresentação. Quando foi escolhida para ser líder de torcida, sua mãe a obrigou a abandonar esta atividade. A mesma coisa aconteceu quando conseguiu um lugar na equipe de natação da universidade; sua mãe exigiu que saísse da equipe. A escola era seu porto seguro; seus professores a amavam porque era uma boa aluna, mas sua mãe constantemente ameaçava tirá-la da escola. À medida que Moira ficava mais velha, a mãe parecia mais enciumada de sua bela e brilhante filha.

Moira tinha diversos talentos e era dotada para várias atividades artísticas; experimentava continuamente um fluxo de imagens e de idéias criativas. O ciúme de sua mãe ameaçava criar um padrão de abandono em qualquer atividade que ela iniciasse. Gradualmente, ficou com medo do sucesso. Seguindo a resposta negativa de sua mãe diante de suas realizações como oradora, teve um branco repentino durante uma competição e não conseguiu mais falar em público. Começou a sentir-se fragilizada. Durante esses anos teve pesadelos recorrentes nos quais sua mãe a perseguia com uma faca. Os sonhos eram tão assustadores que tinha medo de dormir. Na vida diária, sua mãe freqüentemente a ignorava, sentando-se como um zumbi em frente da televisão, e não conversavam. Em outros momentos, sua raiva explodia em violência física.

Durante a maior parte de sua adolescência, sentiu-se como a figura do quadro de Edvard Munch, *The Scream*. Quando estava

prestes a sair de casa, finalmente expressou a força desses sentimentos quando sua mãe a atingiu. Moira gritou tão alto e por tanto tempo que sua mãe nunca mais tentou bater-lhe. Logo depois disso, aos dezoito anos, tendo experimentado o poder do grito louco, saiu de casa para nunca mais voltar. Muitos anos depois, conseguiu articular seus sentimentos com relação a isso, por meio de um poema, "Tristes dezesseis anos".

Quando eu tinha dezesseis anos,
minha mãe perdeu seu sexo.
Ela teria ficado feliz se eu
também tivesse perdido o meu.

Se eu ficasse virginal
até os dedos do pé. Seca,
sem professor e ignorante
dos caminhos do amor.

Uma megera frustrada.
Ácida. E cheirando a vinagre.
Sim,
isto teria alimentado o ciúme dela,
e nutrido sua crueldade.

Quando eu tinha dezesseis anos
eu tinha o desejo de uma mulher para ser preenchido
com uma doce paixão:
o quente sangue branco de um homem.

Eu o queria.
Ela o perdeu.
Mãe e filha
trocaram culpa
por ódio.

As duas áreas mais afetadas, resultado da convivência com a Mãe Louca, foram seus relacionamentos com os homens e sua disposição para mostrar seu trabalho criativo para o mundo. Moira tendia a repetir o padrão de sua mãe com os homens, pois tinha sido seu único modelo feminino. Sua mãe era maldosa, petulante, ciumenta, possessiva e acusava os homens de terem causado os problemas de sua vida. Moira sofria com uma dicotomia em sua própria personalidade – era uma mulher doce e afetuosa na maior parte do tempo, mas também tinha um lado sombrio, uma terrível Louca como sua mãe. Temia ser abandonada e sempre procurava pelo pai que nunca teve. Tentava segurar os homens com seu charme e sexualidade, mas tornava-se inexplicavelmente ciumenta e acusava seus namorados de serem infiéis. Discutiu com um namorado quando soube que ele tinha conversado com a ex-mulher. Temendo que estivesse saindo secretamente com sua antiga esposa, rasgou a fotografia da ex-esposa e jogou os pedaços na privada. Outra vez, com outro namorado, descobriu que um dos quadros que ele lhe dera como um símbolo de sua união estava pendurado sobre a cama em que ele dormia com ela e também com outras mulheres. Enfurecida, agarrou o quadro, rasgou-o ao meio e esfregou os pedaços pintados com pastel vermelho e preto sobre seu novo sofá branco. Esses foram apenas dois dos numerosos episódios enfurecidos com homens nos quais a Louca repentinamente surgia num frenesi.

Depois de algum tempo em terapia, percebeu que tinha internalizado o modelo de Louca, no nível pessoal vivido por sua mãe. Temia essa figura feminina ardente, mas também sabia que a Louca é um símbolo universal e que tem poder criativo no inconsciente coletivo. Moira lia muito e mergulhara profundamente no mundo da mitologia, reconhecia portanto os vários disfarces da Louca nas figuras femininas como a deusa hindu Kali, a deusa grega Hecate, a deusa polinésia vulcânica Pelé e a deusa do mundo subterrâneo sumério Ereshkigal. Moira olhou para dentro de si, percebeu os padrões de desenvolvimento herdados de seu legado pessoal de Mães

Loucas, enxergou além do pessoal até o domínio arquetípico por meio de suas leituras da literatura mundial e de seu conhecimento de história da arte, e deu-se conta de que tinha uma tarefa essencial a cumprir – confrontar a Louca e transformar os padrões negativos que aprendera com sua mãe, utilizando o poder criativo desta força feminina sombria.

Sua criatividade inerente acelerou o processo de sua transformação. Quando tinha vinte e poucos anos, seus sonhos continham muitas imagens e pintou espontaneamente uma série de peças maiores-que-a-vida que mais tarde receberam o nome de *Pinturas de demônios*. Nessa época, estudava arte e fazia terapia reichiana, e essas duas atividades a ajudaram temporariamente a confrontar o poder dessas pinturas. A primeira pintura revelava duas figuras importantes: um enorme Demônio Amante ameaçador e uma mulher pequena, impotente e submissa (a vítima feminina que tinha experimentado em sua mãe por toda a vida e sentira em si mesma). No meio havia uma grande cruz vermelha, revelando a crucificação interna que estava sentindo. Assim que Moira terminou esta pintura, que emergira espontaneamente de seu inconsciente, soube que a pintura era importante, pois sugeria a iconografia católica com a qual tinha sido criada. A seguir veio uma pintura que chamou de *A virgem e a prostituta*. Para seu espanto, a terceira pintura mostrava uma mulher sentada no colo de um demônio que a masturbava enquanto uma freira, com o rosto da Louca, olhava com censura. Para ela, isso simbolizava a personificação de sua culpa. Sua próxima pintura mostrava outra mulher, louca de ciúmes, segurando um coração anatômico, verde de inveja. A seguir, pintou uma mulher de cabelos e lábios vermelhos que se masturbava, com a perna levantada, dentro do confessionário. Nesta pintura, o padre confessor não podia ouvir a mulher porque ele era a própria Morte, e o demônio espiava sobre seu ombro enquanto ela tentava confessar-se. Outras pinturas se seguiram, inclusive *Morte e demônio*. Esta pintura a assustou com sua horrível possibilidade de suicídio; temia que só pudesse liber-

nhos de cura, ajudando-a a perceber que tinha de lidar com os ferimentos da infância por si mesma e depois por seu processo criativo. Esses ferimentos, provenientes de sua mãe amargurada, haviam feito que ela abandonasse qualquer atividade em que pudesse ter êxito, tinham interferido em seus relacionamentos com os homens e impedido que colocasse seus projetos criativos em prática no mundo. Tinha destruído seus relacionamentos e seus quadros por causa do medo: "Como o ferimento ficava entre mim e a vida, eu não podia expressar nada para o mundo. Eu não podia atravessar o ferimento".

Moira disse isso sobre um relacionamento com um homem a quem ela amava profundamente e que terminara em parte porque sua Louca tinha saído de controle. Este homem era controlador, mas também protetor e carinhoso. Tinha-se recusado a se deixar controlar por ele e se tornou imprevisivelmente emocional em muitas de suas interações. Mais tarde, sentiu que tinha afastado seu namorado, ficando histérica e dizendo coisas terríveis: "Eu também tinha uma garotinha carente dentro de mim que se desenvolveu por ter vivido com a Louca atuada por minha mãe e minha avó. Parecia que havia outra pessoa dentro de mim – a Louca. Até a minha voz mudava". Oscilava entre ser uma garotinha carente, uma megera possessiva e raivosa, e seu eu maduro e responsável. Embora seu namorado se sentisse atraído por seu lado Afrodite, por seu senso de brincadeira, e por seu lado intelectual e artístico, deixou-a Moira porque era parecida demais com sua mãe, tão imprevisível emocionalmente que ele nunca sabia como responder.

Quando o relacionamento terminou, Moira entrou numa depressão tão perturbadora que soube que precisava de ajuda. Ficou inerte e não conseguia sair da cama. Ela não podia "existir", sentia impulsos suicidas e ficou obcecada com pensamentos sobre maneiras de se matar. Mas bem no fundo, sabia que nunca cometeria suicídio. Tinha um filho de um casamento anterior, e sabia que não poderia deixar-lhe essa terrível herança. Queria desesperadamente transformar o relacionamento negativo que vivenciara com sua própria Mãe Louca. Embora tivesse experimentado tanto tumulto em sua vida, aprendera a ser uma mãe amorosa e positiva. Amava profundamente seu filho, ele era a representação de um amor divino que mantinha a distância o poder demoníaco que queria destruí-la. O amor por seu filho foi o começo do aprendizado de amar a si mesma de um modo incondicional.

Ao contrário de sua mãe, escolheu conscientemente sondar as profundezas de seu sofrimento para mudar o padrão da Mãe Louca que recebera. Finalmente iniciou a terapia com uma mulher emocionalmente sustentadora e um modelo feminino positivo. Experimentou este período como uma descida conscientemente escolhida ao mundo subterrâneo para encontrar a Louca, de um modo similar ao que Inanna, a deusa suméria do mundo superior, escolheu descer ao mundo inferior para encontrar sua irmã louca Ereshkigal, a deusa do domínio sombrio. Como Inanna, que pediu a uma mulher que a ajudasse na descida, Moira teve a ajuda de sua terapeuta, e também de uma amiga de longa data com um profundo conhecimento desta jornada feminina. Mas Moira teve de fazer sua própria jornada, e precisou de coragem e fé extraordinárias para viver durante o período caótico que se seguiu.

Durante este período, vivia sozinha no último andar de uma casa entranhada num *canyon*. Suas janelas davam para as árvores cheias de folhas verdes e ela sentia sua presença como curadora. Começou a escrever em seus diários e disse que escrever tinha salvo sua vida; andava descalça na terra, que sentia irradiar por meio das solas de seus pés. Ela disse: "Encontrei minha verdadeira Mãe natural, a Terra, ao andar, meditar e escrever poesias em meio às árvores, e minha Mãe me curou".

Sua transformação aconteceu logo depois do solstício de inverno. Uma tarde, estava se sentindo deprimida e adormeceu. Ao acordar ouviu um refrão que se repetia: "Eu estou presa numa teia de sofrimento". Ela andou e escreveu, ouvindo o som deste refrão. As palavras e as imagens fluíram por aproximadamente seis horas. Ficou acordada a noite inteira, tentando encontrar sentido em tudo

que viera à tona na data exata (11-11-88) que correspondia à carta da Sacerdotisa no tarô.

Duas semanas mais tarde, no Dia de Ação de Graças, teve uma experiência incomum. Num período de várias horas, enquanto dirigia seu carro indo para a casa de amigos para o jantar de Ação de Graças, encontrou três corpos de corujas mortos, mas perfeitos, ao lado da estrada. Sabia que as corujas eram um belo presente, e pegou cada um dos corpos com cuidado e colocou-os em seu carro. Via as corujas como um reflexo sincrônico de seu estado interior, uma experiência que os xamãs de todas as culturas têm tido por milênios. Quando chegou a seu destino, a amiga que a ajudava neste período viu as corujas e confirmou espontaneamente sua sensação, dizendo: "As três corujas simbolizam a jovem, a mãe e a velha". Esses são os três aspectos do relacionamento mãe–filha: juventude (filha), meia-idade (mãe) e velhice (avó). Sua amiga também disse: "Isto é Lilith".

Imediatamente Moira soube que entrara em contato com um mistério feminino que poderia ajudá-la em sua busca de transformação pessoal. Como tinha acontecido com os quadros, não sabia no momento o que este mistério significava, mas acreditava que era importante. Levou os três corpos de corujas para casa, em seu retiro no *canyon*, limpou-os, tirou sua pele e guardou as penas em sua sala, onde sentia sua presença curativa.

Nos dois meses seguintes, fez muitas pesquisas sobre corujas e sobre Lilith, descobrindo que a coruja era uma companheira de Lilith. As duas tinham a visão e podiam ver no escuro. Ela soube que a Lilith bíblica tinha sido a primeira esposa de Adão, feita do mesmo barro e não de sua costela. Ela não estava disposta a ser inferior, e recusou-se a dormir com ele. Descobriu como a história de Lilith, e da maioria das mulheres na história e na mitologia bíblica, tinha sido abusada e distorcida pelo patriarcado judaico-cristão. Por esta razão, Lilith era chamada de "a Mulher da Noite que mata as crianças". Moira associou isto com o sonho dos 24 bebês mortos, e também com o sonho no qual tinha pisoteado a bela serpente do arco-íris, como se fosse uma Louca, também relacionava isto ao fato de sentir-se incapaz de criar, de modo autêntico e profundamente conectado, desde que destruíra seus quadros (seus filhos criativos). Sentia que tinha profanado o dom de sua própria criatividade e o dom de ler sua própria alma. Viu como tinha repetido a atitude de sua mãe, repudiando a criatividade, ao desrespeitá-la por meio da destruição de suas pinturas.

Finalmente, sentiu-se pronta para criar de novo. Realizou um trabalho artístico – uma montagem – que chamou de *Lilith, dança da serpente pela noite*. A criação de *Lilith* foi o ponto de sua transformação. Neste trabalho, honrava a Louca em si mesma ao honrar Lilith, uma forma feminina sombria da Louca. Fez uma máscara de si mesma e escreveu uma prece num pedaço de papel metálico e refletor, colocando-a sobre a face da figura feminina sombria. Na prece pedia que sua criatividade lhe fosse devolvida "em todos os níveis, em todas as áreas e para sempre". Na complexa montagem de *Lilith*, colocou as asas, a cabeça, a cauda e as garras da coruja, e também uma grande pele de serpente, um presente da amiga que a ajudara. Incluiu ainda os poemas que escrevera durante sua descida, além de um retrato de Buda, que simbolizava sua devoção ao caminho espiritual. Deste modo, uniu-se de modo criativo com a mãe criativa, caótica e divina que não se submeteria ao julgamento patriarcal. Encontrou esta união por meio de Lilith, a Louca.

Criar deste modo era uma forma de prece e de celebração para Moira. Ao honrar Lilith, transformou-se na mãe criativa. Como uma confirmação, numa de suas caminhadas, encontrou no chão uma grande coruja morta. Guardou a cabeça, as asas e as garras deste grande e admirável ser que lhe tinha sido oferecido pela natureza. Ao olhar nos olhos da grande coruja, viu larvas, e soube que isto também era vida, não lhe era nem ofensivo nem perturbador. Sabia que algumas pessoas poderiam considerar suas reações as de uma louca, mas achou que o olho da coruja, cheio de larvas, era profundamente belo – era parte do todo, do ciclo da vida e da morte.

Sua criação de *Lilith* rompeu o complexo de Mãe Louca que a inibia e perturbava. Olhou diretamente para a Louca e honrou-a ao expressar sua natureza por meio de um poderoso trabalho artístico – um trabalho que jamais destruiria e penduraria em sua parede como um lembrete sempre presente do mistério da criação. Desde então, teve vários sonhos maravilhosos em que dava à luz menininhas que eram muito bem formadas. Ela também teve o sonho a seguir, que lhe sugere a transformação de Mãe Louca em sua psique.

> Eu estou em minha casa e minha mãe está comigo. É noite, e estou em minha cama, que está perto de uma mesa onde ela está sentada olhando fixamente para uma vela. No início, eu penso: "Oh, minha pobre mãe está louca!". Eu a rodeio de paz, amor e bênçãos, e vou dormir sentindo-me completamente segura e sem medo dela, como se fosse uma criança. Na manhã seguinte minha mãe corre para mim com um sorriso radiante em seu rosto e declara: "Você não chamou a polícia!". Eu digo: "O que você está dizendo?". E ela responde: "Você não chamou a polícia para lhes dizer que eu estava louca". Ela parecia genuinamente grata. Quando olho para a parede vejo um belo quadro, com uma moldura cara, e penso: "Não é que minha mãe, que não tem nenhum dinheiro, saiu e comprou um belo e caro trabalho artístico?". Sinto uma grande ternura e admiração por ela e uma profunda *aceitação* por ela ser minha mãe.

Num sonho recente, Moira estava num palco acompanhada por uma menininha que representava de modo confiante e por uma mulher idosa e sábia que corporificava a energia criativa da Louca para ela. Este sonho mostrou a união dos três aspectos femininos – jovem, mãe e velha.

Esta é uma história de como uma mulher transformou o isolamento e o abuso sofridos na infância, e buscou compreender como as complexidades do bem e do mal se manifestaram em sua vida. Hoje, Moira é uma artista de sucesso e uma escritora com seu trabalho publicado. A Louca continua a inspirá-la com projetos para livros, filmes e vida futura.

Convide-a para almoçar: a louca em sua mesa

Como uma mulher pode transformar a energia da Louca de modo que se liberte dos medos que a impedem de atingir sua plenitude? Antes que a transformação possa acontecer, temos de aprender a identificar o modo como a Louca se manifesta em nossas próprias vidas. Precisamos reconhecer a Louca para podermos ter acesso à sua energia.

Conforme aprendemos a reconhecer e a trabalhar com os diversos padrões da energia da Louca, veremos que todos existem dentro de nós num ou noutro momento, mesmo que um ou dois predominem. Aprender a contatar e a usar o lado criativo de cada padrão nos dará a possibilidade de nos expressarmos mais plenamente como mulheres e como seres humanos. Mas para dispormos da energia criativa, precisamos aprender a viver dentro do paradoxo que cada padrão apresenta. Por exemplo, a Rainha Gelada pode nos oferecer um senso de distância e de objetividade de que precisamos para termos percepções claras, além de um senso de limite e de fronteira. No entanto, sua indiferença e seus sentimentos congelados podem nos separar da vida. A Mulher Dragão emana uma paixão ardente que acende a chama da transformação e da criatividade, mas neste processo suas fúrias imprevisíveis podem explodir e causar destruição, queimando aos outros e a si mesmo. A Santa pode nutrir, amar e cuidar dos outros com sua generosidade, mas se não conseguir olhar para seu lado interior sombrio e difícil, que inclui seus desejos e suas necessidades, ela provavelmente guardará ressentimentos e se transformará numa mártir que critica e reflete a energia da raiva nos outros. Se a Mãe Doente puder reconhecer e aceitar sua dor, pode se transformar numa curadora ferida que contribui para a passagem da doença para a saúde; se ela se confinar numa cela fechada de doença, paralisa a si mesma e aos outros, ao manipulá-los para que vivam a seu redor.

O Pássaro Engaiolado pode oferecer conforto doméstico e aconchego num local seguro, mas ela pode sacrificar sua própria liberda-

de e aventura, e resistir à mudança em sua família e em si mesma. A Musa pode nos inspirar a criar e a respeitar a beleza e a alcançar lugares além de nossos sonhos comuns, mas se ficar no pedestal de adoração, usurpará a energia que pertence ao divino. Seu carisma lírico pode nos levar ao crescimento espiritual, mas também pode nos seduzir, como uma sereia, apenas para destruir nossos ideais com a inflação e o cinismo que humilha. Se a Amante Rejeitada aprender a sobreviver ao martírio do abandono e da traição, pode aprender com seu sofrimento e crescer, passando de vítima a heroína fortalecida. As rejeições que sofreu podem ser o próprio motor da ação para descobrir novas e melhores oportunidades de crescimento. Mas se ceder à busca da vingança, magoará os outros; e se continuar sendo vítima, afundará no estupor e na passividade.

A Mulher Sem Teto pode ser um símbolo do espírito livre, além das garras das posses materiais. Sua sabedoria louca pode oferecer perspectivas renovadas e provocar modos de vida inovadores. Mas como uma marginalizada ao sistema, pode ser vitimada, e não conseguir contribuir para a sociedade. A Reclusa conhece o valor da solidão e de respeitar o tempo e o espaço sagrados. Ao valorizar a solidão aprende como fazer a jornada interior e, se sair de sua reclusão, poderá compartilhar com os outros os conhecimentos que obteve em sua jornada. Mas, se isolar-se de seus amigos e da comunidade, pode cair em paranóia e até odiar a humanidade.

A Revolucionária pode nos mostrar o risco e a coragem de que precisamos para criar um mundo melhor. Mas se ela exercer poder sobre os outros, e afirmar que os fins justificam os meios, pode se transformar numa terrorista que ameaça nossa própria existência. A Revolucionária, algumas vezes, também exibe sua retidão moral, alinhando-se assim com o Juiz patriarcal.

A Visionária pode nos mostrar novos modos de ser, por meio de sua clarividência, e pode nos guiar pelos mistérios sagrados que dão um significado maior à vida. Mas se ela ficar tão esotérica e etérea que desapareça na névoa, não poderá aterrar sua visão e não seremos tocados por ela. Ou se ela inflar e se identificar com a energia arquetípica poderá pensar que só ela tem o conhecimento necessário para a sociedade. Se buscar o poder sobre as pessoas, pode se tornar uma falsa guru ou profeta, afirmando que é a "escolhida" e desvalorizando as contribuições dos outros. A Visionária pode também usar suas intuições para magoar as outras pessoas e mantê-las presas ou atormentá-las.

Um dos modos em que podemos conhecer a Louca é trabalhando com os nossos sonhos, pois eles são um dos caminhos pelos quais a Louca é revelada. Meu próprio sonho da Louca, mencionado no Prefácio, fez que eu a confrontasse ao escrever este livro, que foi ao mesmo tempo uma tarefa criativa e espiritual.

Identificar a Louca em nossas interações é outro modo de ver como se relaciona – quando e como se apresenta. Como interfere, e como nos ajuda? Por exemplo, nos relacionamentos é freqüente que uma das pessoas assuma o papel do Juiz superior enquanto a outra reage à loucura das exigências de perfeição, atuando a Louca. Estes opostos em guerra dentro de nós são atuados inconscientemente nos relacionamentos e fazem que estes sejam distorcidos, mas podem ser trabalhados e transformados em agentes de comunicação efetivos quando são reconhecidos.

Freqüentemente a Louca emerge durante o trabalho corporal. Uma terapeuta corporal, ao trabalhar no diafragma de uma mulher, teve uma visão de uma Louca que parecia estar espiando pelos olhos de sua cliente. Então a terapeuta perguntou-lhe o que ela estava experimentando. A cliente disse estar lembrando de uma briga com sua irmã na qual ela não tinha expresso efetivamente sua raiva. Tinha suprimido esta raiva, que foi guardada nos subterrâneos, transformou-se em ressentimento, e afetou sua respiração. Do mesmo modo que fora incapaz de liberar adequadamente sua raiva, não conseguia respirar livremente. Reconhecer isso ao senti-lo de fato no corpo, ajudou-a a expandir seu repertório de expressões emocionais e a viver mais plenamente. A arteterapia e a dançaterapia também evocam a energia da Louca porque nos convidam a ser ativas e a experimentar nossos sentimentos no corpo.

Depois de identificarmos a Louca em nós mesmas, podemos falar com essa figura. Podemos perguntar-lhe o que deseja e o que estamos fazendo para provocar sua ira. Com o que ela se parece? Dê-lhe uma forma em sua imaginação – crie-a. Descreva-a em um poema, ou pinte seu retrato. Ela gosta de uma cor em especial? Tem um animal predileto? Onde vive? Dance com ela. Descubra como se move. Se soubermos mais sobre suas necessidades genuínas e sobre seu desejo de expressão poderemos integrar esta nova informação de um modo construtivo em nossa vida.

O ritual é outro modo de trabalhar com a energia da Louca. Outras culturas entendem isto muito melhor do que as culturas presas ao viés racional e à tecnologia ocidental. Por exemplo, na antiga religião africana vudu, o ritual de fazer uma boneca vudu era realizado para ajudar uma pessoa a entrar em sua loucura e a liberá-la. Os praticantes faziam uma boneca durante oito horas, desde o nascer do sol até o pôr-do-sol. Essa boneca representava sua própria percepção interna louca. O criador da boneca absorvia-se em sua própria loucura. Se o criador da boneca odiasse alguém, ao fazer a boneca, ele seria forçado a perceber que estava fazendo sua própria percepção do inimigo. Uma das regras seguidas ao fazer uma boneca de vudu era colocar uma mecha do próprio cabelo (simbolizando os próprios pensamentos e energias) no lado direito da boneca. A percepção podia ser sentida e liberada quando a pessoa se sentava ativamente com esses sentimentos negativos por um período determinado de tempo. O objetivo final era transformar a percepção louca em compaixão.[4]

Depois de reconhecer seus próprios padrões de loucura, uma mulher decidiu fazer uma máscara da Louca. Após colocar a máscara, pode ouvir o rugido de fúria em sua própria voz. Decidiu sentar-se num círculo de cadeiras e dar voz a uma lembrança de sua loucura. Sentindo-se aliviada, sentou-se em cada cadeira do círculo, conscientemente dando voz a todos os incidentes de raiva dos quais podia lembrar-se, mas que não conseguira expressar. Descobriu que precisava passar diversas vezes pelo círculo, enquanto momentos esquecidos de raiva não expressa surgiam de seu interior. Mais tarde, voltou para seu grupo de mulheres e compartilhou a experiência com elas. As mulheres decidiram ritualizar a experiência. Deitaram-se no chão, formando um círculo, com as cabeças voltadas para o centro, de modo que cada mulher fosse um raio da roda. Sentindo sua irmandade, as mulheres começaram a dançar em suas mentes com a Louca que estava trancada dentro delas. Elas se levantaram e pintaram seus rostos, dançaram, gritaram como fadas selvagens, sentindo sua própria energia louca primal. Uma mulher pintou um belo retrato do grupo, expressando suas experiências sob a forma de muitas Loucas maravilhosas e exóticas, cada uma espiando pelas trepadeiras verdes de uma selva primitiva.

Enquanto terminava de escrever este livro, tive também uma visão de muitas Loucas – todas unidas no amor, no trabalho e no lazer, com esperança e alegria pela paz e harmonia na Terra. Gostaria de compartilhar minha visão e seguir a sugestão da xamanessa de Bali: "Convide-a para almoçar" – isto é, convide a Louca transformada em todo seu ardente fogo criativo. Imagine Rachel Carson, Rosa Luxemburgo, Anna Akhmatova e Peregrina da Paz conversando em sua mesa; ou, em meu próprio estilo, todas caminhando juntas por meio das folhas outonais de uma antiga floresta nos Apalaches. Permita que elas andem com você até o Eagle Point – um grande rochedo numa clareira da floresta. Talvez Frida Kahlo, Zora Neale Hurston, Harriet Tubman, Indira Gandhi e Golda Meir também façam a jornada conosco. Faremos um piquenique na pedra filosofal *feminina* da Mãe Terra, a corporificação da natureza do centro sólido do eu feminino. Sentadas na pedra de Psyche mergulharemos nossos pés no rio que corre a nosso redor – o rio sempre mutável que flui por diversos canais até o mar. Nossas vidas são como milhares de riachos, mudando de direção e esculpindo um curso único. Viajando juntas, sentaremo-nos sobre a mesma rocha, lembrando as grandes águas das quais viemos e às quais retornaremos. Enquanto isto, conversaremos e até riremos com lágrimas correndo de nossos olhos. Neste dia de verão indiano, plantaremos nossas sementes de sabedoria no fértil solo escuro e saberemos que

elas estarão descansando profundamente sob a neve do inverno, para germinar repentinamente na surpreendente glória da primavera. Nossos frutos maduros oferecerão novas sementes a nossas irmãs mais jovens. Nossas cores e visões vibrantes diferentes se juntarão em combinações infinitas que mudam incessantemente conforme deslizamos e brincamos entre as folhas vermelhas, douradas e acobreadas que cobrem o chão, brincando como menininhas com nossas mães e avós, e nossas filhas e irmãs, desfrutando do êxtase de nossa comunhão, farfalhando nas brilhantes folhas de outono que acarpetam nossa grandiosa Mãe Terra.

Notas

CAPÍTULO 1

Encontro com a Louca

1. Veja Merlin Stone, *Ancient mirrors of womanhood: our goddess and heroine heritage,* Nova York: New Sibylline Books, 1979 e *Larousse world of mithology,* Pierre Grimal, Nova York: Excalibur Books, 1981.
2. Veja Sandra M. Gilbert e Susan Gubar, *The Madwoman in the Attic: the Woman writer and the nineteenth century literary imagination,* New Haven: Yale University Press, 1979.
3. Para uma descrição detalhada do Juiz, veja meu livro *Witness to the Fire: Creativity and the Veil of Addiction,* Boston: Shambhala, 1989, Capítulo 9.
4. Eurípedes, *The Bacchants,* em *Ten plays by Euripides,* traduzido por Moses Hadas e John McLean, Nova York: Bantam Books, 1988, pp. 281-312.
5. Veja Carolyn G. Heilbrun, *Toward a Recognition of Androgyny,* Nova York: Harper and Row, 1973, p. 7.
6. Veja Carolyn Heilbrun, *Writing a Woman's Life,* Nova York: Ballantine Books, 1988, um livro que mostra as facetas do espírito feminino.
7. Citado em Betty Cannon, *Sartre and Psychoanalysis,* Lawrence, KS: University Press of Kansas, 1991, pp. 249-50.
8. John Weir Perry, *The Far-Side of Madness,* Dallas: Spring Publications, 1974, p. 6.
9. Evelyn Underhill, *Practical Mysticism,* Columbus, OH: Ariel Press, 1942.
10. Sobre trabalho com sonhos de mulheres, veja Karen Signell, *Wisdom of the Heart: Working with Women's Dreams,* Nova York: Bantam Books, 1990.
11. Sobre imaginação ativa, veja Robert Johnson, *Inner Work,* San Francisco: HarperCollins, 1987.

CAPÍTULO 2

Mães Loucas, Filhas Loucas

1. Co-dependência é um distúrbio adictivo no qual a pessoa procura o próprio centro fora de si. Os co-dependentes tendem a focalizar-se nos problemas dos outros – agradando ou controlando – em vez de se focar em suas próprias vidas. Veja meu livro, *Witness to the Fire: Creativity and the Veil of Addiction,* Boston: Shamballa, 1989, para uma análise mais detalhada.

2. Ingmar Bergman, *Autumn Sonata,* traduzido por Alan Blair, Nova York: Pantheon Books, 1978, pp. 61-2.
3. Ibid., p. 19.
4. Ibid., p. 51.
5. Ibid., pp. 57-8.
6. Ibid., pp. 61-2.
7. Ibid., p. 63.
8. Ibid., p. 79.
9. Ibid., p. 84.
10. Veja minha discussão em *Witness to the Fire*, pp. 115-64.

CAPÍTULO 3

O Pássaro Engaiolado

1. Muriel Rukeyser, Käthe Kollwitz, em *No More Masks: An anthology of Poems by Women,* ed. Florence Howe e Ellen Bass, Nova York: Doubleday Anchor Books, 1973, p. 103.
2. Marylin Frye, *The Politics of Reality: Essays in Feminist Theory*, Trumansburg, N.Y.: Crossing Press, 1983, pp. 4-7.
3. Veja a análise de Phyllis Chesler em *Women and Madness*, Nova York: Avon Books, 1973.
4. Eu analisei o modo como nossos pais nos aprisionam em *The Wounded Woman: Healing the Father-Daughter Relationship*, Boston: Shambala, 1982.
5. Veja Robert Bly, *Iron John: A Book about Men*, Reading, MA.: Addison-Wesley, 1990 e Sam Keen, *Fire in the Belly*, Nova York: Bantam Books, 1991.
6. Jeláluddin Rumi, *The Ruins of the Heart,* traduzido por Edmund Jelminski, Putney, VT.: Threshold Books, 1981, p. 25.
7. Evan S. Connell, *Mrs. Bridge*, Nova York: Viking Press, 1959, p. 35.
8. Ibid., p. 202.
9. Ibid., p. 173.
10. Ibid., p. 246.
11. Charlotte Perkins Gilman, *The Yellow Wallpaper*, Old Westbury, NY: Feminist Press, 1973, p. 36.
12. Citado em Ann J. Lane, *To "Herland"and Beyond: The Life and Work of Charlotte Perkins Gilman*, Nova York: Pantheon Books, 1990, p. 121.
13. Ibid., p. 99.
14. Ibid., p. 182.
15. Ibid., p. 188.
16. Charlotte Perkins Gilman, *Women and Economics*, Nova York: Harper and Row, 1966, pp. 43-4.

CAPÍTULO 4

A Musa

1. Citado em Karen Monson, *Alma Mahler: Muse to Genius*, Boston: Houghton Mifflin, 1983, p. 151.
2. Ibid., p. 44.
3. Ibid., p. 145.
4. Ibid., p. 155.
5. Ibid., p. 279.
6. Ibid., p. 288.
7. Ibid., pp. 309-10.
8. Ibid., p. 318.
9. A gravidez e o aborto de Camille não foram documentados oficialmente, embora pareçam ter acontecido. Reine-Marie Paris, *Camille: The Life of Camille Claudel, Rodin's Muse and Mistress*, traduzido por Liliane Emery Tuck, Nova York: Henry Holt, 1988, pp. 13-14.
10. Ibid., p. 21.
11. Ibid., p. 22.
12. Ibid., p. 60.
13. Ibid., p. 67.
14. Ibid., p. 135.

CAPÍTULO 5

A Amante Rejeitada

1. Veja o capítulo sobre o Amante Fantasma em meu livro *On the Way to Wedding: Transforming the Love Relationship*, Boston: Shambala, 1986.
2. Fay Weldon, *The Life and Loves of a She-Devil*, Nova York: Ballantine Books, 1983, pp. 186-7.
3. Eurípedes, *Medea*, em *Ten Plays by Euripides*, traduzido por Moses Hadas e John McLean, Nova York: Bantam Books, 1981, p. 38.
4. Citado em Arianna Stassinopoulos, *Maria Callas: The Woman Behind the Legend*, Nova York: Ballantine Books, 1982, p. 101.
5. Ibid., p. 21.
6. Ibid., p. 106.
7. Ibid., p. 166.
8. Ibid., p. 191.
9. Ibid., p. 198.
10. Ibid., p. 206.
11. Ibid., p. 282
12. Ibid., p. 284.

13. Ibid., p. 324.
14. Ibid., p. 332.
15. Veja o capítulo sobre o Amante Demônio no livro *On the Way to the Weeding: Transforming the Love Relationship.*

CAPÍTULO 6

A Mulher Sem Teto

1. Jane Wagner, *The Search for Signs of Intelligent Life in the Universe*, Nova York: Harper and Row, 1986, p. 15.
2. Ibid., p. 17.
3. Ibid., p. 18.
4. Ibid.
5. Ibid., p. 21.
6. Ibid., p. 201.
7. Ibid., pp. 202-3.
8. Ibid., p. 206.
9. Ibid., p. 19
10. *Peace Pilgrim: Her Life and Work in Her Own Words*, Santa Fé, NM: Ocean Tree Books, 1991, p. vi.
11. Ibid., p. 1.
12. Ibid.
13. Ibid., p. 28.
14. Ibid., p. 37.
15. Ibid., p. 27.
16. Ibid., p. 56.
17. Ibid., p. xiv.
18. Ann Marie Rousseau e Alix Kates Shulman, *Shopping Bag Ladies: Homeless Women Speak about TheirLives,* Nova York: Pilgrim Press, 1981, p. 82.
19. Ibid., p. 53.
20. Ibid., p. 115.

CAPÍTULO 7

A Reclusa

1. Jean Rhys, *Good Morning, Midnight*, Nova York: W.W. Norton, 1986, p. 52.
2. Athol Fugard, *The Road to Mecca*, Nova York: Theatre Communications Group, 1985, pp. 26-7.
3. Ibid., p. 25.
4. Ibid., p. 22.
5. Ibid., p. 21.

6. Ibid., p. 61.
7. Ibid.
8. Ibid., p. 63.
9. Ibid., p. 67.
10. Ibid., p. 68.
11. Ibid., p. 71.
12. Ibid., p. 75.
13. Ibid., p. 22.
14. Paul Brooks, *The House of Life: Rachel Carson at Work,* Boston: Houghton Mifflin, 1972, p. 297.
15. Ibid., p. 16.
16. Ibid., p. 1.
17. Ibid., p. 113.
18. Ibid., p. 2.
19. Ibid.
20. Ibid., p. 158.
21. Ibid., p. 3.
22. Ibid., p. 129.
23. Ibid., p. 132.
24. Ibid., p. 176.
25. Este é o aspecto destrutivo do Juiz.
26. Brooks, *The House of Life*, p. 244.
27. Ibid., p. 303.
28. Ibid., p. 306.
29. Ibid., pp. 324-6.
30. Rainer Maria Rilke, *Letters to a Young Poet,* traduzido por M. D. Herter Norton. Nova York: W.W. Norton, 1963, p. 59.
31. May Sarton, *A Self Portrait,* ed. Marita Simpson e Martha Wheelock. Nova York: W.W. Norton, 1982, p. 22.

CAPÍTULO 8

A Revolucionária

1. Anja Elizabeth Rosmus. Should German Movies Look Back? *The New York Times* (21 de outubro de 1990).
2. Albert Camus, *The Rebel,* traduzido por Anthony Bower, Nova York: Random House, 1956, p. 301.
3. Citado em Elzbieta Ettinger, *Rosa Luxemburg: A Life*, Boston: Beacon Press, 1986, p. 88.
4. Ibid., p. 113.
5. Ibid., p. 120.
6. Ibid., p. 173.

7. Ibid., pp. 215-6.
8. Ibid., p. 245.
9. Ibid., p. 246.
10. Ibid., p. 244.
11. Muriel Rekeyser, "Kathe Kollwitz," in *No More Masks: An Anthology of Poems by Women*, ed. Florence Howe e Ellen Bass. Nova York: Doubleday Anchor Books, 1973, p. 100.
12. Aung San Suu Kyi, *Freedon from Fear*, ed. Michael Aris, Nova York: Penguim Books, 1991, p. 234.

CAPÍTULO 9

A Visionária

1. Veja Robert Graves, *The Greek Myths*, Londres: Penguim Books, 1960, v. 1 e 2 e *Larousse Encyclopedia of Mythology*, Pierre Grimal. Nova York: Excalibur Books, 1981.
2. Foi dito que depois da queda de Tróia a própria Hecuba foi transformada numa das sombrias prostitutas de Hecate, depois de ter sido morta por ter amaldiçoado Odysseus e os gregos por serem bárbaros.
3. Sem que seus pais soubessem, Efigênia foi salva no último momento pela deusa Ártemis para servir como sua sacerdotisa.
4. Toni Wolff, "Structural Forms of the Feminine Psyche," traduzido por Paul Watzlawik. Monografia impressa para a Associação de Estudantes do Instituto C. G. Jung, Zurique, julho de 1956, pp. 9ff.
5. Laura, na peça de Tennessee Williams, *À margem da vida* é um exemplo de uma mulher um pouco frágil que mergulha na fantasia. Descrevi isso como o padrão da Menina de Vidro em *The Wounded Woman: Healing the Father-Daughter Relationship*, Boston: Shambala, 1982.
6. Wolff, p. 9.
7. Ibid., p. 10.
8. Ibid.
9. Marion Zimmer Bradley, *The Mists of Avalon*, Nova York: Ballantine Books, 1982, p. 399.
10. Veja Norma Lorre Goodrich, *Priestesses*, Nova York: HarperCollins, 1989, pp. 288-323, e o livro inteiro para uma fonte de informações sobre a cultura das sacerdotisas.
11. Ibid., p. 223. Pitágoras afirmava que essas revelações de sabedoria provinham de correntes que se encontravam em intersecções sagradas nas profundezas da terra. Por isso o domínio subterrâneo da câmara oracular da pítia.
12. Pär Lagerkvist, *The Sybil*, traduzido por Naomi Walford. Nova York: Random House, 1958, pp. 137-8.
13. Ibid., pp. 136-7.
14. Ibid., pp. 149-150.
15. Osip Mandelstam foi presa durante as perseguições stalinistas e morreu num campo em 1938. Marina Tsetayeva foi para o exílio, e depois tentou retornar. Enforcou-se

em 1941, depois que seu marido foi executado e sua filha foi enviada a um campo de trabalhos forçados. Veja Amanda Haight, *Anna Akhmatova: A Poetic Pilgrimage*, Nova York: Oxford University Press, 1976, p. 153.
16. Ibid., p. 7.
17. Ibid., p. 11.
18. Ibid., p. 36.
19. Ibid., p 54.
20. Ibid., p. 54.
21. Ibid., p. 80.
22. Ibid., p. 96.
23. Ibid., p. 98. Nadezhda Mandelstam e Lidiya Chukoskaya foram algumas das amigas que memorizaram os versos para preservar seus poemas.
24. Ibid., p. 105.
25. Ibid., p. 107.
26. Ibid., p. 117.
27. Ibid., p. 138.
28. Ibid.
29. Ibid., p. 119.
30. Ibid., p. 144.
31. Ibid., pp. 153-4.
32. Ibid., p. 164.
33. Bradley, *The Mists of Avalon*, p. 285.

CAPÍTULO 10

Através da Loucura

1. Janet Frame, *An Autobiography*, Nova York: George Braziller, 1991.
2. Leonora Carrington, *The House of Fear*, Nova York: E. P. Dutton, 1988, p. 21.
3. Hannah Green (pseudônimo de Joanne Greenberg), *I Never Promised You a Rose Garden*, Nova York: Holt, Rinehart and Winston, 1964, pp. 248-9.
4. Museu Histórico de Voodoo de Nova Orleans.

LINDA SCHIERSE LEONARD é filósofa, recebeu treinamento como analista junguiana no Instituto C. G. Jung, em Zurique, e atua em clínica privada há mais de vinte anos. É autora de diversos livros, entre eles *A mulher ferida*, também publicado pela Summus Editorial. Seus livros foram traduzidos para mais de dez idiomas. Reside em São Francisco e é internacionalmente convidada para palestras e *workshops*.

impresso na
press grafic
editora e gráfica ltda.
Rua Barra do Tibagi, 444
Bom Retiro – CEP 01128-000
Tels.: (011) 221-8317 – (011) 221-0140
Fax: (011) 223-9767

dobre aqui

ISR 40-2146/83
UP AC CENTRAL
DR/São Paulo

CARTA RESPOSTA
NÃO É NECESSÁRIO SELAR

O selo será pago por

summus editorial

05999-999 São Paulo-SP

dobre aqui

recorte aqui

summus editorial

CADASTRO PARA MALA DIRETA

Recorte ou reproduza esta ficha de cadastro, envie completamente preenchida por correio ou fax, e receba informações atualizadas sobre nossos livros.

Nome: ______ Empresa: ______
Endereço: ☐ Res. ☐ Coml. ______ Bairro: ______
CEP: ______-______ Cidade: ______ Estado: ______ Tel.: (   ) ______
Fax: (   ) ______ E-mail: ______ Data de nascimento: ______
Profissão: ______ Professor? ☐ Sim ☐ Não Disciplina: ______

1. Você compra livros:

☐ Livrarias
☐ Telefone
☐ Internet
☐ Feiras
☐ Correios
☐ Outros. Especificar: ______

2. Onde você comprou este livro?

______

3. Você busca informações para adquirir livros:

☐ Jornais
☐ Revistas
☐ Professores
☐ Amigos
☐ Internet
☐ Outros. Especificar: ______

4. Áreas de interesse:

☐ Educação
☐ Psicologia
☐ Corpo, Movimento, Saúde
☐ Comportamento
☐ PNL (Programação Neurolingüística)
☐ Administração, RH
☐ Comunicação
☐ Literatura, Poesia, Ensaios
☐ Viagens, *Hobby*, Lazer

5. Nestas áreas, alguma sugestão para novos títulos?

______

6. Gostaria de receber o catálogo da editora? ☐ Sim ☐ Não

7. Gostaria de receber o Informativo Summus? ☐ Sim ☐ Não

Indique um amigo que gostaria de receber a nossa mala direta

Nome: ______ Empresa: ______
Endereço: ☐ Res. ☐ Coml. ______ Bairro: ______
CEP: ______-______ Cidade: ______ Estado: ______ Tel.: (   ) ______
Fax: (   ) ______ E-mail: ______ Data de nascimento: ______
Profissão: ______ Professor? ☐ Sim ☐ Não Disciplina: ______

cole aqui

summus editorial
Rua Itapicuru, 613 – 7º andar 05006-000 São Paulo - SP Brasil Tel.: (11) 3872 3322 Fax: (11) 3872 7476
Internet: http://www.summus.com.br e-mail: summus@summus.com.br